PRETAGONISMOS

PRETAGONISMOS

Organizadores:
Jonathan Raymundo
e **Rodrigo** França

AGIR

Copyright © 2022 by Rodrigo França, Jonathan Raymundo, Mariana Ferreira, Henrique Vieira, Eliana Alves Cruz, Filó Filho, Anielle Franco, Leonardo Morjan Britto Peçanha, Narubia Werreria, Adailton Moreira, Deborah Medeiros, Rico Dalasam, Flávia Oliveira, Andressa Cabral, Katiúscia Ribeiro, Julio de Sá, Fábio Kabral, Valéria Barcellos, Pedro Carneiro, Érico Brás, Aza Njeri, Diego Moraes, Elisa Lucinda, Sabrina Fidalgo, William Reis, Carla Akotirene, Marco Rocha.

Direitos de edição da obra em língua portuguesa no Brasil adquiridos pela Agir, selo da EDITORA NOVA FRONTEIRA PARTICIPAÇÕES S.A. Todos os direitos reservados. Nenhuma parte desta obra pode ser apropriada e estocada em sistema de banco de dados ou processo similar, em qualquer forma ou meio, seja eletrônico, de fotocópia, gravação etc., sem a permissão do detentor do copirraite.

EDITORA NOVA FRONTEIRA PARTICIPAÇÕES S.A.
Rua Candelária, 60 — 7.º andar — Centro — 20091-020
Rio de Janeiro — RJ — Brasil
Tel.: (21) 3882-8200

Dados Internacionais de Catalogação na Publicação (CIP)

F814p   França, Rodrigo
          Pretagonismos / organizado por Rodrigo França, Jonathan Raymundo. – Rio de Rio de Janeiro: Agir, 2022.
          376 p.; 15,5 x 23 cm

          ISBN: 978-65-5837-032-1

          1. Movimentos e problemas étnicos. I. Raymundo, Jonathan II. Título

CDD: 323
CDU:3 23.1

André Queiroz – CRB-4/2242

SUMÁRIO

Prefácio, 9

Eliana Alves Cruz, 13
Assim se explode um coração, 15

Filó Filho, 26
Cavalo, cavaleiro e grama..., 27

Aza Njeri, 46
O Sol da nossa humanidade e a Educação Pluriversal, 48

Pedro Carneiro, 61
Adupé, 63

Katiúscia Ribeiro, 77
O futuro é ancestral, 79

Diego Moraes, 89
O cenário está pronto, 90

Deborah Medeiros, 107
Negritude no divã, 109

Fábio Kabral, 123
O homem negro escritor, macumbapunk e o afrofuturismo, 124

Adailton Moreira Costa, 137
Ilé Áse Omiojúàró – Terreiro, Território negro, 138

Elisa Lucinda, 150
"Pensei que era uma preta qualquer.", 152

Julio de Sá, 170
Não quero ser mais um "de Sá", 171

Leonardo Morjan Britto Peçanha, 184
Os desafios das Transmasculinidades Negras perante o racismo e a transfobia, 185

Mariana Ferreira, 195
As lembrancinhas de Nanã, 196

Anielle Franco, 208
O Legado de Marielle Franco: Do luto À luta, 209

Henrique Vieira, 222
A experiência teológica e política de um pastor negro, 223

Rico Dalasam, 235
Fronteira também é lugar, 236

Valéria Barcellos, 243
"Pretagonismo", por que ele incomoda tanto?, 244

Érico Brás, 262
Enquadrado na mitologia urbana brasileira, 263

Marco Rocha, 269
A ciência e o academicismo como cúmplices do racismo estrutural, 270

William Reis, 283
Da favela para o mundo, 284

Doralyce, 297
Ser negro no Brasil, 298

Flávia Oliveira, 300
Eu, mulher preta jornalista, 301

Sabrina Fidalgo, 314
Pretagonismos, 315

Andressa Cabral, 322
Cozinha afrocentrada, 323

Jonathan Oliveira Raymundo, 330
Racismo e a identidade nacional, 331

Rodrigo França, 341
Caçador de mim, 342

Carla Akotirene, 349
Lugar de militante acadêmica, 351

Narubia Werreria, 361
Resistências afro-indígenas, 363

PREFÁCIO

"Eu sou verdadeiramente uma gota de sol sob a terra."
Frantz Fanon

Certa vez em sala de aula um professor narrou sua experiência em um curso que ofereceu em Israel. Terminada sua apresentação, reuniu-se com alguns alunos para falar sobre amenidades. Nesse momento, um jovem compartilhou com os demais o sonho de conhecer o Rio de Janeiro. Indagado sobre o porquê de ainda não o ter realizado tal sonho, ele argumentou que sua mãe jamais deixaria por causa a extrema violência daquela cidade brasileira. Espantado, o professor percebeu ali uma ótica semelhante à existente em relação à imagem de Israel por jovens brasileiros. Tanto lá quanto cá as únicas informações transmitidas na mídia são exclusivamente sobre os casos de violência, gerando a percepção de que nesses lugares as únicas experiências possíveis são as do terror e da criminalidade.

Se pedirmos a uma criança brasileira para desenhar uma simples casa, mesmo pensando nas que moram em periferias, possivelmente ela vai retratá-la com uma chaminé e uma macieira no jardim. Em pouquíssimos lugares no Brasil há a necessidade de se usar chaminés, e não temos as condições ideais para o cultivo de maçãs, que requer clima frio e úmido, atributos raros do clima brasileiro. Segundo uma reportagem de André Cabette Fábio, para o cultivo mais tradicional da maçã é necessário que ela passe por "400 horas de temperaturas de inverno, de cerca de 7,2 º C para se desenvolver normalmente". De onde vem essa fotografia imaginária, se a maioria dessas crianças nunca foi à Europa? Em 2009 a escritora Chimamanda Ngozi Adichie proferiu a sua primeira palestra na conferência TED, intitulada "O perigo de uma história única". Nela, a autora aponta os perigos que narrativas únicas sobre um povo ou um lugar podem gerar. Como é possível observar nos exemplos anteriores, o resultado mais óbvio são reduções de povos e culturas a estereótipos desumanizadores e irreais. Diante da preocupação global com *fake news*, a perspectiva da Adichie nos aponta que a "História oficial", a literatura, o currículo escolar e as narrativas profissionais das mídias jornalísticas são em muitos momentos os grandes estopins de mentiras sobre os outros.

A colonização, mais do que a negação do outro, foi uma grande tecnologia de invenção do outro. Antes de ser possível reduzir fisicamente o outro à condição de "escravo", foi preciso construir essa realização no campo das ideias, dos sentidos, dos símbolos, criando para isso, uma outra versão da história na qual povos africanos foram destituídos das contribuições positivas das civilizações humanas. Tanto aqui quanto nas observações trazidas pela Adichie, a atenção central volta-se para a narrativa como instrumento de poder. Poder é a capacidade de definir a realidade. Definir os sentidos, os limites, as ordens, as lógicas que regulam a sociedade, os acontecimentos e as pessoas. As narrativas são produzidas no interior das instituições e a partir delas se espraiam no senso comum e nas conversas cotidianas. A indústria colonial, para tornar possível a redução do povo africano em "coisa-movente" e "legitimar" o domínio dos seus territórios, o roubo de seus bens, a exploração abjeta de sua força de trabalho, a tortura, os estupros, precisou de instituições que vão desde a Igreja Católica Apostólica Romana, que retirou dos negros a alma e abençoou a escravidão em nome de Deus, até o judiciário e as universidades, que, no século XIX, produziram o racismo científico, determinando que pessoas africanas seriam imorais, criminosas, incapazes de civilização, de arte e estariam mais próximas do macaco do que do humano.

Como grande estrutura garantidora da supremacia branca e de seu poder, ou seja, da sua capacidade de definir o sentido e a verdade em todas as áreas da vida, o racismo reduziu negros e negras a objetos estereotipados de estudos e tirou desse grupo a possibilidade de ser sujeito das narrativas, de expressar a consciência negra. Vale acrescentar que não há consciência negra sem consciência indígena. Tentam nos apagar, invisibilizar e embranquecer. Estamos na base da pirâmide social, aparecendo em percentuais insignificantes nas pesquisas relacionadas a direitos garantidos e inclusão nas esferas de poder. Muitas vezes, nossos irmãos e irmãs indígenas aparecem apenas como ínfimos traços.

Ter a ativista Narubia Werreria neste livro é o mínimo que podemos fazer em respeito aos reais donos de Pindorama.

Esta obra tem como grande compromisso ancestral a reivindicação do direito inalienável da mulher negra e do homem negro à sua escrita, à sua condição de sujeitos e de narradores da sua própria história. *Pretagonismos* reúne autoras e autores de diversas funções sociais para escrever sobre suas potencialidades, trajetórias e pensamentos a respeito do presente e do futuro. É um livro que foca nas mazelas estruturais do racismo, mas que aponta caminhos de esperança para um futuro que, como evoca Katiúscia Ribeiro, é ancestral. Em um dos seus momentos de troca de sabedoria a nossa querida ancestral Makota Valdina de Oliveira Pinto, educadora e ativista contra o racismo religioso no Brasil, lembra-nos de que para a filosofia Bantu nós somos como o sol. Todo ser humano nasce a cada dia, expande-se como o sol, cai no horizonte para tornar a renascer, pois estamos no mundo para brilhar e sermos felizes. Cada um precisa pegar o seu raio de sol e brilhar o mais intensamente possível, pois nascemos com nosso raio de sol e não devemos perdê-lo nunca. Brilhe. Cada intelectual que compõe esse livro é um raio de sol para nosso povo preto e o grande recado desta obra é que possamos brilhar intensamente e que sejamos sempre luzes no mundo.

ELIANA ALVES CRUZ

Eliana Alves Cruz, carioca, escritora e jornalista (colunista do site UOL), pós-graduada em comunicação empresarial. Seu romance de estreia, *Água de barrela*, conta sua trajetória familiar, que começa na metade do século XIX, na Nigéria, passa pelo convívio em um engenho açucareiro de Cachoeira/BA, atravessa todo o século XX e vem parar na segunda década do século XXI. Esta saga ganhou o prêmio Oliveira Silveira de 2015, da Fundação Cultural Palmares/Ministério da Cultura e foi menção honrosa do prêmio Thomas Skidmore 2018, do Arquivo Nacional e da universidade americana Brown.

Seu segundo romance, *O crime do cais do Valongo*, foi escolhido como um dos melhores do ano de 2018 pelos críticos do jornal *O Globo* e foi semifinalista do prêmio Oceanos 2019, mesmo ano em que publicou seu primeiro livro infantil, *A copa frondosa da árvore*. Até o momento, a autora está em mais cinco antologias de contos e uma de poesias. *Nada digo de ti, que em ti não veja*, lançado em junho de 2020 pela Editora Pallas, tem sido muito bem recepcionado por público e crítica especializada. Como roteirista, trabalhou para a Fox, Rede Globo e Viacom CBS.

PRIMEIRO

"... *Não dá mais pra segurar, explode coração.*"
("Explode coração", de Gonzaguinha,
9.º lugar na lista de mais tocadas de 1979)

ASSIM SE EXPLODE UM CORAÇÃO

Abri a porta com tanta urgência que tropecei no tapete de entrada e caí. Ela entrou no apartamento passando por cima de mim e quase caindo também, as duas mãos pressionando o peito. Guitarras potentes no prédio em frente ao nosso iniciavam uma das músicas mais tocadas de 1986. Um som alto vinha daquele prédio novo, com um varandão enorme. "Nas favelas, no senado, sujeira pra todo lado…" Renato Russo e sua voz grave, urgente, indignada, cortante, acusadora entornavam "Que país é esse?" nos ouvidos da vizinhança. Os passos dela eram trôpegos, mas tentavam correr para o pequeno lavabo que ficava ao lado do escaninho do telefone. O pânico começava a me dominar, pois quando o vagão do metrô se aproximou da estação Saens Peña, minha mãe se queixou de falta de ar, levantando a cabeça em busca de oxigênio. Um dos meus amores maiores estava enfartando e eu não sabia.

Perguntei se queria parar em algum lugar, ir ao hospital… mas ela estava agoniada para chegar em casa. Queria ver meu irmão mais novo, que tinha ido à escola, mesmo gripado. Subimos a escadaria, ganhamos a rua e, na praça em frente ao quartel, ela decidiu se sentar. O muro branco estava à nossa frente como uma sentinela em sua rígida posição de alerta, olhando para o nada. Ela respirou fundo outra vez e, depois de minutos recuperando as forças, retomou a caminhada. Andamos de modo automático aquele pedaço da rua Barão de Mesquita, um endereço ainda temido e evitado por muitos, mesmo naquela segunda metade dos anos 1980. O elevador foi subindo e ela recostou na parede do fundo, com os olhos fechados. Agora entrava correndo até o pequeno banheiro.

Os decibéis de "Que país é esse?" aumentavam e eu, irritada por não ouvir direito o que estava acontecendo no banheiro, já discava os números dos familiares que me vinham à cabeça quando ela empurrou a porta do lavabo abruptamente, logo depois da repetição do último refrão, gritou meu nome e caiu fulminada no carpete do corredor, com os olhos vidrados e vazios, focando um ponto qualquer no ar. A boca espumando em um semissorriso bobo para alguém no alto, invisível.

Tudo o que ocorreu depois me vem em câmera lenta, como se estivéssemos embaixo d'água, com filtros azulados de mar ou sépia de água barrenta de rio. O fone do telefone caindo retorcido ao seu lado, eu correndo pelo edifício gritando pelos vizinhos, que logo encheram a sala de casa. O casal do primeiro andar — nossos amigos de cultos na igreja católica da rua — chamou uma ambulância. Eu gritava na janela ampla e fui olhada com surpresa e gargalhadas pelos jovens brancos do varandão em frente, que escutavam Legião Urbana fumando um baseado.

À esquerda da minha janela e à direita da varanda deles, o quartel era uma sombra no início da rua. Podíamos ver um pedaço da sua sólida edificação caiada de branco com detalhes em verde. Sentia o batalhão como um espectro nos espiando sem trégua. O casarão que fazia encruza com a minha rua não era, para mim, puro concreto, mas um corpo vivo com olhos, ouvidos, braço forte e... mão amiga?

Os homens da ambulância chegaram. Quem a levou para a cama? Eu não vi, mas ela já estava lá quando eles entraram correndo pelo apartamento e realizaram procedimentos para reanimá-la. Já não era possível fazer com que voltasse do mergulho desconhecido e misterioso que envolve nossa existência. Senti mãos me puxando, me afastando da esquadria de alumínio da janela, mas eu queria gritar, berrar para os varandões do prédio novo e caro em frente, para a sombra do quartel à esquerda e para a direita, onde em algum lugar no fim da rua, na mesma calçada, estava a igreja que frequentávamos.

Eu me agarrava ao jaleco branco de um dos paramédicos. Apenas vi os olhos experientes que se encheram de lágrimas ao toparem com os meus... cegos de dor. Pensei que esses homens que lidam repetidas vezes com cenas como aquela, todos terminassem imunes aos efeitos da espada que transpassa a alma dos que perdem alguém muito amado. A repetição sistemática da dor alheia passada diante de nós todos os dias produz certa anestesia. Não fosse assim, as pessoas não transitariam tranquilas por aquela calçada da rua transversal, ladeando as grades de ferro verde-oliva. Eu não transitava sem apreensão, meus pais também não...

Corri para o quarto. Ainda tive tempo de ver meu vizinho do primeiro andar fechando os olhos dela, que estava deitada de costas com seu macacão branco preferido. Caí de joelhos e fui levantada, amparada por eles, sem sentir as pernas ou qualquer outra parte do corpo que não fosse a cabeça girando freneticamente com imagens desfilando distorcidas e lentas diante de mim.

Meus irmãos eram mais novos e logo voltariam da escola. Meu irmão mal tinha saído da primeira infância. Se nada daquilo tivesse acontecido, eu deveria estar no caminho para buscá-lo, como fazia todos os dias. Minha irmã irromperia na porta da frente a qualquer momento, como realmente aconteceu pouco depois, atordoada pela pequena multidão dentro de casa, com seu uniforme do Colégio Marista São José, juntando-se a mim no desespero. Meu pai, meu pai, meu pai... onde estaria meu pai?

E foi assim que vi o coração da minha mãe explodir e espalhar para sempre seus fragmentos nos átomos do apartamento, da rua, do bairro, da cidade, do país questionado pelo grito de Renato Russo. As cinzas desse miocárdio estão nas células e veias de cada microssegundo de nossa vida.

DEZ ANOS ANTES, EM 1976

Não me lembro, por mais que me esforce, do dia daquela mudança. Tenho flashes de situações, sons e cheiros do apartamento na rua Félix da Cunha, na Tijuca. Ouço um rádio tocando os sucessos de 1976. "O que será?", de Chico Buarque, estava em 4.º, dizia o locutor enquanto Chico ia fazendo perguntas e dando respostas.

"...O que não tem remédio, nem nunca terá..."

O que para mim não tinha remédio era nos instalarmos naquele bairro carioca, vindos de Madureira, na Zona Norte, e Realengo, na Zona Oeste. O apartamento, dele me lembro bem, tinha uma sala razoável, dois quartos, sendo um com suíte e dependências de empregada. Eu — uma menina bem alta para os meus nove anos — achei tudo muito diferente, mas estava animadíssima com toda a mudança de vida. Eu e minha irmã, que contava cinco anos. Meu pai tinha acabado de ser aprovado como advogado em um difícil e desejado concurso público.

— Ei, neguinha! Quer brincar?

O prédio não tinha playground. Era na garagem que a garotada do edifício se divertia. Eu era muito boa de bola, pique-bandeira, queimado... e, por conta da minha altura, a turma dos garotos me disputava. Neguinha demorou algumas décadas para se tornar um apelido "carinhoso". Naquela época, era menosprezo mesmo, pejorativo até a tampa. Anos mais tarde pensei que um dos critérios para uma pessoa ser definida como negra poderia ser ter ouvido esse "Ei, neguinha!" naquele tom de voz que parecia preceder uma cusparada no chão.

— Na casa de quem sua mãe trabalha?

— Na casa de ninguém. A gente mora aqui. Acabamos de nos mudar.

— Fala logo! Em qual casa ela lava roupa? Tu mora no Salgueiro?

— Minha mãe é professora...

A turma do prédio se entreolhou incrédula e caiu na gargalhada. Não entendi. A curiosidade sobre nós cresceu quando descobriram que ela era mesmo professora, que éramos os novos moradores do segundo andar e que meu pai saía para trabalhar toda manhã, de terno impecavelmente vincado e elegantemente carregando sua pasta de couro. O rádio da vizinha repetia as mesmas músicas randomicamente, e Chico Buarque estava em alta. O refrão da quinta canção da lista de maiores sucessos era acompanhado com empolgação"... mas o que eu quero lhe dizeeer é que a coisa aqui tá pretaaaa..."A vizinha estendia as vogais, acompanhando com todo entusiasmo a voz de Chico dando por carta notícias ao amigo.

— Na casa de quem sua mãe trabalha?

— Ai, que garoto mais chato, já não te disse que...

Não era o menino do apartamento do lado que perguntava. Era uma das duas meninas que vinham descendo do morro do Salgueiro e me viram ali, uniformizada, na frente daquele edifício e esperando minha mãe, que voltara para falar alguma coisa com o porteiro. Nesse dia percebi que éramos estranhos para o pessoal do prédio e mais esquisitos ainda para a turma da favela, que tinha uma de suas subidas no final daquela rua. Nós éramos as peças que não se encaixavam em quebra-cabeça algum. Emprego novo, salário novo, bairro novo, apartamento novo, escola nova... No entanto, tudo aquilo tinha um cheiro rançoso, velho. Eu é que não sabia identificar naquele momento de onde vinha e nem tinha idade para isso, mas meu pai fez questão de localizar direitinho para nós de onde vinha o mau cheiro sem romantizar ou atenuar, pouco tempo depois.

Meu pai e minha mãe eram jovens, estavam na casa dos 30 e poucos anos e nós, suas filhas, éramos, como diziam, "fofinhas, lindinhas, educadinhas". Uma "família de anúncio de margarina" que jamais vimos, até a vida adulta, na televisão brasileira. Se a televisão da época topasse exibir famílias negras nos anúncios, nós certamente estaríamos lá. No restaurante, no cinema, nas lojas, no parque, na rua. Não tinha um lugar pelo qual nossa família passasse naquele bairro que as cabeças não se virassem curiosas, curiosas, curiosas.

— Ei, neguinha! Quer brincar?
— Eliana.
— O quê?
— Meu nome. É Eliana.

Falei isso sorrindo, quicando a bola e arremessando-a na direção de um aro improvisado em um canto na garagem. Só depois encarei aquele menino ligeiramente mais alto que eu, branco, de cabelos pretos cortados num estilo militar.

— Neguinha metida a besta!

Finalmente acharam uma categoria para nós: metidos a besta.

TIJUCA – CENTRO – REALENGO

> "…Mas é preciso viver/
> E viver não é brincadeira não…"
> ("Pecado capital", de PAULINHO DA VIOLA,
> 17.º lugar na lista de mais tocadas de 1976)

Meu pai trabalhava o dia inteiro no banco e ainda levava trabalho para casa. Minha mãe dava aula em duas escolas e ainda estudava à noite para se formar em serviço social na Universidade Federal do Rio de Janeiro. Os dois eram jovens, mas a rotina era puxada. Eu, como diziam, só tinha tamanho, e minha irmã nem isso, mal tinha saído das fraldas. Ficávamos muito com meus avós, em Realengo, mas era longe da nossa nova morada e era preciso dar um jeito de facilitar a rotina. Foi aí que, para desespero do garoto da garagem e do resto do prédio, um belo dia apareceu uma nova moradora na nossa casa: Rose, a empregada doméstica… branca.

Como disse, não me lembro do rosto e do nome de ninguém daquele edifício e daquele período, mas da Rose eu lembro perfeitamente. Era uma moça de uns 19 ou vinte anos, gorducha e bonita, de cabelos bem curtinhos. Ela era de Campos dos Goytacazes e sei lá por qual motivo estava no Rio de Janeiro. Não sei como ela foi parar lá em casa, mas ficou conosco um bom tempo, e eu gostava dela. Na verdade, por muito tempo a Rose era a minha única amiga naquele novo bairro que começava a me assustar. Eu achava engraçada a forma como ela ouvia no rádio uns artistas que a turma jovem da época já tachava de brega, alternando a cantoria com beijos que tascava na boca dos caras nos cartazes espalhados pelo quarto dela.

— Rose! Vou descer pra brincar.

— Está bem, mas não demora que daqui a pouco sua mãe volta.

Tirei com pressa o uniforme da escola e lá fui eu para a terra sem lei da garagem.

— Par.

— Ímpar.

— Eu escolho primeiro!

E os times iam se formando com os capitães escolhendo os melhores jogadores. Um giz dividiu uma área ao meio, um pé de chinelo posto no fundo de cada metade: as "bandeiras". Ganhava quem atravessasse o campo adversário, pegasse a bandeira e corresse de volta para o seu campo sem ser pego por ninguém do time adversário. Eu sempre corri muito e nessa época meu sonho ainda era ir para os Jogos Olímpicos para correr os 100 metros rasos. Não havia bandeira impossível para mim. Minhas pernas compridas e ágeis passaram por um, dois, três, quatro, driblaram cinco. Vitória! A molecada do meu time ainda gritava eufórica quando ele se aproximou ameaçador.

— Neguinha metida a besta!

Seus amigos me cercaram.

— Ô Eliana. Sobe pra tomar banho que tua mãe tá pra chegar, garota! – Era Rose no hall do elevador, segurando minha irmã pela mão e gritando para a entrada da garagem.

Subi, me arrumei e parti com ela para mais uma "viagem" rumo a Realengo. E era viagem mesmo, porque não tinha transporte direto. Íamos até o Centro e de lá pegávamos outro ônibus. Em algum ponto das quase três horas para chegar à Zona Oeste, meu pai sempre exagerava e soltava o "se estivéssemos na Europa, teríamos atravessado alguns países!" Minha mãe revirava os olhos, rindo. Ela devia pensar: "Como se algum dia ele tivesse ido à Europa!" A jornada até Realengo terminava lá pelas 19h, quando chegávamos ao portão da casa toda caprichosamente pintada de rosa. A hora boa e a tempo de ver a novela do momento.

> "… Cada cara representa uma mentira/
> Nascimento, vida e morte, quem diria/
> Até sonhar de madrugada, uma moça sem mancada/
> Uma mulher não deve vacilar…"
> ("Juventude transviada", de Luiz Melodia,
> 1.º lugar na lista de mais tocadas de 1976)

Francisco Cuoco era o motorista de táxi Carlão e Beth Faria era a amada dele, Lucinha, na novela *Pecado capital*, da Janete Clair. Minha avó, minhas tias, a criançada da casa e da rua, todo mundo parava para ver. Sempre que a Lucinha aparecia, lá vinha a música do Luiz Melodia, e meu avô, engraçado como sempre foi, se recusando a ver o folhetim, sentado à mesa de jantar, piscava o olho e mandava: "Se fosse vida real, era todo mundo preto aí. Acredita que essa mulher lava roupa todo dia, Lulu?!" Meu pai, o "Lulu", ria silencioso e concordava com um aceno de cabeça resignado.

Não dava mesmo para acreditar que a Beth Faria fosse quem ela era na novela, mas todo mundo acreditava porque dava menos trabalho. O que não dava para ninguém acreditar era que a Rose fosse nossa empregada na Tijuca… nem ela própria. E foi assim que um belo dia minha mãe cismou que ela estava querendo o lugar dela na casa e na cama do meu pai. E quando minha mãe cismava com qualquer coisa, ela ventava. É como diz o ditado africano: "O búfalo não avisa. Ele ataca."

O vento veio sem que meu pai nem soubesse do drama que estava acontecendo entre patroa e empregada. Ele virava noites estudando, escrevendo… Cansei de acordar para ir à escola e ver que ele ainda não tinha ido dormir. Descansava um pouco pela manhã, de umas 6h até as 9h, e saía para trabalhar sem hora para voltar. Uma bela noite, quando ele chegou, a Rose já estava varrida pelo "tsunami-mamãe" para outro planeta ou de volta para Campos, sabe-se lá... Nunca contei para minha mãe, mas a intuição dela estava certa. Ela farejou longe toda a encrenca. Algumas vezes vi Rose calçando seus sapatos e tentando experimentar suas roupas. Minha mãe era assim, ela não ficava esperando o problema acontecer e nem anunciando nada, resolvia com dois golpes e um porrete.

Não teve nada que a fizesse mudar de ideia. Implorei para chamar a Rose de volta porque ela era, fora da minha família, a única pessoa que eu achava que me tratava bem. Obviamente que só muito mais tarde entendi tudo o que estava em jogo ali e foi mais ou menos nessa época que um dia vi minha mãe com um semblante muito preocupado e ouvi a seguinte conversa:

— Toda criança é uma bênção...

— Quem sabe dessa vez o menino venha...?

O menino era o meu irmão, e os medos dela com a gravidez se justificavam. O arrocho salarial estava achatando a classe média, e o crescimento do país caiu de 14% para 5%, os números da economia não ajudavam e eles já tinham duas filhas pequenas, mas dinheiro não era nem de longe o principal problema. Minha mãe caiu num choro profundo, foi abraçada pelo marido e vou contar o motivo.

NOSSAS DORES DOEM MENOS. PARA QUE ANESTESIA?

Meu pai morava em Campo Grande e minha mãe em Realengo quando se casaram, nos anos 1960. Naquela área e naquela época só havia um hospital para atender toda a região: o Padre Olivério Kraemer.

— Ô garota! Desce daí! Depois quebra uma perna e vou ter que te levar pro Olivério Kraemer!

O perigo de ir parar naquele hospital estadual era uma ameaça constante na minha infância. Eu devia ter lá meus dois anos quando minha mãe engravidou de novo, levou um tombo, passou mal e foi parar aonde? Lá mesmo, no hospital que via mulheres parirem quase sem assistência, idosos que viveriam mais se estivessem em casa e gente com males simples, mas que podia sair de lá sem alguma parte do corpo ou com diagnóstico de paciente terminal. Foi neste repositório de gente que chamavam de hospital que ela teve seu feto retirado por "complicações". No corredor, do lado de fora, meu pai ouvia seus gritos, pois ela recebeu muito pouca anestesia... muito pouca aqui é um eufemismo, afinal, nossas dores parecem sempre doer menos. Para que anestesia? O feto era um menino.

Essa história de saúde é sempre um caso no nosso caso. Lembro-me de ser receitada com Gardenal no mesmo hospital e de usar óculos com três anos de idade, pois um médico me diagnosticou com um problema grave de visão. Queria marcar uma operação. Aí minha mãe e o vento que soprava sempre que ela sentia uma ameaça real, fosse a si mesma ou aos seus, me levaram a outros médicos, e meus pais gastaram o que não tinham. Um dos médicos disse: "Essa menina vai enxergar formiga atrás dos montes até a velhice." E cá estou eu, no caminho para a velhice apontada pelo oftalmologista, enxergando nada de perto, mas de longe... Olhe lá! Pode conferir. É uma saúva.

Voltando à gravidez, desta vez tudo seria diferente, assim pensavam meus pais. Estavam mais experientes, tinham mais condições... mas minha mãe já estava com quase quarenta anos, fato que, para o final dos anos 1970, significava uma gravidez de risco para alguém que já passou por duas gestações e um aborto. Foram nove meses tensos, mas, apesar dos receios, tranquilos. Um dia de setembro queriam dar uma festa e consultaram a médica, Dra. Leila, que por acaso era nossa vizinha.

— Podemos dar a festa, dra.?

— Sim, ainda demora.

O resultado foi que depois de comer uma bacalhoada daquelas, estava minha mãe e a família toda dando as boas-vindas ao meu irmão, na maternidade do hospital Beneficência Portuguesa. Tantos erros com a nossa saúde, eu pensava, só podia ser muita falta de sorte.

— A sorte, no Brasil, tem cor — disse meu pai.

MINAS TERRESTRES

A Dra. Leila, além de ter errado feio a previsão da chegada do bebê, alguma coisa não fez ou, mesmo em hospital particular, fez daquele jeito "cuidadoso" dos médicos do Olivério Kraemer, pois minha mãe pegou uma infecção hospitalar tremenda. Quando os pontos estavam quase se fechando, abriam todos outra vez. Ela sentia dores lancinantes, tinha febres, tomava antibióticos pesados... E nessa ocasião minha família decidiu apostar mais no nosso taco do que no dos hospitais e clínicas que pareciam atentar contra nossa vida cada vez que realmente precisávamos deles. Entre idas e vindas ao hospital, foi minha madrinha e seus cuidados quem curou minha mãe. E, cá entre nós, também umas rezadeiras lá de Realengo.

— Vocês estão aqui, nós estamos aqui, mas este lugar não nos pertence. Somos estrangeiros. Não nos querem aqui. Quero que se lembrem disso todos os dias!

Eu disse a vocês que meu pai um dia nos falou secamente de onde vinha a sensação de inadequação, o cheiro de coisa velha na sociedade que nos cercava. Este dia havia chegado, pois em algum momento famílias negras — aquelas que possuem alguma noção do que de fato acontece no Brasil e se importam com a vida de seus filhos — precisam ter "a conversa". Para mim ela aconteceu assim que nos mudamos para o bairro da Tijuca, no Rio de Janeiro.

A cidade estava apenas ensaiando virar o território retalhado por lutas dilacerantes entre policiais e traficantes. Viver ali não era necessariamente uma questão que preocupasse tanto. O lugar de onde viemos, aos pés do morro da Serrinha, em Madureira, ao contrário, já estava bastante complicado, porque tudo complica bem antes para quem está mais embaixo. Ser pobre é estar na vanguarda do problema.

O Brasil ainda vivia sob o jugo militar, e fomos viver em um lugar que, hoje sei, era um paiol. Depois do apartamento alugado, meus pais alcançaram a tão sonhada casa própria e o endereço do imóvel era vizinho do quartel Zenóbio da Costa, o famoso quartel do DOI-CODI, na Rua Barão de Mesquita. Todos os dias, o toque da alvorada era nosso despertador, não nos deixando esquecer que vivíamos quase dentro do batalhão e por isso era bom ter cuidado, muito cuidado.

Minha família teve os cuidados, mas foi silenciada por tantas violências cotidianas, apagamentos repetitivos, gestos rotineiramente engolidos e tão ardilosamente soterrados que, qual mina terrestre, um toque descuidado fez tudo ir pelos ares. Não pertencer a lugar algum nos faz caminhar a esmo e, sem o mapa do território estranho e minado, é quase impossível não acender a pólvora interna. É isso, é assim que se explode um coração.

Se o lugar em que estamos não nos pertence, qual o lugar que temos para chamar de nosso? Se não somos desejados, por que permanecemos? Se permanecermos, como nos defenderemos? E se nos defendemos eternamente, como não enlouquecemos? As perguntas latejavam em minha mente sem dar trégua. Quem disse que coisas subjetivas não matam?

Eu poderia seguir contando esta história e certamente continuarei em algum momento, mas por enquanto é suficiente dizer que depois dessa bomba que levou nossa mãe, corremos para buscar o mapa do território e o encontramos bem à mão, nas prateleiras que contam a história oficial do nosso país. Estamos até hoje na tarefa de desarmar estes explosivos. Achamos alguns meios, mas a principal ferramenta encontramos também bem perto: nossa ancestralidade.

As minas das opressões não deixam de explodir porque sabemos onde elas estão, mas, aprendi, depois do dia em que minha mãe partiu ao som de Legião Urbana, que temos como evitar que os estilhaços dilacerem o miocárdio que bate no nosso peito.

FILÓ FILHO

Filó Filho (Asfilófio de Oliveira Filho) é produtor cultural, documentarista, jornalista, engenheiro civil com MBA em Gestão Esportiva pela FGV-RJ e Pós-graduação em Marketing pela ESPM-RJ. Nos anos 1970, foi um dos mentores do Movimento Black Rio. Nos anos 1980, foi o apresentador pioneiro do Programa Radial Filó, veiculado "ao vivo" diariamente na extinta TV Rio, sob o comando do diretor Walter Clark. Mentor e diretor da Campanha para o Centenário da Abolição pelo MinC (Ministério da Cultura), com a produção de filmetes para as TVs aberta e Rede Educativa, envolvendo as gravações no Brasil e na África com artistas e personalidades como Gilberto Gil, Pelé, Zezé Motta, Abdias Nascimento, Ruth de Souza, Nei Lopes, Lélia Gonzalez, entre outros. Introduziu o basquete de rua no Brasil com a LUB (Liga Urbana de Basquete). Ocupou cargos públicos relevantes como Secretário Estadual de Esporte e Lazer, no governo do estado do Rio de Janeiro, e Presidente da Suderj, no estádio do Maracanã. Foi Diretor de Projetos Especiais e mais tarde Presidente do INDESP (Instituto Nacional do Desenvolvimento do Desporto) ao lado do Ministro Edson Arantes do Nascimento, Pelé. É Cidadão Honorário da Cidade de Atlanta (EUA) e Benemérito da Paz pelo Comitê Central da Paz — Iniciativa de Solidariedade a Serviços dos Direitos Humanos. É mentor e coordenador do Acervo Cultne, o maior acervo digital de cultura negra da América Latina, e diretor do programa de televisão "Cultne na TV", veiculado semanalmente na TV Alerj no estado do Rio de Janeiro.

CAVALO, CAVALEIRO E GRAMA...

Eu conheci o velho ancestral seu Sebastião, um negro forte, bonito, sábio, falante no alto dos seus anos de sapiência. Protagonista de muitas histórias vividas ao longo de várias décadas em sua última encarnação, após muitas horas de papo, ele me encheu de conhecimento, de esperança e de fé. Lá fui eu para o alto da serra, onde ele vive fugindo da pandemia de Covid-19.

— Meu jovem, estou fora da grande cidade, onde a violência e a criminalidade cresceram assustadoramente. E ainda chega esse tal de coronavírus, assustando a gente, os velhinhos e as velhinhas... Prefiro ficar aqui no meu canto, curtindo a fauna e a flora, comendo de vez em quando um torresminho e bebericando uma purinha. Sou do tempo em que o preto não tinha nome, era só apelido. Atente para o fato que principalmente entre os anos trinta e cinquenta, mas não apenas nesse período, era muito comum uma pessoa negra receber um apelido e se acomodar, assumindo nomes como Blackout, Cartola, Jamelão, Nega Fulô, Chocolate, Pixinguinha, Donga, Mussum, Pelé, Tião Macalé, Mão de Vaca, Madame Satã e outros. O negro subiu nas artes e nos esportes, mas ficou só nisso. Mesmo assim alguns ficaram conhecidos pelos seus nomes estelares. Na música, Elizeth Cardoso, Gilberto Gil, Erlon Chaves, Wilson Simonal, Elza Soares, Clementina de Jesus, Jorge Ben Jor, João Nogueira e outros e outras. Na literatura, a saudosa Carolina Maria de Jesus. Na justiça, na tecnologia e na política gravaram seus nomes André Rebouças, Luiz Gama, Machado de Assis, outros tantos. Imagina Milton Nascimento! Não teria esse nome em um passado não tão distante, seria apelidado talvez como o Neguinho Metáfora, dada a subjetividade de sua poesia. Mas graças a todos eles, apelidados e nomeados, você é chamado por Asfilófio.

— Verdade, meu velho...

— Veja bem, vou contar como as coisas estão mudando, sem que percebam. Neste país em que se pregava a democracia racial, os negros tiveram que se rebelar em seus vários movimentos. Cada um do seu jeito... No final do século XIX, as regiões próximas ao porto do Rio de Janeiro, os bairros da Gamboa, da Saúde e do Santo Cristo abrigaram escravizados libertos ou alforriados; muitos deles vinham da Bahia, fugindo do ciclo do café e dos maus-tratos nas fazendas e nos engenhos nordestinos. Vir para o Rio de Janeiro foi a saída de muitos negros e negras como as "tias baianas", responsáveis pela história do samba e do candomblé no Rio de Janeiro. Entre elas, a mais famosa, Hilária Batista de Almeida, conhecida como Tia Ciata, considerada a "mãe do samba" por reunir em sua casa a nata de sambistas da época. Foi na casa dela que aconteciam as famosas reuniões de bambas com João da Bahiana, Donga e Sinhô.

— E o racismo naquele período, meu velho?

— O racismo era nítido, tal qual esse que aí está. Os negros eram tratados a ferro e fogo pela imprensa e, principalmente, pela polícia, que classificava as manifestações culturais, como os ranchos e as rodas de samba, como "ambientes não civilizados e bárbaros". Mas a "ancestralidade" — sempre ao nosso lado — mais uma vez atuou para que as coisas se amenizassem depois que Tia Ciata curou uma ferida na perna do presidente da República, Wenceslau Brás. Conhecida curandeira e respeitada por autoridades, Tia Ciata cuidava em domicílio de doentes e de enfermos, criando uma rede de articulações políticas que atenuava a perseguição pela polícia que, na época, invadia as casas das tias e prendia seus convidados, enquadrando todos eles nos artigos 399 e 157, do Código Penal de 1890, por crime de vadiagem e por crime contra a saúde pública (magia, espiritismo, cura de doenças). Nesse contexto, as matriarcas eram as grandes geradoras da identidade cultural na cidade do Rio de Janeiro. Pude ver de perto o empenho de Ciata vendendo doces no seu tabuleiro, organizando reuniões em seu quintal e até alugando roupas de luxo para outras baianas, para ajudar o marido João Batista da Silva, que lutou, sem sucesso, para concluir o curso de medicina iniciado na Bahia, estado onde também nascera.

— Quer saber, seu Sebastião... Eu fui o primeiro da família a ter um curso superior, no início dos anos 1970, em plena ditadura militar brasileira. Estudei em escola pública do primário ao ginasial, onde negros e brancos dividiam o mesmo espaço. O senhor imagina a minha responsabilidade em ser o primeiro a conseguir o famoso "canudo" e logo em engenharia civil. Eu, filho de uma empregada doméstica e de um mecânico de automóveis semianalfabetos. Foi dureza, mas compensador ver a alegria de meus pais, e lembro que seu Sereno, apelido do meu velho pai, Asfilófio de Oliveira, me deu um anel de formatura de 18 quilates em pedra safira azul por ter conquistado o primeiro diploma da família. As lágrimas desceram com tamanha felicidade em devolver tudo que investiram em minha formação e em minha educação, desde o meu nascimento numa casa de vila na rua Assunção em Botafogo, Zona Sul do Rio de Janeiro.

— Escuta, meu jovem, gostei desse nome, como é A.S.F.I.L.Ó.F.I.O... De onde saiu isso?

— Eu soube o significado recentemente, já adulto. Meu avô, Josino Bonifácio de Oliveira, nasceu alguns anos após a abolição da escravatura e se formou com um médico de origem grega na profissão que hoje chamamos de legista. Naquela época, a medicina legal era exercida por um médico e um prático, que compunham uma dupla profissional. O fato de estarem juntos por muito tempo fez com que firmassem uma amizade e levou o médico grego a batizar o primeiro dos filhos do meu avô. Seu Josino, além disso, homenageou o velho amigo e escolheu para a prole os nomes de origem grega Benjamim, Aristóteles e Asfilófio, sendo o do meu pai formado pela união das palavras As [dois]; filo [amigo]; fio [fiel]. Ou seja, dois amigos fiéis.

— Caramba! — exclamou seu Sebastião. — Isso é Cavalo, Cavaleiro e Grama...

Entre baforadas e goladas de café servidos na caneca e no bule de ágata esmaltado, seu Sebastião se diverte com o a origem do meu nome. Eis que surge uma senhora no portão, oferecendo um cesto de fruta-pão para o café da manhã. Ele recebe o mimo, retribuindo com uma dúzia de ovos fresquinhos de sua granja barulhenta lá no fundo do quintal cercado de verde. Chiquinha, a cozinheira da casa, interrompe o nosso papo perguntando ao seu Sebastião se poderia tirar uma carne de porco da lata de banha para servir no almoço. Ele consente e ri da minha cara de espanto ao perceber que na roça a carne é conservada dentro da própria gordura do animal abatido, mantendo os nutrientes e a qualidade do alimento. Era assim no tempo da escravatura, permanecendo até os dias atuais em algumas casas que ainda não dispõem de energia elétrica por opção dos seus moradores, como a do seu Sebastião.

A tal da pandemia havia chegado em nossas vidas, mas nada que afetasse o seu Sebastião que vivia ali isolado e distante das agruras da sociedade. Eu preciso saber dele o que encontraremos no mundo pós-pandemia. O seu conhecimento será fundamental para o meu entendimento do novo normal em pleno 2020.

Às seis da tarde o sol se põe, oferecendo o sinal de que o jantar está na mesa. O sabor do tempero de Chiquinha é inigualável e me leva a puxar um novo assunto com seu Sebastião, que se mostra feliz com a minha presença. Começo a falar sobre como era resistir num tempo em que ser negro era difícil até dentro da própria casa. Conto para ele que entre meus familiares, ninguém ousava falar de racismo e que muitas vezes quem levantasse essa questão era repreendido e aconselhado a esquecer o assunto. Na minha infância, a família se reunia no final de semana na casa da mais velha matriarca para comer e para se divertir ouvindo a música que saía da vitrola ou das serestas dos cantadores de plantão. Na mesa longa, todos comiam e conversavam sobre inúmeros temas, até que os mais novos, incomodados com o cotidiano racista em que viviam, indagavam sobre o que deveria ser feito para alterar o status da época. Os mais velhos desencorajavam os mais novos, dizendo que o racismo estava na cabeça de cada um e que viam com normalidade o comportamento racista da sociedade branca.

Os discursos eram os mesmos em relação a casamentos com pessoas brancas que eram estimulados "para melhorar a raça" e, por aí, rolavam os "aconselhamentos" típicos de quem se acomodava com a discriminação. Os mais bem-sucedidos profissionalmente na época cursaram no máximo o magistério e, como professores, formavam o topo da pirâmide familiar ao lado de enfermeiros e de enfermeiras, alguns com o cargo de Chefe de Enfermagem. Era a glória chegar nesse patamar nos idos dos anos 1950 e 1960, sendo assim possível o sonho da casa própria na Zona Norte e na Zona Oeste do Rio.

Os olhos de seu Sebastião brilham quando começa a falar do tempo do bonde que circulava pelo Centro, pela Zona Sul e pela Zona Norte da cidade. Rapidamente, ele cita um dos seus pontos preferidos de encontro da rapaziada.

— Tudo acontecia ali no Tabuleiro da Baiana, como era conhecido o terminal de transporte urbano no Largo da Carioca, onde hoje fica o Edifício Central. O *point* da Carioca era popular pela reunião da nata da boemia, graças aos quitutes dos tabuleiros, ao circular do bonde, às cabrochas e à cerveja gelada no bar da hora. Às sextas-feiras, o fervo era total. Lembro-me bem de receber aos 18 anos um convite para acompanhar os mais velhos boêmios ao Maximus, um salão de dança onde só entravam os bambas. E lá fui eu dançar e furar o cartão, literalmente. Isso porque era hábito que as damas contratadas pela casa noturna bailassem com você e furassem um cartão a cada dança. No final da noite, quanto mais furinhos tivessem, mais elas colocavam uma grana na bolsa. Genial a energia do local, que, com certeza, não era para amadores. Começava ali o meu aprendizado da noite carioca.

Finalmente, sai mais um rango quentinho servido numa panela de barro trabalhado com carinho por Chiquinha, que colocou todo o seu amor no tempero. Seu Sebastião me oferece um aperitivo para abrir o apetite com uma maravilhosa batida de jenipapo, que desce suavemente. Eu estou doido para perguntar a ele como era sua relação com ancestralidade, sendo ele um adepto das religiões de matrizes africanas. Mando na lata.

— O senhor foi iniciado na força dos Orixás?

— Orixá é energia, meu jovem. É um vento de amor e de paz moldado pelo sagrado, em que os iniciados se conectam com os orixás energeticamente, reverenciando-os por meio de danças, de cantos e de oferendas. Os negros escravizados trouxeram toda a força ancestral para a diáspora negra de várias formas e em vários lugares. Mas foi no atabaque a conexão de todas essas culturas — mesmo quando ele não é explícito ou generalizado, como no caso dos Estados Unidos — , que os negros preservaram e reconstruíram o canto e o corpo ritmado em sua vida. Aqui no Brasil, o atabaque pulsa forte no candomblé e na umbanda e, no Uruguai, com o candombe, ritmo proveniente da África, que tem sido parte importante da cultura uruguaia por mais de duzentos anos.

— Entendi, meu velho. Trazendo para os dias de hoje, em pleno século XXI, a comunicação é um fenômeno inerente às mais diversas interações humanas. Entre os africanos e os afrodescendentes o tambor foi fundamental — asseguro para seu Sebastião.

Ele sacode a cabeça, serve-se da janta quentinha e fala:

— Cultive sentimentos nobres e siga em frente na busca de lampejos de sabedoria de grau superior para vencer os demônios que o habitam e fazem com que desista do caminho da luz. Neste momento de pandemia, os seus demônios, e também aqueles que não são seus, estão mais do que presentes atuando em todo o universo. Mas, ao mesmo tempo, a humanidade tem a oportunidade de reconstruir o equilíbrio da harmonia planetária.

Durante o jantar o papo se restringe entre as garfadas e as boas doses de vinho. Ao final, sinto-me satisfeito e agradecido pelo belo alimento. Já fora da mesa, vamos para a varanda, onde meu anfitrião senta-se numa confortável cadeira de balanço e, descontraidamente, acende o seu inseparável cachimbo. Do lado de fora, no jardim da casa, ouvimos uma voz de um jovem no auge dos seus vinte anos, membro de uma família negra de origem cristã, vizinha ao sítio de seu Sebastião. Jamil vem dar boas-vindas ao vizinho de volta àquelas bandas depois de muito tempo.

— Sou eu, Jamil, filho de dona Cotinha e seu Jacinto.

— Ao entrar, ele se surpreende com o local onde os símbolos e as imagens das religiões de matrizes africana se impõem, na decoração ou nas guias coloridas e reluzentes que seu Sebastião usa no seu dia a dia.

Seu Sebastião chega até Jamil e, docemente, o surpreende.

— Olá, Jamil!

— Oi, seu Sebastião...

— Jamil, perdoe-me a invasão à sua particular reflexão, mas observei que não está confortável dentro desta casa. Digamos, assim, politeísta... Mas é uma casa do bem, Jamil... procura ser acolhedora. É com esse sentimento que me permito interromper o seu silêncio.

— Mas eu estou bem, seu Sebastião.

— Tá vendo? É um menino gentil, vê-se que muito bem-criado. Jamil, está diante de um velho, não se sinta avexado em se abrir um pouco comigo. Eu ficaria honrado.

Jamil se encoraja a falar:

— Minha família também foi seguidora dessa crença de vocês, mas conhecemos o Senhor e, hoje, somos cristãos.

— Pois é Jamil, nós também somos, respeitamos o Deus de Abraão, o Criador de todas as coisas. Mas consideramos também a Sua corte africana, pois achamos que isso O agrada.

— Seu Sebastião, me desculpa, mas adoração de imagens vai contra a lei de Deus. Está na Bíblia.

— É um equívoco, querido Jamil, não adoramos imagens. Filhos do Criador, somos herdeiros da capacidade criativa. O que, comumente, chamam de imagem é arte. Isso, adoramos contemplar.

— É muito bonito o que o senhor diz, mas me desculpe seu Sebastião, é por causa dessas crenças que o fim do mundo é próximo. Os sinais dos tempos estão aí, só não os vê quem não quer. Quando a Terra se partir ao meio, só os escolhidos receberão o acolhimento do Senhor. Está na Bíblia que quem é temente a Deus não tem tempo a perder.

— Querido Jamil, é preciso cuidado e um pouco de lógica. O querido Deus de Abraão é o orientador e vai cuidar do povo que veio do jovem casal, os queridos Adão e Eva. Não viemos da linhagem desse emblemático casal que não se parece em nada conosco, a fila em que nos posicionamos é outra.

Depois de algum tempo de silêncio, a conversa continua.

— Jamil, pensemos juntos... Digamos que você tenha razão. Somos uma criação de Deus, não é verdade?

— Sim, sim, seu Sebastião.

— E a Terra, quem a criou?

— Criação de Deus, também.

— É verdade, Jamil. Eu vou confessar para você um pecado capital, morro de inveja daqueles caras... Gagarin, Armstrong. Eles, olhando a Terra de longe, não viram os países, as fronteiras e muito menos nenhum de nós. Constataram que parece que a gente nem existe. Eu queria ver isso. Querido Jamil, a Mãe Terra é uma criatura muito mais sofisticada que nós. Se Deus nos quer bem, imagine o quanto de amor devotou ao inaugurar esse planeta tão lindo.

— Aí nós estamos indo para poesia, né, seu Sebastião? Mas que o mundo vai acabar, não tem jeito. Está escrito e não é poesia não...

— Querido Jamil, sem poesia, nada existe. Bom, isso seria uma longa conversa, mas concordamos em alguma coisa. Porém, penso um pouco diferente de você. Acho que quando o mundo acabar, não será como naquela máxima que muitos apregoam de que "de dois mil não passará". Talvez, não tenhamos percebido, mas o mundo já até acabou. Estamos na construção de um outro, com mais liberdade, mais respeito, mais conhecimento, mais amizade...

— De novo a poesia, né, seu Sebastião, tudo bem. Agradeço a sua preocupação comigo, mas não posso deixar de dizer uma coisa para o senhor. Gostei muito de sua família, a única coisa que falta a vocês é o conhecimento da palavra de Deus. Vocês são uma das últimas famílias de cor que ainda seguem essas superstições de antepassados. Essas ilusões estão com os dias contados... Não tarda, essas crendices têm fim. Vou orar por vocês.

Eu, quietinho, ouço o diálogo dos dois, viajando em meus pensamentos.

— Jamil, apenas uma pessoa que não esteja em sã consciência rejeita uma oração. Fique à vontade, meu filho. Sinto muito não ter mais a condição necessária para uma boa conversa até ao amanhecer. Preciso dormir um pouco. Obrigado por sua gentileza.

Seu Sebastião aperta a mão de Jamil, se despede e, apoiando-se na bengala, dá os primeiros três passos na direção do quarto. De repente para, vira-se, por segundos, olha nos olhos do rapaz e diz:

— Jamil, meu gentil menino, o que chama de crendice é herança. E, já que muitos de nós abrimos mão dela, procure observar o testamento dos nossos ancestrais, serenamente se doando a outras etnias. Tenha uma boa noite, menino. A casa estará sempre acolhedora. Leve o meu abraço aos seus pais e diga a eles que espero vê-los em breve.

Jamil despede-se de todos nós e sai com os seus neurônios em brasa após o embate com o sábio Sebastião. Ele me convida a pernoitar em sua acolhedora casa.

— Será um prazer, meu velho, passar mais um tempo ao seu lado.

— Eu durmo cedo e acordo cedo, sigo o velho hábito da roça. Eu, mesmo estando na cidade por um bom tempo, sempre dormi mais cedo. Nunca fui adepto de televisão, no máximo um futebolzinho de antigamente quando torcia para o alvirrubro Bangu Atlético Clube.

— O senhor se refere ao Bangu do Estádio Moça Bonita?

— Sim, um dos clubes mais tradicionais do futebol do Rio de Janeiro, pioneiro do futebol nacional a contar com jogadores negros e operários em seu elenco. Nos primórdios, o futebol no Brasil era ainda mais elitista. O Bangu A.C. foi o primeiro clube de futebol a ter vínculo com uma escola de samba, a Unidos de Bangu. Os seus maiores ídolos foram os memoráveis Zizinho, Zózimo, Domingos da Guia, Ladislau da Guia, Marinho, Paulo Borges, Ubirajara Motta, entres outros. Bem, até amanhã Asfilófio, durma bem.

— Até amanhã — respondi. E lá fui eu, meio curioso, com o fato de que estaria pernoitando num lugar sem luz elétrica, tendo as poéticas luminosidades do luar entrando pelas brechas da janela e do pequeno candeeiro dentro do acolhedor quarto da casa de seu Sebastião.

O galo cantara duas vezes no meio da madrugada me surpreendendo durante o sono. Pela manhã, ainda sem entender muito aquele começo de dia na roça, faço o meu asseio e parto para o café da manhã com seu Sebastião, que me saúda com o carinho de sempre.

— Bom dia, jovem. Dormiu bem? Pude perceber que sim, porque um som grave e constante vinha do seu quarto durante a sua dormida — comenta seu Sebastião aos risos.

— Creio que sim, mestre. Confesso que ronco um pouquinho — afirmo também sorrindo.

— Chiquinha, minha filha, serve um café para ele. Você come fruta-pão?

— Eu não sei o que é.

— Essa fruta contém uma polpa amarela, rica em amido, calorias, carboidratos, água, vitaminas, cálcio, fósforo, ferro e tem baixo teor de gorduras. Ela é de origem asiática, muito comum aqui no Brasil, e pode ser consumida cozida ou assada. Você vai gostar.

— Meu velho, fiquei pensando na sua conversa ontem com o Jamil.

— É, percebi que ele não estava nada à vontade no nosso ambiente. Eu imagino o porquê.

— É verdade, o menino Jamil acha que lidamos com feitiçaria.

— Agora, você veja só... No antigo Egito, o querido Moisés, insatisfeito, vendo sua gente sendo escravizada, meteu uma bronca forte pra instaurar a abolição, uma espécie de lei áurea, e tirar sua turma de lá. O faraó, aborrecido, para não ficar no prejuízo, saiu atrás dele.

Com o Mar Vermelho à sua frente, Moisés, sem ter para onde correr, com um gesto fez o mar se abrir. O pessoal dele passou tranquilo. Quando a turma do faraó ia passar, a água veio de novo e engoliu todo mundo. Que mandinga pesada é essa? Mas o menino Jamil compreende isso como uma outra coisa. Meu jovem, é uma pena, mas não tive como argumentar com ele...

— Seu Sebastião, eu sei o que é isso. Alguns amigos, por se converterem a outras religiões, cortaram relações comigo.

— Meu jovem, tem gente que deseja o fim do mundo para fazer vingança. Isso é coisa de criança que cava castigo, é rabo, é cegueira, é valsa, é brincadeira. Mas essas coisas me entristecem, porque Jamil é um menino legal. Sinto muito não conseguir manter uma relação tranquila com ele. Mas, o chazinho de camomila, ao me recolher, substituiu bem umas duas ou três doses de um bom escocês a caubói para acalmar a mente...

Enquanto seu Sebastião, novamente, divaga, eu sorrio encantado com sua sabedoria.

— Liberdade é a coisa mais difícil do mundo. A liberdade de ir e vir, uma lei ou outra dão conta. A do pensamento, só depois de muitas reencarnações. Crer é cômodo, difícil é ter dúvidas. Meu caro jovem, estamos vivendo uma recém-nascida Idade Média, digamos assim, "idade média pós-moderna" de sete meses pandêmicos... Asfilófio, querido, recorde-me: que profissão você escolheu, mesmo?

— Eu me formei em engenharia.

— Bela escolha. Posso recomendar alguma coisa para você?

— Claro, seu Sebastião.

— Então, tomo a liberdade de estender a todos os jovens negros esse meu conselho. Seja qual for a profissão escolhida, o brilhante anel de grau os fará brasileiros, verdadeiramente doutores, se juntando ao brilho da aliança com os saberes de Carolina Maria de Jesus, Abdias Nascimento, Darci Ribeiro, Milton Santos, Nei Lopes, Suassuna, Lélia Gonzalez. E estamos conversados. Vamos agora a um pequeno intervalo, preciso ingerir alguma coisa levemente alcoólica.

Chiquinha entra no recinto e fala:

— Seu Tião, olha quem tá chegando! É Benedito, seu amigo de prosa.

— Salve, meu povo, que os Orixás "abençoe" a todos. Vim para continuar minha prosa com você Tião, que não ousará me deixar de fora de sua degustação alcoólica.

— Seja bem-vindo, amigo Benedito. Sua presença enche essa casa de sabedoria.

Fico admirando aqueles guardiões dos nossos saberes ancestrais.

— Benedito, esse é Asfilófio, um jovem que eu admiro muito e que deseja conhecer o passado para enfrentar o futuro pós-pandêmico. Pode chamá-lo de Filó, como é conhecido entre os seus.

Agradeço a apresentação e retomo a conversa interrompida.

— Seu Sebastião, retomando nossa conversa sobre saberes... Gostaria de indagá-lo sobre um assunto bem caro para nós. O que o senhor pensa sobre as cotas para negros nas universidades?

Passando, lentamente, os dedos pelo rosto, seu Sebastião responde:

— Aumentou de forma considerável a população de tinta forte no quintal da mãe gentil, pátria amada, Brasil. Isso é bom! Grandes empresas, para continuarem lucrando, terão inevitavelmente que se adequar ao atual e aos próximos recenseamentos. No cinema, na televisão, já há um pequeno contingente à frente das câmeras, mas quase nada por trás delas, dirigindo, escrevendo, roteirizando. Sem esses, como dissipar os constantes equívocos sobre o nosso peculiar modo de viver? As cotas proporcionaram um grande salto acadêmico para os negros na graduação, mas falta ocupar os cursos de pós-graduação e os cargos altos. Sabia, meu filho, que, embora tenhamos muitos advogados negros formados, só 1% é contratado pelas empresas de direito?

— Concordo com o senhor. Faltam negros em muitos postos, principalmente nas lideranças. São poucos negros nos representando no Judiciário, no Executivo e no Legislativo. Isso me lembra de Mandela. Tenho bastante material que gravamos na época em que ele aqui esteve enquanto presidente do Congresso Nacional Africano, em 1992, quando cerca de 50 mil pessoas o recepcionaram na Praça da Apoteose, no Sambódromo no Rio de Janeiro. Eu acho que o senhor pode me ajudar falando da repercussão dos trabalhos de Mandela e de Desmond Tutu, cuja visita também tive prazer de registrar, aqui no Brasil.

— Meu jovem, acho que não só no Brasil, eles se tornaram referências para o mundo inteiro.

— É, preciso concordar. O resultado na África do Sul foi bem diferente do obtido em outros países africanos. Mandela não expulsou os colonizadores.

— Asfilófio, o Brasil se tornou independente no século XIX. A maioria das nações africanas só conquistaram sua emancipação no fim do século XX. Patrice Lumumba, Samora Machel, Léopold Senghor, Agostinho Neto os expulsaram por necessidade. Não havia outra solução, fizeram o que tinha de ser feito.

— Talvez, meu velho, o continente africano precise de mais Mandelas. O genocídio em Ruanda, no Sudão. Negros matando negros… Como compreender essa barbárie, seu Benedito?

— Filó, amarelos se matam na Coreia, no Vietnã, na China. Brancos na Irlanda, na Espanha, na Alemanha. Episódios assim sempre são chamados de conflitos ou guerras, enquanto na África são chamados de barbárie. Existem diferenças étnicas em muitas nações africanas, mas quando a gente procura saber direitinho, vê-se que os conflitos são insuflados por interesses nas riquezas do solo ou na posição geográfica estratégica de alguns países. Precedendo os ritos sangrentos nas nações africanas, confrontos silenciosos e frios por acúmulo de capital se instauram em nações europeias.

— É verdade, seu Benedito. A coisa é muito mais complexa do que a gente imagina.

— É o homem, meu jovem, leva tempo… Um dia se resolve. E digo mais, resolve-se quando dermos a mesma relevância à lista dos salvos por Paul Rusesabagina em Ruanda quanto à heroica lista dos salvos por Schindler na Alemanha.

Rola um breve silêncio entre eles. E retruco, empolgado, com toda a explanação sábia que me proporcionam:

— Seu Benedito, o senhor já esteve na África, certo? Qual foi a sua sensação ao pisar nesses lugares?

— Já estive em vários países, meu filho. Em Angola, senti-me em casa. Em algumas nações, a surpreendente percepção de que no Brasil há muito do que nelas se perdeu. O mais admirável foi conviver, num mesmo encontro, com negros de mais de setenta anos de idade em Angola, em Moçambique, com terceiro grau, pós-graduação, falando vários idiomas. Coisa rara no imenso contingente de negros do Brasil.

— E a que se deve isso, seu Benedito?

— Filó, talvez fôssemos a mais próspera nação do mundo se a elite brasileira, por um rasgo de inteligência, fosse menos cruel.

— Um amigo, achando que sou o cara, quis saber sobre minha árvore genealógica. Mas como? Qualquer documentação antiga a nosso respeito se não virou cinza, quem escondeu não sabe nem mais onde enfurnou tais registros.

Seu Sebastião coça a cabeça e fala:

— É, meu jovem, a gente procura, procura, mas caminha no vazio. São frágeis os fios de informações, os fragmentos, no máximo, uma ou outra antiga canção. O que aparece mais é um ou outro capitão do mato vendendo perícias no mercado. "O Brasil respeita as diferenças, somos uma democracia racial, aqui tá tudo legal" e outras coisitas e tal. Mas dei meu jeito…

Sebastião, assumindo altiva postura.

— Falei sobre Ogima Gingoba, o grande sacerdote nagô, trazido como escravo para o Brasil.

— Que sacerdote é esse, meu velho? — indago.

— Meu Kunta Kinte, pior é que colou. Aí, continuei mandando o que vinha na cabeça e versando no ato, dissertei que nem um griot. "O sacerdote Gingoba, com Mauricéia fez amor e gerou Vitória… Vitória, com Pedro se casou e Isidoro foi um dos filhos que nasceram desse amor… Ana, a bela portuguesa que amou Isidoro foi, em castigo, confinada em sanatório por ter parido alguém de sangue nagô… Penha, a menina filha de barriga lusitana, tal qual a mãe, gostava da pele africana, com Gregório a mestiça se casou… Nasceu João da Mata desse novo matrimônio… E, aí por diante, passando por judeus, por mouros, por indígenas, por padres, até chegar à minha pessoa…, ainda mandei: *Veritas quae sera tamen.*"

Bonito isso, Tião, muito bom.

— Mas, não parei por aí… Eu disse que, quando me fosse autorizado, os levaria a uma gruta secreta no interior das Minas Gerais, onde estão guardados tesouros da nossa gente.

— Que tesouros são esses, que gruta é essa, Tião?

— Gruta das Kalungas. Falei pra eles que em um quilombo de remanescentes de Chico Rei preservamos o que foi possível guardar da nossa história.

— E o que nós guardamos lá, mestre? — indago um pouco inquieto.

— O que eu e Benedito não encontramos no Museu do Negro no Rio: o lenço de Dandara, o tambor de Zumbi, a lança de Gangazumba, também a pena de Castro Alves, a régua de André Rebouças, a mordaça de Anastácia, a farda de Machado de Assis, o xale de Patrocínio etc.

— E acreditaram nessa sua maluquice, Tião?

— Depois que trouxeram as esposas e os filhos pra me ouvir e, em agradecimento pela preservação da cultura brasileira, deram-me uma medalha de honra. Até eu tô levando fé. Na cerimônia de entrega, discursei: "Recentemente, foram levados pra Gruta das Kalungas alguns novos tesouros..."

— Que novos tesouros são esses, Tião?

— A batuta de Chiquinha, o lápis de Pixinguinha dentro do lenço de Clementina, a rosa de Cartola e aí por diante.

— Querido amigo, não tenho dormido direito. Estou com um problema sério. Acho que vou ter que montar essa gruta...

— Tião, só você para inventar um negócio desses, pior é que ainda tem quem acha que você declinou do compromisso com a ancestralidade.

— Como assim, Benedito?

— Comentei com uns amigos que você tinha vindo pra cá. Um deles, decepcionado, me disse: "Pô, Tião negando a raça? Morar em terra de cara pálida? Quando o bicho pegar, ele volta rapidinho, não vai aguentar o tranco."

— Benedito, essa é uma problemática séria. Contigo posso falar que você é cabeça feita.

"Há uns quinze dias, naquele restaurante lá no pé da serra, fui apresentado a um negão de um pouquinho menos tinta que nós dois, oficial militar aqui da cidade. Aí, disse pra ele: 'Agora sou seu vizinho, tô morando lá no topo da serra.' Porém, quando falei o endereço, ele fez cara de preocupação e me disse: 'Seu Sebastião, aconselho o senhor a procurar um outro lugar, esse bairro é área nobre, o pessoal de lá não gosta da gente.'"

— E aí, Tião?

— E aí, nada. Vou falar o quê? Se ele fosse um menino, eu levava a conversa adiante. A única coisa que disse pra ele é que a falecida tia Ambrósia — que Deus a tenha —, apesar de não ter cursado a faculdade, tinha sonhos eróticos com Waldick Soriano, Mauricio de Nassau, Toni Tornado, Chico Buarque. Mas o melhor mesmo é que, além disso, fazia um bolinho de aipim com carne extremamente saboroso.

— E ele?

— Pediu a receita…

Depois da boa gargalhada dos dois, Benedito esconde os dedos que lhe faltam e Sebastião escorrega a mão pelo rosto.

— Tião, tá tudo legal, mas sei que o Rio faz falta para você. Não há lugar como aquele. Fala sério!

— É, de vez em quando me vem o banzo, quando forte, quase sinto a miserável sensação de dor dos que vieram pra cá como mercadoria. Mas o banzo logo passa. Vou ao Rio quando quero. Tenho o mapa e migrei por minha própria conta. E, de dia claro, enlouqueceria se fosse na escuridão do negreiro. Sem falar no tal do coronavírus.

— Eu também, Tião. Um dia desses, um amigo judeu me disse: "Benedito…, a diferença entre o trem de Auschwitz e o navio tumbeiro… é que um foi fotografado, o outro não…"

Sem dar uma palavra na prosa, divirto-me com as histórias dos dois griôs. Mas já é hora de retomar minhas dúvidas sobre o que fazer após esta pandemia que parou o planeta. Na minha opinião, apenas aqueles anciãos poderiam me oferecer um norte em tal momento de dúvidas e incertezas.

Para minha surpresa, seu Sebastião me pergunta:

— Asfilófio, meu filho. Você como um iniciado nas religiões de matrizes africanas. Como entende este momento de pandemia no mundo?

Paro por alguns segundos e explano:

— Entendo que esse momento é uma oportunidade para que a humanidade se reequilibre e para que cada indivíduo obtenha a sabedoria interior se aproximando o máximo da luz. Nós, iniciados na espiritualidade, sabemos da importância da tríade presente em cada um de nós, que compreende o plano físico, o espiritual e o astral. A comoção global com o assassinato de George Floyd nos Estados Unidos e as recorrentes mortes de jovens negros no Brasil, como os casos de João Pedro Mattos, de Matheus Oliveira e dos meninos assassinados pela polícia militar com 111 tiros em Costa Barros, bairro da zona Norte do Rio de Janeiro, acumuladas à propagação da

Covid-19 pelo mundo, fizeram com que a luta antirracista não seja mais forjada apenas por negros. Muitos brancos foram para as ruas no mundo todo se posicionarem contra o racismo. Aqui, no Brasil, tivemos em várias manifestações a presença de uma juventude antenada de negros e de brancos, combatendo a violência policial contra essa mesma juventude, em especial aos jovens negros. Não podemos esquecer a intolerância religiosa que as religiões de matrizes africanas vêm sofrendo ao longo dos anos.

— E o que você propõe para alterar esses paradigmas, meu jovem?

— Seu Benedito, eu, como um jovem não tão jovem, vejo que a minha geração pavimentou o caminho para os mais novos do que eu, cabendo a eles a grande virada de mesa. Minha geração e as que me antecederam surfaram nas ondas da cultura e do esporte, cunhando artistas e atletas que nos encheram de orgulho. Eu mesmo, nos idos dos anos 1970, utilizei a *Soul Music* americana como ferramenta de resgate do orgulho negro, da autoestima e da identidade negra junto a juventude na época, em pleno período de ditadura militar em nosso país. Nos dias de hoje, com o advento da internet, a comunidade negra tem uma grande oportunidade de avançar no desenvolvimento da memória coletiva afro-brasileira por meio da comunicação audiovisual, de forma inovadora, a partir do uso de novas tecnologias de informação e de comunicação no campo da cultura digital.

— Está vendo aí, Benedito. Interessante, continue, meu jovem...

— Antigamente, antes da popularização da internet e da proliferação das chamadas "novas mídias", os conteúdos eram feitos para um formato específico. As novelas eram pensadas, escritas e gravadas para a televisão. Os livros eram feitos para serem lidos em papel. Os quadrinhos eram revistas impressas em papel-jornal e comprados em bancas. Mas a tecnologia multiplicou as possibilidades e fez com que as mesmas histórias pudessem ser consumidas em formatos diferentes. Com os *smartphones* pode-se assistir a uma novela na TV. Da mesma forma, os livros podem ser lidos em papel ou em leitores digitais, proporcionando uma nova experiência. Com as novas experiências, surgiram as narrativas transmídia, transitando entre diferentes plataformas na internet, ambiente em que as mídias sociais desempenham uma função muito importante para a disseminação da informação. Entender o papel da comunicação e o passo que a comunidade negra tem que dar para ocupar o seu espaço é o grande desafio para o período pós-pandemia.

Levando-se em conta que, para alcançar o sucesso, é importante enxergar e realizar ações de comunicação de forma estratégica e identificar as diferentes linguagens e públicos de cada mídia, de maneira que o público tenha interesse em acessar cada uma delas e em acompanhar de forma orgânica as iniciativas em diferentes formatos.

— Você tem indicadores que comprovem o que está dizendo — questiona Benedito?

— Temos alguns e relevantes indicadores que mostram o quanto a comunidade está defasada dentro da sociedade em que vivemos. No âmbito do audiovisual brasileiro, segundo a recente pesquisa da Ancine de 2016, 75, 4% dos diretores dos longas metragens produzidos são homens brancos e 19, 7%, mulheres brancas. Os homens negros dirigiram 2, 1%, e as mulheres negras não assinaram a direção de nenhum dos 142 filmes naquele ano. O roteiro desses filmes também foi escrito principalmente por homens brancos (59, 9%), por mulheres brancas (16,2%) ou frutos de parcerias entre homens brancos e mulheres brancas (16,9%). Os homens negros foram roteiristas em 2, 1% dos filmes e estiveram em parcerias com homens brancos em 3, 5%. Os longas-metragens brasileiros lançados em 2016 também não tiveram nenhuma mulher negra como roteirista. Conversando com a Silvana Bahia, diretora do Olabi — organização social que trabalha para democratizar a produção de tecnologia —, pude constatar que este abismo também existe na área da tecnologia. Sil afirmou: "Seja no Brasil ou no mundo, sabemos que a presença negra na internet, embora seja crescente nos últimos anos, ainda precisa ser maior. Precisamos de mais espaços e estímulos para garantir com urgência representatividade, inclusão e equidade." Em um mundo afetado pelos efeitos da pandemia do coronavírus, a internet se tornou o principal meio de acesso à informação, à comunicação, à cultura e ao entretenimento. Ligia Lima, *Strategic Partner Manager* do Youtube, diz: "Globalmente, o consumo de filmes no Youtube cresceu 800%, o de programas de TV, 125%, e o de conteúdo ao vivo, 250%. No Brasil, cada vez mais percebemos a urgência de haver mais protagonismo de pessoas negras assim como o ganho de consciência antirracista por parte das pessoas brancas. Para que isso ocorra é fundamental a presença negra na internet."

Continuo minha explanação, destacando:

— Ninguém mais duvida do poder da internet enquanto promotora de novas narrativas. Representatividade negra, embora ainda bastante reivindicada na televisão e no cinema — com razão — agora ocupa outros espaços. E não são brechas, são espaços significativos e em crescente expansão. A mudança de comportamento da mídia tradicional deve ser encarada como um ganho da luta promovida pelos movimentos de homens e mulheres negros, em diferentes esferas: promovendo o acesso à educação, a criação de políticas de ações afirmativas, estimulando o maior ingresso no mercado de trabalho e a maior incidência na política, isto é, permitindo que as narrativas negras surjam, ressurjam e se reinventem no espaço da rede e alcancem um número cada vez maior de pessoas. Tais atuações são essenciais para diversificar as narrativas, para amplificar vozes e fontes de conhecimento e para alavancar o empoderamento das populações mais periféricas. E esta produção e compartilhamento em rede dependem da expansão do acesso de negras e de negros a este importante instrumento de democratização da comunicação que se tornou a internet no Brasil.

— Bravo, meu jovem — retruca Benedito.

Seu Sebastião dá uma golada, passa os dedos no queixo e fala do seu jeito especial:

— Nosso país caminha pra uma inevitável mistura de tintas. Por isso, precisamos conhecer, no âmago, as propriedades de cada seiva que se dispôs a cruzar com o baobá e o pau-brasil. Se uma tinta, idiotamente, compreende-se em prevalência sobre uma outra, vai ter de ter peito pra encarar o Deus supremo numa contenda. Ele vai se aborrecer se tiver que começar tudo de novo e, aquele que reencarnaria Da Vinci, vai preferir o aborto.

Depois de breve tempo de reflexão, aventuro-me a perguntar ao seu Sebastião:

— O que o senhor, um afrodescendente superconsciente, poderia nos falar, além de tudo isso que já expôs, a respeito do racismo?

Sebastião, sorrindo, fita por alguns segundos os meus olhos e diz:

— Querido Asfilófio, por mais que eu me orgulhe da ancestralidade, não sou apenas um afrodescendente, sou um brasileiro. Quanto à sua indagação sobre racismo, devo dizer que, pra esse tipo de conduta temos a lei 7716,[1] delito inafiançável. Mas esse trágico e desafortunado vocábulo, evite-o. Não merece ser pronunciado por mais ninguém, muito menos por

---

1 Lei do Crime Racial - Lei 7716/89.

jovens lábios. Entretanto, creio que você espera de mim algo mais relevante sobre essa situação, correto?

— Gostaria muito, seu Sebastião.

— Pois bem, meu jovem. Vamos lá... Trata-se de uma anomalia perversa, doença grave, mas, graças ao bom Deus, não é contagiosa. Podemos conviver com alguém tragicamente infectado sem sucumbirmos. Entretanto, não devemos desamparar o enfermo. Quem sofre desse mal, se abandonado aos iguais, terá como inevitável o agravamento da moléstia que, por mais que não seja, necessariamente, transmissível, pode ter a crueza da hereditariedade. Se não tratados a tempo os acometidos por essa enfermidade, crianças ainda não nascidas poderão vir ao mundo condenadas aos sofrimentos provocados por esse terrível mal.

Surpreso com sua resposta, eu digo:

— Nunca pensei nisso dessa forma, mas o senhor tem razão. É uma doença, se contagiosa, eu estaria, talvez, em estado terminal por obra de gente de minha própria família.

— Meu jovem, devo dizer a você que esse entendimento não é de minha autoria, pertence a um médico amigo, não negro. Indo mais adiante, ele costumava dizer: "Tião, correu muito sangue negro em nosso país, enquanto isso não for reparado, nossa terra não vai conseguir avançar." Sou de um tempo em que "O seu cabelo não nega, mas se sua cor não pega, digamos assim, não é transmissível, mulata eu quero seu amor" e "Ai meu Deus, que bom seria se voltasse a escravidão, eu pegava essa mulata e prendia no meu coração". Nós, pretos, cantávamos isso normalmente. Nosso lugar era aquele e estava acabado.

— Uau, meu velho. Volto para casa reconfortado com as suas palavras. Quero estar, tal qual o senhor, conectado com a ancestralidade e tocando a vida com sabedoria e com sagacidade. Agora sim, entendi o que quer dizer com a mensagem Cavalo, Cavaleiro e Grama.

— Valeu e até breve. Motumbá!

O texto acima foi concebido a partir dos personagens do romance em construção do compositor, cantor e escritor Altay Veloso. Os personagens seu Sebastião e seu Benedito interagem com esse interlocutor que busca, em diálogo com os mestres griots, entender o ontem, o hoje e o amanhã.

AZA NJERI

Aza Njeri é professora doutora em Literaturas Africanas, pós doutora em Filosofia Africana, pesquisadora de África, Afrodiáspora e Mulherismo Africana, coordenadora do Núcleo de Estudos Geracionais sobre Raça, Arte, Religião e História do Laboratório de História das Experiências Religiosas (UFRJ) e do Núcleo de Filosofia Política do Laboratório Geru Maa (UFRJ), integrante do premiado Segunda Black e Grupo Emú, multiartista, crítica teatral e literária, mãe e youtuber (youtube.com/azanjeri).

"Estamos viciados em modernidade."
(Krenak, 2020)

O SOL DA NOSSA HUMANIDADE E A EDUCAÇÃO PLURIVERSAL

Começo este diálogo com a provocação do intelectual e ativista das causas dos povos originários, Ailton Krenak. A inserção da sociedade brasileira no modelo ocidental de Ser e Estar no mundo faz com que a afirmativa de Krenak se confirme. O tempo ocidental é o do agora: compre hoje, tenha hoje, viva hoje. O amanhã é progresso e ansiedade. O ontem é história e nostalgia.

O brasil[1], desde sua concepção, se compreende ética, estética e civilizatoriamente como mimesis da construção ocidental. Importante localizar esse Ocidente como uma forma anglo-europeia de Ser e Estar no mundo a partir de três pilares básicos:

1. Iluminismo, cuja perspectiva evolucionista e seu paradigma disjuntivo orientam a compreensão dominadora sobre a natureza, a humanidade e a definição do que seria ciência e, sobretudo, ciência moderna. Vem do Iluminismo, portanto, a divisão entre magia/primitiva; mito/o mais evoluído que as culturas autóctones podem chegar; e religião/civilizada. Também ressaltamos que a construção do conceito de raça é uma categoria criada majoritariamente pelo cientificismo ocidental, que tem a razão kantiana (2003) como um critério único universal e, consequen-

---

1 Optamos por grafar com inicial minúscula a palavra "brasil" por entendermos o simbolismo de reconhecimento que o uso desta letra em maiúscula poderia dar ou retirar.

temente, limitador da pluriversalidade de experiências possíveis de humanidade.
2. Tradição judaico-cristã, o pilar que parte da universalização da mitologia hebraica para a construção ética e moral. Possui a premissa de singularidade e verdade exclusiva, além da base no sofrimento material e redenção/castigo no plano espiritual/metafísico.
3. Tradição greco-romana, base dos modelos de civilização, estética, direito, educação, cidadania e política. E, principalmente, de onde se empreende o ímpeto imperialista e dominador.

Diante disso, Ailton Krenak afirma que "Estamos a tal ponto dopados por essa realidade nefasta de consumo e entretenimento que nos desconectamos do organismo vivo da Terra" (KRENAK, 2020, p. 18), o que significa a homogeneização da humanidade que há em tudo dentro do parâmetro de experiência do "Senhor do Ocidente" (QUIJANO, 2005; NJERI, 2020). Isto é, modelo de humanidade, ancorado nesse tripé basilar, que consiste no arquétipo do seu senhor supremo regente da supremacia brankkka[2] ocidental: um homem caucasiano, de ascendência anglo-europeia, localizado nos grandes centros ocidentais, detentor de poder político e capital financeiro e cultural.

Este Senhor do Ocidente seria uma espécie de agente para o qual as estruturas de poder estão trabalhando. Significa dizer que a máquina ocidental tem um dono e este dono é o agente definidor das dinâmicas que são abarcadas por essa máquina. A experiência que se impõe a todos no Ocidente é determinada pelo quanto esse Outro se aproxima e se distancia deste definidor no âmbito fenotípico, territorial, econômico, político, social e cultural, estabelecendo uma rede fluida que interliga o próprio entendimento de humanidade. A partir do Poder pedagógico das Artes, procuro, com o objetivo didático, exemplificar o Senhor do Ocidente — operador da máquina genocida ocidental — com o personagem Jordan Belfort, interpretado pelo meu ídolo da adolescência, Leonardo DiCaprio, no filme *O lobo de Wall Street*, de Martin Scorsese

---

[2] A palavra "brankkka", assim como "Amérikkka", a seguir, estão grafadas com triplo K em referência à Ku Klux Klan e para simbolizar a supremacia branca.

(2014), isto é, um homem loiro, alto, de olhos claros — hegemonicamente bonito —, rico, irresponsável e inconsequente, de índole duvidosa, alienado e sem empatia com as mulheres ou com o Outro — vide a cena do anão e como a sua relação com a esposa e demais mulheres se estabelece —, morador do eixo norte do globo, em uma grande cidade, detentor de algum tipo de poder político e econômico, que, do alto de seu privilégio, decide a dinâmica do Ocidente. Esta seria, a meu ver, uma exemplificação cinematográfica — entre muitas — desse Senhor do Ocidente, regulador da dinâmica ocidental de roubo, morte, destruição e assimilação; responsável ancestralmente pelo genocídio de 90 milhões de indígenas (PLUMELLE-URIBE, 2018) na Amérikkka; cuja opressão desumanizadora subjuga secularmente a população negra e ameríndia; destruidor do meio ambiente, promotor da fome; dono e agente do sistema supremacista com diferentes níveis de brancura, cuja estrutura se baseia no racismo contra todos os povos não brancos e se alicerça no Capital Monetário e Cultural. (NJERI, 2020, p. 175)

A Educação brasileira parte da perspectiva ocidental e do Senhor do Ocidente para definir o modelo de humanidade, conhecimento, interação social e cultural a ser cumprido pela escola. Inclusive, voltando a Krenak (2019), é interessante observar que, ao fixar sua dominação sobre outros territórios e populações ao longo da história, o Ocidente logo estabelece instituições que legitimam seu lugar de superioridade e civilidade: governo, cárcere, igreja e escola. Assim, a escola enquanto instituição, em vez de matrigestar a potência solar (NJERI; ANKH; MENE, 2020) de nossas crianças e jovens desde a primeira infância e nutri-los de conhecimentos a serem guardados nas gavetas da memória de forma a prepará-los aos pluriproblemas e desafios do existir, vai, na verdade, introjetar e construir sujeitos cujo modelo de Ser e Estar no mundo é o do Senhor do Ocidente. Os educandos, portanto, se veem à margem da experiência construtora do existir, além de serem projetados para agir como cópias mal diagramadas deste Senhor. Lembrando que, quanto mais/menos dinamicamente distante — fenotípica, cultural, territorial, econômica, gênero, social, política e espiritual — deste Senhor, mais ou menos humano você será para a lógica ocidental.

Enquanto sociedade, somos educados na perspectiva eurocêntrica universalizadora do Ser e, consequentemente, nossas perspectivas de humanidade — inclusive a de nossos educandos — passam a ser negociadas com base no paradigma ocidental, fragilizando todes que não se encaixam na escala de humanidade do Ocidente (NJERI, 2020), sobretudo no que tange ao Monstro do Genocídio e seus múltiplos tentáculos (NJERI, 2020) e à necropolítica (MBEMBE, 2019) brasileira.

A metáfora do genocídio, a que sempre recorro, entende-o como um monstro com diversos tentáculos. Esse monstro genocida mira o corpo negro a fim de matá-lo física, psicológica, epistemológica e espiritualmente. Ciente da complexidade e da heterogeneidade da população negra, cada tentáculo é responsável por uma área do genocídio; assim, temos desde nutricídio, epistemicídio, racismo religioso, encarceramento em massa, ultraviolências homo/transfóbicas e internação compulsória em hospitais psiquiátricos até a efetiva morte física da população negra, sem exceção ou recortes. Ou seja, não importa a especificidade do corpo negro, pois o Monstro do Genocídio Negro é sofisticado o suficiente para adequar-se a ela e utilizá-la como via de morte.

> Assim sendo, uma educação antirracista e emancipadora deve preparar o sujeito negro para ser lúcido e crítico diante desta realidade, permitindo a sua autodeterminação e autoproteção enquanto ser humano, pois ele é o alvo principal deste monstro e não pode ser alienado em relação a este fato. E as crianças não negras que acessarão essa educação compreenderão que o mundo não gira em torno de si, seus valores e culturas, fazendo com que cresçam com mais empatia, menos racistas e conscientes de seu papel no mundo. (NJERI, 2019, p.8)

De maneira geral, a educação ocidental possui a dominação e a competição como princípios de interação com o Outro e a natureza. Essa construção é unilateral e limitadora da diversidade do existir. É o que acontece aos educandos negros e indígenas pelo apagamento epistemológico, pela imposição de saberes hegemônicos da experiência caucasiana ocidental como única forma de compreender o mundo e pelas violências raciais de diferentes ordens; e aos alunos brancos fundamenta o "pacto narcísico da branquitude" (BENTO, 2002), um acordo tácito entre os brancos de não se reconhecerem como parte absolutamente essencial na permanência das desigualdades raciais no brasil. Tal pacto envolve também os brancos progressistas — aqueles preocupados com o combate das opressões e das desigualdades, mas que se mantêm em silêncio para a proteção do seu grupo racial no que se refere à supremacia brankkka. Apesar de reconhecerem as desigualdades a as opressões raciais, não se colocam como grupo racializado responsável pela manutenção desta questão. E a escola de viés ocidental universalista é uma das agentes dessa construção narcisista e alienadora.

Uma Educação Pluriversal seria, então, aquela minimamente interessada na promoção da inteireza da humanidade solar de todos ao mesmo tempo que se preocupa com a quebra deste "pacto narcísico da branquitude", do qual nos fala Aparecida Bento (2002). A compreensão pluriversal é aquela que entende a pluralidade do existir; dos saberes, olhares e perspectivas; de universos (é multiverso!); de filosofias (RAMOSE, 2011) e histórias; e, principalmente, a pluriversalidade de ética e estética.

Para se pensar uma educação que envolva a população brasileira, devemos considerar o pluriverso cultural, territorial, econômico, ético e estético de nosso país e discutir a agência que suleará (nós não norteamos nada!) o processo educativo, verificando se o ensino-aprendizagem tem sido em prol de uma promoção da humanidade dos educandos-educadores ou de um reforço do lugar universal limitador da liberdade de Ser e Estar no mundo. Não se pretende aqui esgotar todas as camadas que envolvem a pauta da educação e há a necessidade de um debate horizontal que inclua todos os agentes dessa prática: professores, alunos, diretoria e coordenação, corpo técnico-administrativo, faculdades e cursos de pedagogia e licenciatura, comunidade, sociedade civil e o corpo político institucional nos âmbitos municipal, estadual e federal.

A Pluriversalidade, assim, é uma perspectiva que entende o saber de forma ampla e, principalmente, respeita a diversidade de formas cosmológicas e ontológicas de Ser e Estar no mundo e não apenas aquelas incluídas no seleto grupo da humanidade universal. A própria compreensão de sabedoria parte de uma base de compartilhamento circular, referenciando Nêgo Bispo (SANTOS, 2015), Fu-Kiau (2000) e Kashindi (2017).

Uma educação libertadora (FREIRE, 1967) de caráter pluriversal (NJERI, 2019; 2020) e antirracista deve ser preocupada com a formação de sujeitos críticos de si e do mundo, considerando o Monstro do Genocídio Negro e seus múltiplos tentáculos (NJERI, 2019; 2020), para que os educandos, sobretudo os negros, possam lançar mão de estratégias e ferramentas de sobrevivência.

Para a Pluriversalidade, nem a humanidade, nem a educação são conceitos universais. A universalidade é, na verdade, uma perspectiva de Ser e Estar no mundo dentro de um pluriverso de outras perspectivas. Dessa forma, a Educação Pluriversal é aquela que aplica a agência da liberdade crítica e do respeito à humanidade que há em todos e em tudo (KRENAK, 2019). Nessa lógica, utiliza-se dos plurissaberes e tecnologias — sem apropriação! — para construir sujeitos críticos, autônomos e autodeterminados, com bagagens de conhecimentos suficientes para que sejam responsáveis por Si e pelo mundo à sua volta.

Nesse sentido, inspiramo-nos na humanidade a partir da Filosofia Bakongo apresentada por Bunseki Fu-Kiau (2015). O nascimento (butuka) de uma criança é o nascer do Sol vivo na comunidade e é responsabilidade dela gestar esse Sol. Esse Ser solar é dotado de Força Vital (Ntu) e devemos cuidar para que tal energia não venha a diminuir, causando o apagamento deste Sol.

Quando nos debruçamos sobre a sociedade brasileira, podemos perceber que há um constante estímulo ao abafamento da humanidade solar de todos que não se encaixam nesse paradigma de existir. E a escola, enquanto instituição reprodutora do ethos ocidental, é uma das agentes desse abafamento e, consequentemente, produz sujeitos "educados" na desumanização de Si e do Outro.

A ESCOLA ACENDE O SOL DA HUMANIDADE?

> *"A sabedoria é o sentimento que expressa o conhecimento."*
> Babalorisá Paulo de Ogum, do Ilé Asé Ògún Àlákòró

Para pessoas negras, a escola pode se mostrar um ambiente árido, traumático e reprodutor do Racismo Estrutural vigente na sociedade brasileira. Tenho lembranças bastante chatas das violências que sofri durante meu ensino fundamental nos anos 1990, numa escola filantrópica no Rio de Janeiro, e sei que essas experiências são compartilhadas com outras pessoas negras que passam pelo nosso sistema de educação. Apesar disso, a escola foi, para mim, um espaço de conhecimento. Com meu olhar de hoje, posso tecer várias críticas ao tipo de conhecimento que chegava a mim naquele espaço, mas pelos olhos da pequena Aza, a escola era um passaporte para a dignidade humana, algo que meus pais sempre reforçavam: "Estude para ser alguém na vida!"

Como falei na seção anterior, a complexa questão em torno da Educação e da escola passa por diferentes atores e pelo próprio entendimento do que é conhecimento. Retomando as palavras do Babalorisá Paulo de Ogum do Ilé Asé Ògúm Àlákòró na epígrafe desta seção, nem a Educação, nem a escola brasileira — principalmente neste desgoverno — parecem emprenhadas na transmissão de conhecimento para a construção solar da sabedoria nos educandos.

Quando volto à Filosofia Bakongo — que diz que todos nascemos com um Sol interno que deve ser cuidado para estar em plena potência — e me deparo com a forma como a Educação brasileira é encarada, penso que, muitas das vezes, Ela é uma grande agente de apagamento de Sóis, não só dos educandos, mas também dos educadores. Afinal, como iremos acender o Sol da humanidade das nossas crianças, quando os próprios educadores estão com seus astros em mínima potência?

Na compreensão Bakongo, a gestão da criança e sua infância é um dos valores fundamentais da comunidade, pois "*Kindezi, m'fuma mu kânda*", isto é, "a arte de cuidar de uma criança é o baobá da comunidade", em tradução livre (FU-KIAU; LUKONDO-WAMBA, 2000, p.5). Na perspectiva filosófica, Ndezi é a pessoa responsável pela arte do cuidado para o acendimento e gestação deste Sol, algo que diz respeito primeiramente aos pais, mas sobretudo à aldeia. Quando pensamos nesta arte na nossa realidade afro-diaspórica, podemos vê-la manifestada na cosmovisão do terreiro — herdeiros legítimos de África na diáspora brasileira —, em que uma criança é cuidada por todos que partilham aquele espaço civilizatório. Enquanto os pais estão nas funções do asé, a criança é gestada pelos diferentes membros do terreiro, que vão partilhando com ela ensinamentos éticos, espirituais, medicinais e culinários. Essa experiência também se repete nos quintais familiares em que muitos parentes moram aquilombados em diferentes habitações no mesmo terreno e todos zelam pelas crianças que correm quintal adentro.

Quando, entretanto, saímos desse lugar de educação/gestão solar familiar para entrarmos no espaço institucional da Educação e da escola, precisamos nos perguntar se há algum compromisso educacional com o acender e o gestar a humanidade solar dos educandos. A experiência escolar brasileira não apenas deixa de promover essa humanidade solar, como também está transformando os educandos em sujeitos acríticos e tecnicistas, reprodutores da intelectualidade cega (MORIN, 2015) e fragmentada do Ocidente. E, o que é ainda mais grave, vemos sujeitos acostumados às respostas prontas e superficiais para problemas tão profundos quanto as mazelas sociais e raciais.

Uma das consequências desta construção alienante é a busca por modelos políticos/econômicos/sociais apresentados pelo Ocidente sem questionamentos, pois fomos doutrinados a aceitar as "soluções" ocidentais como eficientes e modernas, enquanto as práticas tradicionais são primitivas. No caso do brasil, nosso caos se intensifica quando, nessa busca por adequação ao modelo ocidental de humanidade, aceitamos qualquer coisa, até um messias presidenciável que é a cópia mal diagramada do Senhor do Ocidente, Donald Trump.

Longe de querer apresentar neste texto um modelo de Educação válido que substitua o vigente e muito mais interessada em provocar a reflexão coletiva, uma Escola válida é aquela preocupada com a transmissão de saberes contra-hegemônicos e contracoloniais (SANTOS, 2015). A própria compreensão de ensino-aprendizagem precisa ser tensionada, junto com seu modelo cartesiano de espaço escolar.

Nas perspectivas africanas e pindorâmicas (SANTOS, 2015), "o ensinar é feito na feitura", isto é, sem a prática (feitura) não há ensinamento. Então vamos às provocações: como aprenderemos fazendo quando o modelo de Educação que experienciamos se baseia na transmissão passiva de saberes teóricos? Como acreditar em soluções únicas ocidentais para questões tão profundas e plurais que atravessam a nossa sociedade? Como acreditar que a forma de interação dominadora do Ocidente pode dar conta de problemas como o desequilíbrio ambiental que, inclusive, foi causado pela própria dinâmica ocidental? Como ignorar os valores civilizatórios não ocidentais que constroem essa sociedade e, ainda assim, acreditar que a Educação atual promove equidade? A escola no modelo atual acende o Sol da nossa humanidade?

CONCLUSÕES INCONCLUSIVAS: EDUCAÇÃO EM TEMPOS DE UM NOVO NADA NORMAL

"Tudo, tudo que nós têm é nós."
"Principia", Emicida (2019)

O primeiro quarto do século XXI está se mostrando tensionado. E o desafio para a nossa e as próximas gerações é como voltar ao equilíbrio natural do ser humano consigo e com o mundo. O que estamos vivendo em 2020 é sem precedentes dentro da história humana, entretanto consigo perceber pelo menos duas perspectivas distintas diante deste nada normal: (1) para as sociedades ocidentais e ocidentalizadas como a nossa, o impacto é sem precedentes, com recessões econômicas, desempregos e pauperização; um freio na máquina capitalista dentro de sua zona de conforto, ao mesmo tempo que é um #challenge para a adaptação de sua necropolítica (MBEMBE, 2019). (2) Para os não hegemônicos, os excluídos da humanidade ocidental, a população afrodescendente e os povos autóctones do continente americano, a pandemia se revela como mais um tentáculo do genocídio ocidental sobre a outridade (NJERI, 2020).

As fronteiras estão sólidas, apesar da crença na liquidez dos tempos devido à efemeridade e à rapidez das conexões e desconexões a que o Ocidente nos submerge. A história mostra que em períodos de crise há o recrudescimento das ações que tangem, permeiam e/ou perpassam as minorias, e o Ocidente está moendo corpos para a manutenção de seu movimento lucrativo. Acrescenta-se o fato de o Poder Ocidental estar sendo disputado pelas hegemonias a partir da perspectiva da tecnologia e da inovação. A pandemia de Covid-19 acirrou a rivalidade das potências em relação ao controle e à dominação de corpos em todos os sentidos. E o brasil, mais uma vez, não consegue nem sequer acompanhar a dinâmica ocidental, porque percebeu que o escolhido para se sentar à mesa com os grandes nas conferências econômicas e climáticas é visto por eles como uma piada.

Diante desta paisagem, acreditamos que repensar o modelo de humanidade que estamos performando hoje é decisivo para que tenhamos alguma chance de sobrevivermos enquanto sociedade amanhã. A Educação continua sendo a via pacífica de mudança do *status quo*, e pessoas como eu ainda acreditam nesta possibilidade de mudança. Entretanto, também não ignoramos o que diz Frantz Fanon (2005) sobre a descolonização ser violenta.

Ao localizarmos neste cenário a população negra, em geral, e a afro-brasileira, em específico, atentamos para outra questão pertinente que pode ser resumida pelo ensinamento contido neste *itan*[3] contado por Mãe Stella de Oxóssi (2018):

> Os porcos-espinhos estavam para serem extintos da terra, em um período de muito frio. Recorreram, então, a uma tática de sobrevivência. Ficaram todos muito juntinhos, a fim de aquecerem seus corpos com o calor do outro. Acontece que os espinhos de um feriam o outro. Resolveram afastar-se. A situação piorou, fazendo com que eles retornassem à antiga opção. Com o passar do tempo, aprenderam a conviver um com o espinho do outro. Afinal, era uma questão de sobrevivência.

Iyá Odè Kayodê com essa história metaforiza as nossas relações de desterrados no Ocidente; aponta para a necessidade de nos relacionarmos com os nossos semelhantes em opressão e, consequentemente, com os defeitos deles. Nossos "espinhos" devem ser superados não apenas por uma questão de manter o corpo físico vivo, mas, sobretudo, pela sobrevivência emocional e humana. E a Yalorisá completa: "Ferimo-nos mutuamente, mas Oxàlá — Olowù nos deu de presente o algodão para que possamos limpar as mágoas, as feridas de nossas almas."

Pensar e experienciar a humanidade pela via da Educação Pluriversal pode, para pessoas negras, ser o algodão necessário para o cuidado de feridas ancestrais e, para as pessoas brancas, o último bote para uma mudança saudável de si antes do naufrágio do sistema ocidental de Ser e Estar no mundo. Rejeita-se, portanto, a educação ocidental cartesiana, pois a concebemos como um braço da colonização, condicionadora de corpos e espíritos à limitação da racionalidade e à naturalização dos costumes civilizatórios

---

3 Termo em iorubá para designar história, mito, lenda.

ocidentais calcados na lógica do roubo, da morte, da destruição, da apropriação e da colonização (NJERI, 2019, 2020).

É urgente pautar a prática pedagógica em construções pluriversais de humanidade, abrindo a possibilidade de um processo de ensino-aprendizagem amplo, plural e emancipador. Por conseguinte, a promoção da comunicação intercultural também ocorre de maneira mais igualitária, principalmente diante do cosmopolitismo pós-moderno, largamente propagado pelo Ocidente, que faz com que, conectados, nos descrevamos como "cidadãos do mundo". Questionamos, entretanto, como pensar nessa cidadania em um cenário de desumanização e genocídio. Só poderemos, enquanto pessoas negras, ser "cidadãos do mundo" se, primeiramente, formos cidadãos de nós mesmos. Nossa identidade cultural deve ser praticada, para que não sejamos cópias mal diagramadas da branquitude cidadã do mundo ocidental. A verdadeira cidadania do mundo deve ser integral e integrante a ele e não baseada na sobreposição e dominação de uma cultura sobre a outra.

Isso posto, o mosaico cultural e racial presente no brasil impõe que a escola se sensibilize com os atravessamentos de ordem racista, homofóbica, machista, xenofóbica e repense suas estratégias de combate; sobretudo que ela se questione e autoavalie a sua eficácia em relação ao seu caráter emancipador.

Reivindicamos, desta forma, a Pluriversalidade de Mogobe Ramose (2011) e afirmamos que conhecimento universal, para ser entendido como tal, deve ser apreendido como múltiplo e não como uno. A Educação Pluriversal tem práticas pedagógicas de perspectivas suleadoras, isto é, partem do Sul — "com o sul e ir para o sul" (SANTOS, 2009, p. 9) —, ao mesmo tempo que induzem ao questionamento crítico da construção ocidental de Ser e Estar no mundo. Entretanto, é um fato que a estrutura da educação nacional, seus objetivos e suas práticas são reprodutores da universalidade científica homogeneizadora que o Ocidente impõe a todos aqueles que o tocam. Pela Pluriversalidade acessaríamos, ainda nas fases da aprendizagem infantojuvenil, informações sobre a grandiosidade do império do Mali, tal qual aprendemos sobre o império romano; leríamos nas creches as obras infantis de Lívia Nathália, Ondjaki, bell hooks assim como lemos as de Ruth Rocha e Ana Maria Machado; aprenderíamos geometria a partir da etnomatemática; além de cantarmos no recreio canções de jongo junto da

"Ciranda, cirandinha". O modelo de sala de aula também precisa ser revisto, mas essa discussão fica apenas na provocação, dada a limitação deste espaço.

A difusão de outros paradigmas de conhecimento e de mundo pela via da Educação faz com que todos os educandos — sem exceções, recortes ou poréns — se tornem seres humanos respeitadores, éticos, solares e legitimamente humanos. Ressignificamos a percepção e a interação da realidade respeitando o Ser e a natureza, compreendidos aqui não como separados, mas sim igualados. Cada Ser (*umuntu*) é possuidor de sua energia vital sagrada (*Ntu*) que compõe o todo.

Assim, encerramos essas provocações convidando todes à responsabilidade de ativar a vitalidade solar que já existe dentro de nós para conscientemente multiplicarmos o brilho dos Sóis da humanidade daqueles que nos rodeiam. Percebendo que a liberdade é condicionada pela responsabilidade, convidamos para a Arte de acender o Sol do Outro pela Educação Pluriversal, deslocando o olhar da escola institucional, para as pluriformas de educar, aquelas que brotam na experiência do Viver em família e comunidade.

BIBLIOGRAFIA

BENTO, Maria Aparecida Silva. *Branqueamento e branquitude no Brasil* Psicologia social do racismo: estudos sobre branquitude e branqueamento no Brasil. Petrópolis: Vozes, 2002, p. 5-58.

FANON, Frantz. *Os condenados da terra*. Juiz de fora: Editora UFJF, 2005.

FU-KIAU, Kimbwandende B. *A visão bântu kôngo da sacralidade do mundo natural*. Trad. Valdina O. Pinto. 2015. Disponível em: https://estahorareall.files.wordpress.com/2015/07/dr-bunseki-fu-kiau-a-visc3a3o-bantu-kongo-da-sacralidade do mundo-natural.pdf

FU-KIAU, B.; LUKONDO-WAMBA, A. M. *Kindezi: The Kongo art of babysitting*. Baltimore: Inprint Editions, 2000.

KANT, Emmanuel. *Metafísica dos costumes*. Trad. Edson Bini. Bauru: São Paulo, 2003.

KASHINDI, Jean-Bosco Kakozi. Ubuntu como ética africana, humanista e inclusiva. In: *Cadernos IHUideias*, São Leopoldo, ano 15, v. 15, n. 254, 2017.

KRENAK, Ailton. *A vida não é útil*. São Paulo: Companhia das Letras, 2020.

_____. *Ideias para adiar o fim do mundo*. São Paulo: Companhia das Letras, 2019.

MBEMBE, Achille. *Necropolítica*. Biopoder, soberania, estado de exceção, política da morte. Trad. Renata Santini. São Paulo: n-1 edições, 2019.

MORIN, Edgar. *Introdução do pensamento complexo*. Trad. Eliane Lisboa. 5 ed. Porto Alegre: Sulina, 2015.

NJERI, Aza. "Educação afrocêntrica como via de luta antirracista e sobrevivência na maafa." In: *Revista Sul-Americana de Filosofia e Educação*. n. 31, p. 4-17, maio/out. 2019..

_____. Reflexões artístico-filosóficas sobre a humanidade negra. In.: Ítaca. Especial Filosofia Africana. n.º 36. Rio de Janeiro: UFRJ, 2020. p. 164-226.

NJERI, Aza; ANKH, Kwame; MENE, KULWA. "Mulherismo Africana: proposta enquanto equilíbrio vital a comunidade preta.". In: Ítaca. Especial Filosofia Africana. n.º 36. Rio de Janeiro: UFRJ, 2020. p. 281-320.

OXOSSI, Mãe Stella de. O futuro a deus pertence. 2018. Disponível em: http://www.letras.ufmg.br/literafro/autoras/24-textos-das-autoras/974-mae-stella-de-oxossi-o-futuro-a-deus-pertence

QUIJANO, Anibal. *A colonialidade do saber*: eurocentrismo e ciências sociais. Perspectivas. Buenos Aires: CLACSO, 2005.

RAMOSE, Mogobe B. "A ética do ubuntu." Tradução para uso didático de: RAMOSE, Mogobe B. The ethics of ubuntu. In: COETZEE, Peter H.; ROUX, Abraham P.J. (eds). *The African Philosophy Reader*. Nova York: Routledge, 2002, p. 324-330, por Éder Carvalho Wen. Disponível em: https://filosofia-africana.weebly.com/uploads/1/3/2/1/13213792/mo gobe_b._ramose_-_a_%C3%A9tica_do_ubuntu.pdf

RAMOSE, Mogobe B. "Sobre a Legitimidade e o Estudo da Filosofia Africana." In: *Ensaios Filosóficos*. Vol. IV, outubro/2011. Disponível em: http://www.ensaiosfilosoficos.com.br/ Artigos/Artigo4/RAMOSE_MB.pdf

SANTOS, Antônio Bispo dos. (Nêgo Bispo) *Colonização, quilombos*: modos e significados. Brasília: Ministério da Ciência e Inovação, 2015.

SANTOS, Boaventura S.; MENESES, Maria Paula. *Epistemologias do sul*. Coimbra: Edições Almedina, 2009.

PEDRO CARNEIRO

(1988, Rio de Janeiro)
Trabalha e mora no Rio de Janeiro, Brasil.

Pedro Carneiro desenvolve em seu trabalho questões relativas às relações humanas e raciais em conflito nos espaços urbanos. É através de pinturas, intervenções territoriais e espaciais, desenhos e *light design* que seus trabalhos constroem uma imagem em reflexo a histórias reais/irreais tendo como ponto de partida o reencontro com sua ancestralidade, buscando o seu entendimento como indivíduo negro na sociedade atual. Revela-se a dicotomia muitas vezes invisibilizada pelo silêncio que é imposto a população negra, fazendo-a esquecer de suas alegrias e do seu AXÉ. Os trabalhos surgem da ruptura e do confrontamento do artista com os impactos visuais e sonoros.

É através de signos da cultura pop mescladas com imagens da herança diaspórica afro-latina que Pedro Carneiro compõe sua obra.

Ao longo de sua trajetória, realizou trabalhos no Rio de Janeiro, São Paulo, Rio Grande do Sul, Paraná, Pernambuco, Bahia e Mindelo (Cabo Verde). Colaborou com artistas como Rodrigo França, Mateu Velasco, Paulo César Medeiros, Nicolau Mello entre outros.

"Eu sou quem descreve minha própria história, e não quem é descrita. Escrever, portanto, emerge como um ato político. O poema ilustra o ato da escrita como um ato de tornar-se e, enquanto escrevo, eu me torno a narradora e a escritora da minha própria realidade, a autora e a autoridade na minha própria história. Nesse sentido, eu me torno a oposição absoluta do que o projeto colonial predeterminou."

(Kilomba, Grada.)

ADUPÉ

Uma linha vermelha corta o céu. Embaixo, com os pés descalços, um menino olha encantado para os vários traços que riscam o céu azul-escuro e quase sem estrelas. O menino chama o pai, ele queria dividir aquela beleza com alguém... seu pai chega à janela, meio perdido, sem saber o que o menino queria mostrar.

— Pai, olha quantas estrelas cadentes...

O pai olha para o céu aterrorizado e grita para o filho sair do quintal. O menino não entende nada. Ele estava ali fazendo vários pedidos. Não é isso? Você vê uma estrela cadente e faz um pedido. No céu daquela noite ele via dezenas de estrelas, tinham mais estrelas cadentes do que ele tinha de desejo.

Uma linha.

Todo desenho se inicia com uma linha. Uma história, quando escrita, se inicia com uma palavra, uma linha. Palavra é um conjunto de linhas, um conjunto de desenhos que contam uma história. Essa história não pertence só a mim, seria injusto dizer que ela é minha, ela também é sua. Todo trabalho é um conjunto de desenhos. Eu sou um conjunto de linhas, de fios que se entrelaçam e me ligam a você. Essas linhas são uma espécie de teia que se constrói através de palavras e desenhos.

Talvez eu tenha herdado essa vontade de Ananse[1], o homem-aranha, o primeiro, antes mesmo do herói dos quadrinhos, de quem também gosto. Ananse trouxe as histórias para o mundo, as espalhou e continua espalhando. Quando escrevo, desenho a linha dos fios de prata de seus contos. E, ao continuar a desenhar, sigo querendo espalhar as histórias do mundo até

---

[1] As lendas de Ananse (também conhecido como Anansi, Anancy ou Kwake Ananse) são originárias do povo Akan, nativos de Gana, mas se espalharam por todo o Oeste africano.

chegar aonde você está. Aí… Tecendo um fio visível e ao mesmo tempo invisível, que sabemos estar aqui/aí. Fio. Me lembrei do Bispo do Rosário. Ele, como Ananse, tece o mundo em sua vida, em sua obra. "Ele a espalha criando esse universo único, provando a sua passagem nesse mundo, alguém que lutava contra o esquecimento, alguém que queria narrar sua história de vida e assim carimbar sua identidade" (MORAIS, 2013, p. 23).

Bispo do Rosário, a síntese do homem negro brasileiro, do artista negro brasileiro, esquecido, marginalizado, abandonado. Tem muitos rostos, tem muitas histórias. Ele poderia ser eu e ele poderia ser você. Lutou e documentou sua passagem por essa terra. Griot[2] do nosso tempo. Foi dada a ele a missão de entender e catalogar o mundo, sendo o senhor das palavras e das criações do seu universo, do nosso. "Ao reinventar a si mesmo, nomeia uma realidade que fora nomeada erroneamente ou sequer fora nomeada" (KILOMBA, 2019, p. 28). Talvez a loucura dele tenha sido pelo excesso de compreensão daquilo que nos cerca. Mesmo sem saber, habitava nele uma resistência, ancestral, de permanecer vivo em uma sociedade que não o compreendia, e continua sem compreender. Talvez nem mesmo ele soubesse, mas nele existia essa vontade atemporal, que liga todo o povo em diáspora. Ele me fez questionar: quantas vidas eu poderia viver?

Ele me mostrou que eu poderia viver todas.

Pinto porque celebro todas as vidas, escrevo para relembrar delas. Entendendo que eu crio e recrio o mundo a partir das palavras que me foram herdadas. Precisei que um homem, tido pela sociedade como "louco", me revelasse isso sem eu ter escutado diretamente sua voz. Não sou eu que me dobro ao mundo, meu trabalho e eu nos dobramos de encontro ao mundo. Imagine uma grande tela cheia de traços. A princípio você só enxerga um amontoado de linhas, mas quando se afasta consegue enxergar melhor o que tem na pintura. Escrever, desenhar, conversar é criar um mundo. Eu herdo todo dia um mundo novo que um ancestral me deixou, e o expando ao máximo até encontrar o seu mundo, agora. Esse talvez seja um trabalho de encontros.

---

2 *Griot* (também grafado *griô*; com a forma feminina *griote*) é o indivíduo que na África Ocidental tem por vocação preservar e transmitir as histórias, conhecimentos, canções e mitos do seu povo.

Sentado em seu quarto em um dia quente de verão, o menino desenha em um grande papel na parede. A mãe, sabendo que o menino não respeitaria os limites do papel normal, lhe deu uma folha quase do seu tamanho, o limite estava em seus braços. O papel era branco, mas branco não lhe fazia sentido, o mundo que ele via era composto de linhas coloridas e cores gigantes. O desenho só lhe fazia sentido se as linhas que os ligasse fossem pretas, assim como eram seu pai e sua mãe. Como toda criança, sua energia se expandia para todos os lugares, ele sentia um chamado para fora do quarto, ele tinha que fazer algo do lado de fora da casa, no quintal talvez. Se hoje você perguntar para o menino o que ele tinha para fazer de tão importante do lado de fora, ele não vai se lembrar.

Um barulho de trovão.

A mãe grita seu nome com pavor.

O menino chega em seu quarto um pouco depois da mãe. Ela está no chão, chorando muito. Em suas mãos um pequeno objeto dourado brilhava como ouro. O garoto se aproxima da mãe que lhe abraça com tanta força... fica até difícil para ele respirar por alguns segundos.

Anos depois ele abraçaria uma outra mãe *que não teve a mesma sorte da sua, com a mesma força, com a mesma intensidade. Neste abraço o ar vai lhe faltar mais uma vez.*

Ele olha para a parede onde ficava seu desenho, agora havia um buraco nela. Ele e sua mãe se abraçam chorando. O menino também gostava do desenho e entendia que aquele buraco o estragava, entendia que a mãe também estava chateada com o desenho que tinha ganhado um furo. O menino ganha forças e fala:

— Tudo bem, mãe. Eu vou fazer um desenho mais bonito...

Silêncio. Sua mãe o abraça com mais força e chora ainda mais.

Silêncio. Palavra-chave, ação que antecede a palavra. Às vezes em silêncio a palavra ecoa como em um grito. A produção do Bispo do Rosário grita em silêncio. O artista que não se considerava um artista produzia suas obras que rompem com alguns discursos do que conhecemos como arte. O maior artista brasileiro era negro e louco. Em um texto do autor e crítico Frederico de Morais, ele chama a atenção para a descrição do artista em sua ficha na colônia Juliano Moreira. "Onze palavras foram usadas para descrevê-lo: negro, solteiro, naturalidade desconhecida, alfabetizado, sem parentes, antecedentes policiais, esquizofrenia paranoide" (MORAIS, 2013,

p. 23). Em algum ponto, em algum caminho, em alguma encruzilhada, o menino, eu e o Bispo do Rosário nos encontramos. A Arte Afro-brasileira nasce como sua história, perdida em tempos sem raízes definidas.

A questão fundamental que se coloca não é descobrir nas artes plásticas afro-brasileiras os universais da arte em geral, mas sim defini-la, ou melhor, descrevê-la em relação à arte brasileira de modo generalizado. Em outras palavras, se a arte afro-brasileira é apenas um capítulo da arte brasileira, por que então este qualificativo 'afro' a ela atribuído? Descobrir a africanidade presente ou escondida nessa arte constitui uma das condições primordiais de sua definição. (MUNANGA, Kabengele. p. 6)

Nossa arte é rica em narrativas que se encontram em novas narrativas, criando teias infinitas a partir de um ponto que se espalha em dezenas de outras linhas. Eu sou o Bispo do Rosário, como ele sou eu, e nós somos você. Porque vivemos nossas histórias através de suas histórias. Quando me dou conta, sou a continuidade de outros artistas que viveram nessa terra.

Uma vez, assistindo ao espetáculo *Contos negreiros do Brasil*[3], vi na entrada dos atores, na primeira cena, uma multidão atrás de cada um deles, todos cantando juntos. Meu corpo todo se arrepiou, como se eu também estivesse naquele palco, como se visse pessoas queridas que eu nem conhecia. No pós-espetáculo, com a atriz Valéria Moná, uma das minhas grandes influências, contei o que eu tinha sentido. Ela me disse que nunca estamos sozinhos, sempre estamos caminhando junto dos nossos. Foi quando entendi que meu trabalho é parte de uma grande caminhada de encontro a nós.

ANCESTRALIDADE

Conversando com minhas avós no período da quarentena, fui conhecendo melhor suas histórias de vida. Ambas têm um ponto em comum: tiveram que sair de seus lugares de origem para sobreviver. Nesse sentido, este tempo de confinamento foi muito importante. Foi trancado em casa, com mais medo ainda do mundo, que fiz as pazes com meu pai. Existem

---
3 Espetáculo teatral baseado no livro homônimo de Marcelino Freire.

feridas que nem o tempo pode curar, mas o processo artístico que aprendi com os meus tem uma força transformadora, tem o poder de cura. No meu corpo estão marcados desenhos tão profundos que a minha pele foi ficando ainda mais escura. Nos meus pés estão marcadas as raízes das minhas avós. Se você olhar as palmas das minhas mãos, vai poder ver desenhos que o meu avô fez muitos anos atrás, quando me ensinou a importância de nos unir, dividindo um bom feijão. No meu peito carrego desenhos que um ancestral desenhou, quando estava em algum lugar pelo continente africano. E se você olhar nos fundos dos meus olhos vai ver as palavras tristes que outro ancestral disse, em um barco vindo para este país, que agora eu desenho.

Quando meus ouvidos sentiam falta de escutar vozes parecidas com a minha, encontrei *Contos negreiros do Brasil*, *Oboró – masculinidades negra*[4] e *Yabás – mulheres negra*[5]. E quando meus olhos sentiam saudades de ver uma pintura que refletia o que eu estava escutando, conheci as pinturas do Arjan Martins e vi a intensidade das obras da Rosana Paulino.

Esse desenho transcende o gesto, a ação que é passada além tempo.

Minha mãe faz uma feijoada todo dia de São Jorge. Me lembro de quando ela me contou que, conversando com a família, descobriu que seu avô também fazia uma feijoada para distribuir no dia dos trabalhadores. As datas eram diferentes, mas minha mãe, ao saber que alguém próximo fazia a mesma coisa, teve um sentimento de pertencimento e de continuidade. O gesto antecedeu a palavra, mas a palavra, mesmo silenciosa, deu continuidade ao gesto.

Existe essa linha tão poderosa que me faz entender quando a autora Octavia Butler escreve: "Comecei a escrever sobre poder, porque era algo que eu tinha muito pouco." (BUTLER, 2020, p. 4). A beleza e a tristeza dessa frase estão no duplo sentido da palavra "poder". Poder pode ser o verbo, como pode ser o substantivo. Ser um artista preto/preta em diáspora tem a ver com a busca e caminhar simultaneamente com o poder. Poder não ser chamado de ladrão, poder chorar, poder amar, poder errar, poder viver, poder crescer, poder não ser parado pela polícia, poder não precisar provar que é inocente e poder. Precisamos nos aquilombar, nosso poder não vem do individualismo que a arte eurocêntrica nos ensinou. Essa educação

---

[4] Espetáculo teatral escrito por Adalberto Neto e dirigido por Rodrigo França.
[5] Espetáculo teatral escrito por Maíra Oliveira e dirigido por Luiza Loroza.

ensina que "união de preto é quadrilha, pra mim é tipo um santuário".⁶ Nosso quilombo nos alimenta de forma inconsciente. Eu sou influenciado de forma ampla. Aos poucos, as linguagens pretas se encontram e ganham mais vida nesse corpo pulsante que ainda sofre com o romantismo do artista marginal. Que em algum ponto faz sentido, principalmente se pensarmos no contexto das obras do Hélio Oiticica. Nossa marginalidade vem de um rótulo social que faz com que percamos nossas vidas a cada vinte e três minutos, todos os dias. Passamos a entender nossa potência nos últimos anos, mas ainda temos muito a fazer, temos que criar uma representação em todas as esferas criativas e técnicas.

Nosso trabalho é cura, e também luta. É sagrado porque nossa arte é sagrada. Não importa quanto tentem nos fazer acreditar que não somos bons o suficiente, porque sempre teremos que ser os melhores. É como diz Djonga em sua música: "Para eles nota seis é muito, para nós nota dez é pouco." Mas quem detém o poder da nota sempre procura um trabalho que vai suprir a necessidade momentânea. No fundo, existe a busca por essa igualdade erudita europeia no nosso trabalho. "Quando acadêmicas/os brancas/os afirmam ter um discurso neutro e objetivo, não estão reconhecendo o fato de que elas e eles também escrevem de um lugar específico que, naturalmente, não é neutro, nem objetivo ou universal, mas dominante" (KILOMBA, 2019, p. 28). Por isso agradeço ao meu amigo e irmão mais velho que os ancestrais colocaram no meu caminho, Rodrigo França, pelo dia que ele me chamou a atenção ao fato de eu cobrar um olhar do meu trabalho que não me pertencia. Nesse momento fiz as pazes comigo mesmo, nesse momento fiquei livre para explorar toda a complexidade de influências que me fizeram me tornar o artista que sou hoje.

Embaixo da mesa, o menino se escondia da briga dos pais. Ele não queria mais ver, não quer mais escutar os gritos. Ele não entendia tudo o que estava acontecendo. Chorou ao ver os pés dos pais que se entrelaçavam em meio a gritos e barulhos de tapas. Mesmo ainda jovem ele sabia quando uma briga era muito violenta. Quando sentiu que viria mais um barulho estalado de uma mão colidindo com um corpo, o barulho que se seguiu foi de um tambor.

Bum!

---

6 Trecho da música "Hat-Trick", do disco *Ladrão*, do rapper Djonga.

Ele jurou ter sentido o chão vibrar com tamanha força. O ritmo continuou, e ele sentiu seu corpo vibrar com as batidas dos tambores que estava escutando. Primeiro de longe, então de mais perto e ainda mais perto. As lágrimas que escorriam quentes de seu rosto começavam a secar, e ele percebeu que não via mais as pernas dos pais. Eram outras pernas, eram outros pés. O menino foi saindo devagar de debaixo da mesa com curiosidade. Ele não estava mais em casa, ele estava em outro lugar. Viu o homem e a mulher em uma espécie de luta, não, de uma dança. Viu os raios e os ventos os acompanhando. Os tambores seguiam em seu ritmo hipnótico. Tudo que antes não fazia sentido, agora fazia.

Uma vez encontrei um colecionador europeu. Ele estava de passagem pelo Brasil e quis ver pessoalmente meu trabalho. Eu o recebi em casa e mostrei minha produção da época. Eu ainda era novo e estava preso a ideias e esperanças típicas da juventude. Mas de certa forma meu trabalho sempre foi honesto comigo, e ele sempre me disse o que eu não estava pronto para escutar. No livro *Arthur Bispo do Rosário: Arte além da loucura*, logo no início, me deparei com o depoimento do psiquiatra Jairo Goldberg.

> (…) a produção de um psicótico, com ou sem caráter artístico, torna-se parte dele, fazendo com que seja muito difícil ele se desfazer de sua obra. É algo de foro íntimo, é como se fizesse parte do corpo dele. (MORAIS, 2013, p. 24))

Quando li essas palavras, quase li um diagnóstico da minha vida e do meu trabalho. Minha vida é meu trabalho, e meu trabalho é minha vida. Aliás, meu trabalho é o que há de mais verdadeiro. Mas a verdade é que dentro do meu desenho existem muito mais palavras escondidas. Aqui eu te convido a ver meu trabalho. Mas como eu estava dizendo… Meu trabalho é muito sincero, ele me fala coisas que eu vou entender anos depois, porém algumas coisas já são nítidas. Na época do encontro com esse colecionador, que vou chamar de Mr. C., eu estava em um momento que apenas pintava paisagens em preto, branco e escalas de cinza. Quando Mr. C. viu as pinturas, ficou incomodado com a falta de cores, com o excesso de preto na pintura. Respondi que não via a necessidade de ter cor além daquelas. Mr. C.,C, com a certeza de quem conhece o mundo melhor do que eu, não via no meu trabalho uma representação real da arte brasileira. Ele via em minhas pinturas uma depressão que não enxergava nas nossas ruas coloridas e cheias de alegrias. Mr. C. não costumava ler jornais brasileiros, obviamente. Lá na minha antiga sala me foi negado o "poder".

Quando Octavia Butler começa seu livro falando que escreveria sobre poder, penso que eu gostaria de pintar sobre o poder. Tendo esse poder, consigo ter a possibilidade de poder errar, de poder acertar, de poder falar e de poder me tornar um bom artista. Mr. C. me tirou parte do poder quando disse que minha pintura não falava sobre o Brasil, sobre o lugar a que ele dizia sempre vir e conhecer tão bem. A ideia colonizadora segue em seu total poder. Um homem branco e europeu vem e dita ao artista jovem e negro que é ele quem detém o poder, e ele, o homem branco europeu, impõe o que o jovem artista deveria falar. A arte é uma ferramenta elitista que tenta criar a ruptura entre os "eu" e os "nós". Mr. C. foi o choque para o qual naquele momento eu não estava pronto. Mas meu trabalho estava pronto para confrontar o pensamento colonizador. Demorou anos para eu entender, mas meu trabalho conflitava diretamente com o pensamento do Mr. C., que nunca vai entender quanto meu trabalho estava à frente do seu pensamento.

Era madrugada, e o menino dormia profundamente. Em um solavanco, acordou com um susto. Seu pai estava ao seu lado na cama segurando um casaco. O garoto, sem entender, se levantou e vestiu o casaco. Seu pai já estava na porta lhe chamando para que o acompanhasse. A casa era pequena, o menino dormia na sala, em um sofá-cama, então sair do seu quarto era, na verdade, sair de casa. Quando partiram, o menino sentiu o vento gelado no seu rosto e reparou que o céu ainda não estava azul-claro, como toda manhã. O pai andava devagar, em silêncio. Ele abriu o portão, que fez um rangido como se tivesse sido acordado de um sono profundo. Não demorou muito e os dois já estavam diante de um mercado vizinho. Uma família inteira estava tirando comida da lixeira gigante que ficava na frente do mercado. Aquela cena o menino só tinha visto por fotos em jornais ou em filmes na televisão. Uma família inteira pegava alface e frutas já meio esmagadas. Foi quando o mais velho da família olhou diretamente para eles, o menino ficou tímido na mesma hora, querendo se esconder de vergonha. Ele reparou que o pai segurava sua mão com firmeza, não era uma firmeza violenta, era uma cumplicidade que existia ali entre eles, em silêncio.

O mais velho se aproximou do pai, os dois conversavam com muito respeito; o menino reparou como os dois de certa forma se pareciam. Os dois homens conversavam e até sorriam falando coisas da vida, o pai apresentou seu filho e acenou para a família do outro homem. Foi quando o menino reparou que seu pai carregava uma sacola na outra mão. Com um sorriso, ele deu a sacola para o homem, que retribuiu o sorriso; "o macarrão que eu fiz ontem", o menino escutou a voz do pai falando. Todos se despediram, e pai e filho voltaram para casa ainda em silêncio.

Poucas palavras foram ditas naquela manhã.

Meu trabalho é uma extensão de mim, faz parte de mim. É a continuidade que não pertence só a mim, mas a todo um povo que se encontra em diáspora. O Bispo do Rosário conta histórias de um mundo que é tão gigante que não conseguimos nem ver o seu final. Eu, quando conheci seu trabalho, quase consegui sentir que esse mundo estava mais perto. As obras do Bispo têm esse poder poético, como Exú. Essa semelhança me aparece quando Kabengele Munanga descreve as ações de Exú aqui no Brasil. "Para sobreviver e afirmar-se, ele se serve de símbolos antagônicos por excelência da religião dominante e veicula uma visão de mundo própria, na qual a ênfase é colocada sobre a contestação." (MUNANGA, 2019, p. 13). Em outro caminho dessa encruzilhada, Frederico de Moraes cita "a dificuldade de buscar uma interpretação de uma construção linear…" (MORAIS, 2013, p. 26). Bispo do Rosário e Exú são mensageiros, ambos criam de uma forma única caminhos diferentes para interpretações que demoramos a compreender.

Laroyê Exú!

Adúpé Bispo do Rosário!

O menino um dia me olhou com a cara mais debochada do mundo. Rindo, me disse quanto eu ainda era jovem e inexperiente. Me mandou pintar o próximo quadro como uma forma de afeto. A raiva e a tristeza ele me disse que infelizmente ainda iriam continuar comigo, mas o afeto e o carinho, eu precisava aprender para ter o poder, até mesmo de chorar.

Parece que quanto mais trabalho, mais vontade de trabalhar eu tenho, não sei, chamo isso de fome. Tenho fome do mundo e das coisas que o mundo tem a oferecer. Minha barriga neste sentido nunca está satisfeita. Eu e o menino, agora um homem, temos isso em comum. Já escutamos que esse desejo de abraçar o mundo nos faria não fazer nada direito. O menino sempre teve a resposta mais rápida que eu já vi. Ele disse que quando o homem branco sabe fazer muitas coisas é chamado de gênio, quando ele queria aprender sobre várias coisas era chamado de irresponsável. Se existe algum gênio que eu conheci foi o menino, sou apenas um curioso. Se gosto de desenhar, vou aprender a desenhar, mesmo que todos digam que não posso desenhar. Se pinto foi porque alguém me disse que a pintura estava morta e eu não acredito em morte.

Na sala de aula, o garoto não conseguia se concentrar. Na sua cabeça tinha várias ideias, nenhuma relacionada ao dever de matemática que a professora escrevia no quadro à sua frente. Quando chegou na casa onde sua avó trabalhava, correu logo para o quartinho dela nos fundos. Pegou um bolo de folhas e foi dobrando uma a uma, passava a cola com muito cuidado no meio da folha onde tinha a dobra do papel. Colava uma a uma com muito cuidado. Na primeira tentativa, colocou muita cola e acabou colando metade de algumas folhas. Ele não se importou. Fechou o papel e correu para desenhar onde seria a capa da revista; passara toda a aula matemática pensando nisso.

O herói na capa não se parecia com ele, mas tinha tudo o que ele queria ter, inclusive um robô gigante para lutar contra monstros. Em cima, o título com cores vibrantes, "As aventuras dos Super Ninjas". No canto esquerdo, escreveu "edição número 1". Passou a noite toda escrevendo aquela aventura e desenhando. Às vezes as palavras ocupavam mais espaço que os balões das falas dos personagens. No final ainda restou uma página livre, mas o menino já não tinha mais ideias, os heróis já tinham vencido o monstro... então o sono foi chegando, seus olhos ficando mais pesados, mas ele não queria dormir, queria resolver aquela questão que o deixava aflito: o que escrever?

Foi então que resolveu agradecer a todos que ainda não tinham lido sua aventura. Tarde demais, o sono o venceu e ele dormiu com a caneta na mão, e a edição número 1 dormiu ao seu lado.

Foi com afeto que escrevi este texto, e como agradecimento eu farei uma pintura como forma de celebração. Desenharei os nomes daqueles que me fazem ser o que eu sou. Este texto tomou caminhos que eu não havia previsto quando pensei nele. Por isso agradeço a você que leu, e se eu não te conheço, espero em breve poder te abraçar. Se nos conhecemos, espero em breve te abraçar. A todas, todos e todes, obrigado. Que meu trabalho celebre, antes de tudo, nossas vidas. Que elas sejam muitas e extensas.

Adúpé Ekundayo!
Adúpé Valéria Monã!
Adúpé Rodrigo França!
Adúpé Jonathan Raymundo!
Adúpé Bispo do Rosário!
Adúpé Cyda Moreno!
Adúpé Thabatá Castro!
Adúpé Bruno Cândido!
Adúpé Katiúscia Ribeiro!
Adúpé Monique Santos!
Adúpé Sol Miranda!
Adúpé Filó!
Adúpé Luana Fonseca!
Adúpé Gloria Carneiro!
Adúpé Silvio de Almeida!
Adúpé Carlos Augusto!
Adúpé Rosana Paulino!
Adúpé Mery Delmond!
Adúpé Julio Angelo!
Adúpé No Martins!
Adúpé Samuca!
Adúpé Julio de Sá!
Adúpé Aza Njeri!
Adúpé Tárcio Vasconcellos!
Adúpé Fernanda Canuta!
Adúpé Brisa Lima!
Adúpé Fábio Kabral!
Adúpé Marcelo Campos!
Adúpé Deborah Medeiros!
Adúpé Mulambu!
Adúpé Fabio França!
Adúpé Andressa Cabral!
Adúpé Keyna Eleison!
Adúpé Abdias do Nascimento!
Adúpé Henrique Vieira!

Adúpé Valéria Barcellos!
Adúpé Mano Brown!
Adúpé Conceição Evaristo!
Adúpé Rubem Valentim!
Adúpé Grada Kilomba!
Adúpé Musa Michelle Mattiuzzi!
Adúpé Ventura Profana!
Adúpé Yhuri Cruz!
Adúpé Maíra Azevedo!
Adúpé Hélio Menezes!
Adúpé Mercedes Baptista!
Adúpé Carolina Maria de Jesus!
Adúpé Djonga!
Adúpé Kabengele Munanga!
Adúpé Mãe Menininha do Gantois!
Adúpé Emicida!
Adúpé Tia Ciata!
Adúpé Ridete de Sena!
Adúpé KL Jay!
Adúpé Luiz Carneiro!
Adúpé Dandara!
Adúpé Roberto Carneiro!
Adúpé Zumbi!
Adúpé Lia de Itamaracá!
Adúpé Luiz Gama!
Adúpé Marcia Carneiro!
Adúpé Angélica Dass!
Adúpé Lidia Viber!
Adúpé J. Medeiros!
Adúpé Sabrina Fidalgo!
Adúpé Marielle Franco!
Adúpé José do Patrocínio!
Adúpé Yasmin Thayná!
Adúpé Milton Filho!
Adúpé Sonia Gomes!

Adúpé Li Borges!
Adúpé Sabotage!
Adúpé Dona Ivone Lara!
Adúpé Erica Malunguinho!
Adúpé Bruna Silva!
Adúpé Seu Jorge!
Adúpé Yuri Marçal!
Adúpé Luiza Loroza!
Adúpé Licínio Januário!
Adúpé Rack/Derrete!
Adúpé Cruz!
Adúpé BNegão!
Adúpé Ruth de Souza!
Adúpé Rubens Barbot!
Adúpé Andrea Bordadagua!
Adúpé Marta Carneiro!
Adúpé Amina Bawa!
Adúpé Maxwell Alexandre!
Adúpé Zózimo Bulbul!
Adúpé Jon V Thomaz!
Adúpé Lucio Bragança!
Adúpé Boy Jorge!
Adúpé Carla Mullulo!
Adúpé Milton Santos!
Adúpé Milton Nascimento!
Adúpé Arthur Ferreira!
Adúpé Avelino!
Adúpé Claudio Lima!
Adúpé Gabriella Ramos!
Adúpé Mariana Oliveira!
Adúpé Wanderley Gomes!
Adúpé Nilson Carneiro!
Adúpé Rafael Baptista!
Adúpé Chico César!
Adúpé Família Carneiro!

O menino esperava sua avó na porta do mercado, quando um homem mais velho, vestido com roupas coloridas feitas de fios dourados, veio caminhando em sua direção. Existia uma beleza no homem, pela forma que ele andava e pela forma que ele se vestia. O menino olhava espantado para esse homem, que o encarou de volta. Seu olhar era de ternura para o menino, parecia que ambos estavam esperando este encontro. O mundo estava esperando este encontro, tudo parecia suspenso no tempo. O homem mais velho se aproximou do menino e disse com um sorriso que era um prazer ver o menino, o menino em resposta abriu um largo sorriso.

Eu não saberia dizer ao certo qual foi a conversa, nenhum dos dois saberia. Imaginem eu, um espectador de outro tempo, de outro mundo. Mas sei que foi nesse encontro que o menino soube o seu nome, e talvez esse nome já tenha sido dado para ele muito antes de ele nascer, mas lhe deram outro. Seu nome real lhe foi revelado pelo homem mais velho. Um homem que conhecia coisas de vários mundos, sabia o nome do menino. Ekunday[7]

REFERÊNCIAS BIBLIOGRÁFICAS:

BUTLER, Octavia. *Kindred: laços de sangue.* Tradução Carolina Caires Coelho. 1. Ed. São Paulo: Editora Morro Branco, 2020.

KILOMBA, Grada. *Memórias da plantação — episódio de racismo cotidiano.* Tradução Jess Oliveira. 1. ed. Rio de Janeiro: Cobogó, 2019.

MORAIS, Frederico. *Arthur Bispo do Rosário: Arte além da loucura.* Org. e prefácio Flavia Corpas. 1 ed. Rio de janeiro: NAU: Livre Galeria, 2013.

MUNANGA, Kabengele. *Arte afro-brasileira: o que é afinal? Paralaxe — Perspectivas Estéticas Entre Brasil e Kenya.* v. 6, n. 1, 2019

---

[7] Significa "a tristeza converte-se em alegria" em iorubá; este nome pode ser utilizado tanto no feminino como no masculino.

KATIÚSCIA RIBEIRO

Katiúscia Ribeiro é filósofa, mulherista africana, mestra em filosofia pela Universidade Federal do Rio de Janeiro (UFRJ) e doutoranda em filosofia africana também pela UFRJ. Coordenadora Geral do laboratório Geru Maa de Africologia e estudos Ameríndios da UFRJ e professora da EMERJ (Escola de Magistratura do Rio de Janeiro).

"Somos começo, meio e começo."
Mestre Nêgo Bispo

Ancestralidade: um princípio filosófico

O FUTURO É ANCESTRAL[1]

A cultura e as filosofias africanas se constroem a partir da ancestralidade, dos saberes que nos nutrem desde o útero materno. A ancestralidade precisa ser o nosso ponto de partida e de chegada. É deixar se marcar pelas histórias e experiências de nossos ancestrais. Essa filosofia é prática, é exercício espiritual e não somente intelectual, em retroalimentação usamos o intelecto para exercitar o espírito.

Muniz Sodré (2017) apresenta em sua obra *Pensar Nagô* uma filosofia a partir da experiência do pensamento nagô. Essa obra, apesar de densa e um pouco complexa, promove uma filosofia que se propõe ser pensada sob o toque dos atabaques ou, podemos dizer, uma filosofia dos atabaques. A obra nos introduz a um pensar para além das sobreposições multiculturalistas que, segundo ele, implicam, muitas vezes, um afeiçoamento pelo saber "exótico" admitindo-o, mas sob a lógica do poder hegemônico. Para se pensar nagô, Sodré (2017) opta por tomar como método de investigação aquilo que ele chama de comunicação *transcultural*, uma comunicação de troca. Assim, a filosofia do "pensar nagô" é uma filosofia que se abre para a barganha, que se propõe caminhos que a conduzam para novos termos e quiçá releituras.

Segundo Sodré (2017), os nagôs foram pessoas em condição de escravidão — bem como seus descendentes — trazidas para cá entre o fim do século XVIII e o início do século XIX. A palavra nagô se tornou um nome genérico para toda uma pluralidade cultural vinda com cada grupo de escravizados sequestrados da África. Assim o que entendemos por nagôs no

---

1 Este texto é uma produção minha, Katiúscia Ribeiro, junto com meu irmão filósofo e psicólogo João Paulo Ignacio — gratidão, irmão.

Brasil é fruto de nosso desconhecimento e apagamento histórico produzido a partir da colonização brasileira.

A filosofia do pensar nagô, na esteira da comunicação *transcultural* no Brasil, é uma filosofia da negociação, como aponta Sodré (2017, p. 24):

No âmbito brasileiro, por via da comunicação transcultural, sugerimos a possibilidade de um novo jogo de linguagem: uma filosofia "de negociação" (os nagôs, como os antigos helenos, sempre foram grandes negociantes), sem entender "negócio" apenas pelo vezo moralista das trocas comandadas pelo capital e sim como também a troca simbólica do dar-receber-devolver, aberta ao encontro e à luta na diversidade. É precisamente o que queremos dizer com "pensar nagô".

Esse pensamento de Muniz Sodré é fiel à nossa realidade sincrética brasileira e se coaduna com a análise feita por Munanga (2019) sobre a identidade cultural no Brasil. Este diz: "Aqui os sangues se misturam, os deuses se tocam, e as cercas das identidades culturais vacilam." Isso significa que pensar uma filosofia africana no contexto afrodiaspórico é pensar uma filosofia da comunicação transcultural, uma filosofia que dá e recebe em intensa troca. Essa filosofia discutida por Sodré (2017) é tomada por atravessamentos pluriculturais.

É nessa via que o autor apresenta uma releitura muito preciosa sobre o entendimento de *arqué*, mas para entendê-la é preciso uma breve propedêutica da filosofia grega sobre esse conceito. A filosofia grega nasce com o intuito de produzir um discurso racional (um *logos*, em letra minúscula) sobre o princípio ou os princípios do Universo. Para Aristóteles, quando se fala da organização primordial das coisas, existem dois tipos de filósofos: os físicos e os teólogos. Segundo ele, os físicos e os teólogos falam da mesma coisa, do elemento primordial (*arqué*). Entretanto, os primeiros falam do princípio universal a partir das coisas naturais, ou seja, da natureza (*physis*); enquanto os últimos falam sobre a *arqué* pela perspectiva divina.

Segundo Marcondes (2007), Tales de Mileto foi o primeiro a intuir essa concepção de um elemento fundador do cosmos. O filósofo propunha a água (*hydor*) como princípio formador do universo. Sua proposta não fundamenta, desta feita o autor contemporâneo, a água como princípio, mas como a noção de elemento primordial, pois ele inaugura uma tradição filosófica que compreende a natureza como entidade unitária, ou seja, a natureza é uma só. Depois de Tales de Mileto, Anaxímenes adotou como elemento primordial da natureza o ar (*pneuma*), para Anaximandro era o ilimitado ou indeterminado (*apeiron*).

Para Sodré (2017), o pensamento nagô também se questiona sobre o princípio primordial; o autor faz, portanto, uma analogia entre nagôs e helênicos. Os nagôs estabelecem como princípio primordial os orixás, portanto, essas entidades seriam compreendidas como princípios a serem cultuados como deuses ou aqueles que têm qualidades divinas. Se para os gregos os princípios fundamentais do universo eram elementos naturais ou divinos, para os nagôs os orixás e os ancestrais são os princípios cosmológicos que compõem o universo.

Sodré (2017) argumenta que, assim como o Eros platônico não é uma entidade religiosa, mas um princípio móvel, como o Primeiro Motor em Aristóteles, assim também os orixás nagôs são tratados com denodo por serem entendidos como princípios cosmológicos. Podemos dizer que essa analogia faz bastante sentido. Entendemos que nossa existência não é possível sem a ancestralidade, sem aqueles que nos precederam, que nos formaram física, psíquica e espiritualmente. A ancestralidade e os orixás são, portanto, a força motriz que nos coloca em movimento, o princípio criador e organizador do universo.

ANCESTRALIDADE: UMA EXPERIÊNCIA POPULAR

Afastando-nos um pouco da bela contribuição apresentada por Sodré, podemos seguir para uma outra dimensão da ancestralidade. Uma dimensão que é acessível e experimentável a partir dos aspectos populares da nossa existência. Mergulharemos em uma ancestralidade popular. Certa vez, eu, Katiúscia Ribeiro, disse, em minha participação no TEDxUnisinos, as seguintes palavras: "Quem sabe olhar para frente se espelhando nas experiências do passado nos ajudará a recriar caminhos por estradas já trilhadas." Essa fala, inclusive, foi, sem dúvida, o ponto mais alto da minha participação, pois sintetizou toda minha argumentação. Ali evoquei que é preciso olhar para trás e retomar o saber vivo das populações pretas ao redor do mundo — isto é, ali estava dizendo que é preciso um retorno à ancestralidade.

Ao longo dos anos, mesmo em meio aos destroços do colonialismo e da diáspora africana, nós, povo preto, temos voltado o olhar para trás e nos assegurado nas lembranças como pontos de reflexão e de possibilidades para um viver digno. Um viver que resgata as experiências do povo preto que sobreviveu e sobrevive apesar das correntes de opressão e das desumanizações sistemáticas a que fomos e ainda somos submetidos desde o processo escravista. Não há dúvida de que trazemos conosco, em nossos corpos subjetivados, um passado que tem como modelo civilizatório e organizativo a coletividade. O Comum nos move e nos moverá sempre para um futuro ancestral. A organização de uma sociedade que segue os princípios ancestrais africanos está calcada na ideia de solidariedade.

Mesmo na condição de escravizado, o nosso povo conseguiu se organizar coletivamente, de forma solidária, reforçando um ao outro, evocando lembranças dos tempos de liberdade, e, apesar do futuro permeado de incertezas, a ancestralidade se fazia, como premissa filosófica, uma ancoragem de manutenção da vida. Assim penso que o desejo de liberdade é marca vívida da ancestralidade em nós. Os quilombos são espaços de evocação ancestral, de materialização física dos nossos antepassados.

Se fizermos, entretanto, uma análise sincera, perceberemos que quase não falamos sobre ancestralidade, parece que a maioria das pessoas não tem interesse pelo tema e que outras acham que os que a pleiteiam como referencial estão desconectados da realidade, como se falar de ancestralidade fosse falar de um campo abstrato ou de um mundo ininteligível. Outros se sentem desligados de sua ancestralidade, o que é impossível, porque se pensarmos bem, nossa ancestralidade é a vida em suas mínimas formas; assim como respirar, "ancestralizar" é viver.

No início dos nossos estudos em filosofia, percebemos aos poucos que somos ensinados a pensar a partir de um olhar exclusivo, que exclui toda pluralidade da vida, do Ser, do existir enquanto sujeito. Assim, vamos descobrindo que esse pensamento exclusivo nos impõe um jeito de ser e viver que não corresponde às nossas aspirações, necessidades e tradições. O pensamento filosófico, que deveria nos impulsionar para reflexões sobre os temas nobres da vida — como a ética, a existência, o conhecimento, entre outros —, parte de um olhar limitado por uma cultura específica, uma cultura que não leva em consideração a nossa ancestralidade. Por isso, neste texto, é imprescindível que comecemos uma investigação para reencontrar os saberes e as práticas filosóficas que dialogam com esse conceito.

Uma pergunta-chave que propomos aqui é: "Onde vive a sua ancestralidade?" Vamos… pare, respire e pense… ouça! Esse pode ser um momento importante para que você reflita sobre a sua própria existência e chegue, quem sabe, na premissa filosófica de "Qual o sentido da vida… da sua vida?!"

Como compreender quem somos se não nos perguntamos o que éramos, ou melhor, de onde éramos? Ancestralidade não pode ser definida apenas como uma árvore genealógica, ela está muito além disso, percorre a linha sanguínea do tempo e firma-se na hereditariedade do viver. Ela é uma forma respeitosa de honrar e (re)lembrar dos nossos antepassados. Para as pessoas pretas, a ancestralidade é a chave que abre os portais da nossa realidade histórica, filosófica, linguística e cultural para um projeto de povo. Ancestralidade é mais que uma reflexão, é um princípio filosófico que rompe os muros da academia e se manifesta nas vozes de nossas avós e de nossos avôs que, com palavras sábias, nos narram mistérios da vida por meio de suas oralituras — leituras da oralidade — e nos levam à compreensão da nossa própria existência.

As oralituras são a voz da ancestralidade em nós, por meio de nós e para nós; elas se manifestam nos mitos, nas estórias e histórias, nos segredos e nos mistérios das ervas, nos rituais e nas crenças do terreiro, nos valores e nos saberes que nos educam, nos dizeres e nos fazeres do cotidiano. Ancestralidade é o banho de folhas de pitanga para curar a febre, é o chá de boldo para o fígado "atacado". É o ditado popular que diz: "o aluno não sabe mais que o professor", é o samba que afirma: "Sempre me deram a fama/De ser muito devagar/Mas desse jeito/Vou driblando dos espinhos/Vou seguindo meu caminho/Sei aonde vou chegar." Nossa ancestralidade não se esconde nas salas fechadas da intelectualidade ou em textos complexos de ética, moral e ontologia, mas na solidariedade comunitária, no comum, nas rodas de candomblé, de capoeira, de samba, de conversas, de rimas.

A ancestralidade não é uma metafísica. Ancestralidade é aqui, é agora, mas foi ontem e será amanhã; no samba, por exemplo, percebemos isso de uma forma quase indiscutível. O samba é o ontem, é o amanhã e é o agora. No ritmo do partido-alto ou na sutileza das críticas sociais dos sambas-enredo, há de se ouvir ao fundo o canto ancestral, a sabedoria do bem viver. No samba, há ancestralidade.

Nele, o poeta-sambista nos ensina a declarar nosso amor para quem amamos: "Eu vou falar pra todo mundo/Vou falar pra todo mundo/Que eu só quero é você." Eis a sabedoria ancestral: o amor é um ato permanente que todos precisam conhecer, experimentar e poetizar. A ancestralidade nos convida ao amor: o amor de rodas, o amor de alcovas, o amor de bodas. Os ancestrais se amavam e nos amam até hoje, seus saberes são expressões de amor.

O poeta-sambista também nos ensina como devemos organizar nossas casas: "Na minha casa/ Todo mundo é bamba/ Todo mundo bebe/ Todo mundo samba." Assim, em nossas casas não pode faltar coragem para enfrentar a dura vida. Não pode faltar aquela bebida gelada que nos relaxa. Não pode faltar ainda aquele samba, para que possamos sambar, mas cuidado com os penetras que bebem demais, comem de tudo, dançam sozinhos e acabam com a festa, porque aí o "coro come".

O poeta-sambista nos ensina a ir pela vida devagar, bem devagarinho... E com fé, senão a gente pode tropeçar. Fé e frieza, serenidade e comedimento fazem a vida ser melhor, fazem dela algo que vale a pena viver. É devagar que a gente chega lá. Lá onde está a ancestralidade. Devagar encontramos caminhos. Devagar encontramos a *sabedoria dos pés,* devagar temos mais equilíbrio e não corremos o risco de escorregar nas folhas. É devagar!

Ancestralidade é assim, ela fala de forma popular. Em uma linguagem que todos entendem, mas somente alguns ouvem. Sua sabedoria é para os que sentem, não para os que sabem. Eis a sabedoria do samba e o samba da ancestralidade. O mundo é duro, mas a vida é bela, como diz o poeta: "Eu sou verso e sou reverso/ Sou partícula do universo/ Sou prazer, também sou dor/ Eu sou causa, sou efeito/ Eu sou torto e sou direito/ Enfim eu sou o que sou." Ao fim disto imediatamente compreendemos o que é a vida... Ela é "bonita, é bonita".

O conceito de ancestralidade não se fixa em uma era histórica, tampouco se limita a um modo antigo de produzir filosofia ou a pessoas, mas se estabelece como um modo de produção de filosofia africana. A ancestralidade, enquanto princípio, é de ordem coronária, que possibilita o reconhecimento e a continuação de um legado que nasce a todo tempo e se mantém vivo na pulsação da nossa existência, no samba dos nossos pés, no arrepio do nosso corpo e na materialização das oralituras.

Nossa ancestralidade nos faz perceber, nos faz sentir, nos faz pensar. Ela é impressa como força representativa de um saber vivo que se reinventa, uma força de vida mais criativa que a morte, a diáspora e a escravidão. A ancestralidade é um vento materno, é o sopro de vida que é tecido no ventre das nossas mães pelo sangue ancestral, é a música que faz vibrar as células do nosso corpo e que dita o ritmo do nosso coração, é a poesia que acalma e que perturba, é a filosofia e seus favos de sabedoria, é a luta pela vida e a resistência à morte, é a natureza e a manifestação da vida, é o movimento e o caminhar; em cada um de nós, em cada pessoa que respira há a marca da ancestralidade.

Pensar a ancestralidade não passa por compreender qual o sentido da vida a partir de textos complexos e termos difíceis, mas por viver em movimento com a vida, este eterno vir-a-ser. É uma roda, sem fim, que possui um início, um meio e um início. O futuro é ancestral.

ANCESTRALIDADE: UMA RESPONSABILIDADE DE TODOS NÓS

Se pensamos a ancestralidade até aqui como princípio filosófico e como uma experiência popular, por último consideramos fundamental elaborar a ancestralidade como responsabilidade coletiva. Estudando as filosofias africanas, aprendemos que elas são construídas a partir da atividade coronária e que o intelecto é apenas mais um instrumento dessa edificação. As filosofias africanas parecem não admitir um Eu como o que é proposto pelas filosofias ocidentais, que, normalmente, é situado como agente central e o elemento mais importante do sujeito.

Para nós, das filosofias africanas, isso tem outros tonos, entendemos que só é possível fazer filosofia a partir das relações comunitárias, assim, nos princípios das filosofias africanas, o Nós substitui o Eu. Esse Nós significa que precisamos beber da ancestralidade antes de iniciar a caminhada. É saber que para onde se vai é preciso ter a ancestralidade como referência de partida e chegada. É se deixar marcar pelas histórias e experiências de nossos mais velhos. Se a construção do saber nessa área pender somente para o campo das discussões de nada adiantará, nossa filosofia é prática, é exercício espiritual e não somente intelectual, afinal, como explícito antes, "usamos o intelecto para exercitar o espírito".

Assim, evocamos Maat como elemento importante nessa discussão. Devemos ter durante a vida o compromisso ético com a nossa travessia existencial, para que possamos alcançar o lugar de ancestrais para aqueles que descendem de nós. Maat é uma deusa representada pela figura de uma mulher negra que segura, em uma das mãos, o símbolo de Ankh (vida) e, na outra, um cetro. Sua coroa é adornada com uma pena de avestruz. O termo Maat abarca retidão, verdade, justiça e harmonia.

Maat representa o equilíbrio, pois concede medida à balança, pautando seu juízo pela verdade. Na cultura egípcia, somos julgados enquanto sujeitos a partir da nossa integridade coronária e a justiça é a medida do Ser. Nessa concepção, o coração de cada indivíduo é pesado na balança de Maat, tendo como prumo a pena de avestruz da coroa da deusa. Se o coração for mais pesado que a pena, é um sinal de que a vida em questão não foi aprovada e de que as ações daquela pessoa estiveram fora da medida correta.

Tornar-se ancestral é sair dos grilhões ocidentais, inclinar nossas barcas para o Sul e contemplar o mundo em sua leveza e em seu encantamento. Nós temos o compromisso de construir hoje um mundo mais leve, um mundo melhor, cuja densidade seja menor que a da pena de um avestruz. Ao Sul encontramos o caminho para uma filosofia pluriversal que só é possível na coletividade. Essa reconexão com saberes ancestrais, inclusive, só é viável se for baseada em uma nova experiência com o Comum, ou seja, a partir de Ubuntu.

Segundo Noguera (2012), Ubuntu é uma palavra que traz como significado ou que é possível traduzir como "aquilo que é pertencente a todos", Ubuntu é um modo de experimentação da vida, uma forma de estar no mundo a partir de um posicionamento ético, uma experiência de existir comunitária em que o social e o ancestral precedem o sujeito. Ubuntu é, pode-se dizer, um modo de organização social e de subjetivação que antagoniza com os modelos hegemônicos ocidentais de propriedade privada e individuação, pois em Ubuntu o outro e a comunidade são a substância do "ser como um todo".

Sobre os princípios da filosofia Ubuntu, Nascimento (2016) diz que ela pode ser entendida como uma Filosofia do Nós, na qual a responsabilização pelo outro, a solidariedade e o compartilhamento da vida comum são aspectos fundamentais. O autor ressalta que essa visão de Comum compôs a cosmovisão do mundo negro-africano.

É possível, portanto, argumentar que o sujeito da concepção Ubuntu nasce de uma interação ética, de um ato singular e profundo com outro humano. O sujeito nasce em Ubuntu da ancestralidade, pois a ancestralidade é o nosso primeiro contato com o outro, sendo assim, não nascemos de um método racional, mas somos quando estamos inseridos nos encontros e desencontros da vida, a partir de experiências corporais, espirituais, afetivas, racionais, sociais, éticas e ancestrais.

Trazendo para a nossa realidade brasileira contemporânea, a experiência com a ancestralidade acontece a partir de uma prática afroperspectivista. Afroperspectiva é um conceito do professor Renato Noguera (2014) que, segundo o próprio, "significa uma linha ou abordagem filosófica pluralista que reconhece a existência de várias perspectivas. Sua base é demarcada por repertórios africanos, afrodiaspóricos, indígenas e ameríndios".

Essa abordagem para alcançarmos a ancestralidade traz inúmeros aspectos referenciais, como o quilombismo, a afrocentricidade e o perspectivismo ameríndio. A afroperspectividade faz uso da roda como forma de exercício filosófico e se inspira nas rodas de samba e de candomblé, do jongo e da capoeira, e consiste em pôr na roda diversas perspectivas possíveis para observar o assunto da discussão. Entretanto, além de ideias, não poderíamos colocar também na roda de discussão nossas formas de viver? Sim! Nossas formas de viver, para discutirmos quais compromissos inegociáveis temos com a nossa comunidade para que a próxima geração experimente um mundo mais equânime e seguro.

Caminhando para o fim, repetimos que a ancestralidade não é só o passado, não é só uma linhagem, não é só um clã. Ancestralidade nos oferta uma ética, uma forma de ser e estar no mundo. Ser ancestral não é só ser anterior e ter mais tempo de vida, mas é trazer consigo um compromisso ético comunitário, é saber viver e ter vivido bem. Os ancestrais tinham o compromisso de viver de maneira justa para que suas vidas fossem modelos a serem seguidos. Vivendo bem, eles sabiam que seus passos seriam eternizados nos passos de todos nós.

A ancestralidade se eterniza pela cultura, pelos costumes, pelos itans, pela ritualização dos espaços, pela música, pela roda, pelos saberes populares e sofisticados. Enfim, nossa ancestralidade é a nossa essência vital. A ancestralidade abriu caminho para o quilombo, resistiu ao genocídio negro, e é por isso que estamos aqui. Trazendo para o contexto das filosofias africanas, podemos entender que hoje temos o compromisso ancestral de agir eticamente com nossos irmãos e irmãs, filhos e filhas, companheiros e companheiras. Precisamos exercer um exemplo de vida que valha a pena, que sirva de modelo para o nosso povo no futuro.

Ensinar nossos mais novos a criar estratégias de enfrentamento do racismo. Ensiná-los a sobreviver nessa sociedade racializada e como conviver com a diferença que é vital. Que tipo de legado você ensina para os seus filhos e filhas, sobrinhos e sobrinhas, netos e netas ou afilhados e afilhadas? O que acontecerá com eles ou elas se seguirem os seus passos no futuro? A ancestralidade foi, é e será. Nossos ancestrais ensinaram o quilombo, deixaram estratégias de vida e caminhos para a sobrevivência. Fizeram isso pela permanência do nosso povo, da nossa gente. O que você deixará para as futuras gerações?

REFERÊNCIAS BIBLIOGRÁFICAS:

MARCONDES, Danilo. *Iniciação à história da filosofia:* dos pré-socráticos a Wittgenstein. 13. Ed. Rio de Janeiro: Zahar, 2007.

MUNANGA, Kabengele. *Negritude:* usos e sentidos. 4. ed. Belo Horizonte: Autêntica Editora, 2019.

NASCIMENTO, Alexandre do. Ubuntu como fundamento. In: *Ujima. Revista de Estudos Culturais e afrobrasileiros*, 2014.

NOGUERA, Renato. *O ensino da filosofia e a lei 10.639.* Rio de Janeiro: Pallas, 2014.

_____. Ubuntu como modo de existir: elementos gerais para uma ética afroperspectiva. *Revista da Associação Brasileira de Pesquisadores/as Negros/as (ABPN)*, v. 3, n. 6, p. 147-150, 2012.

SODRÉ, Muniz. *Pensar Nagô.* Petrópolis-RJ: Vozes, 2017.

DIEGO MORAES

Trinta e dois anos. Atleta da Seleção Brasileira de Karate, top 1 do Brasil e top 80 do mundo na categoria até 84kg. Formado em jornalismo na PUC-Rio. Trabalho na Globo desde 2009, passando pelos cargos de editor e produtor dos programas esportivos da emissora até chegar à reportagem, em 2013. Fiz a cobertura da Copa do Mundo de 2014, da Olimpíada 2016 e duas séries autorais sobre Olimpíada. A primeira foi ao ar em 2015, no Globo Esporte do Rio de Janeiro, chamada "Olimpíada, uma luta", e a segunda série é "Diego San", exibida no Esporte Espetacular, que está na quarta temporada. Paralelamente a esse projeto, participo do podcast "Ubuntu Esporte Clube", formado por jornalistas pretos do esporte da Globo, além de ser colaborador do site "Mundo Negro".

O CENÁRIO ESTÁ PRONTO

Dia ensolarado e com a temperatura alta, que nem o banho frio era capaz de refrescar. Dentro de casa sensação térmica de 45 graus, e o ventilador, em vez de amenizar, piorava soprando ar quente. Olha que o verão tinha acabado de dar tchau. Estávamos no Outono, mas a cidade de Macaé, interior do Rio de Janeiro, fervia, e numa pequena casa da periferia, a minha família Silva e a Melo se uniram para festejar o nascimento do pequeno Gui, que passou algumas de suas primeiras 24 horas de vida sonolento em meu colo. Pouco mais tarde, Gui e eu nos tornaríamos irmãos. Apesar de não compartilharmos o mesmo sangue, exerceríamos o poder da escolha de dois filhos únicos de suas famílias.

Quando Gui nasceu, eu tinha nove anos e uma rotina agitada estabelecida por minha mãe Maria. Escola pela manhã, natação à tarde e caratê à noite. Minha mãe não queria o menino dela de bobeira na rua. Ela guardava suas razões. Eu rodava toda a cidade com minha inseparável bicicleta. Enquanto isso, minha mãe batia ponto nos postos de trabalho. Eram três escolas fixas, dava aulas de português e de literatura de sete horas da manhã às dez horas da noite e ainda lecionava em cursos preparatórios para concursos públicos nos fins de semana. Cotidiano árduo que não era muito rentável. Ganhava em média R$9,00 hora/aula, mas não reclamava, apenas seguia no modo automático, porque o importante para ela naquele momento era ter dinheiro em caixa. Perder o emprego por conta de uma reclamação em prol de salários mais justos não é opção quando se tem uma criança para alimentar em casa. Funcionária exemplar, impecável na vestimenta, uniformes muito bem limpos, unhas pintadas, o batom era indispensável, portanto, retocado quando necessário. A voz não podia falhar. Na bolsa uma maçã, dizem que faz bem para as cordas vocais. A água também era um item essencial no kit "sobreviva o dia inteiro dando aula". Achar defeito na Maria era difícil, ela tomava todos os cuidados possíveis para não encontrarem, principalmente no trabalho. Além da preocupação com a estética e com a voz, ela estudava, lia livros e mais livros, conseguiu se tornar uma professora pós-graduada, quando poucas eram nas escolas privadas nas quais lecionava. Mas nada mudou no valor daquela hora/aula. Maria ficava triste, desapontada, pensativa, só que não me recordo de a minha mãe deixar que eu percebesse isso nela. Ela diz que não tinha muito tempo para refletir, porque no dia seguinte era preciso agir. Aquela história de que o amanhã será melhor do que o hoje.

Diante de todo o comportamento e da postura da minha mãe, ela virou meu espelho. Queria ser como ela ao crescer, mas ela queria que eu fosse mais longe, por isso exigia o meu máximo sempre no início de cada dia ao me beijar e abençoar: "o Senhor estará com você, meu filho, por onde andar. Não se esqueça que tudo pode naquele que te fortalece. Deus te guarde". E lá ia eu para as atividades diárias. Sozinho e sob proteção divina. Tem gente que não crê em Deus, mas para minha mãe Ele era refúgio, fortaleza e esperança. Porque se dependesse do marido José, o cenário ideal é mulher em casa e trabalhando para ele no bar. Meu pai não gostava muito de a esposa se desdobrar em várias escolas e não receber o que merecia pelo esforço. Nesse ponto, estava certo. Só que deslizava em outras questões. Para ele, Maria deveria largar tudo, trabalhar *com* ele, o que na verdade queria dizer *para* ele. Mudaria apenas de patrão. Em vez dos diretores da escola, o marido José. Isso significaria dependência financeira. Só esse pensamento fazia com que Maria não pensasse em desistir de lecionar. Ser professora era uma forma de garantir um bom ensino para mim, pois com isso eu, pelo menos, conseguiria completar o segundo grau sem custo e com qualidade, já que filho de professora tem direito a bolsa integral. Assim, ela garantia o meu futuro. Seu sacrifício seria recompensado, era o que ela esperava e acreditava.

José servia para eu ter uma figura paterna em quem me espelhar. Um homem para ajudar na criação de um menino. Difícil foi suportar os exemplos que esse homem fazia questão de me dar dia após dia. Um homem alto, forte, respeitado no bairro por ser bom de papo e dono de bar. Sempre quis ser pai de menino. Deu o meu nome inclusive, Daniel. Na teoria, o pai disposto a ser pai. Na prática, não se fez presente em nenhuma competição do Daniel, atleta há dezoito anos. Namoradas, melhores amigos, primeiros passos na carreira profissional. José nunca acompanhou nada. Já era um esforço para ele marcar presença nas apresentações do dia dos pais, que eram carregadas de expectativa, algumas preenchidas, outras não. Brincadeiras e momentos descontraídos não foram registrados sequer nas fotos antigas. Nas memórias, entre muitas frases, as homofóbicas ficaram marcadas. De que eu não poderia ficar grudado na mãe o tempo todo. Não era coisa de homem. Daqui a pouco, vai andar rebolando. Culpa da mãe, que trabalhava o dia inteiro, chegava em casa, estudava comigo e ainda dava carinho. Carinho não, mimo, segundo ele. Meu pai queria ser pai um dia, mas quando aconteceu, caiu a ficha da responsabilidade. Não seria fácil, fugir era preciso, porque o mundo não é para os fracos. Ter uma mulher independente e um filho era demais, no entanto ele enganava bem o povo de fora de casa. A família Silva era perfeita aos olhos dos outros, entre quatro paredes não formava um triângulo amoroso de pai-mãe-filho. Brigas e discussões foram ficando mais intensas. Aos oito anos, vi meu pai batendo na minha mãe pela primeira vez. Um garoto de 1,42m defendendo sua mãe de 1,60m diante de um gigante de 1,80m e ameaçando: "se encostar nela de novo e em mim, te denuncio!" Criança, eu achava que aquela advertência fosse o suficiente.

A família Melo não sabia de tudo que acontecia na família Silva, mas à medida que foram se aproximando, descobriram as imperfeições. Juliana Melo e Roberto Melo são do Rio de Janeiro, foram para Macaé, porque a cidade do petróleo oferecia muitas oportunidades de emprego. Já moravam no mesmo quintal da família Silva há um bom tempo, quando Juliana deu à luz o Guilherme. Gui trouxe a paz momentânea para todo o ambiente. O irmãozinho que eu tanto queria, mas que seria difícil receber dos meus pais. Então, embora Gui não fosse de sangue, era meu irmão, e eu já traçava planos para nós brincarmos, jogarmos bola, compartilharmos experiências. Estava animado e, por mais que a rotina de estudos, treinos e competições tomasse o meu tempo, em qualquer intervalo dava um jeito de ir à casa dos fundos do quintal para ficar um pouco com o Gui.

Juliana e Beto trabalharam em empresas, mas passavam pouco tempo nelas. A renda deles era composta com o trabalho informal, como é para mais de 38 milhões de brasileiros, segundo a PNAD. Ambos não conseguiram fazer uma faculdade, o que não os impediu de sempre estar em atividade profissional de alguma forma. Beto aprendeu a fazer estofado e a trabalhar por conta própria, Juliana fazia cursos e mais cursos voltados para estética e se tornou podóloga. Não faltava comida nem roupa para o Guilherme, a única parte difícil era o acesso a um ensino de qualidade. O dinheiro supria as necessidades básicas, por isso adquirir conhecimento virava privilégio para quem podia pagar. O que era de graça e muito bom para o desenvolvimento do Gui era o amor que recebia dos pais. A família Melo tinha alguns problemas, mas ele foi cuidado com todo carinho. Alguns diriam que era mimado até demais. Beto virou o exemplo, o herói, da vida do Gui e o coadjuvante era eu, o irmão Daniel. Fins de semana de aventura pelo bairro andando de bicicleta, jogando futebol e, se alguém mexesse comigo, encostasse, subisse a voz, meu irmão caçula chamava para briga. Sempre cuidamos um do outro, no entanto, o que me incomodava era a educação do Gui, ele não teve a chance de ser bolsista como eu. Então, eu tentava ajudar passando o que aprendia para ele. Mas quando o assunto era escola… Gui não queria falar de aulas, notas, professores, português… Mas eu sempre gastava um tempo para explicar e corrigir algumas falas suas. Erros que foram por anos os mesmos, passar de série para o Gui foi uma ilusão de sua formação de péssima qualidade. Ele não aprendia nada de novo e nem corrigia os erros antigos. Conhecimento acadêmico definitivamente não era interesse do Gui, até porque ainda não tinha muitos exemplos de pessoas parecidas com ele que estudaram, fizeram faculdade e estavam bem de vida. A falta de representatividade marcava o subconsciente dele. Gui sabia que o que era considerado bom para a sociedade não pertencia às pessoas de seu perfil. Carros, motos, roupas caras, casa própria, cargos de poder…Um leque de opções para pessoas com muitas possibilidades de escolha. O que não era o meu caso e nem o do Gui. Eu só comecei a pensar o quão absurdo é esse sistema anos depois. Antes, a luta era para fugir das estatísticas da violência doméstica.

Numa noite, os gritos de minha mãe foram ficando mais nítidos, intensos a ponto de me despertar de um sono pesado. Assustado, fui ver o que era e encontrei minha mãe sendo ameaçada com um facão no pescoço e gritando: "socorro! Socorro, meu filho!" Não era assalto. Era José, meu pai, que, quando percebeu a minha presença, disse que não era nada, estava com um facão na mão porque resolveu cortar carne de madrugada. Só esqueceu de mencionar qual carne. Naquela hora ele parou, eu não me lembro de ter dormido àquela noite. Fiquei como um zumbi, atento a qualquer tipo de movimentação estranha ou barulho. No Brasil, pouco mais de um milhão de mulheres sofrem com a violência doméstica por ano e minha mãe, sob proteção divina, não foi apagada. Eu precisava fazer algo, não sabia se ele pararia antes da execução, caso tivesse uma próxima vez. Fui até a casa do meu avô, que morava ali perto, peguei escondido a foice de cortar mato e guardei cuidadosamente entre o espaço do colchão e da estrutura da cama. As noites passaram a ser mais longas, sempre em alerta, o sono pesado virou leve e, meses depois, quando minha mãe achou a foice percebeu que uma tragédia estava a caminho. O que fazer com a história de ter um homem em casa para ser exemplo para o seu menino? Gastar muito tempo para encontrar essa resposta poderia custar uma vida ou mais. Mamãe veio conversar comigo, não hesitei ao falar: "vamos ficar só nós dois. Vai ser melhor, mãe. Porque, se precisar, eu vou de foice." Antes disso, veio a separação.

Maria partiu para a criação solo, aos olhos do povo do bairro, porque José continuou o mesmo. Não fazia nada quando era casado, separado é que não ajudaria de jeito nenhum. Minha mãe também não insistiu. Não queria dor de cabeça exigindo o que era seu de direito, porque ela já tinha o que queria, a liberdade de ir e vir sem dar satisfação a ninguém. Queria ganhar tempo se ocupando em me manter no caminho certo. As instruções eram: vista-se com sua melhor roupa para ir fazer trabalho na casa do amiguinho, não ande de chinelo de dedo por aí, não fique até tarde na rua, não saia sem documento, tire notas mais altas que 85, seja o melhor e não esqueça, Deus nos fortalece. A fé movia Maria, e eu ia no embalo. Lia a Bíblia, orava, participava das escolas bíblicas dominicais, das cantatas de Natal. Só que comecei a ficar um pouco confuso, pois ao mesmo tempo que eu gostava de ler a Bíblia, também estava tendo acesso a conteúdos da ciência relacionados ao corpo humano. A fase da puberdade chegou para deixar minha mãe muitas vezes desconcertada. Acordar com a cueca babada, com aquela gosminha no órgão genital, era novidade na minha vida e nem sabia se aquilo era certo ou errado. Minha mãe começou a perceber essa mudança de comportamento ao lavar as minhas cuecas. Um dia perguntei a ela o que era aquilo e ela disse que era normal isso acontecer com homem, acontecia com mulheres também. A evolução daquela descoberta me levou ao próximo passo: masturbação. Assunto proibido na igreja, mas eu abrigava tantos porquês, que não tinha como ignorar. Minha mãe, por mais religiosa que fosse, nunca deixou de responder e não tinha tema proibido dentro de casa. Conhecimento é importante para o desenvolvimento, e a masturbação é um passo para o conhecimento do próprio corpo, tanto para homens, quanto para mulheres. Sábado à noite era dia de dormir mais tarde. Sessão Cine Privê no canal Bandeirantes com as várias versões de *O perfume de Emmanuelle*. Era educativo para a iniciação sexual. O poder da sedução, o ato não é apenas a penetração ou o sexo oral, mas existe uma prévia, o toque, o beijo, tudo isso faz parte do sexo, e a prática precisa ser boa para os dois. De bônus, você aprendia como era um pouco da cultura de vários países, porque Emmanuelle rodava o mundo ensinando o poder da sedução para homens e para mulheres de vários cantos do planeta Terra. Minha mãe fingia que não ouvia nada para não me deixar constrangido. Mas mandava umas indiretas em tom de pergunta: "por que aquele papel no canto do banheiro está grudado?" Era uma forma de me falar: pode fazer o que quiser, mas não bagunça a casa com papel grudado. Não podia deixar rastros em qualquer lugar.

A cumplicidade entre mim e minha mãe, essa confiança foi nos deixando mais corajosos para os passos seguintes. No esporte, eu fui me destacando regionalmente na natação e no caratê nacionalmente, até que cheguei à seleção brasileira de base. As viagens do caratê eram caras demais, muito gasto e lucro zero. Era um futuro muito incerto para quem não pode ficar arriscando com o pouco de dinheiro que tem. Então, a renda que tínhamos, minha mãe investiu na faculdade. Eu sairia do interior e iria para a cidade grande, Rio de Janeiro capital. No noticiário, a Cidade Maravilhosa também era a cidade marcada pela violência. Minha mãe estava com medo. Mas ela disse para mim: criei você para enfrentar esse mundo com as próprias pernas. Aos 18 anos, saí de casa, graças ao planejamento de minha mãe. Eu ser bolsista durante toda a vida foi importante para, de alguma forma, ela conseguir juntar dinheiro para bancar a faculdade. Dez anos juntando R$60,00 por mês e esse dinheiro só daria para bancar seis meses de sustento no Rio de Janeiro, juntando os custos de mensalidade, transporte, alimentação e auxílio para ficar na casa da minha tia. Não tinha plano B, a vida como atleta não dava a segurança que os estudos poderiam garantir. Eu tinha seis meses para virar bolsista, senão teria que retornar para Macaé. Enquanto eu estava alcançando a maioridade, Gui estava chegando à puberdade. Com ela, veio o desenvolvimento biológico, físico e de percepção da realidade. Ele colocou na cabeça que precisava ser alguém, ter sucesso e isso era ótimo. Mas os contrastes desse querer eram o fazer e o poder. Ele não focava em nada, queria ser tudo. O gosto pelas artes marciais surgiu por minha causa. Ele já tinha feito jiu-jitsu, capoeira, caratê e, por último, tentou MMA. Ainda se aventurou no atletismo, tentou se especializar em salto em distância, depois corrida. Nada ia para frente no esporte e nos estudos, a regressão era constante. Eu notava essa desorientação do meu irmão. Ele via alguns amigos ostentando roupas de marca e andando de moto para todos os cantos do bairro Malvinas, um dos mais perigosos da cidade, onde ele passou a morar assim que a família Melo saiu do quintal que dividia com a minha família. Gui pensava: "como aqueles garotos conseguiam aquilo tudo tão cedo? E meu irmão, aos 18, não tem um terço disso". Ele tinha razão e estava tomando consciência de que a vida de gente grande era bem mais complicada do que parecia. O sistema nos coloca na caixinha de pobre, de favelado, e para sair dessa restrição, as possibilidades são remotas. Ao ceder aos prazeres da carne, Gui foi jurado de morte. Sem pensar, se relacionou com a ex-mulher de um comandante do tráfico da região. Desesperados, Juliana e Beto mandaram Gui sair da cidade. Ele morou por um tempo na Baixada Fluminense do Rio de Janeiro e, durante esse período, passou alguns dias em um quarto e banheiro, em que eu morava na Zona Sul carioca. Eu já trabalhava na Rede Mundo de televisão, tinha me formado em jornalismo e era repórter havia dois anos. Minha moradia era bem localizada, mas era um conjugado. Um cômodo apenas era sala, quarto e cozinha. Luxo zero. E por mais que eu falasse o quanto é importante estudar para ter um futuro melhor, na prática ele não via o que era tão melhor assim. Eu estava todos os dias na televisão, mas não tinha uma vida compatível com que todos achavam ser a vida de repórter da Mundo. Inclusive, ainda não tenho. Mas já está melhor. Isso é história para outro momento. Fato é que ao me ver, ao conhecer meus amigos de faculdade e de trabalho, a maioria tendo muito mais do que eu, vivendo de forma melhor, e eu daquele jeito, por mais que não me visse reclamar, o Gui estranhava. Eu poderia ser o exemplo do Gui, caso ele quisesse batalhar anos para ter uma qualidade de vida maneira. Mas que vida maneira é essa? Foi quando comecei a explicar para ele como funciona a estrutura das empresas e como quem está nos cargos de poder pensa. Se você chegou até aqui, pode imaginar, mas talvez não tenha a certeza: eu e o Gui somos pretos. Nossas famílias são pretas. Não seria exagero dizer que cada passo distante da pobreza e da periferia significa que você está se afastando do lugar imaginado pelo preto. Representamos 70% da população pobre do país, não ocupamos nem 10% dos cargos de chefia do Brasil. Já nas prisões, pretos e pardos são 65% da população. O que me faz refletir sobre um trecho do livro *Pequeno Manual Antirracista*, da Djamila Ribeiro, que diz: "o racismo é um sistema de opressão que nega direitos e não um simples ato da vontade do indivíduo".

Querer e lutar não são sinônimos de conseguir. Não existe meritocracia numa sociedade em que negros foram escravizados por mais de 350 anos. Calcula-se que cerca de 9 milhões de pessoas vieram do continente africano para trabalhar nas lavouras, serem moeda de troca em negociações de fazendeiros e comerciantes... Fato é que com a mão de obra preta, muito branco enriqueceu. A liberdade chegou em 1888 com a lei Áurea. Uma felicidade imensa estar livre, mas o que é ser livre sem casa, sem comida, sem dinheiro, num país regido pelas leis de Educação e de Terra, em que preto não pode ir à escola e nem ser proprietário de terra? E dois anos depois da lei Áurea veio a lei dos Vadios. Quem fosse encontrado perambulando pelas ruas, sem trabalho ou sem residência comprovada, iria para cadeia. Segundo o poeta Carlos de Assumpção, o negro encontrava na morte a verdadeira liberdade, já que não tinha possibilidades de exercê-la. Gui não estudou isso na escola, nunca soube de nada dessas leis, das histórias dos seus antepassados, esse direito lhe foi tirado, mas mesmo sem ter a mínima noção, ele sofreu com as raízes do racismo, assim como eu. Mas de maneiras diferentes. Eu senti na pele principalmente quando entrei pela primeira vez na redação do jornalismo. Um espaço completamente branco, com assuntos na roda de conversa que eu mal conseguia acompanhar. Restaurantes caros, viagens para o exterior, uma vida que não era compatível com a minha. Eu pensava: "o que compartilhar com esse povo que não gosta de nada que eu gosto?" O gosto em comum era o esporte. Mas, cá entre nós, ser ouvido não é algo muito comum quando se acaba de entrar numa empresa. Então, calado estava, calado ficava, e tentava aprender nessas conversas sobre um mundo ainda desconhecido para mim. O que não era novidade era ouvir piadas racistas: "preto quando não faz na entrada faz na saída", críticas ao texto mais formal com a frase: "o negão do trem não vai entender o que você escreveu" e algumas pautas relacionadas ao negro vetadas com os argumentos: "goleiro preto não vai a lugar nenhum", "preto falando de preto é apelativo" ou quando você é avaliado da seguinte forma: "está melhorando a narração dos textos, mas quando te vejo no vídeo alguma coisa me incomoda, só não sei dizer o que é realmente". E ainda quando querem te tranquilizar quanto à onda de demissões da empresa dizendo: "não se preocupe, você é a última opção da reportagem, só você é preto, não vai sair. E ser a última escolha do considerado, o melhor grupo do Brasil, não é ruim". A cota estudantil, que deveria ser respeitada por todos por ser uma medida que ameniza as injustiças do povo preto, virou piada para o branco fazer com o negro e uma justificativa: "tá aqui porque é preto, mas não pense que vai ter oportunidades de escalar cargos melhores." Depois de muita luta, o plano de carreira do preto é estar minimamente em um lugar majoritariamente branco. Sem incomodar. Mesmo assim, continuei focado no objetivo de melhorar. Trabalhava duro todos os dias com a fonoaudióloga que atendia todos os repórteres da empresa. Ela foi essencial para o meu primeiro passo rumo à confiança do meu trabalho. Comecei a amadurecer, emplacar mais reportagens, recebia elogios e retornos positivos com uma frequência bem maior e lancei a minha primeira série de reportagens para TV: "A luta pelos Jogos Olímpicos". Foi muito bem avaliada, tanto que virou assunto também no jornal impresso *O Mundo*. Mas não tinha chance de aparecer em outros jornais. Quando fui questionar o motivo, a resposta de um dos meus superiores foi: "para você dar o mesmo passo que outros que começaram praticamente com você estão dando, você precisa estar muito melhor do que eles, estar no mesmo nível ou só um pouco à frente não é suficiente". Questionei, e a tréplica foi: "você sabe o porquê". O recado foi dado. Inconformado com tantos obstáculos, comecei a pensar se realmente valia a pena suportar isso tudo. Passei a ter menos paciência, a responder bruscamente pessoas poderosas e corri o risco de perder os poucos apoios que tinha por não tolerar certas opiniões. Mas o mesmo cara que falou friamente comigo sobre como daria o próximo passo me ajudou, antes de mais nada, sendo sempre sincero. Depois, me passava a realidade sobre o pensamento de pessoas acima dele. Era difícil ouvir, mas ele também me incentivava a melhorar, era minucioso na hora da aprovação do meu texto, sabia que não dava para dar margem para alguma crítica. Além dele, o tempo de empresa foi me fazendo perceber com quem eu poderia contar e com quem eu não poderia contar. Identifiquei alguns aliados e, depois disso, sugeri um projeto que poderia me fazer sair da última colocação e atingir outro patamar. Bem, eu achava.

 O Gui tomou um caminho diferente. Depois da quarentena obrigatória para não morrer, ele voltou à cidade de Macaé. Resolveu fazer supletivo para finalizar o ensino médio sem muito sucesso. A meta ao fazer 18 anos era ir para o Exército e fazer carreira. E por mais que eu falasse que para fazer carreira teria que estudar também, ele ignorava essa parte. Por fim, não virou militar e começou a ajudar o pai a fazer sofás, almofadas, puffs. Estava animado, fazendo dinheiro, conseguia um trocado para comprar uma roupa, sair às vezes com a namorada… Mas existia uma galera do bairro, da mesma idade dele, com muito mais dinheiro e trabalhando bem menos, o pessoal do tráfico de drogas. Se tem algo que dá lucro para o crime organizado é o narcotráfico. Segundo pesquisa feita pela Global Financial Integraty (GFI), em 2003, os ganhos com o narcotráfico chegavam perto dos US$320,00 bilhões, o equivalente a 1% do PIB mundial. E a pesquisa feita pelo departamento de Ciência da Fiocruz, também naquele ano, revelou que adolescentes que trabalham com tráfico no Rio de Janeiro podem ganhar de R$100,00 a R$3.000,00 por semana. Tentador, apesar dos riscos. A vontade de mudar de vida o quanto antes para morar num lugar melhor e poder ter o que quisesse fez Gui começar um flerte com o tráfico. Passou a conviver mais com as pessoas do meio, nas festas, nas sociais. Ele estava por ali, mas ainda não fazia parte do esquema. O pai Beto percebeu que o filho estava estranho, e a mãe Juliana concordava. Conversaram com Gui que o caminho não era aquele e me proibiram de ir ao bairro onde moravam. Pelo meu envolvimento com a mídia, eu poderia ser o próximo Tim Lopes. Então, sempre me encontrava com ele no terminal de ônibus para não precisar entrar na comunidade. Na maioria das vezes que eu ia para Macaé, meu irmão passava o final de semana comigo e eu reforçava a conversa do quanto é importante estar longe do tráfico. Mas os papos de uma vida não foram mais fortes que a possibilidade de ter tudo o que ele queria. O flerte já era namoro. Pior, eu só saberia disso tudo anos depois.

A entrada no tráfico foi gradual e sólida. Como não consumia drogas, Gui alcançou status rápido nos lugares em que sua facção comandava. Lidava com a distribuição das drogas e usava parte do dinheiro para comprar comida para as famílias mais carentes da comunidade e brinquedos para a criançada. Gui conseguiu o que queria, ser alguém reconhecido e admirado pelo poder, não apenas pelo ser. Porque ele nunca deixou de ser amável e pensar no próximo. Daria para dizer que ele alcançou a tão sonhada liberdade de verdade. Meu irmão era casta alta no globo das drogas e eu estava tentando arrumar estratégias de alcançar a minha liberdade dentro do jornalismo. Ser o repórter com mais aparições no principal jornal esportivo local não bastava para dar passos maiores na empresa. O meu olhar crítico sobre mim já era grande, mas ficou gigante, eu precisava encontrar os porquês para depois solucionar os problemas, sabendo que tecnicamente eles não acabam, pois sempre temos algo a melhorar. Depois de quatro meses pensando e maturando a ideia, surgiu a série "Daniel San". Custou minhas economias de dez anos para adquirir uma casa própria, mas poderia ser um caminho. Eu contaria o meu retorno ao caratê depois de onze anos para mostrar o quanto é difícil se tornar atleta olímpico num país onde o esporte ainda é visto por muitos como lazer e não profissão. O objetivo final: a classificação para a Olimpíada de Tóquio 2020. "Daniel San" foi aprovado pela diretoria, inicialmente com uma verba bastante limitada, por isso tive que tirar a minha preparação física, alimentação, fisioterapia, psicólogo, deslocamento, gastos e mais gastos do próprio bolso. Não foi fácil assimilar a rotina de atleta à rotina de jornalista, mas eu e minha empresa fomos nos adaptando, um trabalho dependia do outro. Aquele seria o primeiro reality do jornalismo brasileiro em que o protagonista é preto e tem um repórter encarando o desafio de buscar uma vaga olímpica. Meus dias começavam cinco horas da manhã e acabavam meia-noite. Perdia no deslocamento treino-trabalho-treino-casa cerca de quatro horas do dia com as baldeações de trem, ônibus, metrô, todos eles, na maioria das vezes, lotados. Não foi fácil.

Os primeiros golpes depois de mais de uma década pareciam ser aplicados em *slow motion*, sem velocidade, sem ritmo, e na cabeça, a consciência de que o sucesso da série dependia de um bom roteiro escrito por mim. Para isso, eu teria que expor os meus medos, fraquezas, desejos, lesões, objetivos, família, derrotas, vitórias, brigas. Os aspectos positivos e negativos não poderiam ser escondidos. O cenário estava pronto e eu tinha que ter ao meu lado pessoas que estariam comigo em todos os momentos. Minha técnica da infância retomou as atividades e se atualizou para me treinar, antigos colegas do caratê me ajudaram a entender como estava o esporte naquele momento, e a equipe de jornalismo das competições virou praticamente uma família, nos reuníamos para assistir aos episódios juntos. Não era o meu passo, era o nosso passo. O início foi com vitórias em competições estaduais, depois derrotas nas nacionais, a gangorra de desempenho é bem normal nesses momentos, mas ninguém gosta de perder. Evoluí com alguns ajustes, recuperei os bons resultados, mas quando eu estava buscando uma vaga para disputar o evento que seria a final do campeonato brasileiro, rompi três ligamentos do joelho. Ao tentar chutar a cabeça do adversário, a minha perna prendeu no ombro e desequilibrei, caindo com o joelho para fora. O repórter cinematográfico e o operador de áudio da gravação congelaram, ficaram sem reação por alguns instantes. Sabiam que era grave. Assim como eu, cobriam esporte há anos e, pelo jeito que tudo aconteceu, não ia ser rápida a recuperação. Eu lutava em Manaus, minha técnica estava acompanhando pela internet, não estava presente porque não tínhamos verba para pagar a viagem para ela. Eu me levantei, mas fui desclassificado por não ter mais condições de lutar. Fiquei revoltado com a decisão, mas foi correta. Quando o meu sangue esfriou, não conseguia sair sozinho do ginásio, o cinegrafista me carregou praticamente nos braços, a produtora conseguiu antecipar o voo e cheguei ao Rio indo direto para uma consulta com o ortopedista. Cirurgia e cinco meses de recuperação no mínimo.

O trabalho físico, de fisioterapia e de hidroterapia, foi perfeito nesse período, voltei exatamente cinco meses depois sem receio e faltando dois meses para a próxima competição, que seria a primeira internacional. Para me preparar tecnicamente, passei 25 dias treinando com dois técnicos da Seleção Brasileira, que formaram grandes lutadores. Esse intercâmbio era importante. Estava fazendo o melhor dentro das possibilidades, mas um grande ponto de interrogação ainda pairava na minha cabeça e nas de várias pessoas que acompanhavam a minha saga pela televisão: será que ele vai conseguir lutar em alto rendimento novamente? Com certeza, não foram nessas primeiras competições internacionais. Levei dois passeios, dois atropelamentos seguidos e uma derrota nacional faltando dois segundos numa disputa de bronze, resultados que me fizeram ser questionado, obviamente. Por que continuar uma série que só me mostrava perdendo? Um dos meus superiores do trabalho sugeriu que eu lutasse competições regionais para o público me ver ganhando. Mas Las Vegas era o meu destino seguinte, o principal Open da América. Na missão, só eu e o repórter cinematográfico, que, mesmo sem saber caratê, virou meu *sparring* de preparação para o campeonato também. Sem deixar de fazer o principal, gravar tudo. Ele registrou a minha primeira medalha internacional depois de onze anos parado. O Bronze em Vegas me fez ficar confiante em todo o trabalho que eu vinha fazendo nas partes técnica e física. Engatei uma sequência de resultados avassaladora, em quatro meses, seis competições: um bronze, duas pratas e três ouros. Somando a pontuação, eu já aparecia em segundo no ranking nacional da minha categoria. As reportagens estavam tendo cada vez mais destaque no principal programa semanal de esporte do país. Naquele momento, eu conseguia ganhar status dentro do jornalismo, dentro do caratê e ser conhecido nacionalmente. Minhas redes sociais cresceram, passei a receber muita mensagem de apoio pela internet e, no trajeto que costumava pegar para treinar e trabalhar, pelo menos uma pessoa me cumprimentava com um "vamos lá, Daniel, tô na torcida!" Era o reconhecimento do esforço diário e me dava mais força para seguir em frente.

Enquanto eu estava nessa fase, no mesmo período, a quase 300 quilômetros de mim, lá em Macaé, estava o Gui, assumindo o papel no cenário que a sociedade definiu para o povo preto há tempos. Gui fora preso por pegar emprestado a moto de um amigo da comunidade. Ele sabia que, na verdade, a moto não era do amigo. Mas pediu e usou para pegar a namorada num terminal de ônibus, que ficava distante de sua casa. No caminho, foi parado pela polícia e levado à delegacia. Chegando lá, contou que tinha pegado emprestado com um amigo e que não era ladrão. Seu depoimento foi validado inclusive pelo dono da moto, que falou para liberar o Gui e ressaltou: "prenderam o garoto errado". Quando Beto chegou, ouviu dos policiais que só liberaria o Gui mediante um pagamento. Ele não tinha feito nada, não tinha antecedentes criminais e mesmo assim só sairia se o pai subornasse os policiais. Beto não tinha grana em caixa para ajudar o seu filho naquele momento e teve que aceitar a proposta do Gui passar uma noite na prisão da cidade vizinha. Diante da situação, uma noite não seria tão ruim assim. No dia seguinte, quando Beto e Juliana estavam de saída para pegar o Gui, receberam a notícia de que não seria possível liberar o garoto, teriam que esperar por mais um dia. Aquilo não foi engolido pelos dois, mas não tinham condições de fazer muita coisa. Passado mais um dia, conseguiram pegar o filho e, no caminho de volta para casa, notaram Gui estranho, pensativo, calado, e aquele silêncio parecia ser a convicção de que encontrara o caminho ideal. Mas ainda era cedo para revelar aos pais e ao irmão, ou seja, eu, que não fazia ideia de nada do que estava acontecendo. Fui blindado por Beto e Juliana sobre o que acontecia na vida do Gui. Ele passou a frequentar cada vez mais as sociais, em que a turma do tráfico marcava presença. Numa madrugada, Beto acordou com Fernanda, namorada do Gui, no telefone pedindo socorro, o garoto sonhador, amoroso, estava descontrolado. Beto pulou da cama, foi parar em outra favela, que tinha o domínio de outra facção criminosa, porque o filho estava perdendo a linha na festa. No meio do caminho, ouviu de um policial: "boa sorte na procura". Beto encontrou o lugar e, assim que entrou, viu Gui segurando Fernanda pelo cabelo, como se ela fosse um animal de estimação dele. Beto disse: "larga ela, olha como você está tratando a sua mulher, tá sem noção?" Gui tomou um susto com a presença do pai ali e retrucou que se a mulher era dele, tinha o direito de fazer o que quisesse. Ali, caiu a ficha de Beto. Gui não era mais o mesmo. Ele poderia ficar mais um tempo procurando respostas, mas precisava tirar o filho dali. Quando ouviu de um convidado da festa: "Gui não é bandido, mas, se ele quiser, tá aqui o relógio e uma arma". Por mais que estivesse com muito álcool na mente, ele não estava sem percepção. Pelo contrário, tinha total consciência de tudo que estava fazendo e, naquela hora, sabia que tinha exagerado e que passava vergonha. Era melhor voltar para casa com o pai. Foi o que fez. No retorno, assegurou a Beto que não era bandido, que não queria isso para a sua vida. Era da boca para fora, mas era uma forma de tranquilizar o coração de seu pai. Os dias seguintes foram de trabalho lado a lado com o seu coroa, mas não duraram nem uma semana. Gui quis sair de casa, queria arrumar o seu canto para fazer o que desejava. Começou com as saídas noturnas e as voltas para casa na madrugada. Depois, os dias fora de casa foram se multiplicando. Estava ocorrendo uma mudança de poder, um crescimento dentro da empresa. Ele estava finalmente sendo valorizado. Gui, que já era querido pela comunidade, passou a ser respeitado. Usava dinheiro para ajudar as famílias que não tinham o que comer e alimentar os seus filhos. Um herói. Ele conseguiu atingir o seu objetivo de vida. Finalmente, não estava se sentindo perdido, sem saber o que fazer. Não se preocupava em como comprar, pois consumia o que queria e ainda dava uma força ao próximo, assim como aprendeu na infância nas idas à Igreja com sua mãe. Juliana era católica assídua, participava de trabalhos voluntários dentro da Igreja. Mas, naquele momento, sabia que não conseguia mais ajudar o próprio filho. Gui adquiriu poder e dignidade ao ir para o tráfico. Logo o tráfico de drogas, que, para mim, é um dos principais responsáveis pela blitz do Estado aos mais pobres, por tiroteios, por mortes por bala perdida, por jovens pretos morrendo a cada 23 minutos no país, por menores da comunidade fora da escola, porque enxergam mais nitidamente uma vida melhor por meio das drogas que por meio dos livros. Lembram como era o Gui no início da puberdade? Agora, era ele quem separava, quem lidava com as drogas, organizava as saídas e as entradas. E tudo fluía muito bem quando foi pego com uma quantidade significativa para ser enquadrado como traficante, e não usuário, pela polícia. Ele pegou sete anos de prisão; o advogado da facção conseguiu que reduzisse a pena para cinco anos.

A prisão de Bangu era o cenário pronto para Gui assumir o papel que foi estipulado para ele pelo sistema. Regime fechado, mais de trezentos presos na cela, um deles o Gui, com 21 anos. Além de conhecer tanta gente de uma só vez, foi apresentado a uma doença que tem muita incidência no sistema prisional, a tuberculose. Uma doença infecciosa, que afeta prioritariamente os pulmões, embora possa atingir outros órgãos também. Segundo a Agência Brasil, a tuberculose está entre as dez principais causas de morte no mundo; são registrados 10 milhões de casos por ano e mais de 1 milhão de óbitos. Só o Brasil registra duzentos novos casos por dia. Em 2018, ano em que o Gui foi preso, morreram 4.490 pessoas. Por conta da superlotação das celas e da falta de ventilação, essa doença atinge 27 vezes mais a população carcerária. O primeiro ano preso foi de sobrevivência dentro da cela e de luta para não morrer de tuberculose. Passado o primeiro susto, Beto e Juliana conseguiram visitar o filho e levar comida, para garantir que ele se alimentasse, e maços de cigarro, que servem de moeda para o Gui fazer negócios dentro da prisão. Já são dois anos e meio que o Gui está preso e eu não sabia de nada.

    Hoje, descobri tudo o que aconteceu com o Gui. Meu irmão tão amoroso ganhou fama e poder com o codinome "sem amor". Minha mãe, meus amigos próximos, Juliana e Beto e o próprio Gui chegaram à conclusão de que era melhor eu não saber de nada. Poderia atrapalhar a minha caminhada profissional, um dos maiores desafios da minha carreira. Eu chegara à Seleção Brasileira de Caratê, ao topo do ranking nacional, conquistei vitórias importantes no cenário internacional e entrei para o grupo dos 100 melhores do mundo. Neste período, pela quantidade de viagens e trabalho, foram poucas as vezes que vi minha mãe, Maria. No jornalismo, apesar de eu cada vez me tornar mais conhecido nacionalmente, a série "Daniel San" virou reportagem de sites especializados e começou a ser tratada como "tapa buraco" do jornal, sendo divulgada esporadicamente. Por mais que o investimento de produção fosse alto por conta dos que estavam comigo, os poucos que não estavam se esforçavam dia após dia para eu parar antes do fim. Eles não sabiam, mas nasci resistindo, e estar vivo até este momento é resistência contra esse sistema que me fez sentir culpa por não ter sido capaz de impedir meu irmão de entrar na vida do crime. O pai da criminologia, o psiquiatra italiano Cesare Lombroso, fez a teoria do criminoso nato. Nessa teoria, ele afirma que existem grupos mais propensos ao crime e essa turma tem cor, é de pele preta. Beto e Juliana se sentem culpados também. Não faltou carinho, amor e nem comida para o Gui, mas opções de escolha para ser bem-sucedido na vida são escassas e desde sempre a população branca se encontra em posição de privilégio diante dessas possibilidades. Já a população negra é tratada como mercadoria, como vagabunda. A vida preta não importa e, se você não for aceito pelo sistema, o destino é parecido com o destino do Gui. Para ser aceito, tem que praticar a paciência e se fingir de bobo incontáveis vezes. Não pode deixar de trabalhar, de pesquisar, de buscar evolução, por mais que você não tenha condições de fazer isso, o preto é cobrado como se tivesse as mesmas oportunidades de um branco. O Gui não queria saber dessa quantidade de voltas e de obstáculos para chegar ao seu objetivo: consumir sem se preocupar se vai conseguir pagar no final. Não dá para dizer que a vida do crime é fácil, você entra sabendo que pode ser preso ou pode morrer a qualquer momento.

Ainda não vi o Gui, só falei com ele por mensagem por intermédio dos seus pais. Eu queria saber de tudo que aconteceu com ele há muito tempo. Fui privado disso, porque todos que me amam, inclusive ele, acharam que minha vida seria prejudicada, meu futuro seria colocado em risco a partir do momento em que todos soubessem que meu irmão foi preso por causa das drogas. Nada mudaria, até porque depois de todo o trabalho e reviravoltas no jornalismo, o plano de carreira que imaginam para mim é o mesmo de sempre, ser uma das últimas opções de escolha. A luta não dá descanso, dá o gosto da vitória da batalha, mas a guerra, seguimos perdendo. Meus familiares conhecem o poder do sistema, sabem que ele pune sem dó e fizeram a escolha de perder apenas o que acreditam já estar perdido e manter o outro na jogada, que no caso sou eu. Espero ver meu irmão vivo mais uma vez pelo menos. No nosso último encontro, fui levá-lo ao teatro para ver a peça *A paixão de Cristo*. Meu amigo Robinho da faculdade, negro, era o Jesus. Não acredito que o sistema queira me dar a oportunidade de tirar o meu irmão dessa, mas um dos legados de minha mãe é a fé em Deus. Ele nos fortalece. Ele é capaz de tudo, inclusive de cicatrizar as feridas arregaçadas pelo sistema. Creio nisso. Cansei de procurar tantos porquês. É cruel estar num cenário em que pobre, preso, bandido e subalterno são sinônimos de preto. Essa é a regra criada pelo branco e que me coloca junto com Juliana, Beto, Maria e meu irmão Gui, cada um de nós, à sua maneira, satisfazendo os prazeres burgueses. Mas é preciso esperançar. Gostaria de encontrar a chave das soluções. Peço a Deus forças para continuar firme nessa busca incansável por uma sociedade que faz valer o slogan: aqui você tem inúmeras possibilidades de escolha.

DEBORAH MEDEIROS

Psicóloga graduada pela Universidade do Estado do Rio de Janeiro (UERJ). Capitão de Fragata da Marinha do Brasil, atualmente na reserva. Atua como psicoterapeuta em consultório particular, atendendo uma clientela majoritariamente negra. Pesquisadora independente sobre o impacto do racismo estrutural nos processos de subjetivação dos brasileiros. Consultora de estratégia de diversidade e inclusão em produções artísticas.

*"Sem uma forma de nomear nossa dor,
nós também não temos palavras para articular nosso prazer."*
(bell hooks)

NEGRITUDE NO DIVÃ

A FOTOGRAFIA DE UMA FAMÍLIA

Logo após a eleição do primeiro presidente negro dos Estados Unidos, recebi de presente um pôster com a fotografia de sua família. Era uma bela imagem de Barack Obama, Michelle, sua esposa, e suas lindas filhas. Decidi colocar essa fotografia em meu consultório de atendimento psicoterápico, não sem hesitação, sem me questionar se não estaria ferindo algum código de ética, ou pior, adicionando um elemento que colocasse em dúvida meu compromisso com a imparcialidade e a neutralidade desejadas no ambiente clínico. Após uma breve reavaliação, me convenci de que não era "nada de mais" colocá-la na parede, afinal era "apenas" a fotografia de uma família...

Poucos dias depois, recebi uma jovem[1] para uma entrevista, com indicação médica para avaliação psicológica e psicoterapia; era uma mulher negra que, poucos segundos após entrar no consultório e mesmo antes de sentar-se, observou a fotografia com atenção e a elogiou. Ela sorria enquanto comentava sobre a imagem da família Obama e o fato de um homem negro estar ocupando o cargo político mais importante do planeta. Demonstrava estar muito à vontade em comentar sobre raça, algo nada usual na primeira entrevista, aliás algo raro na sociedade brasileira, ainda mais em um período anterior à explosão de pautas raciais nas redes sociais. O quadro se revelou um elemento do meu consultório repleto de significados, considerando-se que tudo que faz parte do enquadre terapêutico é passível

---

[1] Os perfis mencionados neste artigo foram descaracterizados para que as/os pacientes não pudessem ser identificadas/os.

de compreensão. É pouco provável que a fotografia de uma família branca provocasse tal reação ou algum comportamento para além de um comentário casual, afinal, ela aguardara semanas para conseguir um horário e me pareceu curioso que tenha desejado investir algum tempo de nosso primeiro contato comentando o retrato.

Dentre uma multiplicidade de interpretações possíveis e com base em certa experiência, arrisco-me a afirmar que ela foi afetada pela imagem positiva da negritude, um elemento integrante, diferente e inesperado para ela, ainda mais ao se considerar que vivemos em um país no qual as representações de pessoas negras estão ausentes ou são estereotipadas. O que desejo problematizar é que ser um/a psicoterapeuta atento/a às questões raciais pode ser um fator de credibilidade em uma relação que necessariamente é estabelecida com base na confiança.

Sou psicóloga e durante anos fui exposta a um ambiente acadêmico que privilegiava, quase que exclusivamente, teorias, pesquisas e práticas clínicas produzidas por autores brancos europeus ou estadunidenses. Eu não tinha consciência dessa limitação à época, mas buscava em leituras feministas, mesmo que fora do campo da psicologia, respostas para opressões que eu conseguia identificar na sociedade brasileira. Filosofia, política, história, antropologia são campos de conhecimento fascinantes que dão suporte a uma compreensão da realidade objetiva e dos processos da subjetividade humana; mas, longe de serem universais, esses conhecimentos são produzidos em um lugar específico atravessado por um plano político-ideológico, implicados quase sempre em uma engrenagem colonialista na qual opressões de raça e gênero silenciam fontes valiosas de saber e de aprendizado. Influenciada por leituras psicanalíticas da época e por saberes científicos tradicionais, acreditava que a prática e a escuta clínicas poderiam ser revestidas de neutralidade.

Felizmente o campo da psicanálise avançou o suficiente para que essa ideia fosse questionada. Por outro lado, o contato e a identificação com a abordagem existencial humanista me trouxeram um olhar mais atento para a importância de um consultório não apenas pronto para o exercício profissional privado, mas também acolhedor. Mesmo com toda a percepção na prática de que a presença da/do psicoterapeuta é um elemento fundamental nos processos psicoterápicos, a perspectiva da escuta e de intervenções neutras eram produto de uma fantasia que eu precisei abandonar.

A ideia de neutralidade é uma construção falaciosa de brancos europeus que, com base na noção de universalidade do saber, definiram o outro a partir de suas próprias perspectivas e, concomitantemente, concorreram para o epistemicídio de civilizações africanas e indígenas. É uma construção imaginária de que é possível, tratando-se de subjetividades, alcançarmos a imparcialidade científica se nos dedicarmos aos estudos e ao cumprimento de rituais estabelecidos pelas escolas e pelos saberes hegemônicos. Não me refiro aqui à não observância dos códigos de ética estabelecidos, mas, sim, à existência de um olhar racial cristalizado sobre as relações entre um/a psicoterapeuta e seus pacientes. Um olhar cego para o fato de que não existe um lugar que não seja essencialmente específico, no qual as subjetividades tanto da/do psicóloga/o quanto da/do paciente são afetadas pelos dispositivos de poder articulados com a ideia de raça.

A experiência na prática de atendimento psicoterápico sofre, como em vários outros campos, mudanças relacionadas ao contexto sociopolítico; de fato, pacientes negros raramente afirmavam sua identidade racial, realidade que tem apresentado mudanças. Embora em todo o meu exercício eu estivesse consciente do fato de ser uma mulher negra e de esse ser um elemento a se considerar, minha análise dos comportamentos transferenciais dos pacientes estava centrada no fato de minha negritude servir como tela para a projeção de algo que não pertencia a mim, mas ao paciente em sua relação comigo. Acreditava que o arcabouço teórico que a academia me proporcionou bastaria para a compreensão holística do indivíduo independentemente da identidade racial. Essa ideia de se considerar o indivíduo com sua história, cultura e subjetividade amplia nossa percepção, valorizando ainda elementos da ordem da corporeidade, e não deixa escapar o fenômeno que está ali na sua frente e, por ser singular, jamais se repetirá, ou seja, o sujeito é único.

Acredito que seja importante problematizar as abordagens clínicas da psicologia que valorizam o corpo, para as quais este é o elemento central, mas se referem a um corpo abstraído das implicações da historicidade da violência racial, sem considerar como o trauma colonial constantemente reencenado no cotidiano pode estar inscrito na corporeidade. É intrigante que se idealizem trabalhos corporais com pessoas negras sem a compreensão do que significa a negritude no Brasil, e sem qualquer letramento racial. Entendo que psicoterapeutas, na sua maioria mulheres brancas, não assumam a identidade racial, privilégio disponível somente para esse grupo, e que estejam longe de entender como a branquitude pode afetar negativamente sua intervenção clínica.

Abro um parêntese para o conceito de branquitude (para alguns autores, branquidade), que considero fundamental para a discussão sobre relações raciais no Brasil. Não se trata de tornar o branco figura central nesse texto, mesmo considerando-se que o racismo é de fato um problema produzido por brancos e que impacta os processos de subjetivação de todos. Nomear essa posição facilita que tal identidade seja de fato compreendida. A socióloga branca Ruth Frankenberg, pioneira nos estudos críticos da identidade racial branca, define branquidade como "produto da história e (...) uma categoria relacional. Como outras localizações raciais, não tem significado intrínseco, mas apenas significados socialmente construídos" (Frankenberg, 2004, p. 312).

E sobre o fato de ser uma identidade não nomeada e não marcada, escreveu ela:

> De fato, a branquidade encontra-se em um estado contínuo de ser vestida e despida, marcada e encoberta. Isso vem ocorrendo desde a época em que o termo foi usado racialmente pela primeira vez, a meio caminho de quinhentos anos de viagens imperialistas europeias, pelas Américas, pela África, por partes da Ásia, pela Austrália e pela região do Pacífico, povoando-as e expropriando-as. Não detalharei aqui os processos imensamente variados e complexos através dos quais a colonização tornou-se um projeto especificamente racial. (FRANKENBERG, 2004, p. 309)

Os psicólogos brasileiros, ao se afirmarem cegos quanto à raça, pretendem articular um discurso para além da questão racial, quando na verdade constroem mais uma rota de negação da existência do racismo e de manutenção do *status quo*. Retornando à discussão sobre a clínica, de fato, cada vez mais pessoas negras com consciência racial buscam especificamente por um/a psicoterapeuta negro/a, e essa realidade não é algo banal, pelo contrário, é indicativa de que a existência de ideias de superioridade racial no Brasil não tem sido pensada criticamente por psicoterapeutas brancas/os. Como o que está em questão são dores emocionais, decorrentes do trauma colonial, a atitude de negação por parte de quem conduz o processo terapêutico pode acarretar uma experiência negativa para o paciente, resultando no fracasso terapêutico. Afetados pela dor desse fracasso, lamentavelmente, muitos desistem de iniciar um novo processo.

"VOCÊ ME LEMBRA MUITO UMA AMIGA MINHA"

Uma jovem negra chegou a meu consultório acompanhada dos pais. Antes de entrar na sala, os pais me informaram da contrariedade que ela sentia em estar ali, relataram-me que somente concordara em comparecer à consulta, mas não estava disposta a conversar comigo. Eu estava consciente da resistência da paciente, e entendia que para ela a situação era no mínimo embaraçosa. Quando apareci na sala de espera para convidá-la a entrar, ela demonstrou surpresa em relação à minha aparência e logo abriu um largo sorriso; examinou-me da cabeça aos pés, verbalizou elogios estéticos e o comentário entusiasmado de que eu parecia muito com uma amiga dela, também negra. A consulta transcorreu sem dificuldades de comunicação, para surpresa dos pais.

São muitas as questões envolvidas na dinâmica acima descrita e, com certeza, há margem para inúmeras interpretações. Certamente não poderei afirmar, tampouco negar, que o fato de eu ser uma mulher negra provocou tal reação de receptividade na paciente, se considerarmos as experiências por que passa uma jovem negra pertencente à classe média brasileira. Podemos aceitar, se não por experiência própria, por estatística, que muito provavelmente ela vivenciou situações desconfortáveis em ambiente diversos, inclusive institucionais. Eu poderia considerar que ela reavaliou sua negativa em ser atendida ao me identificar com uma pessoa amiga, com os inúmeros significados que esse fato poderia ter para ela.

É significativo abrir a porta do consultório, deparar-me com um paciente negro e ter a consciência de que diversas barreiras foram vencidas para que esse momento ocorresse; afinal, não são esses os lugares a serem ocupados por pessoas negras no imaginário da sociedade brasileira. Os processos de subjetivação dos brasileiros são afetados pela ideia de inferioridade, de subalternidade e desvalorização da vida psíquica e emocional dos negros, em contraste com uma supervalorização da população branca do ponto de vista cultural, intelectual e estético. A experiência psicoterapêutica é um privilégio em nossa sociedade, não somente por ser usualmente um serviço particular e custoso, mas também pela forma como o racismo pode alcançar cada experiência interpessoal, de modo a reeditar violências coloniais, especialmente nas relações em que a condição racial do branco é omitida, negada e não nomeada.

São muitos os obstáculos tanto para que uma pessoa negra consiga se graduar, cursar uma formação e exercer a clínica quanto para a maioria das pessoas negras que desejam beneficiar-se do atendimento psicoterápico que solicita frequência regular, em geral semanalmente. Tenho observado na clínica que a existência de feridas provocadas pelo racismo nem sempre é a demanda inicial do paciente. No entanto, é essencial que o acolhimento seja tal que fique posto que existe na relação um espaço para que esse e qualquer outro tema apareça sem qualquer tipo de silenciamento, negação ou violência por parte do psicoterapeuta. Em quaisquer combinações raciais os pacientes podem, e de fato o fazem, identificar-nos com afetos, desafetos, figuras parentais etc. Na sociedade brasileira, os negros são socializados para normalizar o preterimento e a exclusão, inclusive entre os pares, com raríssimas exceções. A escola, por exemplo, costuma ser um lugar onde crianças negras experenciam preterição, racismo recreativo, violência simbólica ou física, tratamento punitivo e mais rigoroso, assim como o não acolhimento de suas queixas quando comparadas às demais crianças. Como o Brasil não vivenciou a segregação racial por lei, apenas por costume, os negros não tiveram a oportunidade de experenciar o afeto de forma indistinta por parte de professoras negras ou de estar matriculados em escolas dirigidas por diretoras negras, ou ainda de ser expostos a histórias de heroísmo e de encantamento com protagonistas negros. A esmagadora maioria nunca foi atendida por um médico negro e mulheres negras não contam com a facilidade de terem seus partos conduzidos por obstetras negras/os. O impacto dessas violentas realidades, em um país estruturalmente racista, para negras e negros, afeta diariamente milhões de brasileiros. Não me deterei nos desdobramentos específicos para mulheres negras cis ou trans, embora esse tema aponte para uma reflexão fundamental; devo ao menos mencionar que o custo emocional de uma mulher negra que vive no Brasil é um tema tratado com timidez, desconforto e despreparo nos campos acadêmicos e nas instituições de formação, e nas diversas abordagens psicológicas.

A experiência de ser atendido/a por um/a psicólogo/a negro/a tem sido descrita por alguns pacientes como única, envolvendo um repertório diverso de depoimentos nos quais identidade, confiança e segurança se destacam como elementos centrais.

"ME PEDIRAM PARA SER RESPONSÁVEL POR FAZER O CAFÉ DA EQUIPE"

Há alguns anos, recebi uma solicitação de atendimento para uma pessoa em estado depressivo. No dia da entrevista inicial, apresentou-se em meu consultório uma mulher negra que trabalhava havia dois anos em uma escola de médio porte. Com muita dificuldade e sentimento de humilhação, ela me relatou a dinâmica das relações estabelecidas na escola e o fato de que era a única professora negra da instituição. Relatou-me que inicialmente ficou muito contente com a ideia de fazer parte daquela equipe, de solucionar suas questões financeiras, ficando satisfeita em poder prover seu próprio sustento. Vez por outra, notava um tratamento diferente por parte da chefia direta, com solicitações pouco usuais para uma professora e mais apropriadas para uma estagiária, segundo descreveu. Ao questionar tais condutas, recebia sempre respostas evasivas e explicações que a faziam acreditar que era ela quem estava julgando o ocorrido de forma equivocada e distorcida. Entretanto, contou-me que certo dia a escola admitira uma jovem professora branca, recém-formada, que fora apresentada em uma reunião, ocasião em que foi solicitado à minha paciente que passasse a ser responsável também pela preparação do café no setor. Ela fez questão de afirmar que seu sofrimento não estava relacionado ao trabalho, mas que não reagiu bem ao episódio e que, até aquele momento, não pretendera falar sobre o ocorrido. Perguntou-me se eu acreditava no depoimento dela e, ao se deparar com minha resposta afirmativa, demonstrou imenso alívio e gratidão. De alguma forma, pareceu-me que ela contava com a possibilidade de eu negar a ocorrência dos fatos por ela descritos.

Um dos maiores desafios da prática clínica é reconhecer onde estão nossos limites, nosso alcance na observação na interpretação dos relatos, e avaliar o impacto da nossa presença física e da nossa subjetividade sobre o paciente, assim como a ressonância da presença física, das projeções e da subjetividade do paciente em nós, dos aspectos transferenciais e contratransferenciais. Qual é a percepção mais aproximada da realidade que um psicoterapeuta pode ter nesse lugar único que é o encontro terapêutico? Ao receber uma mulher negra em meu consultório, necessariamente tenho de considerar que esta tem sido exposta a uma sociedade que, de múltiplas maneiras, a todo momento, a atinge violentamente, tanto no plano simbólico quanto no plano material, pelo seu duplo pertencimento: ser negra e ser mulher.

Negritude no divã, modo afetivo, lúdico e político de identificar os encontros entre pacientes e psicoterapeutas negras(os), é o continente no qual é possível fazer contato com a irracionalidade que atravessa o evento traumático e localiza a ferida colonial. O trauma de não somente ser colocado diante de um outro diferente, mas de ser objetificado nas fantasias e nas projeções do sujeito branco sobre o que é ser negro.

A professora negra atendida em meu consultório descreve um episódio humilhante e desconcertante que a religa à memória colonial, provocando assim um imediato constrangimento. Afinal, o "fazer café" deslocava-a da posição de professora para uma função simbolicamente de subalternidade, desviando-a das atribuições pertinentes à função de professora para outra, na qual ela poderia ser colocada pela naturalização da ideia de superioridade racial branca. Descrevo a irracionalidade do pedido em questão não como algo banal, mas como uma condição intrínseca ao racismo, que desorienta, desarma e fere. A base do evento traumático é a realidade brutal do racismo, o contato com o irracional, como nos ensina o psiquiatra Frantz Fanon:

> Eu havia lido corretamente. Era a raiva; eu era odiado, detestado, desprezado, não pelo vizinho da frente ou pelo primo materno, mas por toda uma raça. Estava exposto a algo irracional. Os psicanalistas dizem que não há nada de mais traumatizante para a criança do que o contato com o racional. Pessoalmente eu diria que, para um homem

que só tem como arma a razão, não há nada de mais neurotizante do que o contato com o irracional. (FANON, 2008, p. 110)

A ideia de superioridade intelectual e moral na construção da identidade branca permitiu que o processo de colonização fosse justificado e entendido como um bem necessário para levar aos "outros" povos os benefícios da civilização europeia. O desenvolvimento da psicologia clínica no Brasil deveria tomar posse de conceitos e de uma gramática que permitissem nomear uma pequena parte daquilo que dificilmente iremos encontrar palavras para descrever: o brutal e complexo processo de colonização. No entanto, há justificativas para que as nomeações já alcançadas, os conceitos e as ideias já formulados fiquem à margem dos cursos de graduação em psicologia e da formação em instituições como escolas psicanalíticas, por exemplo.

As diferentes formas que a branquitude tem de avançar sobre negras e negros para perpetuar a posição hegemônica em nossa sociedade podem manifestar-se no cotidiano com um golpe abrupto, aterrorizante, inesperado, que atinge a pessoa negra de forma subjetiva e objetiva, simultaneamente, ofendendo-a e injuriando-a no presente e retornando-a ao passado, ao conflito intergeracional que não foi plenamente elaborado e que sempre é reatualizado. Nessa dinâmica, o lugar de poder que o branco ocupa lhe confere a possibilidade de proteger suas fragilidades e projetar os conteúdos indesejáveis de sua historicidade, como sequestros, assassinatos, tráfico de pessoas, roubos, invasão de territórios, estupros, e metamorfosear para si e para seu grupo de pertença uma história idealizada de justiça, bravura, fraternidade e correção moral. Essa reencenação da violência colonial tão assustadoramente naturalizada em nossa sociedade é descrita como racismo cotidiano pela psicóloga Grada Kilomba, que nos proporciona o entendimento ampliado sobre a ferida colonial e a ideia de trauma. O termo "cotidiano" refere-se ao fato de essas experiências representarem um padrão:

> Olhares me colocam como "Outra" quando as pessoas olham fixamente para mim. Toda vez que sou colocada como "Outra", estou experenciando o racismo, porque eu não sou "Outra". Eu sou eu mesma.

O termo "cotidiano" refere-se ao fato de que essas experiências não são pontuais. O racismo cotidiano não é um "ataque único" ou um "evento discreto", mas sim uma "constelação de experiência de vida", uma "exposição constante ao perigo", um "padrão contínuo de abuso" que se repete incessantemente ao longo da biografia de alguém (...) (KILOMBA, 2019, p. 80)

O Brasil é um país que nunca superou e tampouco planejou superar seu passado colonial, especialmente no que se refere à admissão da violência e da barbárie dos portugueses contra africanos sequestrados e traficados para este continente. Pelo contrário, cultiva-se a memória colonial como se esta não contivesse quaisquer vestígios de desonra, injustiça ou crueldade. A ideia de superioridade intelectual e moral na construção da identidade branca permitiu que o processo de colonização fosse justificado e entendido como um bem necessário para levar aos "outros" povos os benefícios da civilização europeia.

Portanto, a construção inicial da ideia de negritude no Brasil tem relação direta com as fantasias brancas sobre o que é ser negro, fantasias coloniais muito bem delineadas pela construção sócio-histórica da identidade racial do branco brasileiro, e sustenta-se pelo domínio das estruturas políticas e econômicas do país e pela construção, sustento e atualização da ideia de inferioridade racial dos negros, apesar de não nomeada e oculta no discurso público.

"CONHECI UM RAPAZ E ESTAMOS NAMORANDO, E ELE É NEGRO"

A decoração de um consultório, a aparência da/do psicoterapeuta, bem como sua raça, gênero, tom de voz, peso, altura e uma infinita gama de informações formam um conjunto único, pessoal e subjetivo ao qual o paciente reage desde o primeiro momento. Assim como, de certa maneira, o encontro com aquele sujeito também nos afeta, inspirando nossas decisões sobre o que comunicar e o que silenciar. A frase em destaque foi o comentário apresentado durante uma sessão por um paciente negro e gay, de 39 anos. Ele estava em processo psicoterápico havia cerca de um ano. A frase foi proferida com o entusiasmo natural que caracteriza o início de relacionamentos afetivos; em seguida, ele me mostrou a fotografia do rapaz no seu celular. Era o primeiro relacionamento do paciente na intimidade com um homem negro. Nas primeiras consultas, o paciente queixou-se de que seus relacionamentos, por diversas vezes, sofreram com manifestações relacionadas ao fato de ele ser negro, e que, apesar da dor e dos questionamentos provocados, essas manifestações repetiam-se, com frequência, em forma de piadas. Inicialmente, ele defendia a posição de que os homens com os quais se relacionou não poderiam ser verdadeiramente definidos como racistas, pois estavam se relacionando intimamente com um homem negro.

A ideologia do branqueamento surpreendentemente conviveu com a ideia fantasiosa de democracia racial brasileira e conseguiu desarticular, de maneira significativa, os debates sobre raça até o final do século XX. Estudos e pesquisas importantes mostram como as hierarquias raciais existentes em nosso país não só afetam o conceito de uma pessoa sobre si mesma, mas atuam com uma engrenagem central nos relacionamentos mais íntimos, desde as relações dentro das famílias até os laços sexo-afetivos. A exposição contínua a representações negativas na escola e principalmente na mídia reatualiza essa ideia de superioridade racial dos brancos do ponto de vista estético. Nossas crianças são socializadas em famílias que, em sua maioria, replicam a ideia de que, quanto mais afastada uma criança esteja do fenótipo negro, mais investimento de capital afetivo receberá de seus pais. Esse é o amargo retrato de parte das famílias negras brasileiras, fruto do impacto da ideologia do branqueamento.

Existem, sim, as que se opõem a esse projeto de apagamento e desaparecimento, mas infelizmente não é difícil constatar que essas representam uma minoria. A vivência de preterição na família, nas escolas, nas representações positivas na mídia, bem como a baixíssima presença de negros e negras em posições de poder, fecha o cerco para que a ideia de negritude esteja subjetivamente associada ao indesejável. O preço de ascender socialmente pode implicar a confirmação simbólica e material do desejo e da disposição de embranquecer, afastando-se do que tenha a marca da africanidade, assimilando valores brancos hegemônicos e disfarçando, quando possível, traços considerados feios na sua corporeidade. Exalta-se aquilo que venha a ser ocasionalmente definido como um valor.

Poder usufruir um pouco do lugar de privilégio da branquitude e com isso proteger-se simbolicamente de violências racistas é uma ideia que está articulada à percepção de prazer, e é um componente que com frequência está presente nas relações e vínculos interraciais. Porém, é importante não generalizarmos essas constatações, já que cada caso tem suas especificidades. Tampouco se trata de *a priori* julgar de maneira simplista ou dicotômica os relacionamentos interraciais dos pacientes. Acredito que psicólogas/os no exercício da prática clínica, e mesmo no campo da pesquisa e da produção de conhecimento, não podem desconsiderar a comodificação da cultura negra pelos brancos. Menos ainda a constituição da imagem da mulher e do homem negros no imaginário social como corpos sem individualidade e destituídos de subjetividade. A leitura das obras de intelectuais e escritora/es negras/os da diáspora africana pode nos dar suporte para, a partir de um olhar descolonizado, entender melhor as dinâmicas afetivas quando estas estão, inconscientemente, atravessadas pela ideia de superioridade branca. A escritora e crítica cultural bell hooks nos convida a refletir que, muito embora alguns brancos se vejam como antirracistas em relacionamentos com pessoas negras, a busca pelo diferente pode representar simbolicamente suas fantasias sexuais e, longe de significar uma guinada progressista, reafirmar sua posição racial dominante.

> Tornar-se vulnerável à sedução da diferença, buscar o encontro com o Outro, não exige que o sujeito abdique da sua posição dominante de forma definitiva. Quando a raça e a etnicidade são comodificados como recursos para o prazer, a cultura de grupos específicos, assim como os corpos dos indivíduos, pode ser vista como constituinte de um playground alternativo onde os integrantes das raças, gêneros e práticas sexuais dominantes afirmam seu poder em relações íntimas com o Outro. (HOOKS, 2019, p. 68)

Retomando o fragmento da sessão em que meu paciente compartilhou comigo a notícia de um primeiro namorado negro, é importante ressaltar que são diversas as nuances a serem observadas. Dividirei as minhas hipóteses e interpretações acerca da relação transferencial estabelecida. O gesto pode ser entendido como um pedido de aprovação, considerando-se uma gama de questões que estavam postas na nossa relação. Todavia, o que me pareceu óbvio foi que ele estava compartilhando não somente uma novidade de sua vida amorosa, mas o rompimento com o que lhe fora estabelecido historicamente. Era um comunicado sobre a liberdade, antes interditada, de fazer escolhas e de amar a negritude. Esse entendimento amplia as possibilidades de interpretações que poderiam estar limitadas, caso eu assumisse uma atitude de negação com relação ao papel que a raça e o afeto têm no Brasil.

SER CONTINENTE, SER UNO

Essa é uma das maravilhosas possibilidades da psicoterapia: ser continente para o processo de tornar-se sujeito. O fazer clínico de psicólogas/os negras/os no Brasil, precisamos reconhecer, é um trabalho multifacetado que implica o entendimento da dimensão do impacto do racismo estrutural nos processos de subjetivação de nossos pacientes e de como essa violência também repercute em nós. A exigência do rigor no manejo clínico tradicional não incluiu o debate sobre branquitude, nem sequer sobre a colonialidade do saber.

Nós, psicólogas/os negras/os, que estamos assumindo nossa condição de seres políticos, lutando para descolonizar os saberes, propondo leituras e interpretações a partir de nossas experiências e modos de apreensão do mundo, oferecendo novas problematizações e, sincronicamente, revendo tudo, provocando releituras e ressignificações sobre o ser psicóloga/o, estamos deslocando o olhar, a escuta e a escrita de saberes que se pretendem universais para uma outra perspectiva que implique a utilização de uma linguagem que nos permita nomear o que ainda não pôde ser nomeado. Estamos trazendo à consciência o fato de que todos nós, sem exceção, vivemos e trabalhamos em lugares com representações simbólicas específicas. Essa consciência é, para mim, um substrato precioso para a reatualização da prática clínica.

O continente terapêutico, simbolizado aqui como negritude no divã, representa o espaço físico ou virtual onde pode encerrar-se o silenciamento sobre opressões de toda ordem, o continente do qual pode emergir algo novo a partir do encontro entre duas subjetividades — lugar seguro que possibilita a recuperação da dor que advém das feridas produzidas pelo racismo; lugar de elaboração, do entendimento sobre o amor e de respostas criativas.

Fundamentalmente, um lugar de respeito radical pelo processo de tornar-se sujeito de sua própria história.

REFERÊNCIAS BIBLIOGRÁFICAS

CARONE, Iray; BENTO, Maria Aparecida Silva. (Orgs.). *Psicologia social do racismo:* estudos sobre branquitude e branqueamento no Brasil. 6.ª ed. Petrópolis: Vozes, 2002.

FANON, Frantz. *Pele negra, máscaras brancas.* Salvador: Edufba, 2008.

FRANKENBERG, Ruth. "A miragem de uma branquidade não-marcada". In Ware, Vron, *Branquidade: identidade branca e multiculturalismo.* Rio de Janeiro: Garamond, 2004.

HOOKS, bell. *Olhares negros:* raça e representação. São Paulo: Elefante, 2019.

KILOMBA, Grada. *Memórias da plantação:* episódios de racismo cotidiano. Rio de Janeiro: Cobogó, 2019.

SCHUCMAN, Lia Vainer. *Famílias inter-raciais:* tensões entre cor e amor. Salvador: Edufba, 2018.

FÁBIO KABRAL

Meu nome é Fábio Kabral, sou escritor publicado de ficção especulativa. Vivo o meu sonho de seguir publicando séries inteiras de livros fantásticos. Sou casado com uma mulher preta, sou filho de Odé, sou iniciado no candomblé. Gosto muito de gibis e videogames. Sou considerado um dos pilares do Afrofuturismo no Brasil e falo sobre isso quando me é requisitado. Criei o termo Macumbapunk, uma nova proposta de ficção especulativa que gira em torno da nossa mitologia afro-brasileira. Acima de tudo, meu objetivo de vida é escrever o próximo livro.

O HOMEM NEGRO ESCRITOR, MACUMBAPUNK E O AFROFUTURISMO

Olá, todo mundo. Preciso me apresentar já que, ao contrário do que meus amigos dizem, não sou muito conhecido. Ainda.

1 — O HOMEM NEGRO ESCRITOR

Quem é esse cara?

Meu nome é Fábio Kabral e daqui a pouco estarei (ou já estou) com 40 anos. Sou escritor… e é isso, pelo menos para mim. Sou uma coisa só e não um personagem multiclasse desses qualquer. Segundo sei lá quem escreveu na Wikipédia, eu sou "um escritor afro-brasileiro de literatura fantástica e ficção científica, [meus] livros abordam temas como sexualidade, ancestralidade africana, afrocentrismo e Afrofuturismo".

No momento em que finalizei este texto, tinha três livros publicados: *Ritos de passagem* (Giostri, 2014), *O caçador cibernético da Rua 13* (Malê, 2017) e *A cientista guerreira do facão furioso* (Malê, 2019). Quando você estiver lendo isto, provavelmente estarei com dois ou mais livros novos nas livrarias. Além deles, tenho contos, ensaios e alguns escritos publicados em outras obras por aí, como este que você está lendo agora.

Sou um homem de gostos simples. Há quatro coisas que mais gosto de fazer: 1) estar com a minha esposa; 2) cultuar Orixá; 3) ler gibis/livros e jogar videogames; 4) escrever o próximo livro.

Esposa

Minha esposa é uma mulher preta. Essa é uma informação pertinente para alguns, para outros, desnecessária. Por um lado, posso dizer que não sou "fiscal de relacionamentos" nem aponto dedos para escolhas alheias; por outro, eu poderia discorrer sobre os apontamentos históricos, sociais e culturais que culminam nas nossas escolhas… Mas, apenas digo: somente uma mulher preta é capaz de me entender, no âmago.

No final das contas, independentemente de qualquer questão, eu amo minha esposa Karolina Desireé, amo a pessoa que ela é, nas suas virtudes e seus defeitos, amo estar com ela sempre. Ponto.

Nós nos conhecemos no terreiro. Somos iniciados nos Orixás.

Orixá

Orixá é minha vida.

Sou filho de Odé, o Rei Caçador de Ketu. Sou iniciado no candomblé, um dos cultos afro-brasileiros aos Orixás. No momento em que escrevo este texto, sou um iaô (ìyàwó), ou seja, um iniciado com menos de sete anos de feitura no candomblé; um meio-termo entre um não iniciado e um mais velho.

A partir dos meus estudos e vivências sobre mitologias africanas, entendo os Orixás não como fatos históricos, mas como metáforas simbólicas. Os mitos dos Orixás explicam a própria criação do mundo, dos seres humanos; explicam nossas potencialidades e fraquezas. Por isso, são tão (ou mais) complexos que a própria ciência; porém, ao contrário da ciência, os mitos são *alógicos*, pois essa é a natureza da mitologia.

Por entender as divindades africanas como personificações de atributos encontrados na natureza e em nós mesmos, compreendo Odé, o Rei Caçador, como aspecto simbólico do conhecimento, da arte e da expansão de limites. Nas tradições africanas, caçadores exploram o desconhecido e retornam à comunidade com os frutos de novas descobertas. Na esfera do mito, a caça funciona como metáfora para a busca e transmissão de artes e conhecimentos. Assim, Odé simbolicamente está presente na composição de uma música, na declamação de um poema, na pintura de um quadro, nos passos de uma dança, na escrita de um romance. Ao passar pelos rituais iniciatórios consagrados a Odé, percebi que os atributos e características por ele personificados despertaram no centro da minha consciência.

A partir da mitologia dos Orixás, consigo entender melhor a mim, as pessoas e o mundo ao meu redor.

Gibis e videogames

Gosto muito dos dois desde criança. Dedico horas e horas do meu dia à jogatina e ao consumo de gibis, assim como a materiais relacionados (filmes, séries etc.). O que mais gosto de jogar é RPG, e adoro ler tudo do gênero ou a ele relacionado. Muitos, muitos RPGs, principalmente os de fantasia, com magia e monstros. Graças a essa vivência diária nos mundos da ficção, me sinto apto e capaz de enfrentar os desafios do mundo real.

Infelizmente, vivemos num país que despreza a ficção, que considera literatura ficcional algo menor. A meu ver, justamente por não termos o hábito de ler ficção, acabamos transformando a vida real em ficção… E é por isso que as pessoas deste país, de qualquer classe social, tendem a acreditar em qualquer bobagem, em qualquer falso profeta, em qualquer indivíduo de fala rasa; o que importa são as palavras fortes, seja qual for a ideologia. Ao se desprezar a ficção, se torna difícil identificar as ficções da vida real.

Consumir muita ficção é o que me possibilita escrever livros.

Escrever livros

É o que move a minha vida desde os dez anos. Não sei se foi exatamente nessa idade que decidi que escreveria livros, mas foi por aí. Aos oito anos, lembro de ter ganhado o concurso de poemas da escola… Ganhei o primeiro, segundo e terceiro lugares de uma só vez (mas a timidez me impediu de receber o prêmio). Acho que foi por volta dos dez que apontei para a televisão e disse:

— Não gostei do final desse desenho! Eu faria melhor!

E foi assim que começou…

Eu escrevo ficção. Tudo que escrevo possui influências óbvias dos gibis e videogames que tanto consumo. Todas as minhas histórias têm magia, monstros e superpoderes. Para mim, é muito raro escrever não ficção.

Quando digo que sou só escritor é porque é só isso que quero fazer. Essa é a minha profissão. Sei que vivemos uma era em que é legal ser visto como multitarefa, mas não quero enganar ninguém e muito menos me enganar. Com o pouco destaque que tenho nas redes sociais, vejo várias pessoas me considerando "pesquisador", "intelectual", "fluente em iorubá" e outras atribuições superestimadas. Não completei o ensino superior. Comecei o curso de Letras na UFRJ e não terminei. Depois passei em Letras na USP e, novamente, não terminei. Isso não é orgulho nem demérito, é como as coisas são.

Eu me expresso para o mundo por meio da ficção. É pela ficção que me comunico melhor. Falar um pouco da minha vida, mesmo em um livro como este, não é uma apresentação digna de mim. Não é dessa forma que os leitores me conhecerão de verdade. Para me conhecer, é preciso ler a ficção que escrevo.

Segundo especialistas, sou um dos principais representantes do Afrofuturismo no Brasil. Uau. Acredito que isso aconteça porque tudo o que escrevo contempla a temática afrofuturista — desde sempre, de forma natural, antes mesmo de eu saber da existência da palavra "Afrofuturismo". Conforme afirmei certa vez numa entrevista, "eu, que sou um homem negro, leitor de quadrinhos e RPGs, jogador de videogames, leitor de várias ficções e de teorias afrocêntricas e iniciado no Candomblé, expresso toda essa carga de vivências e estudos nos romances e histórias que escrevo. Isso é Afrofuturismo".

Nossa, que bonito.

Eu poderia falar mais sobre o que é ser um homem negro escritor e sobre o que a escrita significa para mim, no entanto, quando recebi o convite para este texto, eu estava ocupado com — adivinha — a escrita do próximo livro. Dessa forma, resolvi colaborar com um texto meu sobre o assunto do qual sempre me pedem para falar — o Afrofuturismo — e também sobre uma nova proposta de ficção que descreve melhor o meu trabalho: o Macumbapunk.

2 — AFROFUTURISMO

Uma narrativa afrofuturista

— Eita, gente. Será que eu tô encrencada...?
Ver-se cercada por trinta soldados armados no topo do prédio não era bem o que Nina Onixé tinha em mente. A jovem levantou os braços para o alto e tentou trocar uma ideia.
— Meu pai Ogum... Cês tão muito estressados! A gente podia tomar umas no bar, que que cês acham?
— Chega de gracinhas — disse a comandante da tropa. Ela voava com uma mochila telecinética. — Melhor devolver o arquivo que você roubou, ou vai encontrar seus ancestrais mais cedo...
Nina sabia que não ia se safar dessa só na conversa, mas precisava ganhar tempo; continuou falando bobagens para a capitã da tropa, até irritá-la de verdade. Os soldados então foram ordenados a atirar, e disparos de energia psíquica irromperam de seus rifles. Nina aproveitou a deixa para saltar do alto do arranha-céu... e utilizou seus dons sobrenaturais, que herdou de seu pai Ogum, para controlar a mochila telecinética da capitã. Em questão de segundos, a mochila disparou para as costas da Nina, e a jovem revolucionária saiu voando pelos céus de Ketu Três, deixando para trás os palavrões da capitã e sua tropa.

Um mundo afrofuturista

Tudo começa com uma história.
Era uma vez uma jovem chamada Nina Onixé. Ela mora em uma metrópole chamada Ketu Três, lar do povo melaninado, filhos dos Orixás. Ketu Três é repleta de arranha-céus, carros voadores, parques florestais e terreiros corporativos, e é governada por sacerdotisas-empresárias com poderes paranormais e tecnologias fantásticas movidas a fantasmas. Filha do orixá Ogum, Nina é uma jovem cientista que cria artefatos sobrenaturais de alta tecnologia e possui superpoderes de controle sobre as máquinas. Ela também é uma das líderes do grupo Ixoté, organização clandestina que pretende derrubar a elite psíquica da metrópole e trazer mais igualdade entre as pessoas. Nina luta pelo que acredita por todos os meios necessários, e é

uma heroína de um mundo afrofuturista. Ela aparece pela primeira vez no livro *O caçador cibernético da Rua 13* e também é personagem de destaque nos livros *A cientista guerreira do facão furioso e O blogueiro bruxo das redes sobrenaturais* (2021). Como escritor, para mim a melhor forma de definir as coisas é a partir de uma história.

O que é Afrofuturismo?

"Esse movimento de recriar o passado, transformar o presente e projetar um novo futuro através da nossa própria ótica, para mim, é a própria definição de Afrofuturismo."

Foi desse jeito que defini o Afrofuturismo quando eu mal sabia o que significava. Quando me deparei com essa palavra, em vez de pensar "o que é isso?", pensei "que novas narrativas eu poderia criar a partir dessa palavra?" E foi assim que comecei a escrever o livro *O caçador cibernético da Rua 13*.

Com origens na música, na arte e na literatura, o Afrofuturismo é um movimento cultural, estético, narrativo e filosófico que explora temas pertinentes à diáspora africana por meio de narrativas de ficção especulativa, a partir da perspectiva e do necessário protagonismo de personagens e autores negros.

Apesar de existir desde a década 1950 nos Estados Unidos, o movimento só foi nomeado como Afrofuturismo na década 1990 e apenas nos últimos tempos vem ganhando força no Brasil, sobretudo graças ao sucesso do filme *Pantera Negra*.

Pessoalmente, também gosto de definir o Afrofuturismo como um resgate natural do passado africano de pioneirismo nos campos da ciência, arte, tecnologia, espiritualidade e literatura, pensando na declaração do cientista senegalês Cheikh Anta Diop: "A ciência, a medicina, a filosofia, a arquitetura, a engenharia, a astronomia e a arte civilizada surgiram primeiro no Vale do Nilo, criadas por negros africanos."

Qual a origem do termo "Afrofuturismo"?

O movimento foi assim nomeado em um texto de Mark Dery, "Black to the Future" (1993), no qual o autor conversa com os afro-americanos Samuel R. Delany (escritor de ficção especulativa), Greg Tate (crítico musical) e Tricia Rose (professora da Universidade Brown). Dery, que é um homem branco, questionou a escassez de escritores afro-americanos dedicados à ficção científica; ele, então, definiu Afrofuturismo como "ficção especulativa que trata de temas afro-americanos e lida com preocupações afro-americanas no contexto da tecnocultura do século XX."

Após ser nomeado por Dery em 1993, o Afrofuturismo passou a ser mais elaborado e discutido a partir do ensaio "Future Texts" (2002), da escritora afro-americana Alondra Nelson, pioneira da teoria social sobre o Afrofuturismo. "A negritude é construída como sempre de oposição às crônicas de progresso tecnologicamente orientadas", diz Nelson, em seus estudos.

Quem são os pioneiros do movimento afrofuturista?

Antes de ser nomeado por Dery, o Afrofuturismo nasceu na década de 1950, graças ao trabalho de Sun Ra.

Sun Ra (1914–1993) foi um compositor de jazz, pianista e poeta, conhecido por sua música experimental, sua filosofia cósmica, suas performances teatrais e suas produções cinematográficas. Precursor do Afrofuturismo, Sun Ra alegava ser um alienígena de Saturno em missão de levar o povo negro para o espaço. A partir da obra de Ra e de seus contemporâneos Lee "Scratch" Perry e George Clinton (líder do coletivo Parliament-Funkadelic), com sua mescla de música, cosmologia e ancestralidade africana, foram surgindo mais músicos e bandas de orientação afrofuturista.

Na literatura, uma das primeiras escritoras a ser associada ao movimento foi a afro-americana Octavia Butler (1947–2006). Butler começou a publicar suas primeiras obras no final da década de 1970 e, no fim da década seguinte, se tornou bem-sucedida como autora e conseguiu escrever em tempo integral. Seus livros e contos chamaram a atenção do público e da crítica especializada, e ela recebeu vários prêmios por seus 15 livros publicados. Octavia Butler vem sendo associada ao Afrofuturismo desde o início.

Quais são as características que definem o Afrofuturismo?

A partir dos questionamentos da filósofa Karolina Desireé, pensei e criei essas quatro características que considero fundamentais para uma narrativa ser considerada afrofuturista.

Protagonismo de personagens negros: *representatividade* é importante, e a falta dela é um dos fatores que ocasionou a criação do Afrofuturismo. Porém, essa característica vai além disso: não basta inserir mais negros numa narrativa de ficção; é preciso ter personagens negros e suas experiências como centro da história.

Narrativa de ficção especulativa: o Afrofuturismo nasce das perspectivas e experimentações de artistas negros com base nos gêneros de fantasia e ficção científica, como podemos conferir na mitologia cósmica de Sun Ra e no funk espacial de George Clinton. O Afrofuturismo é um movimento cultural essencialmente pautado nos imaginários típicos das ficções fantástica e científica.

Afrocentricidade: considerando o conceito criado por Molefi K. Asante, trata-se da autoconscientização de pessoas africanas como sujeitos e agentes atuando sobre sua própria imagem cultural, de acordo com seus próprios interesses humanos. Pensando nas minhas obras, o Afrofuturismo só faz sentido se houver imaginários, cosmologias, culturas, espiritualidades e perspectivas africanos e/ou afro-diaspóricos como centro do universo narrativo.

Autoria negra: o Afrofuturismo nasce da ação e experimentação de artistas negros com intenção de criar suas próprias narrativas a partir do próprio ponto de vista. Se o Afrofuturismo é um movimento no qual as histórias são narradas pela perspectiva negra, então não faz sentido a existência de narrativas afrofuturistas que não sejam de autoria negra.

Qual a importância do Afrofuturismo hoje?

Visto que vivemos em um mundo estruturado pelo racismo, que nega a contribuição africana para o mundo e que nega o próprio sujeito negro no mundo, o Afrofuturismo se estrutura para suprir uma ausência e para tornar o sujeito negro o centro do seu próprio mundo. A fantasia e a ficção científica, apesar de serem gêneros que supostamente prezam pela experimentação e imaginação, acabam sempre contando as mesmas histórias, protagonizadas pelos mesmos personagens da mesma cor, gênero e orientação sexual, com base nos mesmos imaginários, mitologias e cosmovisões.

O escritor ganês Kodwo Eshun afirma que, num mundo que implícita ou explicitamente exclui a pessoa africana da sua projeção de futuro hegemônica, o Afrofuturismo possui o papel fundamental de reorientar a pessoa negra na criação do seu próprio futuro, a partir da sua própria ótica. Alondra Nelson destaca que a questão do "outro alienígena" é um tema frequentemente explorado no Afrofuturismo devido ao sequestro de pessoas africanas para este lugar que não nos contempla; ela também diz que, nas histórias criadas num contexto eurocêntrico, nunca associam a pessoa africana à ideia de tecnologia e progresso, e que as discussões em torno de raça, mesmo com as "melhores intenções", muitas vezes acabam reforçando o que a escritora chama de "fosso digital".

Dessa forma, a temática afrofuturista surge como um convite para a criação de narrativas afro-inspiradas, em todas as esferas possíveis. No contexto do afro-Brasil, tal necessidade se torna ainda mais urgente, tamanha a carência de visões e narrativas nas quais os afrodescendentes nem sequer existem, pelo menos para além de estereótipos ambulantes.

"Nós precisamos de imagens do amanhã; e nosso povo precisa mais do que a maioria. Só tendo imagens nítidas e vitais das muitas alternativas, boas e ruins, de onde se pode ir, teremos qualquer controle sobre a maneira como chegaremos lá", afirmou o escritor Samuel Delany.

Essa "necessidade de imagens do amanhã", salientada por Delany, trouxe naturalmente para mim a personagem Nina Onixé e todo seu universo... e vários outros universos que estão sendo criados ou ainda o serão. Então, para explicar melhor para mim mesmo o que estou fazendo como escritor, criei o termo "Macumbapunk".

3 — MACUMBAPUNK

Criação do termo

Criei "Macumbapunk" para classificar as minhas próprias obras de ficção. Não lembro exatamente quando o criei; sei que usei o termo de forma jocosa em algumas conversas informais. Porém, quando tomei conhecimento dos movimentos Sertãopunk, Cyberagreste e Amazofuturismo, passei a considerar o Macumbapunk de forma mais séria.

O termo é uma brincadeira, ou não. É um mero exercício narrativo, ou mais um termo redundante para se acrescentar aos inúmeros gêneros literários de ficção especulativa "punk" que surgem a todo momento. Talvez seja um desejo de contribuir com algo genuinamente afro-brasileiro (mesmo que eu não tenha qualquer apreço por esta nacionalidade brasileira), que possa inspirar a criação de novas narrativas traçadas por pessoas negras nascidas aqui, especialmente novas histórias que valorizem as religiões de matriz africana.

De fato, as espiritualidades de matrizes africanas são o necessário epicentro de uma narrativa Macumbapunk.

Costumo dizer que não ligo para rótulos e estou aqui criando um. Qual o sentido disso?

Minha intenção não é criar mais divisões e mais nomes para a mesma coisa. Não deixa de ser Afrofuturismo, ou fantasia, ou ficção, ou seja lá o termo que quiserem. É mais como eu entendo o que escrevo, meus próprios livros e obras semelhantes que venham a surgir. Seria algo muito interessante se e quando obras semelhantes surgirem, daí meu interesse de cunhar esse novo termo.

De onde vem esse tal "punk"? Que gêneros literários são esses?

"Punk" é aquela palavra de tantos significados que já não possui significado algum. Acredito que "rebeldia" ainda seja a raiz da palavra punk. O "punk" a que me refiro neste artigo é um sufixo comum que classifica muitas obras de ficção especulativa. Na verdade, são derivativos do Cyberpunk, o "pai de todos os punks" na literatura. Até hoje, o "trio de ferro" dos punks é composto pelo Cyberpunk, o Steampunk e o Dieselpunk, os três mais conhecidos e difundidos há décadas nos mais diversos formatos de mídia, tanto que há até os "funks" correspondentes.

Não pretendo me alongar demais sobre isso, já que há muitos textos a esse respeito e vale a pesquisa para saber mais. É apenas uma palavrinha para quem não está familiarizado com o sufixo. Gosto muito de ler sobre esses gêneros.

O que é "Macumbapunk", afinal?

Macumbapunk são narrativas de ficção especulativa cujo universo gira em torno das espiritualidades de matrizes africanas. Essas espiritualidades e seu arcabouço de divindades e entidades definem a realidade e as leis do universo onde a narrativa acontece.

Um parêntese importante: digo desde já que não concordo que o Macumbapunk seja tachado como "literatura religiosa". É ficção especulativa mesmo, com viés mitológico, não religioso. Até porque, para mim, o conceito ocidental de religião simplesmente não faz sentido. Minha visão pessoal sobre a espiritualidade ancestral é, digamos, diferente do que se espera, mas isso é conversa para outro momento.

Um dos motivos por que considero pertinente a criação deste novo termo punk é especificar algo que muita gente vem atribuindo como pré-requisito à temática afrofuturista. É triste dizer isso, mas o Afrofuturismo não necessariamente tem a ver com ancestralidade. Já o Macumbapunk, sim.

Tal como fiz quando comecei a entender o Afrofuturismo na minha visão, vou explicar o Macumbapunk a partir de um dos meus universos literários, Ketu Três:

- Ketu Três é uma metrópole cujo patrono é a divindade Oxóssi. Ele é o Rei Caçador, a representação personificada do conhecimento, da coragem e da fartura. Esses aspectos são extremamente valorizados em Ketu Três, uma sociedade de artistas, sábios, pesquisadores, professores, celebridades;
- todos os moradores de Ketu Três são filhos dos Orixás, todos conhecem suas divindades ancestrais logo no nascimento;
- a estrutura social da sociedade fictícia de Ketu Três é praticamente a hierarquia do candomblé. As Corporações são Casas de Axé (Ilês) que se tornaram grandes empresas;
- ainda no exemplo das religiões de matriz africana no Brasil, Ketu Três é uma sociedade matriarcal. As famosas sacerdotisas-empresárias, autoridades máximas dos Ilês Axés Empresariais, são as governantes. São ialorixás CEOs com poderes paranormais;
- ah, sim, cerca de 10% da população de Ketu Três são o que se chama de emí ejé (*èmí ẹjẹ*), pessoas que herdaram o "sangue espiritual" das divindades. Esses indivíduos que estão no topo da sociedade, possuem superpoderes e dons sobrenaturais relacionados aos Orixás que os regem;

- a tecnologia de Ketu Três é movida pela energia eletromagnética dos espíritos ancestrais. Divindades e entidades fantasmagóricas das mais diversas habitam todos os artefatos tecnológicos, dos carros voadores aos celulares holográficos, computadores, máquinas, tudo. Tudo é sacralizado com o axé de rituais cotidianos que todos praticam e conhecem;
- por fim, e não menos importante: Ketu Três é uma metrópole onde o desenvolvimento tecnológico anda de mãos dadas com a preservação da natureza. De fato, há árvores, arbusto e verde para todo lado: nas casinhas mais simples aos mais altos arranha-céus; nas ruas, avenidas; e em parques florestais que são verdadeiras florestas. Uma sociedade regida pela lei dos Orixás não poderia ser diferente.

Esse é um resumo bem resumido de Ketu Três, e um exemplo de uma sociedade fictícia Macumbapunk. Podemos dizer que é um mundo pós-Cyberpunk? Talvez. Solarpunk? Lembra bastante. Afrofuturismo? Com toda certeza! Todo Afrofuturismo é assim? Não! Porque possui especificidades a serem exploradas nesse oceano de possibilidades.

Eu vim do futuro para responder às suas dúvidas

Vamos então responder a algumas possíveis perguntas frequentes:
Sociedades Macumbapunk são necessariamente utópicas?
R.: Tal como o Afrofuturismo, acredito que o Macumbapunk pode ser tanto utópico quanto distópico, depende de quem escreve, do que deseja passar com sua escrita. Digamos que a pessoa escreva uma história em que a espiritualidade de matriz africana é a realidade do mundo e ainda assim sofre perseguição por uma sociedade supremacista alienígena que domina o planeta ou sei lá… (olha só as possibilidades!)

Macumbapunk é a mesma coisa que Afrofuturismo? É uma subcategoria do Afrofuturismo?
R.: Não e sim. Pode ser ou não. Esse termo nasceu das minhas reflexões sobre as histórias que escrevo, que são naturalmente afrofuturistas… e também fantasia, (muita gente acha que é) ficção científica etc. E tam-

bém Macumbapunk. Só que, por mais estranho que seja dizer isso, uma narrativa Macumbapunk pode não ser afrofuturista, uma vez que, ao contrário do Afrofuturismo, a autoria negra não seria um pré-requisito, já que as espiritualidades de matrizes africanas são abertas a todos. Concorde eu ou não.

Qual a diferença entre Macumbapunk e Afrofuturismo afinal?
R.: As diferenças residem em duas questões que eu não necessariamente endosso, porém são fatos: 1) o Afrofuturismo não é necessariamente sobre ancestralidade, enquanto o Macumbapunk é; 2) o Macumbapunk não teria como pré-requisito a autoria negra, enquanto o Afrofuturismo tem.

Acredito que o potencial do Macumbapunk é enorme justamente pela imensa riqueza e complexidade das religiões de matrizes africanas, tanto no Brasil quanto nas demais Américas. Como seria um confederado galáctico inspirado na umbanda? Uma colônia lunar do tambor de mina? Uma sociedade interdimensional de santeros? Um império vodum de alta fantasia? Imagina só!

As possibilidades são infinitas, e eu sou apenas uma pessoa. Quantas novas histórias vocês são capazes de criar a partir dessas inspirações?

Resumindo o Macumbapunk

Macumbapunk é uma proposta, um termo que acaba de nascer. Por enquanto, não tenho mais nada a dizer sobre ele. Talvez o detalhe mais, ou não, mas prefiro deixá-lo nas mãos dos especialistas e acadêmicos, já que sou apenas escritor.

Minha intenção é somar e inspirar, não dividir ou retrair. Talvez seja redundante e inútil para uns, talvez seja pertinente e inspirador para outros…

De minha parte, é fascinante enxergar os ricos imaginários das espiritualidades ancestrais e pensar na criação de novos mundos estruturados na complexidade das religiões de matrizes africanas. A potência das novas histórias que estão por vir é simplesmente incomensurável, e isso me anima muito a viver para ver esses novos mundos.

Afinal, a ficção possui esse enorme poder de moldar o potencial humano e nos guiar na criação de novos futuros.

ADAILTON MOREIRA COSTA

Babalorixá Ilê Axé Omiojuaro
Cientista Social
Mestre em Educação Proped-UERJ

ILÉ ÁSE OMIOJÚÀRÓ — TERREIRO, TERRITÓRIO NEGRO

Comunidade de terreiro fundado em 1985, por uma mulher negra, líder de seu povo, Iya Lode da contemporaneidade, Mãe Beata finca e funde mais um espaço de resistência negra na Baixada Fluminense, mais especificamente no município de Nova Iguaçu, região onde prevalece a força de seu povo negro de resistência para *reexistir* na diáspora, preservando suas culturas em suas diversidades africanas.

Nossa Roça de candomblé, mesmo tendo como liderança uma filha de Iyemonjá, é Oxoce o nosso Pai/patrono. Iyemonjá será sempre referenciada e reverenciada, pois foi por meio desta orixá que pudemos ter a honra e o orgulho de viver ao lado desta grande mulher, pequena em estatura, mas uma gigante em força e sabedoria.

Oxoce é o nosso líder, o nosso guia pelo norte que devemos seguir nas trilhas do conceito de ìwá pelé [o bom caráter], que não se refere somente a um substantivo, mas a uma soma de códigos ancestrais em que o sentido de coletividade está associado a uma relação de proximidade significacional que dá sentido ao viver em harmonia relativa, baseado em família ampliada, em que todos se reportam e se importam com todos os outros, pois nossas vidas negras nos importam.

Nossa casa se chama Ilé Áse Omiojúàró [Casa das águas dos olhos de Aro], referência a este Esá Oxoce (ancestral caçador) que nos doou os seus olhos para nos cuidar. Onde cada um ou cada uma de nós estivermos, ele estará nos observando, cuidando de nós, orientando, advertindo sobre nossos passos, para que não nos percamos de nossas palavras/pactos a ele por dignidade, por honradez, por solidariedade, por empatia e por afeto. A Oxoce pedimos que seus olhos nos tragam Iré [boas coisas], Ayo [alegrias]. Quando nos despedimos, pedimos que os bons olhos dele nos acompanhem, livrando-nos dos infortúnios, das doenças do corpo e da mente, que não nos corrompamos com os discursos de desagregação e de exclusão de nossos corpos, de nossas mentes e de nossas almas negras.

Aqui, Mãe Beata costumava bradar "minha Baixada querida, lugar que escolhi e me escolheu".

Nesta região em que se funda o Ilé Áse Omiojúàró, mesmo sendo um polo de expressões e de manifestações negras — nas culturas, nas religiosidades e nas identidades do povo negro —, ainda hoje o racismo religioso, o machismo, o autoritarismo político se manifestam no cotidiano da população negra e periférica.

No município de Nova Iguaçu, assim como em outros da Baixada Fluminense, os direitos humanos são mais fortemente violados, e sabe-se por quê! A saúde pública precária, a falta de incentivo a uma educação de qualidade e de políticas públicas efetivas, tudo isso se soma à falta de comprometimento por parte dos representantes públicos no sentido de promover junto à densa população negra do local uma cultura de valorização da autoestima, de cultivo de seus valores afro-brasileiros e de fortalecimento de seu orgulho em ser uma pessoa negra.

Nova Iguaçu foi um dos municípios que mais esteve envolvido em manchetes de jornais com casos de genocídio da população jovem negra por parte do Estado e por ataques recorrentes em comunidades de matriz africana por parte de religiões neopentecostais. Cidade dormitório que cria sonâmbulos em busca de paz; homens e mulheres negras em busca de reparações, vítimas contumazes do Estado negligente e opressor.

Foi em Nova Iguaçu que Mãe Beata fundou sua comunidade, foi nesse lugar dos desassistidos que Mãe Beata resolveu se fundar.

Ilé Áse Omiojúàró e Mãe Beata um corpo só!

Dá-se início a mais um espaço matriterritorial, conduzido ao longo de 33 anos por sua matriarca, filha de Iyemonjá e Èsù. Beata recebe a incumbência de levar a frente esse grande chamado ancestral de outra grande líder, sua Ìyálorisa (Mãe Olga de Alaketu), rainha de Ketu, que a diáspora africana ressignificou em solo brasileiro, na cidade de São Salvador, Bahia.

Mulher forte e altiva que impressionava com sua presença, seus cantos e seus encantos do além-atlântico negro. Uma mulher cunhada e preservada na diáspora negra.

Mãe Olga arrebatava a todos com a sua dança majestosa e a sua presença forte. A ancestralidade preta se personificava no corpo daquela mulher alta e digna, que parecia uma palanca-negra a nos enfeitiçar, filha de Oyá e de Ìróko, divindades do tempo, dos ventos. Era um deleite. Havia uma comunicação por parte dela com sua pertença ancestral, percebia-se que em sua dança, por meio de seu corpo, estava mandando mensagens para os que estavam do outro lado do Atlântico dizendo a eles "estou aqui".

Diferentemente de sua Ìyálorisa, mãe Beata mostrava como as forças das águas podiam ser capazes de mudanças e de transformações com sua fala doce, mas também cheia de forças motrizes de suas ancestrais, que mesmo tendo vindo em condições cruéis com o sequestro do continente africano, superaram os grilhões e as chibatas.

A forma peculiar e distinta que essas mulheres negras tinham de liderar suas comunidades tornava-as únicas e singulares. A organização, a articulação e a comunicação africanas herdadas as legitimavam como representantes de seu povo, desconstruindo um *modus operandi* cartesiano, branco, eurocêntrico. Elas se baseavam em um feminismo negro de mulheres líderes de terreiro, mulheres que não tinham uma relação de liderança somente significada pela religiosidade — emprestando o conceito de religião pautado na hegemonia judaico-cristã —, mas, para além dela, pois essa noção não caberia, uma vez que não há o que religar. Os povos negros já estão ligados a laços de uma rede bem tecida em sua negritude ancestral.

Mulheres guerreiras do Dahomey, defensoras dos aspectos culturais e políticos de seu povo. Iya Lode's da contemporaneidade, que mercavam nas feiras produtos e utensílios diários para alimentação, mas era na feira [ojá], território de Èsù, que se comunicavam e discutiam com a sua comunidade diversos assuntos e articulações que sustentavam o seu povo.

Era na feira que as articulações se transformavam em alimento; alimento de luta, de superação, de levante, simbologia para além do óbvio. O que os colonizadores não percebiam é que era nos encontros que a cultura e a ancestralidade se fortaleciam, propiciando que utilizássemos as ressignificações para resistir e para *reexistir*.

Seus saberes garantiam a manutenção dos aspectos fitoterápicos dos povos africanos, a culinária, a metalurgia, a filosofia e tantos outros; seus conhecimentos garantiram mulheres na ciência e na política.

Beata, Beatriz Omi Isami, decidiu não somente fazer uma comunidade religiosa, mas uma comunidade política, que interviesse contra qualquer violência que seu povo sofresse por violações de direitos humanos, apropriando-se dos saberes e dos fazeres de suas mães, de suas tias e de suas avós para dar continuidade ao legado de suas antecessoras, das que vieram antes dela.

A população negra recria a sua sociedade e resiste à escravidão principalmente por meio da religião, com sua tradição, sua forma de transmissão do conhecimento, seu respeito pela natureza etc.

Tudo isso é parte da construção de identidade do afro-brasileiro, e as mães de santo concentram papel importante nesse processo pelo lugar que ocuparam ao longo dessa história. Há nisso, porém, o compromisso e o sacrifício de abdicar de seus direitos primeiros enquanto ser humano e enquanto mulher. É preciso compreender, dessa forma, como essa personagem feminina passa a ser construída socioculturalmente, e como esse papel representativo vai se moldando a partir da imagem de controle da mulher negra "forte" e provedora.

A presença da mulher enquanto sacerdotisa proporciona, a partir de sua subjetividade de gênero, vivências no interior de uma rede de representações simbólicas e afetivas do terreiro que se espalham na comunidade. "Omi ni npa iná" [a água apaga o fogo].

A partir do ditado acima, o Ilé Áse Omiojúàró foi forjado, nas águas que apagam o fogo do racismo que insiste em acender na sociedade brasileira, perpetuando-se e sendo abanado pela branquitude e por seus privilégios, que não abre mão de seu *status quo* construído pela mão de obra e pelos saberes do povo negro, com tanta dor e sofrimento, para que poucos tenham tanto e muitos não tenham acesso a nada.

O Ilé Áse Omiojúàró se funda no mesmo ano do fim da Ditadura: 1985.

É segurando essa bandeira libertária pelos direitos humanos que essa casa se compromete, participando e atuando como protagonista em ações que pressionem e demandem as diversas esferas da sociedade por reparações à população negra e aos descendentes, lutando cotidianamente contra os resquícios da colonialidade, conclamando e convidando os seus filhos e suas filhas, seus parceiros e suas parceiras na empreitada por justiça, por uma sociedade equânime, não acreditando nas falácias do mito das três raças em harmonia plena e da democracia racial.

Não há acordo com práticas racistas, LGBTQIfóbicas, antiecológicas, machistas, autoritárias, teologizantes e tantas outras que firam a integralidade originária pré-colonial africana, que nos violentam com tantas mazelas, fazendo-nos acreditar que este modo de vida é o melhor que podemos ter. Queremos um poder negro, mas um poder que seja cunhado em nosso modo de perceber e em noções próprias de pertencimento oriundas de um mundo negro diverso e plural.

A colonização nos legou e nos negou o direito de Ser, o direito de pensar, o direito de questionar, de lutar, nos tirando a dignidade de sermos Nós, de termos ancestralidade e nos orgulharmos dela, como se ser negro ou negra fosse algo de que não pudéssemos nos orgulhar e valorizar. O racismo religioso, ou melhor, o racismo estrutural nos tirou o sentido de vivenciar nossa cultura ancestral, fazendo com que muitos de nós tenhamos vergonha de sermos negros e negras, levando-nos a acreditar que o capital está acima de nossa relação de integralidade entre o Ser e o Meio, situando-nos em um limbo branco em que nos dizem qual é o modelo ideal de estar/ser, mas ao final não estamos em lugar algum.

Incitam-nos a nos destruir, a nos esquecermos de nossos laços de afro-afetividade e afro-empatia, levando-nos a uma competitividade neoliberal, que é por si individualista, cruamente racional e lógica e que nos jogará no abismo do esquecimento de quem somos, instigando o distanciamento entre os pares, para que nos esqueçamos do sentido de Ubuntu, banalizando nossos pactos e fazendo desse conceito algo vulgar e utópico. O projeto de extermínio do povo preto é este: tiremos suas culturas e os dominemos!

Fortalecer essas reflexões e ações no Ilé Áse Omiojúàró é um dever e um legado de Mãe Beata para todos nós que pensamos e agimos por um mundo e uma sociedade melhores sem desigualdades raciais, de gênero, econômicas, sociais e políticas, lutando para fomentar igualdade de direitos para todas as pessoas que sejam alijadas da possibilidade de viver uma vida com qualidade e paz.

Ao longo de 35 anos, nossa comunidade vem atuando em diversas frentes de luta por direitos, e o que mais nos impressiona é que continuamos precisando lutar, como se os avanços com a Constituição Federal — constituição cidadã —, não fossem escritos para o povo negro, para salvaguardar os seus direitos.

Liberdade de crença para quem? Moradia para quem? Educação para quem? Saúde para quem? Cultura para quem? Emprego para quem?

Respostas a essas perguntas para nós nunca, mas ações violentas e negligentes do Estado sempre!

Estado democrático de direito para quem decide o que é direito, para quem eles acham que merecem os direitos.

Nossa comunidade é composta por mulheres e homens adultos, idosos e idosas, crianças e adolescentes que desde o momento no qual se filiam a ela ficam sabendo que não é só a fé que nos move, mas o compromisso e a responsabilidade de saber que não são mais seres isolados, que fazem parte de uma família que a nossa ancestralidade lhes ofertou. Portanto, cabe a cada pessoa se comprometer em respeitar essa família diversa e a sua ancestralidade ressignificada a partir da diáspora negra.

É dever de todos e todas nós do Ilé Áse Omiojúàró sabermos que sozinhos e sozinhas não somos nada, somente com o conceito de família e respeito a ela seremos fortes para lutar contra qualquer forma de opressão e de repressão aos nossos corpos e mentes.

Essa família não responde individualmente. Minha mãe dizia "Eu tenho contas a dar", e esta fala estava relacionada à sua compreensão da importância e do respeito que ofertava à sua família e à sua ancestralidade, família pela qual ela nutria muito amor e afeto.

"Aranha vive do que tece", este era mais um dos dizeres dessa matriarca. Assim ela relacionava que seus feitos no Aiye [terra] deveriam ser de dignificação e valorização pelos seus ancestrais, e não queria se envergonhar quando chegasse aos pés de Olorun [Deus], caso se desviasse de seus caminhos aos códigos de iwa pelé [bom caráter] e ìwà réré [boa ética]. Iya Beata dizia que só poderíamos ser cultuados enquanto ancestrais, mediante as coisas boas que realizássemos em nossa estada no mundo, que isso sim era ancestralidade. Ela gostaria de ser lembrada por nós com um largo sorriso no rosto de contentamento e de orgulho, esse era o conceito de continuidade e de circularidade que deveríamos aprender, pois assim ela se sentiria viva em cada um de seus filhos e filhas, assim mostraríamos que aprendêramos a lição com nossa mestra.

É dever dos membros do Ilé Áse Omiojúàró lutar contra o racismo estrutural e denunciá-lo, discutindo e debatendo com a comunidade e a sociedade os impactos históricos que a escravidão nos legou e como até os dias de hoje suas estruturas se sentem na construção da ideia de inferioridade de nosso povo, afetando-nos social e psicologicamente, adoecendo-nos e nos matando.

Buscamos nos reORIentar e, como dizia Beatriz Nascimento, precisamos nos ouvir e falar quem somos nós. Ubuntu não será somente uma utopia, será verdade no Ile Axé Omiojuaro. Este é o nosso projeto afro-civilizatório que Mãe Iya Beata de Iyemonjá nos legou e que nos ORIenta, nos impulsionando para que sigamos em frente, para que não façamos mais a volta em torno da árvore do esquecimento da contemporaneidade.

Lutar contra o feminicídio buscando na história de nossas mães, de nossas irmãs, de nossas tias, de nossas sobrinhas e de nossas amigas o respeito às mulheres, sua importância e valor em nossa vida, criando ferramentas e formas de denúncia contra qualquer faceta da violência a elas, usando os mitos e as histórias dos orixás e das mulheres negras com dignificação na visão de mundo iorubá pré-colonial e pós-colonial.

Quando da chegada ao Brasil na condição de escravizados, os africanos e africanas, na maioria dos casos, separados de seus familiares, se uniram de forma a constituir uma família substituta. Embora iniciassem a agregação valorizando o local de origem, quer fosse a aldeia ou o reino, importantes papeis couberam à cultura e à religião, que passaram a reunir indivíduos de diversas origens e etnias. Com isso a cultura e a religião se tornaram os principais elementos de preservação da identidade africana, e as mães de santo concentraram papel importante nesse processo pelo lugar que ocuparam ao longo dessa história.

Embora grande soma dos escravizados aqui chegados tivesse vindo de reinos nos quais o poder central circulava somente em mãos masculinas, as mulheres, em busca de fazer ouvir as suas vozes, organizavam-se em sociedades estritamente femininas que, em muitos casos, chegavam a conspirar organizadamente contra aquilo que consideravam nocivo na sociedade.

Herança daqueles tempos, foram constituídas no Brasil, formadas exclusivamente por negras de origem africana, sociedades secretas femininas, como as sociedades Iyalode e Geledé, hoje quase extintas, a não ser pela essência das ações políticas praticadas pelas mães de santo, que mantêm o espírito de luta em suas atividades extrarrituais, nas quais demonstram a necessidade de exporem publicamente suas opiniões sobre a sociedade e o seu compromisso com a mudança da realidade social que compartilham.

Enquanto lideranças, essas mulheres utilizam sua força em defesa de causas mais amplas do que o universo religioso afro-brasileiro. Lutando em defesa dos direitos humanos, da diversidade cultural e religiosa, algumas mães de santo participam de diversos movimentos sociais, sendo algumas delas verdadeiras militantes civis, vindo a serem reconhecidas como representantes legítimas de segmentos específicos das causas negras e femininas.

A presença da mulher enquanto sacerdotisa proporciona, a partir de sua subjetividade de gênero, vivências no interior de uma rede de representações simbólicas e afetivas do terreiro que se espalham na comunidade propiciando, a princípio, um ambiente de equilíbrio relativo, representando um espaço em que os laços afetivos e sociais sejam distintos de uma lógica de sociedade baseada na individualidade, na racionalidade e no distanciamento entre pares próprios da visão eurocidental cartesiana.

Conforme registram a vasta literatura sobre o gênero feminino no candomblé e as lideranças, a mulher é o elo agregador que resgata os princípios de unidade para que possa existir a coletividade organizada necessária à comunidade religiosa, ou seja, elas erigem uma rede de sustentação.

Ficou a cargo das mulheres negras, por conta de suas funções sociais, o exercício da supremacia sacerdotal. Permaneceram também sob a responsabilidade feminina muitos aspectos religiosos, dentre eles os conhecimentos da magia religiosa, do uso do oráculo adivinhatório, dos mitos e dos ritos da tradição africana, da arte, das expressões culturais e comportamentais, da culinária, da manipulação da medicina ritualística e terapêutica e da tarefa de organização e de representação religiosa.

Mesmo após a farsa da libertação dos povos africanos e afro-brasileiros escravizados, as mulheres, já firmadas no papel de lideranças religiosas e políticas, continuaram a desempenhar as suas funções, tornando-se, inclusive, matriarcas de imensas famílias substitutas que se mantinham em função da religião, da cultura e de seus costumes e tradições impostos pelas sacerdotisas. Nascia, assim, a figura da mãe de santo.

Atualmente, no estado do Rio de Janeiro, essas sacerdotisas/líderes construíram toda uma rede de relações sócio/política/cultural e religiosa, tanto interna como externa, que lhes permitiu dialogar com diversos setores da sociedade sobre o universo das religiões e das culturas afro-brasileiras, reclamando sua importância histórica e política na construção da identidade do Brasil.

A Baixada Fluminense no Rio de Janeiro concentra importantes mães de santo que, com liderança e carisma, se relacionam com a sociedade de forma a deixar negra a sua preocupação em manter a sustentabilidade de seus grupos mediante as suas ações sociais e políticas. Reconhecidas não só no âmbito das comunidades religiosas afro-brasileiras, como também tendo certo acesso aos órgãos públicos e aos meios da política brasileira, essas matriarcas mães de santo são comumente requisitadas para atuarem em discussões sobre direitos humanos, questões sobre as religiões de matrizes africanas, programas de valorização da mulher negra, palestras sobre meio ambiente, dentre outros tópicos.

Tal aspecto matriarcal/territorial de instituição social/cultural religiosa afro-brasileira é específico das Comunidades de Terreiro de Candomblé e fundamentado no poder ritual, social, político, econômico e cultural exercido pelas mães de santo.

A ação destas sacerdotisas desde o período colonial inaugura um exercício de vivência de direitos que se estende até os nossos dias, promovendo, acolhendo e ampliando a ação da comunidade em torno da dignidade humana, e Mãe Beata de Iyemonja/Ilé Áse Omiojúàró foi e continua sendo uma delas.

Iyalode dos nossos tempos, Beatriz Moreira Costa, Mãe Beata de Iyemonjá tem a sua trajetória de vida em torno da luta por direitos humanos, contra as desigualdades e injustiças, afirmando os direitos como fundamentais para a sustentação e manutenção dos cidadãos e das cidadãs afro-brasileiros. Ori re lessé orixá [a boa cabeça vai aos pés do orixá].

Kosi Ewe, Kosi Omi, Kosi Orixá [não há folha, não há água, não há orixá].

A integralidade do povo negro do candomblé com a natureza e com seus elementos corrobora com um pensar e um viver em que não é possível existirmos se esta relação integral não for respeitada e vivenciada.

Olodumare [Deus] criou Igbádu [a cabaça da existência], essa cabaça era integral, tudo estava lá dentro, a fauna, a flora, as pessoas. Não havia um apartamento entre o Ser e o Meio, as coisas se inter-relacionavam, uma coisa não se distanciava da outra, não havia possibilidade de algo viver se não estivesse ligado ao outro. Nesse mundo integral de interdependência, a harmonia era necessária para que a vida pudesse pulsar.

Não há como nós das tradições de matrizes africanas nos despregarmos de uma relação de cuidado com o nosso ecossistema.

O mundo capitalista consumista se encarregou de usar de seu poder colonizador e destrutivo sobre a natureza, fazendo com que achássemos que os recursos naturais são infinitos, deixando de lado a preocupação com a poluição dos mares, o desmatamento e as queimadas de florestas, o desvio dos cursos naturais dos rios e das cascatas, poluindo as lagoas e as aterrando.

Estamos vendo o resultado de tudo e isso e pagando com nossas vidas.

O enriquecimento de alguns em cima da pobreza da população, o consumo exacerbado, latifundiários expulsando populações nativas com suas madeireiras, o agronegócio destrutivo, mão de obra escravizada, tudo visando ao lucro em detrimento das pessoas humanas.

Osanyin, o nosso farmacêutico [Onixêgun], mas se não atentarmos para a colonização dos nossos saberes, compraremos ervas e plantas com pesticida em feiras nos mercados públicos tipo shopping centers, pois os laboratórios coloniais modernos já têm informações de plantas e ervas que utilizamos em nossos rituais de cura e nos foram tiradas as nossas terras onde cultivávamos e respeitávamos o semear; apoderaram-se de nossas ciências e ficaram com os lucros e os créditos, patenteando tudo sem o menor escrúpulo e respeito aos povos originais.

Iyemonjá é senhora dos mares e rios, Oṣùn é senhora da fertilidade das águas claras e doces, Nanã, mãe anciã que carrega a ancestralidade em seus braços, é senhora dos manguezais, um bioma de suma importância para a vida, mas nossas águas poderão ser engarrafadas por algumas empresas que já se assenhoram desse recurso hídrico sagrado, comercializando-o a preços exorbitantes, excluindo-nos de acessá-lo.

Em alguns lugares do planeta, a água já é artigo de luxo para elites, fazendo com que grupos tradicionais não possam consumi-la, uma vez que está engarrafada para ser vendida a quem possa pagar o preço estipulado pelo mercado capitalista. O mercado é assim.

Mas o pior de tudo é que nós, negros, só seremos (talvez) consumidores dentro de uma ótica subalterna e inferiorizante, pois os empresários não seremos nós, quiçá seremos atendentes de suas lojas em um círculo de dependência sem nenhuma possibilidade de mobilidade social.

Nós, povos originais, somos os legítimos herdeiros desta cultura e ancestralidade milenar, mas não somos os detentores dos modos e meios de produção.

Somos povos que sem essa relação de integralidade com a natureza seremos extintos, bem como o culto aos nossos orixás. Portanto, é direito nosso, dos povos negros, lutarmos como agentes promotores de uma luta de reparação para as nossas diversas comunidades e grupos em situação de vulnerabilidade social.

Em 2017, Iyemonjá chamou sua filha Beata para pescar e ela nos deixou fisicamente, mas antes de sua partida nos orientou com várias lições e deveres de casa a serem executados sem recuar nenhum centímetro de suas determinações. Sua presença é viva em nossas vidas, em nossos sonhos, em nossas memórias, em suas histórias. A cada vez que contamos uma história sobre nossa mãe, ela se reaviva em nós, dá-nos sabedoria e forças para continuarmos nadando em seus mares, às vezes bravios, às vezes plácidos, mas sempre mares de desafios e superações nas marés negras Beata.

Assim acreditamos estar no bom caminho dos Direitos Humanos, pois os iniciados no mistério não morrem, eles dormem aqui e acordam lá, lá em Itun Lá [a última morada dos que se tornam ancestrais], onde continuam a nos ensinar a resistir para *reexistir*, não seremos sobreviventes de dores, mas superadores gloriosos e gloriosas do caminho já começado pelos/as nossos/as ancestrais, que nos legaram forças matrizes/motrizes impulsionadoras de Àse [força vital].

Beata nos ensinou que por mais que o caminho do bom caráter e da boa ética possa ser difícil neste mundo de privilégios e de meritocracias brancas seletivas e racistas, este é o caminho que devemos escolher, o Onan

Ire [bom caminho], para não nos vendermos ao egoísmo, à individualidade, ao ranço colonial que nos afasta/afeta e gera uma competitividade cruel.

Que deveríamos combater ferrenhamente qualquer tipo de violação ou violência a grupos ou pessoas que forem feridos em seus direitos.

Que o terreiro do Ilé Áse Omiojúàró fosse um espaço de viver e de manter a negritude, mas também um núcleo de pertencimento ancestral. Para além da fé, um lugar para salvar vidas com afro-solidariedade, resiliência, respeito às diversidades, um território com uma política que seria experienciada e construída coletivamente, que sentássemos em roda nos domingos após as festividades dos orixás do dia anterior e colocássemos nossas questões e soluções. Sentaríamos embaixo do pé de Ìróko [gameleira branca], sob a sombra de seus galhos e folhas, nos reuniríamos de novo, e de novo faríamos Palmares viver, nos aquilombando.

Que não acreditássemos nas mentiras de desunião e de subalternização dos povos negros, que nossos ancestrais não foram escravos, foram escravizados, sequestrados, a pior situação que o ser humano possa forçar outro Ser a passar e a sofrer.

Pois ela sempre nos dizia: "a quem interessa nossa desunião? Alguém está contando uma história que não foi contada por nós!"

"Iá Iá cadê o jarro, o jarro que eu plantei a flor,
Eu vou te contar um caso, eu quebrei o jarro e matei a flor
Eu vou te contar um caso, eu quebrei o jarro e matei a flor
Que maldade, que maldade, você bem sabia que o jarro de barro guardava saudade..."

Saudades, lembranças de uma circularidade continuada.

Mofoju si é [meus bons olhos estejam com você].

ELISA LUCINDA

Poetisa, jornalista, escritora, cantora e atriz, Elisa Lucinda nasceu ao meio-dia, de um domingo de Carnaval, na cidade de Vitória do Espírito Santo, em dia de Yemanjá. É uma das autoras que mais vendem no Brasil. Seus livros, em sucessivas edições, percorrem o país sendo lidos, interpretados e encenados enquanto seu nome figura dando títulos a bibliotecas e outros espaços de leitura. Elisa, que, nas palavras de Nélida Piñon, *"Tem a linguagem em chamas"*, possui 18 livros publicados, dentre os quais a *Coleção Amigo Oculto*, de livros infanto-juvenis. A coleção lhe rendeu, em 2002, o prêmio Altamente Recomendável [FNLIJ] por *A Menina Transparente*. Lucinda encena e apresenta muito de sua obra pelos palcos brasileiros e estrangeiros, e comemora o reconhecimento de ser uma das escritoras que mais popularizam a poesia em nosso tempo. *Versos de Liberdade*, que ensina a palavra poética aos jovens que cumprem medidas, pessoas em vulnerabilidade e pessoas trans é um dos projetos que a sua instituição Casa Poema desenvolve, entre cursos de Poesia Falada para todos. Com o seu romance *Fernando Pessoa, o Cavaleiro de Nada*, que tem prefácio do incensado escritor moçambicano Mia Couto, foi finalista do Prêmio São Paulo de Literatura em 2015. Depois de *Vozes Guardadas*, seu décimo sétimo livro, a multiartista lançou *O Livro do Avesso, o Pensamento de Edite*, pela editora Malê, em 2019. *"Sou uma artista comprometida com o meu tempo. Se minha arte não servir para trazer alguma luz sobre a contemporaneidade, ela não me interessa. Arte é uma forma de conhecimento."*

"Pensei que era uma preta qualquer."

"PENSEI QUE ERA UMA PRETA QUALQUER."

Passou o 13 de maio e fiquei pensando nessa mancha, nessa barbárie, nesse holocausto que aconteceu com o povo negro e que se mistura à história da construção deste país. De todos os problemas idiossincráticos da nação, de todos os traços emocionalmente comprometidos do cidadão brasileiro, de todas as amarras que costumam permear o pensamento mais atrasado da evolução humana, considero o racismo o mais torpe e o mais cruel. Está na base da nossa educação, está na palavra do professor, na escolha de quem vai ser a princesinha na festa da escola, de quem vai ser o chefe, a miss, o padre. Está no critério do juiz, nas ações policiais, na rua, nos escritórios, nos hospitais. Em todo canto o povo negro é olhado de revés. Como se fosse uma gente de segunda categoria. Referenciada nos princípios hitlerianos, a estética exemplar oficial considera feio o nariz negro, ruim o seu cabelo, suja a sua cor. Lástima. Sei do que estou falando, conheço o tema, transito em vários grupos sociais e encontro no meu convívio, na minha classe artística, no meu bairro muito mais gente branca do que gente negra. É preciso cautela e reflexão e coragem para abordar esse tema porque de alguma maneira o preconceito racial e a discriminação continuam sendo ensinados e perpetuados sem que percebamos. A escravidão foi traumática, a tortura foi o método principal usado abundantemente por quatro séculos. Nenhum país com uma história dessa pode seguir em frente sem um tratamento, sem sentar no divã. O negro era vendido a metro! Então, se uma peça de negro, como um tecido, fosse de 1,80 metro por exemplo, comprava-se um negro de 1,70 metro e podia-se completar com uma criança de 20 centímetros.

Talvez devêssemos trazer essa história para o cinema, o Brasil precisa assistir ao filme da sua vida. Falta-nos Espelho, não é à toa que o nosso querido e inteligente Lázaro Ramos tem um programa no Canal Brasil com esse nome. Olhemos as nossas mídias, as nossas bancas de jornal, em todas as searas, a maioria avassaladora dos que chegam "lá" é branca. Poderia ser um acaso num país multirracial? Poderia, mas não é. Funda-se isso.

Criamos essa realidade à medida que nosso contingente de pobres no Brasil se pareia também com os números de negros. Existem muitos negros, milhares que vivem bem, é claro, mas o que digo é que a maioria dos pobres é negra, e se essa maioria não tem escola boa, saneamento básico, ensino de uma arte para que se traduza e se amplie o seu olhar sobre o seu tempo, ela vai continuar escrava urbana, condenada ao subemprego, sem a ascensão do tamanho do seu sonho, sem respeito e sem contribuir em outras esferas para o avanço da sociedade. Isso está tão engendrado em nosso comportamento que eu vejo crianças que se sentem patroas dos filhos das empregadas. Errado. Criança não é patrão e nem empregado de ninguém. O fato de o meu pai ser patrão da doméstica não faz do filho dela meu empregado também. Repara bem como isso acontece a toda hora e nem se comenta. Um amigo meu adotou três filhos: um gay, um negro e um com Síndrome de Down. Preocupou-se em especial com o filho com Síndrome de Down, que tinha uma condição que costuma provocar a rejeição dos outros. A estranheza foi perceber nos parques, nos teatros, nos aniversários, nos lugares onde leva as crianças, que o alvo campeão do bullying era o negro. Aliás, toda criança negra e brasileira sabe o que é bullying, mas nunca se chamou de bullying o eterno caçoar aos negros. Estou incomodando? Se estou, não é culpa minha, é o que acontece quando levantamos o tapete e não há como fugir do acúmulo do que ali está entulhado sistematicamente. Continuamos bradando que vivemos numa democracia racial mesmo sabendo que, da totalidade dos jovens que morrem no Brasil, 80% são negros e de periferia. Pertencem à categoria da vida dos que não valem. Um dia perguntaram ao rapper Mano Brown: "mas como saber, num país tão misturado, quem é negro e quem não é?" E ele respondeu: "a polícia sempre sabe." Estou feliz com as bananas nos gramados. Trata-se de uma manifestação explícita de racismo, esse sórdido pensamento brasileiro que precisa sair do armário, isso, exponha-se. O racismo no futebol vem revelar a verdade que querem esconder, escamotear: não é econômico, como querem muitos, porque quem tem recebido banana ganha milhões. O que está acontecendo? Sinto-me protegida porque sou artista e o status de uma pessoa que muitos conhecem pela arte dá uma protegida na gente e diminui o impacto. Mas sou flagrantemente negra. E quando, uma vez ou outra, acontece um "escorregão" da parte do discriminador, ele se corrige e diz: "ai, eu não sabia que era você."

Ou seja, coitada da minha prima, dos meus amigos negros e dos meus vizinhos, coitado do país que é anônimo. Se a pessoa concluísse sua fala, ela diria: "pensei que era uma preta qualquer", mas ela não diz. Sorri, ajuda a orfanatos, ganha status por sua caridade, vai à igreja aos domingos, tem nojo da empregada dela. Acha que sua família é mais importante do que aquele quilombo, que mora na favela e cuja rainha desce o morro todo o dia para fazer a sua comida, arrumar a casa, varrer. 13 de maio, levante o tapete.

DANDARA, A MISSÃO

O Brasil sabe pouco ainda sobre Dandara do ponto de vista objetivo, do ponto de vista da informação, do ponto de vista educacional. Mesmo compondo nossa idiossincrasia, não conhecemos essa guerreira, companheira de Zumbi, a que fez a diferença como corajosa estrategista no Quilombo dos Palmares. Seu feminino combatente, irreverente, que não espera que venha só do homem o sustento e a iniciativa para defender a tribo, marca a gênesis do feminismo negro do ponto de vista mitológico, semiológico, do ponto de vista do DNA cultural que trazemos inconscientemente. Assim como ninguém precisa ter acesso ao enredo do mito de Édipo para cair em suas garras, freudianamente falando, assim também herdamos o que conscientemente talvez não saibamos que sabemos. Parece complicado, mas é simples, e é desta estirpe de Dandara que brota a "desobediente" Marielle. Estratégica, tal qual um raio que explode na Senzala e aparece dentro da Casa-Grande, a irreverente estrela fez reverberar seu brilho lá na Gávea, na zona nobre, como uma filha da PUC. Como assim? Trabalhou desde menina, desde os 11 anos. Era uma criança da favela da Maré, que ancorou seus sonhos em alguma utopia que melhorasse a realidade em que vivia. Aos 18, ao se tornar mãe da menina Luyara e de, logo na sequência, fazendo pré-vestibular comunitário, perder uma amiga vítima de bala perdida na própria comunidade, nossa heroína teve revelada a lira do seu destino: estudaria ciências sociais, depois administração pública e jamais essa negra deixaria de refletir e agir na revolução do feminino num país racista e machista até o talo. Afinal, sua bisavó era paraibana, de João Pessoa, e uma mulher revolucionária em sua época.

  O espanto que nos causa o desenrolar da história da escravização negra no Brasil, cuja sinopse envolve tráfico e comércio de pessoas, tortura e morte, ainda parece não ter chegado com a devida força transmutativa aos salões da Casa-Grande. Pipocam nas redes, enquanto escrevo este texto, relatos de que jovens negros são assassinados pela polícia, mulheres se tornam vítimas de feminicídio, "espetáculos" reais de humilhação e racismo homicidas são perpetrados nos supermercados, nos bancos e nos shoppings. É como se houvesse ainda um amortecimento nas mentes. Não se acredita nessa face de senhor de engenho e de sinhás que assombra o cotidiano do brasileiro ferindo, humilhando, invisibilizando, fechando a porta para gerações e gerações de potentes seres humanos excluídos de cara por sua etnia. Cegueira.

  Durante a campanha eleitoral, parecemos ter atravessado a linha, a rua, o ponto que regulava a hipocrisia e que estou chamando de hora furuncular, a saída do pus. Há muitos anos nós, negros, pelo alcance de nossas vozes, denunciamos diuturnamente o preconceito que está numa posição fundante na educação brasileira. Inútil. Muita gente boa achava que se tratava apenas de injustiça social, e que não era nada pessoal com os negros, e que tudo podia ser justificado sob o manto da desigualdade. Ledo engano. As feras se soltaram de tal maneira, nesses últimos tempos, e de repente viu-se muita gente espantada com uma velha prática, como se estivéssemos todos anestesiados até agora. Como se o racismo fosse de agora e uma novidade. Meu deus do céu, essa gente nunca deixou de existir! Há quinhentos anos nos olham e oferecem seu olhar de desprezo nos salões chiques como se nos dissessem: "O que você está fazendo aqui? Aqui não é o seu lugar!". Ou então, reservam certa negação da cor aos que são artistas famosos, com prestígio, oferecem-nos certa visão nebulosa de nós mesmos e nos embranquecem, de tão confusos que ficam ao verem um negro em lugar de poder. Me pergunto, que parte está faltando a gente desenhar para quem não entendeu ainda entender? Se você frequenta aquelas festas da matriarca de noventa anos em que vão todos os sobrinhos, netos, filhos, cunhados, bisnetos, que acontecem em todo o país, Minas, Goiás, Bahia, Rio de Janeiro, Espírito Santo e, ou aquelas festas com setenta integrantes ou mais, aqueles grandes almoços de "família", você vai e não estranha que não haja sequer um sobrinho, uma cunhada negra, o que isso significa? Nunca reparou na branquitude dominando os condomínios de luxo? Os colégios caros, os postos de chefia, os elencos inteiros, as revistas de moda e de personas bem-sucedidas? Você tem coragem de me dizer que não repara mesmo na dominação branca estampada em todos os lugares? Jura que você não entendeu o processo e acha mesmo que essa dominação se dá por merecimento, por mérito de quem oprime? Quatro séculos de crimes contra a vida negra humana fundaram todas as nossas opressões e, o pior, naturalizaram-nas. Como não estudamos direito a história do Brasil, não sabemos que a peça de um negro era uma metragem de mais ou menos 1,85 em média, se não me engano. De modo que às vezes se um crioulo/peça tivesse apenas 1,70 podia-se pensar em colocar um bebê, recém-nascido, para completar com seus 15 cm a encomenda.

Devo dizer que como o menino não era lourinho, a cena parecia não doer no coração de ninguém ali. De modo que muitas pessoas morriam nas péssimas condições dos tumbeiros em pleno mar, de modo que escravas eram frequentemente estupradas na frente de seus parceiros e filhos, de modo que tinham que ver os seus bebês arrancados dos seios para darem lugar às boquinhas brancas filhas dos seus algozes. A sordidez da cena certamente confiou no respeito que o povo africano tem pela vida de um pequeno ser, por isso não se tem relato de nenhuma maldade realizada pela ama de leite ao inocente filho do filho da puta do senhor. Esse festival de horrores com castigos, açoites em praça pública e inúmeras mortes sem importância para a sociedade chique e branca durou muito mais tempo que a guerra nazista contra os judeus. Dura até hoje. No entanto, nossa tragédia não se chama holocausto, não tem tal peso.

Enquanto escrevo, persistem restaurantes, prédios, motéis, chamados Senzala. O racismo recreativo segue sem noção, pagando mico internacional e divertindo gente que vive sem pensar nisso. É muito grave. Nunca fui numa festa "pobre" em que se tripudiasse da dor de qualquer povo. Nunca. Jamais estive num aniversário de gente preta em que houvesse, por exemplo, um bolo confeitado inspirado nos campos de concentração, com direito a bonequinhos judeus tristes entre câmaras de gás, e cerquinhas de arames farpados feitas de glacê e chocolate. Nunca pensamos em inaugurar um restaurante com o nome Auschwitz, e jamais olharíamos como adorno ou diversão de festa o diário de Anne Frank. O fato de tal tragédia inspirar empreendimentos a brasileiros é assustador, não só do ponto de vista histórico, mas sociológico contemporâneo, que não deixa dúvidas no que resultou a tirania de nos manter fora do jogo. Negros no Brasil são, em geral, mantidos, desde a escravidão, fora da linha de cidadania. Sem acesso a estudo, à educação de qualidade, a equipamentos culturais decentes em suas comunidades; uma horda de negros segue lotando as cadeias, em natural e direta ligação entre a evasão escolar e o cárcere, e segue sendo a cara da suspeita, da vulnerabilidade, segue sendo, embora preto, o alvo. A maquiavélica combinação estrutural do racismo em nossa cultura conta com essa exclusão: Negros não terão todas as cartas do baralho e sem elas não podem ganhar o jogo.

 Precisa-se garantir por meio da exclusão permanente e dos costumes de segregação cada um no seu "lugar". O cidadão brasileiro pobre e preto geralmente tem atrás de si uma linha muito tênue de proteção cidadã. Quase nenhuma. Nadica mesmo. O ataque é na sua infraestrutura: seu emprego é frágil, não tem escola, seus direitos são desrespeitados, sua casa pode cair a qualquer momento e a qualquer hora pode cair sobre ele uma suspeita, um flagrante, uma prisão. E não haverá advogado, proteção, legalidade para ele. Sua infraestrutura não existe. Em verdade, não pode se alimentar bem, não dorme as horas necessárias por excesso de serviço. Para dar conta do básico, mora longe do trabalho, e é tortura também a sua mobilidade urbana. Nessas condições deve continuar firme sem adoecer, pois caso isso aconteça não será atendido prontamente na saúde pública, não terá atestado e facilmente será demitido e substituído por outra boca com fome à procura de emprego. Mantidos como ratos com vários venenos espalhados em todos os lugares estratégicos, como armadilhas para que não avancem a linha proibida, a juventude negra brasileira, a mulher negra, as crianças, os velhos, ninguém, ninguém é cidadão. Essa sentença é a nova Senzala.

 Sabedora disso tudo, Marielle se concentrou na infra, sabia que mexendo ali poderia mover as peças. Ela própria era exemplo disso, oriunda da Maré, filha de Marinete e Antônio Francisco da Silva Neto, atravessou a ponte pelo caminho da educação básica, foi estudar e foi pelo Prouni, no salão da Casa-Grande, a "desobediente". Como ousou? "Isso vai lhe custar caro, hein?" Não sei quantas vezes, entre dentes, alguém deve ter pensado assim. Por que não?

Ano retrasado, no Jardim Botânico, uma mulher me pediu para conseguir uma menina para ela, lá do Espírito Santo. Mulher de embaixador, viajada. Queria uma escrava em pleno 2017 para trabalhar em sua casa: "Eu quero com 12, 13 anos, que aí ela cuida do meu neto, e vinda do interior, fica morando lá em casa e pronto." Me propunha com a maior desfaçatez "negócio" com pessoa, sem qualquer compaixão pela suposta família, contando com a miséria econômica dela, e o pior, confiante de que estava ajudando a pobre menina que "não teria onde cair morta". Por ser uma mulher negra e muito inteligente, com seu sagaz olhar observador, Marielle sabia como toda mocinha afrodescendente se transforma em um objeto à mercê de quem domina. Me lembro de que reparei como rapidamente na adolescência os olhares sobre mim mudaram bruscamente e, sem que eu tivesse nitidez, me davam nojo. Era como se todo mundo pudesse me tocar, qualquer homem tivesse de certa forma um poder ameaçador. Com 13 anos eu era mais menina do que mocinha e não entendia o que estava acontecendo.

Cresci numa família sem problemas de infraestrutura. Meu pai tratara de, obstinadamente, fazer uma ascensão do nosso grupo familiar a partir dele, migrando sua tribo quilombola dum mundo operário, de onde vinham os seus pais, para um mundo de produção intelectual, de pensamentos, de narrativas. Mesmo não sofrendo nenhuma violência explícita, toda mulher, e em especial a mulher negra, se sente subitamente em perigo logo quando deixa de ser menina. Foi assim comigo. Um amigo a quem confidenciei tais reflexões, branco, rico, começou a chorar ao me escutar e me confessou: "Só agora você falando isso é que me dei conta de que todos os empregados da minha casa eram negros, e que durante toda minha adolescência e juventude lá, sempre me achei no direito de desfrutar dos corpinhos das filhas das faxineiras, das passadeiras, das cozinheiras, das nossas domésticas em geral. Nunca me ocorreu se elas queriam ou não. Aliás, sempre achei uma vantagem para elas terem a oportunidade de irem para cama do filho do patrão." Dizia isso e chorava compulsivamente, tinha vergonha, afinal era de esquerda, ambientalista, lutava por um mundo melhor, tinha um extenso currículo na preservação de animais em extinção. Neste dia percebeu a extinção do povo indígena e a constante tentativa do extermínio do povo negro através de séculos. Não há outra verdade. A sociedade oferece um abatedouro para os negros. Todo mundo sabe que se houvesse alguém rico, com um grande sobrenome no Ninho do Urubu, a coisa ia feder para aquela agremiação. Mas como quem dormia entre containers era uma gente que, em sua maioria, "agradeceria" a exploração, isso pôde acontecer.

Quando Marielle pensou no projeto de lei #Assédionãoépassageiro, estava pensando na infra, sabia que significava um escopo de proteção a mulheres que se locomovem num péssimo sistema de transporte público que, para além de todo o desconforto entranhado na sádica administração, expunha a trabalhadora ao grotesco "costume" naturalizado do assédio nesses espaços. Marielle sabia que essa mãe dormiu pouco, em geral sustenta a família sozinha, e conta com o apoio de outra mulher negra vizinha para olhar por sua prole enquanto ela navega horas até o mar do mundo dominante de onde retira seus caraminguás. É ela também que tinha que aguentar o pênis ereto de um desconhecido tocando o seu corpo, aproveitando o imprensado da ocasião. #Assédionãoépassageiro também significa a extensão do delito na psicologia da vítima. A invasão que representa o desrespeito à mãe ou à filha, tanto faz. A atuação parlamentar da nossa sementeira mulher também não deixou de fora mães e pais pobres que estudam ou trabalham à noite e que, sem o projeto de lei Espaço Coruja, criado por ela, não poderiam seguir com seus sonhos cidadãos.

Se Marielle quis reproduzir e ampliar o sucesso da Casa de Parto em Realengo para as áreas mais necessitadas do nosso Rio, é porque entendia da carência de um nascimento digno para cada um, para cada ser. Toda trajetória dela apontava para o Brasil que vivemos hoje, o qual ela queria garantir como um espaço de não assassinato de seu povo pelas mãos da polícia, da milícia, da burguesia que despreza o tema. Ela sabia que o desprezo de grande parte da sociedade pela dor de sua gente, que é nossa gente, dava em morte. Vivia pela verdade. Continuou atuando na Maré e sabia que a educação liberta e pode mudar o rumo e o funcionamento da roda. Nossa Marielle era sobretudo uma mulher livre e isso ameaça. Quando nos deixou, vivia um amor lésbico e engendrou tal bandeira à sua luta entendendo toda extensão de sua representatividade. Por isso, ao ser assassinada, covarde e brutalmente, se multiplicou numa tamanha velocidade que deixou pasmos e confusos os seus algozes, cada vez mais envoltos em trapalhadas de erros primários de investigação, somados a uma morosidade quase cínica diante de um crime tão bárbaro. Muitos não sabiam que na rota da sua gira viria uma legião de mulheres organizadas em suas periferias, posicionadas nos espaços das universidades brasileiras que sempre estiveram fechadas para a plebe rude. A profusão de tais Marielles mostra que o Brasil de hoje é um Brasil novo! A cada dia em que o crime não é esclarecido, e já faz um ano, mais nossa imagem como país democrático se enfraquece diante do mundo, mais aumenta a potência do escândalo, mais nos constrangem e nos comprometem todos que defendem a impunidade usando o nome de Deus e da família. Quem pode chegar aos céus oferecendo um crime no colo de Deus? Tais atos não podem conviver! Socorro, uma mulher inocente foi violentamente assassinada e as investigações apontam para onde? Para quem? A incrível parlamentar que defendia a todos sem distinção parece ter tido a morte planejada, foi exterminada! O Rio estava sob a tutela do exército quando sua vereadora mais votada sofreu um atentado homicida e ninguém descobre quem fez isso? O enredo só piora o horror, só amplia e revela a promiscuidade de parte de nossa justiça servindo a um único lado. Mas organizações nacionais, internacionais, grupos virtuais e grandes coletivos, vários deles compostos por muitas vozes negras femininas, estão em plena ação quilombola para o desvendamento dessa tragédia. Ninguém vai dar descanso.

Há uma ciranda de Dandaras e Zumbis multiplicados, espalhados em toda a parte. Não se pode dar ré ao resultado de políticas de inclusão que mudaram a história do nosso povo. Já era. Muitas famílias pobres têm o seu universitário agora. Pretos, índios, trans, mulheres, travestis, invadiram a festa das sinhás e se tornaram médicos, advogados, professores, sociólogos, historiadores, gestores, parlamentares, ativistas, juízes, promotores, procuradores. Fodeu! É fogo na fazenda, libertação dos irmãos já! Abateram uma pioneira em pleno abre-alas da sua vida pública, e é Marielle quem nos dandariza e nos orienta viva e multiplicada com mais força ainda! Sinto Dandara rondando Palmares. Ninguém morreu.

CAROLINA DE JESUS É LITERATURA, SIM!

Poucos dias depois de participar do evento em homenagem à Carolina Maria de Jesus, na Academia Carioca de Letras, ainda estou sob os efeitos da curiosa e inesquecível cerimônia. Presidida pelo nosso querido Ricardo Cravo Albin, homem-pedra fundamental na luta e na ação da preservação do patrimônio cultural brasileiro, em especial da Música Popular Brasileira, em sua sabedoria antenada, incumbiu ao Martinho da Vila a tarefa de convidar uma mulher escritora para participar da cerimônia em homenagem à autora do contundente e histórico livro *Quarto de despejo*. Tudo ia muito bem. A sessão rolando com suas formalidades, seus associados, em sua maioria mulheres na plateia e no público em geral, naquele fim de tarde de abril.

Com honras, foi apresentado por Marcus Vinicius Quiroga o professor de literatura Ivan Cavalcanti Proença, membro daquela academia e também um ex-capitão combatente da ditadura que muito brigou, naqueles duros anos, para que a instituição homenageasse a escritora. Era o primeiro palestrante, o que introduziria e falaria sobre a obra de Carolina antes de mim, que não sou estudiosa da autora a nível de doutorado, como muitos o fizeram e o fazem neste país. Estou mesmo bem longe disso, pois a obra dela deve ser estudada na profundidade. Mas estava ali, olhos atentos e ouvidos disponíveis. Quando chegasse a minha vez, eu destacaria as pérolas da literatura daquela ex-catadora de papel que, do meio da miséria, nos traz notícias de seu olhar e sua sensibilidade ao retratá-la. Colhi o que me emocionava, imprimi e parti para o honroso convite. Agora estava ali, exposta ao que viria. Muitas coisas passavam pela minha cabeça. Martinho da Vila e eu éramos na mesa os "parentes" culturais da homenageada e desse orgulho nos vestíamos.

Ivan Proença começa elogiando a Carolina, o seu relato em *Quarto de despejo,* enquanto traz um exemplar de 1966 nas mãos, uma raridade, publicado por iniciativa de Audálio Dantas, o jornalista que ao fazer uma reportagem na favela do Canindé viu uma moradora catadora de papel, negra, protestando contra as injustiças e invasões na favela e ameaçando: "vocês vão ver, vou botar todos no meu livro." A palavra "livro" vinda assim da boca preta da pobreza, vinda aparentemente do improvável, despertou a curiosidade e aguçou as competências jornalísticas investigativas, sociológicas do sagaz profissional. E, de uma hora para a outra, a catadora de papel estava publicada, e publicada em 24 países. Assim, num átimo, tal qual Caymmi nos trouxe a vida do pescador, Carolina traz para nós, com palavras, o clima, o ambiente diário dos perenemente excluídos nas favelas.

Ia tudo muito bem no discurso do acadêmico até a hora em que, com a sagrada edição na mão, objeto de colecionador, diga-se de passagem, o homem brada, com aquele antigo desprezo que se oferece às artes não brancas nesse eurocêntrico domínio, e afirma, seguro como um cientista: "só tem uma coisa, isso não é literatura". Estarreci. Teria me desligado? Ouvi mal? Não poderia ser da Carolina que ele falava. Era. "Isso pode ser um diário e há inclusive o gênero, mas, definitivamente, isso não é literatura", continuou. "Cheia de períodos curtos e pobres, Carolina, sem ser imagética, semianalfabeta, não era capaz de fazer orações subordinadas, por isso esses períodos curtos." E seguiu destituindo sem o menor constrangimento a internacional obra da homenageada.

Meu Deus, inacreditável! Ela era o motivo da sua presença ali, o tema de sua palestra, motivo da cerimônia, o assunto daquele encontro, e o conteúdo principal do mês dentro de um projeto em que a referida Academia homenagearia escritoras. A próxima seria Cecília Meireles. Aquilo complicou minha situação, porque me conhecendo sabia que não me calaria. Aos orixás da palavra invoquei por dentro para que minha reação não provocasse o que chamam de "barraco". Que eu não fornecesse a antiga munição que costuma nutrir os argumentos dos conservadores, que se manifestam com "ela desceu o nível" e coisa e tal. Mas dava vontade.

Aquilo, se não era uma piada de mau gosto, era o que era: uma trágica demonstração de racismo, sob o fenótipo de um argumento academicista. Ele exigia dela, para ser literatura, um formalismo acadêmico do qual o sucesso de sua obra pôde prescindir. Sua capacidade em produzir imagens sem as técnicas oficiais dos literatos é que faz da sua obra objeto de estudo de grandes pensadores.

Martinho da Vila me apresentou com carinho, me tirando as ideias de vingança que vinham em bandos do lado esquerdo do pensamento. Para me acalmar e não bater o tambor da intolerância numa hora delicada, iniciei dizendo *O poema do semelhante*, que deu nome ao meu primeiro livro e que prega a igualdade na diversidade entre os seres. E prossegui dali: se me perguntarem o que mais me incomoda no epidêmico e sistemático racismo, direi que é o olhar que depositam sobre nós a proferir as mesmas mudas perguntas: "como ousa? O que você está fazendo aqui? Você não sabe que aqui não é o seu lugar?".

Sem flagrante aparente, mas intimidadora, essa pergunta é feita com o olhar e não deixa dúvidas. Portanto, herdeira da coragem dessa mulher que no ano que nasci foi descoberta por escrever o seu olhar nos papéis que catava e os quais reciclava em cadernos, venho exaltar o seu escrito. Citei trechos de sua safra genial. Faca. Lâmina. Soco na boca do estômago: "quem inventou a fome, são os que comem". "Quem não tem amigo, mas tem um livro, tem uma estrada", "Fiz o café e fui carregar água, olhei o céu a Estrela Dalva já estava. Como é horrível pisar na lama. As horas que sou feliz é quando estou residindo nos castelos imaginários". E perguntei a essa altura à emocionada plateia: Isso não é literatura? Me desculpe, senhor Ivan Cavalcante Proença, o que Carolina Maria de Jesus fez chama-se Literatura e por isso estamos aqui, e por isso a tradução em tantas línguas, e por isso o maravilhoso livro *Quarto de despejo* que fez com que a referida autora fosse tema do Fórum das Letras de Ouro Preto, idealizado e concebido pela maravilhosa escritora Guiomar de Grammont, editora da melhor qualidade, conhecida como curadora de Feiras Literárias internacionais. Nesse fórum foi lançado um livro em sua homenagem: *Memorialismo e Resistência — estudos sobre Carolina Maria de Jesus*. Pensei comigo: se o Ivan estiver certo, todo mundo é bobo, inclusive Guiomar, Carlos Drummond de Andrade e Clarice Lispector. Gente que via a rara flor das letras que ela é. Mas isso eu não disse, só pensei. Mesmo quanto às exigências do formalismo, eu discordo, senhor Ivan. Carolina, em seu diário, onde diz que "eu denomino que a favela é o quarto de despejo de uma cidade. Nós, os pobres, somos os trastes velhos", produz uma riqueza imagética que alterna períodos longos com frases curtas e poderosas. Para mim ela deixou de ser a catadora da favela de Canindé para ser a narradora de Canindé. Uma gênia, a despeito de alguns desvios de concordância, as manobras de sua narrativa, as construções sociológicas do seu olhar que ela transforma com seu muito bem aproveitado repertório de palavras, a Literatura que essa mulher pobre brasileira nos deixou é imensurável, ela possuía o dom. Conheço gente que terminou o ensino médio e ainda é incapaz de escrever um bilhete decente. Uma mulher que tem que dar conta de várias bocas, que passa fome e que escreve sobre isso, que cata papel nas ruas, no lixo, para vender depois de muito catar, quando começa a aparecer algum peso vendável, sem contar todo o serviço de casa, tudo por sua conta e risco, e que ainda encontra tempo para escrever sua miséria nos deixando cinquenta cadernos inéditos?!

Ora, meu Deus, isso só pode ser dom, aquilo que a gente tem inclinação, tendência, facilidade, mesmo excluída por conteúdo, por não ter tido acesso à escola, mesmo assim, ela foi onde raramente algum dos seus consegue ir. Seu sonho era ser professora e sua filha, Vera Eunice, é professora, não cata papel. Carolina fez o bonde andar com a sua palavra. Não reproduziu a obra da escravidão. Como fazem muitos ainda hoje.

Na tarde que virou noite, o homem em questão pediu direito à réplica depois de minha fala, e eu ainda segui pedindo para que a gente fizesse uma revisão para ver o quanto de racista se poderia ser mesmo sendo intelectual, mesmo se achando na crista da onda do pensamento contemporâneo mundial. Aproveitei a ocasião para alertar que já se tornou insustentável o racismo entre pessoas ditas do bem, entre pensadores que põem a perder todo o seu conhecimento ao assumirem posturas racistas. Jogam pelo ralo o Foucault que leram, o Sartre, e fazem tremer no túmulo Lima Barreto, Cruz de Sousa e Machado de Assis. Adverti à plateia que não fica mais bem ser racista, não pega mais bem, não combina com civilização evoluída, não está mais se usando, é demodê, é hitleriano! Querem que eu desenhe? Ainda lembrei aos interessados que ninguém devia ficar constrangido por ser herdeiro de um senhor de engenho ou feitor. Quem se envergonha do longo período da holocáustica escravidão negra brasileira deve se apoiar numa verdade pouco dita: havia aqueles, e sempre haverá durante a história, que não suportavam a barbárie acontecida nos seus quintais, nas senzalas de suas casas. Não admitiam a tortura e a matança cotidiana dos negros nos bastidores da Casa-Grande.

Esse crime cotidiano incomodou a muitos libertários da época: utópicos humanistas, sinhás que se apaixonavam pelos negões e com eles fugiam, gays, poetas, abolicionistas brancos, jovens e velhos de todo tipo tinham um lugar no quilombo e de lá lutavam pelo fim da escravidão. Portanto, os brancos que se incomodam com isso, lembrem que podem ter no sangue a herança de abolicionistas.

Falei por muito tempo, avancei as horas, achei que era oportunidade de sacudir aquele coreto. Terminada a fala, felizmente tive as palavras dos nossos preciosos Ricardo Cravo Albin e Martinho, autorizando o teor do que eu dissera, sem maiores danos para a habitual cordialidade do lugar, mas sem deixar passar, no entanto, que o que se sucedera ali foi uma grande gafe, para dizer o mínimo. Absolutamente confortável para o senhor Ivan que, encrustado no velho classicismo, deixou claro e explícito aquele velho olhar que pergunta: "o que você está fazendo aqui?". Foi isso que aquele senhor que não merece apresentar a Carolina Maria de Jesus por não estar à altura de entendê-la, de entender a sofisticada simplicidade de sua narrativa, por não respeitá-la, por discriminá-la e por representar assim as velhas vozes machistas, classistas e racistas que não conseguem engolir a presença de uma mulher, ex-catadora de papel, negra ainda por cima, nos incensados e vaidosos salões das academias. Não será simbólica essa atitude do avesso homenageador? Não representará sua grosseira atitude o olhar de desprezo de muitos neste país? Para o senhor Ivan, Carolina Maria de Jesus jamais deveria ter se recusado a ser o resto, a ser a nula e invisível voz. Que vergonha. Mas sua voz não morreu. Está viva e grita aqui.

MILIONÁRIO DO SONHO

É o que eu digo e faço, não suponho: sou milionário do sonho!
É difícil, para um menino brasileiro, sem consideração da sociedade,
crescer um homem inteiro, muito mais do que metade.
Fico olhando as ruas, as vielas que ligam meu futuro ao meu passado,
e vejo bem como driblei o errado, até fazer taxista crer
que posso ser mais digno do que um bandido branco e becado.
Falo querendo entender, canto para espalhar o saber,
e fazer você perceber que há sempre um mundo,
apesar de já começado, há sempre um mundo pra gente fazer,
um mundo não acabado.
Filho nosso, com a nossa cara, o mundo de que eu disponho agora
foi criado por mim, euzin, pobre curumim, rico, franzino e risonho,
sou milionário do sonho!
Ali vem um policial que já me viu na TV espalhar minha moral.

Veio se arrepender de ter me tratado mal.
Chegou pra mim, sem aquela cara de mau:
"Fala, mano, abraça, mano."
Irmãos da comunidade, sonhadores e iguais,
sei do que estou falando:
há um véu entre as classes, entre as casas, entre os bancos.
Há um véu, uma cortina, um espanto que, para atravessar, só rasgando.
Atravessando a parede, a invisível parede.
Apareço no palácio, na tela, na janela da celebridade,
mas minha palavra não sou só eu,
minha palavra é a cidade!
Mundão redondo, Capão Redondo,
coração redondo na ciranda da solidariedade.

A rua é nóis, cumpadi!
Quem vê só um lado do mundo, só sabe uma parte da verdade.
Inventando o que somos, minha mão no jogo eu ponho,
vivo do que componho, sou milionário do sonho!
Vou tirar onda, peguei no rabo da palavra e fui com ela,
peguei na cauda da estrela dela.
A palavra abre portas, cê tem noção?
É por isso que educação, você sabe, é a palavra-chave.
É como um homem nu todo vestido por dentro,
é como um soldado da paz, armado de pensamentos,
é como uma saída, um portal, um instrumento.
No tapete da palavra chego rápido, falado,
proferido na velocidade do vento.

Escute meus argumentos:
São palavras de ouro, mas são palavras de rua. Fique atento.
Tendo um cabelo tão bom, cheio de cacho em movimento,
cheio de armação, emaranhado, crespura e bom comportamento,
grito bem alto sim:
Qual foi o idiota que concluiu que meu cabelo é ruim?

Qual foi o otário equivocado que decidiu estar errado o meu cabelo enrolado?
Ruim pra quê? Ruim pra quem?
Infeliz do povo que não sabe de onde vem.
Pequeno é o povo que não se ama,
o povo que tem a fortuna da grandeza na mistura:
o preto, o índio, o branco, a farra das culturas.
Pobre do povo que, sem estrutura,
acaba crendo na loucura de ter que ser outro para ser alguém.
Não vem que não tem.
Com a palavra eu bato, não apanho.
Escuta essa, neném, sou milionário do sonho!
Por isso eu digo e repito:
quem quiser ser bom juiz,
deve aprender com o preto Benedito.
O mundo ainda não está acostumado a ver o reinado
de quem mora do outro lado da ilusão.
A ilusão da felicidade tem quatro carros por cabeça
deixando o planeta sem capacidade de respirar à vontade.
A ilusão de que é mais vantagem cada casa ter mais carro que filho,
cada filho menos filho que carro.
Enquanto eu, com meu faro, vou tirando onda,
vou na bike do meu verbo tirando sarro.
Minha nave é a palavra, é potente o meu veículo sem código de barra,
não tem etiqueta embora sua marca seja boa.
Minha alma é de boa marca, por isso não tem placa, tabuleta, inscrição.
Meu cavalo pega geral, é Pégasus, é genial,
a palavra tem mil cavalos quando eu falo.
Sou embaixador da rua, não esqueço os esquecidos
e eles se lembram de mim,
sentem a lágrima escorrer da minha voz,
escutam a música da minha alma,
sabem que o que quero pra mim, quero pra todo o universo,
é esse o papo do meu verso.
Mas fique esperto porque sonho é planejamento, investimento, meta.

Tem que ter pensamento, estratégia, tática.
Eu digo que sou sonhador, mas sonhador na prática.
Tô ligado que a vida bate,
tô ligado quando ela dói,
mas com a palavra me ergo e permaneço, porque a rua é nóis.
Portanto, meu irmão, preste atenção no que vendem o rádio, o jornal, a televisão.
Você quer o vinho e eles encarecem a rolha.
Deixa de ser bolha e abra o olho pra situação.
A palavra é a escolha, escolha é a palavra, meu irmão!
Se liga: aqui são palavras de um homem preto, brasileiro,
cafuzo, versador, com um tambor de ideias pra disparar.
Pá pá pá pá pá
Não são palavras de otário, já te falei, escreve aí no seu diário:
se eu sou dono do mundo é porque é do sonho que eu sou milionário!

A HERANÇA OU O ÚLTIMO QUILOMBO

Devagar, persistente, sem parar,
caminho na estrada ancestral do bom homem.
Herdo sua coragem,
herdo a insistente dignidade
daquele que morreu lutando pela liberdade.
Caminho, me esquivo, driblo, esgrimo.
O inimigo é eficiente e ágil.
(Ninguém me disse que era fácil.)
Argumento, penso, faço,
debato no tatame diário.
Retruco, falo, insisto em toda parte
no desmantelamento do ultraje.
Embora também delicada,
a força da emoção,
esta que nasce do coração,
não é frágil!
Sigo firme, ajo.

Por mim não passarão
com facilidade os que ainda creem na superioridade
de uma etnia sobre a outra!
Por mim, pelo gume de minha palavra alta e rouca,
não se sobreporão fascistas, nazistas, racistas, separatistas,
qualquer ista, qualquer um que me tente calar,
amordaçar minha boca.
Não mais haverá prisões,
ó grande nave louca,
para a minha palavra solta!

CARTA ESCRITA EM CORAÇÃO MATERNO

Espero meu filho amado voltar da rua.
Lindo, estudado, sábio,
impecável brasileiro em construção poética de boa massa.
Meu menino, meu sarará que foi
trabalhar com o seu cinema
nessa noite escura de chuva forte.
De longe eu o amparo,
meu rapaz, minha ternura, minha recompensa,
meu presente de esquecer todas as agruras,
prenda que dá melhor valência aos esforços do viver,
e oferece preciosa colheita ao ir e vir do plantar.
Espero meu filho, é noite.
Muitas mães em suas casas falam comigo agora.
Falam comigo sem saber.
Esperam, como eu, seus filhos expostos, como o meu,
a este extenso desamparo civil.
Apenas eu escrevi primeiro.
Sou uma mãe do Brasil,
sou uma mãe do Rio de Janeiro.

Elisa Lucinda

JULIO DE SÁ

Julio de Sá, 29 anos, nascido e criado em Belford Roxo, Baixada Fluminense. Possui uma formação técnica em Organização de Eventos pelo Senac e atua a mais de 10 anos no ramo do entretenimento. Já teve a oportunidade de participar de forma integral por vários anos em grandes eventos como: Rock in Rio, Maratona do Rio, Carnaval de Rua do Rio de Janeiro, Xterra Brazil e outros.

Buscando sempre formas de cooperar para um mundo melhor, Julio de Sá fundou um projeto chamado Carioquice Negra, que tem como objetivo principal enaltecer a cultura afro. Esse projeto tem atuação nas redes sociais e atualmente reúne mais de 700 mil seguidores no Facebook e quase 100 mil no Instagram. Com 5 anos de existência, já ganhou três prêmios e indicações na linha de projetos com atuações semelhantes à sua.

NÃO QUERO SER MAIS UM "DE SÁ"

Nunca acreditei firmemente na frase "o destino quis assim", talvez por medo do que o destino quer de mim ou por ver esse "querer" tornando-se uma frustração para os meus semelhantes. Sempre busquei mudar esse querer natural do destino, porque temo cair na mesma cilada que os meus caíram e ainda caem até hoje. Não que eu seja melhor que eles, mas preciso lutar para não entrar nesse *looping* infinito de frustração. Vamos dividir essa conversa em três etapas para vocês entenderem esse medo?

Então será assim: frustração, seguida por quem sou eu? e então por que continuar?

FRUSTRAÇÃO

É aquele sentimento de impotência e tristeza por algo que era esperado e que não aconteceu. Há várias histórias de frustração nas minhas alcançáveis gerações: meus avós, meus pais, meus tios… Todos eles têm mais história de frustração do que de satisfação, e cheguei a presenciar muitas delas. Sempre fui muito curioso, sempre quis saber os "o que", "por que" e "por onde" de tudo que encontrava pelo caminho e, por ser insistente, sempre me deparava com a doída realidade. E sabe quando o peso da frustração é ainda maior? Quando existe uma grande chance de trilhar caminhos satisfatórios, quando se percebe as possíveis conquistas ali, bem perto de você, mas não é factível atingi-las, isso dói a ponto de criar grandes feridas, que podem transformar você em "apenas mais um". E talvez essa seja uma das maiores sentenças na vida de uma pessoa preta, ser mais um.

Minha mãe dominava a arte da dança, meu tio esteve bem perto de se tornar médico, minha tia sempre quis lecionar e meu "paidrasto" tinha o sonho de ser uma potência na carreira militar. Desses sonhos, nenhum se realizou, nenhum deles conseguiu atingir aquilo que acreditava e que por um bom tempo lutou para alcançar. Tornaram-se o que não queriam e receberam, de certa forma, a sentença final da frustração, passando a investir e transferir seus planos e sonhos para as próximas gerações. Bom, digamos que eles já vinham carregando esse peso, porque a geração anterior à deles teve o mesmo destino. Meus avós, por exemplo, precisaram desde criança trabalhar para sobreviver e, por serem pretos, se é que você me entende, leitor, tiveram o total de zero oportunidade pelo caminho, e então todos os seus planos e sonhos se frustraram...

As gerações anteriores da minha família lutaram de inúmeras formas, criaram várias estratégias e buscaram inúmeros formatos para fugir desse *looping*, já ela (a frustração), no mesmo formato, sempre conseguiu alcançá-los, destruindo seus planos e sonhos, fazendo com que a maldição se repetisse mais uma vez. Como um bastão de revezamento de corrida, a frustração é passada para a próxima geração, mas esse bastão, a cada passada, torna-se ainda mais pesado.

Devido a todo esse histórico, a frustração está sempre ali, de forma direta ou indireta, em todas as estratégias que crio para alcançar meus sonhos; meus pensamentos fluem naturalmente com um "vai dar errado" porque nunca deu certo, vai dar errado porque nunca nenhum dos meus conseguiram, vai dar errado porque você está trilhando caminhos desconhecidos, vai dar errado porque "o destino quis assim". Se depender do fatídico histórico da minha família, vai dar errado; aliás, JÁ DEU.

Se lá atrás um deles tivesse conseguido furar essa bolha e conquistado os objetivos planejados, acho que para mim seria diferente; acho não, tenho certeza que sim, com os brancos é assim. Mas aqui estou eu, carregando esse bastão mais pesado na busca da satisfação e na tentativa de mudar o cenário que já é conhecido pelos nossos antecessores, tentando dar voz e valores ao nosso sobrenome, lutando para não ser MAIS UM.

QUEM SOU EU?

Não sei bem quem sou eu, não sei bem sobre minhas raízes, nem tampouco sobre minha ancestralidade, mas sei do meu poder e tenho quase uma noção de tudo que vou enfrentar nessa vida — digo "quase" porque sou um homem preto, e isso me torna alvo das atualizações do sistema racista, construído na intenção de sempre me ver morto; quando não, apenas uma marionete, aquele ser bruscamente alienado, que esteja nesse mundo para servir e nada mais.

Apesar de ser um preto retinto e saber disso, me reconhecer como um e entender essa seletividade não é algo dado, muito pelo contrário, descobri essa negritude há mais ou menos seis anos e da pior forma possível. Sim, toda pessoa preta infelizmente tem um caso de racismo/injúria racial que o marcou para relatar, e comigo não foi diferente.

Sempre atuei no ramo de eventos, resolvi trilhar minha caminhada nessa área e fazia mais de quatro anos que estava nesse meio. Depois de alguns cursos e formações técnicas, consegui um emprego em uma agência de eventos bem-conceituada no Rio de Janeiro. Entrei lá praticamente como uma espécie de office-boy, algo bem diferente do que eu planejava, mas acreditando que, estando ali, seria mais fácil de ser notado e de ganhar visibilidade para apresentar minha capacidade, mesmo não tendo muita experiência nessa época. Queria uma oportunidade e ali eu ia conseguir.

Na agência havia um grande exemplo de tudo que eu queria/quero ser: um dos meus chefes, homem preto, honesto, humilde e com uma carreira de sucesso construída do zero. Aquilo era quase impossível no mundo que eu vivia, mas agora eu tinha um exemplo bem perto e pensei: "Preciso entender como ele fez para chegar ali, preciso ouvi-lo e pôr em prática essa fórmula." E assim segui. Nesse gás e com uma proatividade bem conduzida, passei a ser observado pelos meus superiores; sempre que ia para as ruas e pintava um problema em alguma das "missões", voltava já com a solução, carioca nato e bem desenrolado, dava um jeito de executar com excelência tudo o que me era solicitado. Com isso, fui ganhando notoriedade e me destacando entre os funcionários novos e antigos da agência. Rapidamente saí da função de office-boy e fui promovido ao cargo de assistente administrativo, e em seguida passei a produtor júnior e, por fim, assumi o cargo de produtor. Essas atualizações de cargo foram rápidas, consequência de toda dedicação e todo esforço que eu fazia dentro da agência.

Na última promoção, aos 23 anos, passei a participar de reuniões de planejamento e estratégias da empresa. Sempre gostei de andar bem-vestido e, se possível, com roupas bem passadas e sapatos limpos; eu dizia que era assim que deveria ser, mas, na verdade, bem lá no fundo, andava assim porque aprendi desde pequeno que nós (pretos) precisávamos estar sempre bem arrumados para não sermos confundidos. "Confundidos com o quê? Com quem?" Minha mãe nunca disse com quem eu poderia ser confundido, mas sempre tomou medidas para que eu e meus irmãos nunca passássemos por essa situação. Para mim e meu irmão, as medidas eram: cabelo baixinho, sapatos limpos, roupas bem passadas, documento no bolso, nada de brinco e muito menos tatuagem; já para as minhas irmãs eram: cabelo alisado, nada de maquiagem e roupa parecida com as da "moda evangélica" da época. Como julgá-la? Uma mulher preta buscando proteger os seus não merece julgamento algum.

Mas vamos voltar à agência. Um dia, fui convidado para participar de uma grande reunião, lembro que era uma das reuniões mais importantes da semana e me preparei em absolutamente tudo: mente, material, possíveis opiniões, roupa... Saí de casa naquele dia bem arrumado e preparado. No trajeto para o trabalho, fui no carro analisando tudo para "bombar" naquela reunião. Chegando ao Centro do Rio, estacionei no lugar de costume e fui caminhando até a agência, mas as coisas não saíram como eu esperava. Nessa curta caminhada, uma mulher, sem justificativa alguma, achou que eu iria assaltá-la, se protegeu e disparou em minha direção um olhar que eu nunca vou esquecer. Como um olhar pode doer de tal forma? Sem entender bem, travei e em alguns segundos percebi o que se passava ali. Numa fração de segundos lembrei de todo o medo que minha mãe tinha de sermos confundidos... e aconteceu.

Minha mãe sempre teve razão, ela nunca nos contou se algum dia isso já aconteceu com ela, mas entendi o porquê de ela querer tanto nos proteger disso, desse olhar que nos fere como uma arma de fogo e marca profundamente. Ela sabia bem do que estava falando e do que queria nos proteger, porém, naquele dia fui alcançado por esse olhar, por essa agressão que doeu. Nesse dia, depois que surtei, fui contido por um estranho e tive que seguir, mas segui da pior forma, tentando achar motivos para dar razão àquela mulher de me confundir com um bandido: "Será que esbocei alguma atitude suspeita?"; "Acho que não estava arrumado o suficiente"; "Será que aquela mulher carrega alguns traumas?" Tentei achar inúmeras justificativas para aliviar aquela dor que estava sentindo, mas nada adiantou e tive que seguir. A reunião aconteceu e tudo que eu havia preparado foi por água abaixo, fui um zero à esquerda naquele momento; na minha mente não passava nada mais do que aquele olhar.

Tudo isso virou uma chave em minha vida, algumas tristezas vieram à tona, não era a primeira vez que eu tinha vivido um ato de racismo/injúria racial, mas foi naquele momento que acordei de um sono profundo como no filme *Corra!*, de Jordan Peele. Então me lembrei de todas as vivências que já tinha passado, todos os cuidados que sempre tomei comigo e com os meus semelhantes, toda curiosidade cultural/religiosa que tinha e descobri que minha vida sempre foi um ato político, que inúmeras pessoas já haviam cooperado para que eu estivesse ali, vivo e conquistando meu espaço.

Daí em diante comecei a fazer uma retrospectiva de todos os anos da minha vida e fui, antes de qualquer coisa, na raiz de tudo: parei para analisar aquela mulher preta que me gerou. Minha mãe sempre foi uma mulher de muito gingado, aptidão que a deu sabedoria para superar grandes desafios; ela queria mesmo era ser dançarina, e tinha talento para isso. Na infância, minha avó sempre contava e mostrava alguns troféus que minha mãe ganhou quando mais nova nos grandes concursos de samba que aconteciam lá em São João de Meriti, na Baixada Fluminense. Mas os planos não aconteceram como ela desejou. Aos 17 anos, ela engravidou pela primeira vez, aí nasceu minha irmã mais velha. Três anos depois, minha mãe ficou grávida novamente e veio um homem; depois de 2 anos, outra gravidez e outro homem, mas esse, infelizmente, depois de quase um ano de vida, veio a falecer. E é aqui que as coisas mudam...

A relação da minha mãe com meu pai biológico era péssima, mas ela tentou durante anos sustentar o casamento. Um ano depois de perder um filho, ela engravidou outra vez. Foi uma gravidez complicada e não desejada pelo meu pai biológico, e isso só piorou a relação deles. Passado um tempo, eu nasci, e isso deu força para a minha mãe seguir a vida dela, mesmo sendo complicado se separar e ir em frente. Teve a felicidade de conhecer um cara que se apaixonou por ela e que abraçou todos os seus filhos como se fossem dele, e nós o abraçamos como nosso pai. Eles estão juntos há 29 anos.

Essa foi uma de inúmeras retrospectivas que fiz para entender todo aquele cenário e perceber que sempre resisti e sou fruto de quem muito fez para que eu estivesse ali. Toda essa análise me fez entender que eu deveria fazer muito mais, construindo algo que cooperasse para que pessoas como eu não vivessem o que vivi ou, se vivessem, conseguissem, se possível, sofrer menos. Não sabia se isso era possível, mas queria tentar, precisava fazer algo porque sabia que, assim como eu, muitos passavam constantemente por situações como a que passei.

Mas o que fazer e como fazer? Nessa época, eu trabalhava muito na agência e tinha pouco tempo vago, então pensei em ações que poderia fazer ou dar continuidade durante meus curtos intervalos. Decidi construir algo na internet e aí nasceu a Carioquice Negra. Um sonho, um plano e uma crença gigante de que eu mudaria o mundo pela minha ótica: esses foram os ingredientes iniciais que me impulsionaram a falar com a negritude, a princípio pelas redes sociais. Desde então, tenho buscado enaltecer nosso povo, tentando fazer com que se sintam acolhidos com nossas ações, mostrando que juntos somos mais fortes e que não devemos nos calar diante de injustiça. Hoje a Carioquice Negra possui um número generoso de seguidores, de pessoas que admiram nosso trabalho, e isso nos impulsiona cada vez mais a seguir em frente.

A Carioquice Negra foi a ponta para que eu observasse que o racismo é estruturalmente parte da ordem societária. Rapidamente descobri que mudar o mundo não é algo que eu, Julio, possa fazer sozinho, muito pelo contrário, está longe de mim, inclusive longe de você também que está lendo. Compreendi que com essas ações eu poderia contribuir de alguma forma para que, talvez, meus filhos e netos sofressem menos que as gerações anteriores. Bom, pelo menos nesse aspecto.

Nesse processo, despertado infelizmente pela dor, pude aprender muita coisa sobre fatos que vivi e tudo que acontecia ao meu redor antes de a "ficha cair". Há um sistema que nos deixa cegos e que mata nossos sonhos diariamente, sem que consigamos perceber, sem que consigamos nos dar conta da nossa potência e da força daqueles de que descendemos. Mais uma vez eu me fazia a pergunta: "O que eu, um homem preto, cria da Baixada Fluminense poderia fazer? Acho que não vou muito longe!" Por várias e várias vezes, me fazia essa pergunta e eu mesmo vinha com a resposta de desesperança.

Na minha infância, nunca tive referências de pessoas semelhantes a mim que "venceram na vida", de pessoas como eu que falavam outras línguas ou algo assim. Mas sempre recebi grande apoio e incentivo para trilhar um caminho diferente, na verdade, fui o filho que recebeu certa pressão e foi cercado por muitas expectativas, principalmente pela minha mãe, talvez por ser o tal "bebê arco-íris" dela. Aliás, vocês já ouviram falar em "bebê arco-íris"? Eu nunca tinha ouvido falar nisso, até que um dia, em uma das sessões de terapia, descobri esse termo e, desde então, muita coisa passou a fazer sentido.

Bebê arco-íris é aquele que nasce depois que sua mãe sofreu um aborto ou perdeu um filho de forma prematura, o que é o meu caso. Geralmente esse bebê recebe todo investimento e expectativa de uma criança perfeita, porque é assim que a mãe via a outra criança, sem defeitos. Tenho ainda dois irmãos mais velhos e um mais novo, mas sempre notei que nossa mãe voltava suas grandes expectativas para mim e, de fato, essas expectativas me fizeram conquistar muita coisa, mas também era uma pressão que eu carregava.

Desde pequeno, sempre aprendi a lidar com inúmeros sentimentos ruins, administrando-os de forma a não perder tempo, afinal não tinha mesmo muito tempo a perder. Sempre me senti em uma corrida, e hoje não é diferente. Nessa minha Fórmula 1, todos os carros, depois de algumas voltas, param no pit-stop para abastecer, trocar pneus e seguir na corrida. Para mim, esse "pit-stop" não existe; na verdade existe, sim, sempre passo por ele, vejo vários pilotos parando e voltando para a corrida, mas sinto que não devo parar, que não devo descansar, que "vou perder tempo lá", que serei ultrapassado por todos e já era. Sabe? Não há segunda chance para nós!

A construção dos processos na minha infância se deu, geralmente, pelas dores. Para exemplificar, vou contar um simples caso da minha infância que contém vários processos de dores, inclusive perda.

Vamos falar sobre o Rock Rato? Assim se chamava meu brinquedo favorito, aos 7 anos. Ele certamente tinha outro nome ou uma história antes de receber esse nome, mas eu não imaginava qual poderia ser. O motivo para eu não saber é que não havia tanto acesso às informações como hoje.

Naquela época, meus brinquedos vinham de dois lugares: de doações e trazidos pelos meus pais, que saíam todas as manhãs para catar latinha e com frequência achavam ou ganhavam brinquedos e roupas usadas. Foi dessa forma que o boneco Rock Rato entrou na minha vida. Meu pai o trouxe no meio das latas sujas. Falando nelas, sempre que eu voltava da escola, ia para o fundo do quintal amassá-las, geralmente com muita preguiça, pois só queria brincar. Eu achava essa tarefa bem chata, mesmo entendendo a importância daquilo para a minha família.

Nesse dia, virei o saco de latinhas e ele caiu junto com tudo que tinha dentro, um boneco como o Ken, sabe? Mas com uma cabeça de rato, calça, jaqueta preta, bota preta, óculos escuros e uma bandana vermelha amarrada no pescoço. Naquele momento, mesmo com o boneco todo sujo e fedendo a resto de bebidas, já comecei a brincar. Fiquei tão distraído que me esqueci da tarefa e levei uma baita bronca dos meus pais para terminar o que estava fazendo, mas não estava nem aí, só queria curtir meu mais velho novo brinquedo.

Sempre adorei batizar meus brinquedos ou chamá-los pelo nome. Sabe por que Rock Rato? Porque as características que ele possuía (roupas e jeitão de mau) eram de personagens motoqueiros e roqueiros que eu já tinha visto na televisão.

"Rock Rato, esse agora é seu novo nome."

Ele era um brinquedo perfeito, todo articulado, e eu conseguia levá-lo para qualquer lugar sem que minha mãe me impedisse.

Ele passou a ser meu brinquedo favorito. Rock Rato tinha cara de mau, mas eu sentia que ele era um amigão. Ia comigo para tudo quanto era lugar: escola, casa dos meus avós, no armarinho e me acompanhava até na hora de dormir. Onde eu estava, Rock Rato estava também.

Certo dia, peguei o boneco para resolver "coisas de adultos" com meu pai; sair de casa com meu pai, seja lá para o que fosse, era sempre uma diversão. Nesse dia paramos em alguns lugares para que meu pai cumprisse suas tarefas e eu, como estava distraído, esqueci um pouco o Rock Rato. Pegamos o ônibus para voltar para casa e só quando entrei é que lembrei que tinha levado o Rock Rato comigo. Mas onde ele tinha ficado? Já não estava mais ali!

Eu não podia pedir ao meu pai para descermos e irmos atrás de um boneco, porque geralmente íamos àquele lugar a pé, mas naquele dia fomos e voltamos de ônibus; sabia que pedir para descermos era algo impossível. O valor que meu pai gastara de passagem era "alto demais" e ele não entenderia. Para dizer a verdade, ele entenderia sim, sempre foi um homem preto muito sensível e atencioso; diferente dos outros lá da área. No entanto, lembro bem de não ter pedido para descermos para procurar meu brinquedo porque eu, já naquela idade, sabia que era difícil conquistar cada centavo, fosse para o que fosse.

Chorei bastante, mas sem que meus pais vissem, triste, arrependido e decepcionado comigo mesmo por ter sido desatento e perdido o brinquedo que mais amava. Passei alguns dias mal, em silêncio por conta daquela perda. Não queria outro brinquedo e pensava sempre onde ele poderia estar, se alguma criança o teria achado, assim como meu pai achou, e se um dia eu o encontraria outra vez. Ele foi uma surpresa em sua chegada e na partida, e, depois que o perdi, quando ia amassar latinhas quase sempre eu virava os sacos na esperança de ver o Rock Rato cair dali de novo.

Sim, é uma história bem infantil, mas se tornou um marco na minha vida para que eu encontrasse respostas e justificativas em meio às perdas que passei a ter dali em diante. Foi assim com meu avô, o cara que junto da minha avó me levou para conhecer o samba, o cara que me ensinou várias sagacidades de um carioca nato, mas tudo na legalidade; foi assim com minha adorável tia, que morava em Olaria e, para mim, era a tia mais poderosa de toda família, a única que tinha viajado para fora do Brasil e isso a tornava especial; foi assim com minha querida avó, uma mulher preta que amava compor a ala das baianas do famoso Arrastão de São João, mas que morreu como "serva do senhor", por escolha própria.

Sim, a vida é feita de escolhas, mas parece que para mim a cartela de opções sempre foi menor, compilada, e em geral me levava ao modo sobrevivência, sabe como é isso? Escolher viver um sonho ou pagar as contas? Nunca houve uma opção que eu pudesse selecionar para ser feliz. Todas as opções eram para sobreviver; arriscado demais fugir dessa linha. E como diz o Racionais Mc's: "Sempre fui um sonhador." Só que meus sonhos foram colocados em segundo plano; primeiro sobreviva e, se sobrar tempo, viva seu sonho. Mas como assim se sobrar tempo? Quem sabe quando começa e quando termina esse tempo?

A maioria das pessoas ao meu redor não viveu seus sonhos porque nunca sobrou tempo. Elas estavam usando o tempo para sobreviver. E dá para ver facilmente em seus olhos a frustração. Lembra que falei sobre ela lá no começo? Não quero isso para mim! Quero, minimamente que seja, marchar, mesmo que a passos lentos, em direção aos meus sonhos; tem que ser exatamente assim: passos lentos, mas na luta por aquilo que acredito.

Essa cartela de opções pode ser grande, mas é tão limitada para nós, pessoas pretas. Ainda não concluí essa meta. Já fui derrotado algumas vezes, mas já venci outras. Carrego, sim, o medo da frustração; acho que todo preto carrega isso: medo de ser mais um, de entrar para uma estatística negativa, aquela que parece que foi criada para nós, criada sob medida para encaixar nossos corpos pretos.

Sabe o famoso dado de que "a cada 23 minutos morre um jovem negro no Brasil"? Eu já perdi as contas de quantas vezes essa frase se reproduziu na minha mente em inúmeras situações, sempre me perguntando qual desses 23 minutos serão os meus. Já tive vários desses "23 minutos" bem pertinho de mim, poderia facilmente ser eu. A qualquer momento, esse despertador pode tocar para mim. Sou o alvo-padrão do sistema: jovem negro, pele retinta, uso dreads e não aceito injustiças (essa última característica é herança de minha mãe). Mas vejam, em qualquer esquina com um guarda-chuva na mão, ou simplesmente dirigindo meu carro com meus amigos, pode ser comigo; mais um ou menos um, tendo o "CPF cancelado", como dizem por aí.

As recomendações da minha mãe sobre os cuidados martelam na minha mente até hoje. Você é louco se achar que vou me esquecer dos cuidados de uma mulher preta, mulher preta sempre sabe o que diz. Leu o que eu escrevi? Vou repetir: MULHER PRETA SEMPRE SABE O QUE DIZ. Guarde isso.

Inclusive, homens pretos como eu, fica aqui uma dica: ouça mais a mulher preta, ela tem muito a dizer e tudo que ela tem a dizer reflete diretamente no nosso crescimento, como homens pretos. A mulher preta é sim o ser mais evoluído e mais poderoso dessa sociedade, porém, sabemos que, de forma estratégica, ela foi empurrada para a base da pirâmide. Mesmo assim, a mulher preta se movimenta para furar e reverberar seu poder dentro desse sistema, e na hora que esse jogo virar, nada fica como está.

Não estou aqui para romantizar o sofrimento das mulheres negras, estou aqui para mostrar sob a minha ótica. Ao longo desses anos, do meu despertar, posso afirmar que a maior parte do que aprendi foi com as mulheres pretas e, quando passei a ouvir mais e falar menos diante delas, evoluí muito mais. Fico me perguntando, e ao mesmo tempo respondendo, a razão de elas serem tão silenciadas.

É verdade que aprendemos a nos odiar de tal forma que não conseguimos ver toda a nossa beleza, mas, além de aprendermos esse auto-ódio, também fomos ensinados a amar um padrão que é totalmente oposto ao nosso. Mas no fundo sempre sentimos que não pertencemos a esse oposto.

Talvez você esteja pensando que vou impor o amor preto e abrir uma crítica sobre a tal "palmitagem" (termo popular sobre relacionamentos inter-raciais), não vou. Não tenho a capacidade de julgar e criticar o próximo, mas como você já notou, é uma visão a partir da minha experiência de vida.

Durante minha infância e juventude na Baixada Fluminense, vivia rodeado de crianças e jovens pretos maravilhosos, sempre tive meninas pretinhas que queriam ficar comigo; elas eram lindas e inteligentes, e eu desde pequeno sou dado a me apaixonar pela inteligência das pessoas, sou uma espécie de sapiossexual, sabe? Mas eu dizia não, embora não entendesse o porquê de recusar as investidas delas. Não cogitava me relacionar com elas, mas a possibilidade de me relacionar com as brancas (que eram bem poucas) passava sempre pela minha cabeça; essas meninas não tinham absolutamente nada a ver comigo, mas para mim era a possibilidade maior, repare que eu disse para mim, porque para elas as chances eram zero.

Esse é um exemplo muito conhecido por nós, pessoas pretas, em especial aquelas que vêm da periferia. Mesmo com uma família toda preta, pais, tios e primos, que eu achava lindos, consegui ser vencido facilmente pelo auto-ódio, que me fazia odiar meus semelhantes e não reconhecer a beleza em todas as formas que ali me rodeavam. Já parou para pensar se viveu cenas parecidas com essas em algum momento? Talvez você não tenha vivido algo assim e sua autoestima seja bem trabalhada desde sempre. Isso é ótimo, mas ao seu redor certamente há histórias como essa.

Sabe como acordei para isso ainda na juventude? Através de uma mulher preta! Carla merece um espaço nesta história, pois fez parte da minha vida de forma majestosa. Ela foi minha primeira professora negra, e adivinha de qual matéria?! História! Eu tinha uns 14 anos quando a conheci. Ainda não era minha professora, mas eu a via chegando na escola imponente, sempre linda, e ouvia o "boa tarde" que ela soltava para nós com sua voz poderosa. Eu não sabia quem ela era e qual era sua função na escola, as turmas para as quais ela dava aula eram de outra série. Até que no ano seguinte ela se tornou minha professora e posso dizer que foi uma mistura de sentimentos: "Meu Deus, ela é professora", "Ela parece com a minha mãe..." Eu estava feliz.

No ano anterior, eu havia tido um professor de história que era o oposto dela: homem branco de olhos claros e considerado o galã da escola. Ter uma mulher preta como professora era uma grande evolução, pelo menos para mim, mas lembro de muitos dos meus amigos questionarem a capacidade dela, só pela aparência. Normal, né? Quantas vezes nossa capacidade é questionada somente pela cor da nossa pele? E aí a professora Carla começou a falar naquele primeiro dia de aula. Ela pouco ou quase nunca usava o livro dado pela Prefeitura; preferia rabiscar o quadro todo e deixar de lado aquele material. Essa situação me levou a questionar: "Como assim todos os professores (brancos) usam o livro, mas ela não?" Bem, foi ela quem nos ensinou sobre Dandara, sobre Zumbi, sobre a verdade por trás da abolição, e tinha uma didática que nem sei explicar, conseguia incluir todos naquela aula, até meus colegas brancos...

O impacto disso na minha vida foi tão grande que em casa só dava a professora Carla; eu sentia um desejo gigantesco que chegasse logo o dia das aulas dela, nunca havia me sentido tão animado com os estudos. Carla era uma mulher preta que sempre usava tranças maravilhosas ou turbantes, que a deixavam parecendo uma rainha, e ela de fato era.

Lembro que na época isso me fez pensar e repensar minhas ações com meus semelhantes. Como eu admirava tanto a professora Carla e não via o mesmo poder nas outras pessoas pretas a minha volta? De forma muito sutil, passei a me cobrar mais sobre isso, não sabia do que aquilo se tratava, não tinha conhecimento algum sobre questões raciais e parecia que ninguém estava interessado nesse assunto. Porém, comecei a mudar algumas atitudes, sempre me questionando e tendo aquela mulher preta como parâmetro, uma preta que venceu a ponto de lecionar. Falo isso porque sempre vi a profissão de professor como uma posição de muito respeito.

Esse encontro foi um dos que me sustentaram e me levaram a acreditar e conduzir minha vida, mesmo que no subconsciente, administrando situações e processos pelos quais nós, pessoas pretas, passamos constantemente.

POR QUE CONTINUAR?

Caminhando para o fim deste nosso diálogo, talvez você possa estar se perguntando: afinal, qual é o objetivo dele? O que tanto ele quer construir? O que ele deseja para seu presente/futuro? Todas as respostas para essas perguntas envolvem amor; sim, amor pelos meus mais velhos e pelos mais novos. Construir um legado que possa dar frutos, que enriqueça todos os meus, e, quando falo em enriquecer todos os meus, estou falando não somente dos meus chegados, parentes de sangue, mas de todos os meus semelhantes.

Contudo, quero falar aqui sobre um amor em especial; um amor que me impulsiona, um amor que me faz acreditar que é possível e que vale a pena todas as lutas do nosso dia a dia, um amor que me transporta para um cenário de esperança mesmo quando tudo me faz acreditar que não é possível. Sim, é sobre o amor pelo meu filho Miguel.

A paternidade que conheço é cheia de exemplos de pais que não são pais biológicos, mas que deram o melhor de si para cuidar e amar aquela pessoa como se fosse seu progenitor. Foi assim com minha mãe, foi assim comigo e meu paidrastro, e agora está sendo assim na relação que tenho com o Miguel. De forma inexplicável, hoje consigo sentir esse amor pelo Miguel, o mesmo amor que meu paidrastro sempre demonstrou por mim e pelos meus irmãos, mas que ele mesmo não sabia explicar e não dá para explicar mesmo.

Miguel é meu combustível para a construção de um legado, um legado que tem como objetivo principal tornar um mundo melhor para nós, mas em especial para nossas crianças pretas, que desde muito pequenas encaram ações criadas há anos com o objetivo de cegar a potência ancestral que herdamos.

Ao longo dessa curta caminhada de quase três décadas, tive o prazer, e também o desprazer, de encontrar algumas pessoas. Tive a honra de aprender como ser e como não ser com pessoas que às vezes nem sabem quem são, seja pelo ego elevado ou pela ausência dele, não sei. Porém, nesse processo, costumo atualizar minha bagagem. Não conseguiria carregar comigo tudo que vi pelo caminho, então decidi renovar o que sei que posso aprender novamente, não preciso carregar vícios e erros que me tornem um peso para a terra. É como diz o filósofo contemporâneo Rodrigo França: "É sobre isso."

LEONARDO MORJAN BRITTO PEÇANHA

Filho enlutado da D. Valquíria, filho do Sr. José. Professor de Educação Física, Consultor de Diversidade e Ativista. Mestre em Ciências da Atividade Física (PGCAF-UNIVERSO) e Especialista em Gênero e Sexualidade (IMS/UERJ).

Desenvolve estudos e pesquisas com os temas: sociologia da Educação Física; gênero, sexualidade e violência; saúde transmasculina e transmasculinidades negras.

Membro de instituições nacionais como Instituto Brasileiro de Transmasculinidades – IBRAT, Fórum Nacional de Travestis e Transexuais Negras e Negros – FONATRANS. No Rio de Janeiro, participou do Coletivo TransRevolução e um dos membros fundadores da Liga Transmasculina Carioca João W. Nery. Membro do Projeto Luto do Homem.

OS DESAFIOS DAS TRANSMASCULINIDADES NEGRAS PERANTE O RACISMO E A TRANSFOBIA

Visibilizar as especificidades e experiências de homens trans negros e suas diferenças com relação aos demais homens a partir da experiência transmasculina é importante para entendermos as particularidades entre as masculinidades na sociedade. Tenta-se assim uma aproximação de empatia frente às diversas maneiras de enfrentamento ao racismo, à transfobia e à multiplicação das violências que pessoas negras trans podem sofrer.

Quando gênero, raça e sexualidade se misturam de maneira não normativa e binária, isso se torna ainda mais latente, pois são marcações muito específicas e estruturais que agem de forma distinta para cada pessoa, cultura, local e época.

Ser um homem negro significa perpassar por situações por vezes difíceis; ser um homem negro trans não é diferente, porém as dimensões de preconceito e percepção de leitura se misturam e entrelaçam, tornando essa experiência em boa parte das vezes pouco positiva.

O homem negro trans carrega em sua vivência determinadas experiências muito singulares e específicas, bem diferentes das vividas por homens negros cisgêneros.[1] Não existe aqui a intenção em absoluto de hierarquizar essas experiências, a ideia é mostrar as diferentes dimensões

---

1 Pessoa cuja identidade de gênero corresponde àquela que lhe foi atribuída ao nascer.

pelas quais a masculinidade negra pode passar se desvinculada das marcações cis-heteronormativas.[2]

O intuito principal é trazer um olhar sobre as experiências da masculinidade negra diferente daquele a que estamos acostumados. Com isso, podemos refletir sobre gênero e raça de maneira menos normativa, binária, para que corporeidades trans e corporeidades trans negras sejam mais bem entendidas, aceitas e percebidas como outras possibilidades legítimas no mundo.

O pouco diálogo dos movimentos negro e trans também faz com que essa lacuna de não percepção entre as nuances de experiências, preconceitos e violências vividos seja ignorada ou passe despercebida. Intencionalmente ou não, por vezes ambos os movimentos apresentam o homem negro trans com as mesmas especificidades do homem negro cis, o que não condiz com a realidade. Para homens trans que fazem reposição hormonal com testosterona, talvez possa-se pensar na ideia de proximidade estética. Porém acredita-se que fica tudo no campo da leitura social. A normatividade naturalizada estruturalmente acaba sendo a responsável por esse tipo de confusão.

Para muitos homens negros cis, a questão racial pode ser um fator principal e determinante. Em relação, por exemplo, à forma como é visto socialmente e às formas de preconceitos. Em homens negros trans, isso pode, talvez, se misturar com o gênero. Além disso, a forma como cada um será lido e percebido pela sociedade pode diferir antes e depois da adequação de gênero.[3]

SOBRE O HOMEM TRANS

Transgeneridade é um termo guarda-chuva que define a condição de pessoas que não se identificam com o gênero que lhes foi atribuído ao nascer. Logo, homem trans é a pessoa que não se identifica com o gênero

---

[2] Norma estrutural que apresenta aos indivíduos a cisgeneridade e a heterossexualidade compulsórias como as únicas possibilidades.
[3] Processo de transição de gênero de pessoas trans, podendo ou não haver uso de reposição hormonal e de procedimentos cirúrgicos.

(feminino) que lhe foi atribuído socialmente e reivindica o reconhecimento social e legal como homem (JESUS, 2016).

Assim como os corpos cis são diversos, os trans também têm suas particularidades e subjetividades; nesse sentido, podemos afirmar que os corpos trans são legítimos e ressignificados. Suas cicatrizes, construções e reconstruções têm legitimidade. Essa reconstrução parte do novo significado de expressão corporal que essas pessoas passam a ter de si (PEÇANHA, 2015).

A transmasculinidade, da maneira que é construída para cada homem trans, entendendo sua pluralidade, possui marcações de ressignificação com a construção da masculinidade trans. Vale reforçar que as experiências não se dão da mesma maneira das vivenciadas pelos homens cis, e por isso algumas características dessa masculinidade podem não ter um alinhamento esperado no que se refere a símbolos e vivências lidas como do universo masculino, por conta da vivência anterior à adequação de gênero.

Alguns homens trans podem tentar reproduzir determinados estereótipos e demarcações lidos do universo masculino cisgênero, o que se parece bastante com a reprodução ou produção de atitudes negativas de muitos homens. Em uma tentativa de afirmar a própria masculinidade, muitos acabam se frustrando e magoando a si próprios e às pessoas ao seu redor.

Segundo Guilherme Almeida (2012), os homens trans são distintos entre si em função dos próprios marcadores sociais da diferença, como a classe social, a raça/cor, a orientação sexual, a geração, a origem geográfica, entre outros possíveis marcadores. Tais diferenças têm influência na maneira como cada homem trans vai lidar com sua transmasculinidade e expressá-la.

O fator idade também influencia muito na percepção de reprodução ou produção de opressões e violências. Acredita-se que a transição de gênero tardia pode influenciar a experiência que o homem trans tem e/ou teve na construção da sua masculinidade, visto que estaria mais consciente de seus atos e teria certa maturidade para lidar com a vida. Porém não é uma regra.

Existe uma invisibilização que contribui para que os homens trans fiquem à margem da sociedade. É uma invisibilização, e não invisibilidade, que a transfobia reforça. Como se fosse impossível que alguém atribuído ao gênero feminino, ao nascer, pudesse ser homem; tanto no sentido social, quanto no político. Historicamente, travestis e mulheres transexuais já possuem uma vasta trajetória. Isso não quer dizer que não existiam homens trans antes; eles existiam, mas viviam sem ter, aparentemente, uma posição política e organizada como hoje. Ao longo da história transmasculina brasileira, existiram movimentações individuais que marcam a movimentação de homens trans antes do movimento orgânico ser construído.

Anderson Herzer, poeta que escreveu o livro *A queda para o alto*, viveu na época da ditadura militar e Alexandre Peixe, que desde 2003 pauta demandas enquanto homem trans, nos mostram como as movimentações já existiam no campo individual, mas que tinham um peso social político por não ter ainda movimento organizado.

Em meados de 2013, com a ajuda das redes sociais, muitos homens trans encontraram uma via de socialização e começaram a se tornar vistos aos poucos, constituindo uma representatividade política organizada no movimento LGBTQI+ e Trans no Brasil. Isso se formalizou com o lançamento de instituições nacionais de homens trans no país, como a extinta Associação Nacional de Homens Trans (ABHT) e o Instituto Brasileiro de Transmasculinidades (IBRAT), ainda em atuação.

Em 2015, aconteceu o I Encontro Nacional de Homens Trans (I ENAHT) na Universidade de São Paulo (USP). Foi decidido que o nome político da identidade transmasculina seria *homens trans*. Esse evento foi um marco no movimento e contou com a presença de mais de 100 homens trans do Brasil e América Latina.

É importante salientar que as principais representatividades de homens trans no Brasil passam por alguma subjetividade ou especificidade interseccional. Aqui, as lideranças de homens trans são formadas por homens negros trans ou possuem outro marcador, como idoso, nordestino, gordo, com deficiência (PEÇANHA, 2015).

TRANSMASCULINIDADES NEGRAS

O corpo negro trans traz consigo duas marcações importantes: raça e a transgressão de gênero. Devido ao reforço do estereótipo racista, as duas marcações fazem com que o corpo negro trans sinta as violências de forma multiplicada. O Brasil é o primeiro no ranking mundial do genocídio da população trans, dentro desse segmento as travestis e mulheres trans negras são as mais assassinadas (ANTRA, 2018).

O estudo *Transgender Adolescent Suicide Behavior* constatou que, entre os adolescentes, dos 14% que tentaram suicídio, 50% são homens trans. O que se soma a pesquisas de suicídios relacionados a homens em geral.

Cada homem negro trans vai se perceber de forma diferente, mas o fato é que todo homem negro trans sempre foi negro, e a questão racial, portanto, sempre esteve presente, independentemente da leitura social. Ou seja, podemos escolher não dizer que somos trans, mas não podemos esconder que somos negros. A diferença é a percepção do homem trans das marcações racistas pelas quais homens negros e mulheres negras podem passar. A adequação de gênero faz com que o homem negro trans perpasse por essas leituras. Essa constatação nos mostra como o racismo age na sociedade. Ou seja, embora estruturalmente possa existir maneiras diferentes do racismo se expressar, ele atinge pessoas negras independentemente do gênero.

A cor da pele ligada à nova leitura social destinada ao homem negro trans faz com que a dimensão de "passabilidade"[4] tenha outro sentido. A leitura social de homens negros trans é confundida com a de homens negros cis; isso os marginaliza, pela cultura racista ligada a estereótipos que, por imposição do sistema de branquitude, compulsoriamente os associa à masculinidade negra de maneira negativa e racista. Quer dizer, os homens negros trans sofrem toda a carga de racismo que atinge os homens negros cis e começam a ser lidos como ameaça, sinônimo de violência, recebem uma cobrança de mais virilidade etc. Por esses fatores, o corpo negro trans se torna um corpo não "passável", tanto em relação ao corpo cis quanto à condição de indivíduo de maneira geral na sociedade, tendo em vista essas dimensões de preconceitos de raça, classe e gênero que muitas vezes se cruzam (PEÇANHA, 2018).

É evidente a maneira como o corpo transmasculino negro deixa de ser lido como objeto para ser lido como ameaça, ilustrando o racismo de forma estrutural. Antes da adequação de gênero, quando era lido como mulher negra, via-se submetido a um determinado tipo de violência racista, após a transição, passa a receber os racismos direcionados a homens negros. Segundo Marcelo Caetano (2015):

---

4 Leitura social, em que as pessoas trans podem ser vistas como pessoas cisgêneras.

"É muito difícil se posicionar no mundo quando se carrega diversas identidades. Como já mencionei, apenas um quinto da minha vida foi vivida como um homem; no restante, me identifiquei e fui identificado como uma mulher negra e, ainda, por algum tempo, como uma mulher negra lésbica. Hoje, sou visto como um homem negro, mas as experiências que vivi sendo reconhecido de outra forma não simplesmente se apagaram; elas não deixaram de existir e são cruciais para quem eu sou hoje."

RACISMO TRANSMASCULINO NEGRO

A maioria dos vieses do racismo que atinge homens negros cis violenta duplamente homens trans negros, em função de suas características sociais e corporais.

A revista policial, que para o homem negro cis é algo brutal, para os negros trans pode ser ainda mais complicada, caso se descubra sua transgeneridade.

Há relatos de homens trans que sofreram muita violência psicológica de policiais que perceberam sua transgeneridade. Aqueles que não retificaram o nome nos documentos podem passar por chacota, risadas e demais atitudes preconceituosas.

Os marcadores sociais são determinantes na leitura social negativa que corpos trans negros podem ter. Como diz Santana (2019, p. 99), "a forma como o homem negro trans vivência sua transfobia é diferente da maneira do homem branco trans e isso também se aplica ao racismo vivenciado pelo homem negro trans, que será diferente daquele racismo vivenciado pelo homem negro cis".

Para muitos homens negros trans, proteger-se desse tipo de violência às vezes é impossível. No caso daqueles que retificaram os documentos, a apreensão é grande. Ao apresentá-los, sabem que serão lidos como homem cis pelo policial, e que este, na revista, talvez toque seu genital, encontrando algo muito volumoso (prótese peniana, chamada *packer*)[5], ou nada, caso sua opção seja pelo não uso de prótese (usá-la ou não é uma escolha subjetiva

---

[5] Prótese peniana, feita com material realístico, que muitos homens trans usam. Não é uma obrigatoriedade. Existem diversos tipos e modelos, variando em volume até os mais modernos que permitem urinar de pé.

de cada homem trans). Importante ressaltar aqui a importância do uso da prótese peniana, que em determinados casos não necessariamente é no sentido de ter uma percepção corporal próxima da corporeidade cisgênera. O uso do *packer* pode ter um significado social de uma possível proteção, podendo assim, deixar homens trans confortáveis ao serem abordados, como no caso de uma revista policial.

Existem homens negros trans que usam o *packer* para se proteger de abordagens como essas. Qualquer evidência que explicite a transmasculinidade negra pode fazer o policial tomar alguma atitude transfóbica ou alguma outra indesejada. Demais homens trans também usam prótese, muitas vezes pelo mesmo motivo. Mas, no caso de homens negros, a violência é acentuada pelo racismo.

Homens trans brancos também passam por condições específicas de violência, mas, dependendo da leitura social que é feita, ele pode passar despercebido por diversas situações em que um homem negro trans não passaria. A culpa não é dos homens trans brancos ou negros, mas da estrutura racista e classista que assola nossa sociedade.

Demais marcações também podem ser diferentes para naturalizar atitudes racistas. No caso de homens negros trans, as marcações de masculinidade negra que a sociedade naturaliza de forma racista muitas vezes têm outro sentido, pois as demarcações transmasculinas são outras. Em homens negros cis já existe essa diferenciação, com trans negros também acontece, de forma mais atenuada.

É cobrado socialmente de todo homem um estereótipo de masculinidade padronizado, e tudo que foge a isso pode ser interpretado de forma pejorativa ou como algo inferior. No caso de homens negros trans, a cobrança é dupla. Por ser homem trans e por ser homem negro trans. Homens negros cis e trans que rompem com a barreira da normatividade e são femininos ou diferentes do que é esperado, como, por exemplo, na maneira de expressar seu gênero, passam por julgamentos.

Alguns são considerados gays, como se ser homossexual fosse algo ruim, outros como "menos homem", já que, para o imaginário social, o homem negro precisa ser viril, másculo, forte e heterossexual. Aqueles que fogem a isso podem ser lidos como inferiores.

No caso de homens negros trans, ter uma sexualidade ou uma expressão de gênero que não seja a mais comum pode trazer desconfiança para legitimidade enquanto homem trans. Para pessoas trans de maneira geral, isso acontece, mas no caso específico de trans negros, pela cultura racista, são esperados certos posicionamentos com os quais ele nem sempre vai se identificar.

Um homem negro trans pode ser feminino e gay; isso não vai deslegitimar sua identidade de gênero. Nem toda pessoa trans terá como parâmetro a cisnormatividade[6] e sua identificação precisará ser igualmente respeitada.

Pensar que um homem negro trans terá uma prótese peniana grande por ser negro, além de racista é transfóbico. O pensamento falocêntrico naturalizado já afeta homens negros cis, com homens trans torna-se também transfóbico, como se o homem negro trans precisasse ter um pênis e que esse pênis tivesse que ser grande. Esse tipo de pensamento é um exemplo da naturalização imposta pelo racismo e pela transfobia, que afeta homens negros.

Pensar que o homem trans é "santo" por ser trans, ou por ter sido lido como mulher durante algum momento da vida, também é transfobia, justamente porque cada um tem uma experiência diferente e passa por lugares, marcações e identidades diferentes. Cada indivíduo se constrói a seu modo. Os homens negros trans vão seguir a mesma lógica. E a identificação é diferente das construções de masculinidades cisgêneras. Isso não quer dizer que homens trans não devam ser responsabilizados por ações erradas ou que sua percepção das violências e atitudes mal-intencionadas tenham um olhar mais sensível no que diz respeito à naturalização de violências. No entanto, é um equívoco acreditar que tais ações não serão atribuídas a eles pelo fato de serem homens trans. Cabe lembrar que um homem trans é um ser humano e, portanto, pode errar e acertar. Deve ser responsável pelos seus erros, por suas ações enquanto homem trans, sem ser comparado a um homem cisgênero.

UM HORIZONTE POLÍTICO TRANSMASCULINO NEGRO

Alguns negros trans estão se posicionando enquanto homens negros trans e/ou transmasculinos negros como forma de afirmação política da

---

6 Estrutura de poder em que a cisgeneridade é a única norma padrão e estabelecida de forma compulsória, excluindo outras identidades de gênero.

identidade transmasculina negra. Trata-se de uma tentativa de construir uma ferramenta política para dar conta das suas experiências sem deixar de considerar sua trajetória antes da adequação de gênero e as demandas específicas enquanto negro trans. O que se viveu sendo lido como mulher, por perceber e entender o outro lado, também faz parte da construção da masculinidade do homem trans, que se pode fazer também a partir da vivência anterior.

Travestis e mulheres transexuais têm construído há alguns anos o transfeminismo como uma das ferramentas para a epistemologia trans. Algumas mulheres trans e travestis negras têm se posicionado como transfeministas negras. No caso de homens trans, essa construção vem sendo feita, embora ainda não exista um termo que a defina. Alguns têm se entendido como transfeministas das transmasculinidades. Alguns homens negros trans têm feito esse movimento se colocando como transfeministas negros das transmasculinidades, mas não se sabe ainda se essa nomenclatura contempla todos.

Temas como aborto, legalização do aborto, paternidade trans, gestação paterna, ginecologia transmasculina, entre outros assuntos são particularidades e experiências que precisam ser examinadas a partir de um viés particular, considerando as diferenças entre homens trans e transmasculinos e mulheres trans e travestis, ainda que num contexto mais amplo possa haver questões em comum.

Vale retomar um ponto antes de encerrar essa breve análise: a experiência de homens negros trans é diferente dos homens brancos trans e dos demais homens cis e trans. Cada um tem sua especificidade e subjetividade. Esse entendimento é importante para não reproduzir um pensamento universal, como se todos os homens trans sentissem e passassem por questões iguais. A pluralidade das transmasculinidades e das transmasculinidades negras devem ser consideradas e respeitadas em todas as suas formas de expressão de gênero.

Por fim, entender que as masculinidades não precisam naturalizar toxicidades pode ajudar a minimizar essas violências. Homens negros trans podem ter vantagens sociais, principalmente pela leitura social enquanto homens, porém, os atravessamentos não se esgotam nisso. Pensar que a trajetória faz parte de uma construção de vida e que essas vidas não devem ser lidas como brancas, binárias e cisnormativas, é algo a ser levado em conta quando consideramos homens negros trans. Se a leitura protege até certo ponto, quando não existe tal leitura, as violências se tornam mais evidentes.

Sendo assim, acredito na potencialidade de homens negros trans e transmasculinos negros na construção de uma transmasculinidade que rompa com expectativas normativas, trazendo a transgeneridade negra como ponto determinante de transformação para uma masculinidade trans que seja sensível, responsável e ética.

REFERÊNCIAS:

ALMEIDA, Guilherme. *Homens trans: novos matizes na aquarela das masculinidades?* In: BENTO, Berenice; PELUCIO, Larissa (Orgs.) Dossiê Vivências Trans: Desafios, Dissidências e Conformações. *Estudos Feministas, Florianópolis*, n. 20, v. 2, 2012.

ARRAES, Jarid; CAETANO, Marcelo. *Homem trans e negro nas trincheiras do cotidiano*. Disponível em: https://www.revistaforum.com.br/homem-trans-e--negro-nas-trincheiras-do-cotidiano/ Acesso: 25 out. 2017.

ASSOCIAÇÃO NACIONAL DE TRAVESTIS E TRANSEXUAIS. Mapa dos assassinatos de travestis e transexuais no Brasil em 2017. Disponível em: https://bit.ly/2CNO9fY. Acesso em 18 ago. 2018.

JESUS, Jaqueline Gomes de. *Homofobia: Identificar e prevenir*. Rio de Janeiro: Metanoia Editora, 2015

PEÇANHA, Leonardo Morjan Britto. *Ressignificar e empoderar o corpo: Homem trans grávido e os desafios da adequação*. In: Seminário Internacional Desfazendo o Gênero, 2015, Salvador. Anais. Salvador: UFBA, 2015. pp. 1-5.

PEÇANHA, Leonardo Morjan Britto. *Visibilidade Trans pra quem? Parte II – Um olhar Transmasculino Negro*. Disponível em: http://negrosblogueiros.com.br/leonardombpecanha/2018/visibilidade-trans-pra-quem-parte-ii-um-olhar-transmasculino-negro/. Acesso em: 12 fev. 2018.

SANTANA, Bruno. *Pensando as Transmasculinidades Negras*. In: RESTIER, Henrique; SOUZA, Rolf Malungo de. (Orgs.) *Diálogos Contemporâneos sobre homens negros e masculinidades*. São Paulo: Ciclo Contínuo Editorial, 2019.

MARIANA FERREIRA

Mariana Ferreira e graduada em Medicina pela Universidade do Estado do Rio de Janeiro (UERJ). Tem residência médica em Ginecologia e Obstetrícia pelo Hospital Universitário Pedro Ernesto (UERJ). Pós-graduanda em Ginecologia Endócrina (Sogima/UNIRIO). Atua há mais de dez anos no SUS. Em paralelo, atua na rede privada e em consultório médico. Membra do coletivo NEGREX e da Rede Feminista de Ginecologistas e Obstetras.

AS LEMBRANCINHAS DE NANÃ

Estávamos na sala da minha casa. Pela porta, eu via um quintal cinzento; era quase noite. Conscientemente eu entendia que era um outro tempo, um outro lugar. Papai sentado na poltrona de mão dada comigo. Seu olhar não era o mesmo. Aquele que eu estava acostumada a encarar. Ora ranzinza, ora doce. Muita coisa havia mudado. Seus olhos pareciam uma pintura agora. Já não eram tão expressivos. Ao lhe dar a mão, não conseguia conter as lágrimas que escorriam pelo meu rosto.

Olhando para mim, ele perguntava:

— Estou doente de novo?

Chorando, eu respondia que não. Mas muito havia mudado. Mudanças que jamais poderia compreender sem que tivesse passado por aquela transformação recente. Eu havia dobrado uma esquina, não conseguia mais enxergar o ponto de onde parti. Embora toda trajetória estivesse gravada na memória, não era mais possível olhar para trás e construir. Daqui para frente deveria seguir sozinha, rememorando os passos que tinham me levado até ali. Acordei chorando muito.

Nasci numa sexta de Carnaval, na cidade do Rio de Janeiro, de parto normal, mas nada natural. Minha mãe sempre lembra daquele dia com medo e resignação. Era década de 1980, e o movimento da humanização do nascimento nem de longe despontava na obstetrícia carioca. Às vezes me pego pensando sobre como certos paradigmas a respeito do parto e do nascimento fazem parte da vida das mulheres. Para minha mãe, mulher negra, atendida numa maternidade pública na capital fluminense, não seria diferente. Ouvi essa história várias vezes e com frequência me perguntando e tentando entender como havia sido aquele dia. "Ser mulher não é fácil não", dizia ela, e acrescentava: "Se gritar na maternidade, aí que te deixam sozinha para sentir ainda mais dor", afinal "na hora de fazer foi bom, né?" Arrisco dizer que poucas são as mulheres que pariram e nunca ouviram ou se depararam com uma frase parecida. A história contada por minha mãe é semelhante à de tantas outras mulheres. Ela reflete uma assistência ao parir e nascer praticada durante muitos anos.

Apesar do pré-natal e da maternidade de referência serem na capital, minha mãe residia na Baixada Fluminense, região metropolitana. Tão logo as dores se intensificaram pela manhã, ela buscou atendimento na maternidade onde daria à luz, a um pouco mais de 30 km da sua casa. Foi examinada e em seguida dispensada: "dois centímetros de dilatação". Orientada a retornar somente quando as contrações se tornassem mais frequentes, buscou abrigo na casa de Tia Lelena, uma de suas quatro irmãs mais velhas, que residia com Tio Cláudio e os dois filhos em uma quitinete no prédio onde ele trabalhava como porteiro na Zona Sul da cidade. Afinal, seria arriscado enfrentar duas horas de condução de ida e volta. Por lá ficou até a noite. À noite, quando as dores se intensificaram, retornou à maternidade. Logo chegou para o atendimento, antes mesmo que pudesse ser examinada, um líquido lhe escorreu perna abaixo. Observou que rapidamente lhe arrumaram um leito e, dali para frente, foi orientada a fazer força indiscriminadamente durante as contrações. Notou que caminhar lhe trazia certo alívio, porém foi repreendida com o argumento de que o "bebê subiria", atrapalhando o trabalho de parto. Os relatos que se seguem não são os mais românticos para uma mãe de primeira viagem. Lavagem intestinal e, na hora certeira, a tão famosa episiotomia, corte realizado no períneo com a justificativa de facilitar a saída da cabeça do bebê.

Na literatura clássica obstétrica brasileira, até menos de duas décadas atrás, a episiotomia estava indicada em duas situações:

— Na primeira gestação

— Em todas as pacientes que realizaram o procedimento em gestações anteriores.

Sendo assim, praticamente todas as mulheres que tiveram seus partos assistidos, acabavam rotineiramente passando por episiotomia. O mais curioso é que tal procedimento nunca foi suficientemente embasado em evidências científicas contundentes, porém era amplamente defendido e praticado. Assim como outras práticas igualmente desrespeitosas, como indicação de clister intestinal (lavagem), submissão da parturiente a jejum durante o trabalho de parto e recomendação de puxo (fazer força), sem respeitar a fisiologia e os mecanismos completamente naturais que foram selecionados ao longo de toda a história natural da humanidade.

Muitas mulheres se queixam ainda hoje de que, após serem cortadas, foram suturadas sem uso de anestesia. Cabe aqui ressaltar que, como mostram inúmeros trabalhos, a maioria dessas mulheres é negra.

E foi assim que eu cheguei por aqui, como a maioria dos bebês chegaram e continuam chegando. E minha mãe, como boa parte das mulheres da sua época, passou por tudo isso sozinha, sem nem mesmo o marido, a irmã ou qualquer outro rosto conhecido que lhe pudesse amparar. Evitou perguntar muito e fez o que lhe era recomendado sem nenhum questionamento. Estava inclusive agradecida por ter contado com assistência médica, afinal vovó pariu onze em casa, no interior de Minas Gerais, com a ajuda da cunhada, minha tia-avó Lica Ferreira, a parteira da cidade. Naquele momento, há tempos o parto já tinha se tornado um evento completamente institucionalizado. Parir na maternidade se tornou sinônimo de segurança.

O parto terminou já na madrugada de sábado. Depois de 33 anos, ela enfim se tornara mãe pela primeira vez. Como era escasso o exame na época, principalmente pelo sistema de assistência à saúde pública da era pré-SUS, ela não realizou nenhuma ultrassonografia no pré-natal, acabou só descobrindo naquele mesmo momento que a criança que havia gestado era uma menina. Foi então se banhar sozinha. No banho, sua visão ficou turva e ela caiu. As colegas de enfermaria ouviram o barulho e pediram ajuda. Após algum tempo, foi enfim avaliada pelo enfermeiro do andar, que identificou um sangramento importante. Ela havia acabado de eliminar inúmeros coágulos e o sangramento intenso permanecia. Sempre devota, se apegou a Nossa Senhora Aparecida para dar conta de mais essa situação. O sangramento foi controlado e em um golpe de sorte, de fé ou devido à assistência prestada, não entrou para as tristes estatísticas. Ainda hoje, sangramento após o parto continua sendo uma das principais causas de morte materna, e na grande maioria das vezes constituem causas completamente evitáveis ao se seguir protocolos de segurança bem estabelecidos.

Tenho orgulho de ter crescido em Duque de Caxias na Baixada Fluminense. Filha de José dos Santos, metalúrgico sergipano, e Maria Imaculada Ferreira, mineira, empregada doméstica e diarista, dividi a infância com meu irmão Thiago, ou Titigo. Foi nessa época que recebi dele o apelido carinhoso de Nanã. E assim fui chamada durante todos esses anos até hoje, principalmente pelo meu pai.

As memórias mais antigas que trago me remetem às ruas de barro com os valões a céu aberto que as cortavam, inclusive é assim que recordo da rua onde morávamos. Não demorou muito e manilhas passaram a fazer parte da paisagem, até que, por fim, o saneamento chegou. Minha casa era bastante pequena. E sinto orgulho do tanto que meus pais progrediram apesar de tantas adversidades. Ali eu cresci entendendo muita coisa. Desde o esconder-se embaixo da mesa para esquivar das goteiras na casa de telha sem forro, até as notícias de vizinhos que precisavam se alimentar de sopa de jornal. Nunca nos faltou comida, porém também nunca tivemos mais que o essencial. Brincávamos no quintal de casa, ouvíamos vinil todos os domingos na vitrola da sala. Emílio Santiago, Martinho da Vila, Nelson Gonçalves... eram alguns dos intérpretes favoritos do Seu Zezinho, meu pai. Ele também nos estimulava a pintar pequenos quadros, faixas e ilustrações, que usaríamos para enfeitar a casa durante a tão esperada Copa do Mundo de futebol de 1994. Quando algo não saía do jeito que ele queria, era esporro e reclamação para todo lado. Apanhar, eu nunca apanhei. Cresci tentando fazer tudo da melhor maneira que poderia. Era aplicada na escola e escrevia redações de quatro ou cinco páginas contando histórias que cabiam na imaginação fértil de uma criança.

Apesar de todos os atritos e das situações nada saudáveis para o crescimento de uma criança, atritos estes que envolviam frequentemente gritos e momentos conturbados, entendo hoje o quanto a figura de um pai presente foi importante na minha formação. A despeito de muitas vezes ter sido visto como um chato. A realidade é que meu pai de certa forma era isso mesmo: chato, turrão e exigente. Um indivíduo que por vezes repetia frases machistas e reproduzia o senso comum. Em contrapartida, era igualmente exigente consigo mesmo, tentando dar à família o melhor que poderia oferecer. Havia perdido um dos filhos do seu primeiro casamento, meu irmão Marcos, no ano que descobriu que seria pai novamente, após vinte e tantos anos. Sempre se lembrava do filho e contava histórias sem fim sobre sua vida e sobre suas inúmeras aventuras de juventude. Foi jogador de futebol das categorias de base, metalúrgico, instrutor do SENAI, e se orgulhava em lembrar de sua atuação como membro do sindicato dos metalúrgicos do Rio de Janeiro.

Minha mãe nessa época se dedicava a cuidar da casa, dos dois filhos e do meu pai. Aquela vida que ela levava fazia crescer em mim a certeza de que não era isso que eu gostaria de viver. Fato é que eu não tinha nenhuma inclinação para as atividades domésticas. Porém, como a filha exemplar que eu me esforçava para performar, desde cedo cuidei de tudo que podia na casa. As tarefas se diversificavam, desde lavagem de banheiros, da arrumação dos cômodos e do preparo da comida. E foi assim que logo percebi que gostaria de viver coisas que minha mãe e as mães das minhas amigas do colégio municipal que frequentei durante o ensino fundamental jamais iriam experimentar.

Desde cedo a imaginação me levava a muitos lugares além da periferia onde eu vivia. Apesar da autoestima relacionada à aparência sempre ter sido atravessada por questões raciais, fazendo-me, portanto, por vezes me classificar como feia ou pouco interessante, curiosamente nunca duvidei da minha capacidade intelectual nem hesitei em buscar nos estudos a estratégia e o meio que me levariam a lugares que não foram pensados para mim.

E foi assim que de algum modo decidi que ingressaria na universidade. Lá pelo final da década de 1990, eu não tinha acesso à internet, exceto pelo computador da universidade onde eu frequentava um cursinho de inglês aos sábados. Nessa fase, minha mãe já trabalhava como diarista e começou a bancar o curso, porque afinal inglês seria a língua do futuro, segundo ela. E era assim que todos os sábados eu frequentava uma classe de inglês na faculdade do município, que ficava a cerca de quarenta minutos de condução da minha casa. Foi aí que concluí que, se desejava ir mais longe, o certo seria me preparar para isso. A escola municipal em que estudei até a oitava série ou as demais escolinhas do meu bairro não me ajudariam muito nos meus planos, então convenci minha mãe a me matricular em uma escola privada no Ensino Médio, no centro de Duque de Caxias. Todos os anos, religiosamente, eu realizava uma prova de bolsa e conseguia descontos na mensalidade.

Estudei como nunca durante aqueles três anos do Ensino Médio. Havia recebido uma oportunidade de ouro e não seria estúpida de desperdiçá-la. Até hoje fico me perguntando o que determinou esse interesse apesar da falta de referências próximas no meu cotidiano. Brinco que a medicina me escolheu e não o contrário, pois nunca sonhei ser médica. Um bom vento me levou pelos caminhos que eu deveria seguir e, terminado o terceiro ano, estava com 17 anos e aprovada no vestibular de Medicina da Universidade do Estado do Rio de Janeiro e em outras três universidades públicas.

Dali em diante era seguir o caminho que a vida me reservou. Não vou dizer que foram os anos mais fáceis da minha vida. Mas certo é que não foram os mais difíceis. A rotina consistia em acordar às 5h, arrumar tudo o que precisava, sair de casa quando faltavam dez minutos para as 6h e torcer para que o trânsito me permitisse chegar à faculdade às 8h. O trânsito era intenso, e por vezes fazer o trajeto de trem era mais interessante apesar de a estação distar trinta minutos da minha casa andando. Foram anos decisivos, de muita expectativa e de formulação de sonhos. Me formei com a segunda turma de cotas da UERJ. Apesar de boa parte da turma ser formada por pessoas negras, indígenas, deficientes e provenientes de escolas públicas, consigo contar nos dedos as vezes que o assunto cotas foi levantado. Na realidade acabou se tornando um tabu. Porém era possível identificar nitidamente os grupos que se formavam, ora aproximando, ora distanciando determinados alunos. O fator geográfico relacionado à região onde moravam os alunos era absolutamente determinante no surgimento dos grupinhos. Abismos econômicos e realidades sociais distintas separavam a turma quase que invariavelmente.

As aulas da medicina eram afastadas dos demais cursos. Passávamos horas no Hospital Universitário ou no prédio da Faculdade de Ciências Médicas. Enquanto as discussões raciais tomavam conta da Universidade com a entrada dos estudantes cotistas, na medicina nem parecia que algo estava acontecendo. Talvez não tenha me aproximado dessas discussões, porque nada disso me inquietou ou instigou naqueles anos. Eu quase não olhava para os lados para dar conta de passar cerca de quatro horas por dia em uma condução, estudar as matérias, vivenciar as pressões em casa geradas pela falta de grana e ver o desgaste físico da minha mãe. Não sobrava dinheiro para quase nada. Era tudo muito bem direcionado às necessidades básicas.

A essa altura, Thiago também fora aprovado e ingressara da faculdade de psicologia. Tudo indicava que estávamos no caminho certo, rumo a uma vida com muito mais oportunidades e acessando espaços jamais imaginados pelos nossos pais.

Até este ponto, as questões raciais se misturavam tão frequentemente com as questões de classe e pareciam um grande emaranhado, em que a falta de recursos sempre se apresentava como o grande problema. Eu já havia tropeçado no racismo diversas vezes. Como quando, ainda no ensino médio, a professora de biologia elogiou o meu cabelo no dia que entrei na sala de aula escovada. Segundo ela, finalmente eu estava com cara de gente. Como se cabelo crespo não fosse cabelo de gente.

E por falar em cabelo, eis aqui um grande processo de boa parte da minha vida. Desde bem cedo, como muitas outras mulheres negras, fui ensinada a tentar domar o meu, o mais crespo da casa. Ainda na infância, um dos meus grandes sonhos era acordar em um domingo com o cabelo liso para que assim eu pudesse finalmente me tornar uma garota bonita. Afinal, todas as meninas atraentes da turma do colégio tinham os cabelos lisos ou ondulados. E daí se sucederam inúmeras tentativas de domá-lo. Era um tal de massagem de abacate, rolinhos com bob... Todas as vezes que retirava aqueles objetos da minha cabeça me sentia aliviada porque finalmente havia encontrado um jeito de controlar aquela situação. Óbvio que o recurso era passageiro e, no final do dia, lá estaria eu de novo às voltas com meu cabelo crespo. E foi assim que aos 12 anos iniciei o uso de química. Esse processo durou anos, passando do relaxamento à escova progressiva, à definitiva e por fim a uma associação das duas. A desculpa de que o cabelo alisado era muito mais fácil, arrumado e adequado foi uma constante por muito tempo. De fato, só consegui me livrar dele já passados meus vinte e muitos anos.

Na universidade tive o primeiro contato com a obstetrícia e com a atenção voltada à saúde da mulher. Sempre brinco que, se não fosse médica, seria cabeleireira tamanha a satisfação que sinto em estar cercada pelo feminino. Estava com vinte e um anos quando consegui, após uma prova de seleção, um estágio na maternidade onde nasci. Senti uma mistura de alegria e de orgulho. Depois de alguns dias, lá estava eu para vinte e quatro horas de plantão no sábado. A recompensa seriam muitos partos e aprendizados que levaria para uma vida toda. O que se sucedeu não foi exatamente o que eu esperava. Confesso que o primeiro parto a que assisti me causou certo espanto. A primeira reação foi ligar para minha mãe, agradecer e dizer que sentia muito por ela ter passado por tudo aquilo. Nada ali lembrava acolhimento ou que estávamos lidando com pessoas. A impressão que tive era que aquelas mulheres eram vistas como corpos que ali estavam para parir, como em uma grande fábrica de produção de bebês, onde todas as pacientes deveriam cumprir etapas aproximando os processos o máximo possível. As episiotomias permaneciam amplamente praticadas. Infeliz ou felizmente fiquei naquela maternidade somente por cinco plantões. Se obstetrícia era aquilo, não era ali que eu queria estar.

Como todos sabemos, o gestar e o parir sempre ocorreram naturalmente na história. Lógico que mecanismos evolutivos tornaram o parto um dos acontecimentos mais eficientes do ponto de vista biológico. Embora em um pequeno número de casos complicações possam surgir, a eficiência da seleção natural pode ser comprovada pelo sucesso do crescimento da população humana. No entanto, estes casos menos frequentes relacionados à morte de mãe ou bebê causavam pavor, e ainda hoje dados relacionados à mortalidade materna são muitas vezes utilizados como marcadores de acesso à saúde e à assistência de boa qualidade.

Durante um longo período, as chamadas parteiras se dedicavam a assistir às mulheres no momento do nascimento. Este atendimento se dava no domicílio da parturiente. Existem relatos muito antigos a respeito da realização da cesariana, procedimento da retirada do feto por via abdominal, visando principalmente salvar a vida da mãe e do feto em situações excepcionais. No início era comum que este procedimento levasse ao óbito materno. Com o surgimento de técnicas de assepsia e o aperfeiçoamento da cesariana, progressivamente o momento do parto passou a acontecer dentro do ambiente hospitalar, assistido por médicos, e este procedimento se popularizou como aliado no combate a desfechos negativos. O surgimento de técnicas para "auxiliar" o trabalho de parto e o nascimento se difundiram. Muitos deles sem estudos contundentes que comprovassem seus reais benefícios.

Para compreendermos a assistência durante o período gravídico-puerperal no Brasil, é impossível dissociarmos a construção desse espaço hospitalar, onde agora acontece o nascimento, da natureza das relações coloniais e das marcas profundas deixadas pela política escravagista que aqui perdurou durante alguns séculos. É preciso entender que se por um lado dentro do serviço público de saúde classicamente encontramos mulheres em sua maioria negras, por outro encontramos a figura do médico que as assiste como um indivíduo branco, de classe social abastada. Essa relação jamais fugiria de todos os estigmas do racismo estrutural. O resultado é uma assistência por vezes violenta e marcadamente desigual, tendo em vista a cor da pele da paciente.

Os anos passaram e, apesar da experiência negativa que tive, devido ao interesse frequente por assuntos relacionados à saúde das mulheres, acabei optando por ingressar na residência médica de ginecologia e obstetrícia. Neste período, após a formatura na Faculdade de Ciências Médicas, atuamos em uma especialidade, sob supervisão, para ao fim receber o certificado de especialista.

Foi nessa fase que identifiquei que no serviço público de saúde as mulheres frequentemente associam o trabalho de parto e o parto normal a verdadeiras horas de tortura. E foi por isso que a cesariana passou equivocadamente a fazer sentido como estratégia para que as mulheres fossem poupadas da dor. Apesar de algumas práticas como lavagem intestinal e jejum durante o trabalho de parto terem sido abolidas, episiotomia, partos normais com mulheres em posição ginecológica e a colocação da mulher que paria em uma postura totalmente passiva diante de um evento tão exclusivamente seu, me faziam duvidar muitas vezes se havia feito uma boa escolha.

Sabe-se que respeitar os processos fisiológicos do parto em detrimento da realização indiscriminada de cesariana é benéfico e infinitamente mais seguro para as mulheres. No entanto, o Brasil é um dos países que mais realiza cesáreas desnecessárias no mundo. Enquanto na rede privada as cesáreas acontecem na imensa maioria das gestações, na rede pública são bem menos frequentes. No entanto, mesmo o parto vaginal praticado no SUS não está livre de inúmeras intervenções desnecessárias, que em nada respeitam a fisiologia e a naturalidade do nascimento, e frequentemente ocorre em um ambiente desrespeitoso, cercado de uma atmosfera machista, racista e misógina.

Esses, sim, foram os anos mais difíceis da minha vida. Eu tinha 24 anos, agora era uma médica recém-formada e havia acabado de alcançar um objetivo sonhado por pelo menos os dez anos anteriores. Os anos de especialização foram muito duros. Apesar da bagagem que adquiri com os casos mais complexos da obstetrícia de alto risco, durante as cirurgias ouvíamos as mais variadas piadas machistas. Cansei de questionar todo aquele jogo estúpido e fui encaminhada algumas vezes ao serviço de psicologia de apoio ao residente, feito de que não me envergonho. Aquela situação não seria fácil para nenhuma médica, e não era para nenhuma de nós, porém o racismo e o machismo combinados, com toda certeza elevavam a sensação de não pertencimento e de incapacidade a outros patamares.

Me apeguei à medicina fetal. Avaliar bebês na barriga das mães era um alívio diante da situação de impotência diante de uma medicina que por vezes enxerguei como perversa e danosa, porém em outras extremamente necessária e transformadora para muitas mulheres que precisavam lidar com agravos de saúde no período gravídico puerperal.

Não esqueço os inúmeros casos a que assisti durante aqueles anos. Entre várias histórias, uma paciente me marcou profundamente. Tratava-se de uma mulher negra, técnica de enfermagem, por volta dos seus 36 anos. Eu a conheci no pré-natal de alto risco. Havia perdido outros dois bebês e dessa feita tudo seria diferente. Iniciei o acompanhamento e diagnosticamos uma trombofilia que possivelmente seria a causa das perdas anteriores. Perder um filho, mesmo que dentro da barriga, é algo extremamente doloroso e de difícil superação. A possibilidade de parir um bebê saudável trazia alegria e confiança àquela mulher. Tudo mudou em um plantão quando ela deu entrada no hospital com sangramento e diagnosticamos um tumor maligno do reto. A gestação estava com aproximadamente seis meses e para garantirmos sua viabilidade era necessário levá-la até os sete ou oito meses. Ao ser perguntada sobre o início do tratamento para o tumor, ela jamais hesitou em preferir postergá-lo para após o parto, uma vez que neste caso os prejuízos para o feto possivelmente seriam fatais. Ali passou internada mais de dois meses, seguiu-se o Natal, virada de ano, e em janeiro finalmente estava programada a interrupção da gestação. Eu estava de férias, fui ao hospital somente para vê-la. Foi com ela que percebi o quanto a vida pode ser sacana. Perdemos a bebê nos primeiros dias após o parto; apesar da longa espera, ainda assim era prematura. Ela havia se tornado mãe, porém mesmo seguindo os protocolos de acordo com seu desejo, não poderia vivenciar a maternidade em sua totalidade. Existem coisas que não podemos controlar. Eu a abracei e chorei com ela.

Estava para terminar a especialização quando comecei a trabalhar no SUS no mesmo postinho em que na infância era levada por minha mãe para tomar as vacinas de rotina. Dados mostram que a maior parte dos usuários do SUS são pessoas negras (cerca de 67%). Poder ser reconhecida como a médica daquelas meninas, com quem eu podia me identificar sabendo que seria alguém com quem elas se identificariam, me trouxe de certa forma um grande entusiasmo. Queria oferecer o melhor que podia depois de tudo que aprendera. Grande parte das mães era adolescente ou havia gestado mais de uma vez, frequentemente mais de duas. Estavam ali de novo as questões de raça e de classe se emaranhando de tal forma que não ficava nítido onde terminavam as primeiras e começavam as outras. Por um tempo tentei entender o que me diferenciava daquelas mulheres, afinal crescemos no mesmo lugar, mas depois de certo ponto a vida havia tomado um rumo bastante diferente para mim. Percebi que as expectativas eram diferentes. A realidade que elas vislumbravam estava essencialmente ligada à maternidade quase compulsória. Os recursos para o planejamento familiar e para a garantia dos direitos sexuais e reprodutivos eram escassos. Não era facultado àquelas meninas decidir ou refletir sobre quando gostariam de ser mães. Elas simplesmente seriam. As cartas estavam dadas. O caminho seria esse. Notei que muitas, ao serem internadas, não se preocupavam quando alertávamos sobre os riscos associados aos agravos que apresentavam no período da gestação e do pós-parto. Frequentemente diziam não ter medo de deixar a maternidade antes da alta médica, mesmo sendo orientadas sobre riscos potencialmente fatais, era como se sentissem que sua vida não tinha tanta importância. Era preciso voltar para suas casas, para seus afazeres e para os cuidados dos demais filhos, independentemente das condições de saúde em que se encontravam. Já me peguei tentando convencer uma delas a permanecer internada diante de um risco iminente. Ela então me perguntou o que fazer com os outros cinco filhos que a aguardavam em casa, já que o marido fora preso e a irmã que a ajudava a cuidar das crianças não poderia fazê-lo por estar com um filho internado. O que responder diante dessa situação? É necessário sobretudo acolher, ouvir e se colocar à disposição.

Atravesso o túnel e atendo na rede privada na Zona Sul do Rio, em uma das maternidades mais bem colocadas na assistência ao parto, onde a maioria das pacientes são brancas. Já fui confundida por elas e por médicos assistentes que por ali transitam com profissionais que desempenham diversas outras funções. Por vezes me irrito diante do racismo que se escancara e que teima em dizer que ali não é o meu lugar, mesmo tendo me tornado médica e especialista. Reflito sobre o quanto o acesso a certos locais me foi permitido devido ao patamar econômico que alcancei, acesso esse que em contrapartida me faz lembrar todos os dias de que continuo sendo uma mulher negra. As questões de classe já não são mais significativas, mas o racismo sempre se mostra presente.

Hoje, no meu consultório privado na Zona Sul da cidade, atendo inúmeras outras mulheres negras com histórias semelhantes à minha. A despeito de serem, em sua maioria, exceção como eu dos lugares de onde vieram, vislumbraram sucesso profissional, porém não conseguem se afastar do racismo nem mesmo quando são atendidas em suas consultas ginecológicas. Me vejo nelas e nos relatos que me contam.

Foi na última Páscoa, durante a pandemia de Covid-19, que meu pai adoeceu. Estava em isolamento em casa com minha mãe há mais de um mês. Em uma semana completaria 84 anos fartos de saúde e de entendimento. Dois dias antes do seu aniversário, diagnosticamos um tumor inoperável no pâncreas. Assim como no nascimento, na morte também precisamos compreender os processos naturais da vida. O conhecimento médico e a apropriação do processo do morrer que se apresentara nos permitiram momentos serenos de despedida em nossa casa, junto das pessoas que ele mais amava. Doze dias depois meu pai partiu. Tive o privilégio de estar ao seu lado até o fim.

Quando era criança, um dos meus maiores medos era me sentir impotente caso meus pais adoecessem. Impotência essa que eu julgava estar relacionada à falta de recursos que poderia precipitar a partida sem que eu pudesse intervir. Ajudar minha família a se apropriar desse momento para poder escolher o que seria feito nos últimos dias do meu pai junto com ele trouxe a paz e o entendimento de extrema importância no processo de luto. Às vezes é necessário encerrar para compreender. Sinto que dobrei uma esquina e que não consigo mais enxergar o ponto de partida, porém a trajetória continua inteira, guardada na memória. Tenho sonhado sempre com o meu pai.

ANIELLE FRANCO

Anielle Franco, diretora executiva do Instituto Marielle Franco, mestre, escritora, jornalista. Filha de Marinete e Antônio, irmã de Marielle, tia de Luyara e mãe de Mariah e Eloah.

O LEGADO DE MARIELLE FRANCO: DO LUTO À LUTA

INTRODUÇÃO

Pretagonismos: o ato importante de produzir referências e protagonismos a partir de nossos próprios corpos. Será por meio do conceito de escrevivência que irei compartilhar — sob minha leitura — a história e o significado do legado e da trajetória de minha irmã, Marielle Franco. Marielle foi brutalmente assassinada em 14 de março de 2018 junto com seu motorista, Anderson Gomes. Vereadora da cidade do Rio de Janeiro, defensora de direitos humanos, mulher preta, favelada, bissexual, um corpo atravessado pela interseccionalidade que molda a nossa trajetória, mulheres pretas insubmissas neste mundo.

Sob o signo da dor e da luta, traçarei nas próximas páginas uma cartografia da vida de minha irmã. Mari era afeto, política, família e semente. De sua trajetória enxergamos similaridades com a vida de tantas outras mulheres pretas que hoje ocupam o hall da história ancestral. Conceição Evaristo, nossa mais velha, conceitua "escrevivência" como a escrita que nasce de nosso cotidiano, de nossas lembranças, da experiência de viver e sentir a vida real enquanto mulheres negras, historicamente jogadas à margem deste projeto de sociedade falho e racialmente dividido. É certo que o simples fato de compartilharmos nossas perspectivas subjetivas nos ajuda a inspirar outras mulheres.

Tornar da nossa escrita um hábito pode levar algum tempo, mas pode ser libertador e de fato inspirador. Passamos por tantos momentos em nossa vida, que às vezes só as mulheres negras conseguem se reconhecer na dor e nas alegrias das outras. Espero que este espaço possa mover o imaginário das sementes de Marielle.

Sob o entendimento dos processos que moldam a sociedade em que vivemos baseados em lógicas extraídas de nosso passado colonial recente, buscaremos soterrar as amarras da branquitude que cotidianamente expropriam, roubam e cooptam nossas narrativas. Aqui, evidenciarei que é um ato político o fato de existirem mulheres negras que ousam ser protagonistas, autoras e porta-vozes de suas próprias vidas. Aprender a nos organizar, não a partir do outro, mas a partir de nossas próprias referências de sociedade, poder e afeto, é sem dúvida uma das maiores rupturas que nós podemos exercer.

Foi a escritora nigeriana Chimamanda Adichie que nos alertou sobre o perigo de contarmos uma história única. A visão de Chimamanda dos efeitos da colonização sob a construção de nossa imagem molda o que estamos discutindo nos dias de hoje. O direito de construir nossas próprias narrativas e histórias é uma forma de poder, e esse poder — por muito tempo — esteve concentrado nas mãos da branquitude que enlaça as amarras coloniais e racistas, produzindo o mundo como ele é hoje.

A partir do controle da branquitude exercido sob a nossa narrativa, colonizadores foram alçados à condição de heróis, princesas racistas foram marcadas como abolicionistas, sinhás foram intituladas como "aliadas", povos culturalmente ricos foram reduzidos à dor e ao sofrimento, lideranças como Marielle — por vezes — tiveram suas histórias apropriadas forçosamente e, ainda hoje, temos exemplos de como os efeitos perversos desse controle podem influenciar nossas perspectivas de vida, de futuro e de libertação.

E se esse direito de narrar e construir nossa própria memória é a expressão de poder, entende-se "por que" a branquitude (que age como se todos os lugares, concretos e simbólicos, fossem seus) atua desqualificando a forma que escolhemos contar nossa história através de nossos ancestrais oriundos de África.

Afinal, o poder em nossas mãos é uma grande ameaça à hegemonia branca que domina as formas de pensamento no mundo. Porém, eles não podem parar a revolução preta em curso. Esta revolução que estilhaça as correntes de controle da branquitude por meio de cada mulher negra que coloca sua potência e resistência à frente da direção de sua vida, que gera a percepção de que nossos corpos e mentes não são mais reféns de uma história única que nos aprisiona na dor e no sofrimento, que somos muitas e muitos frutos de processos coletivos, repletos de afeto, resiliência e ancestralidade, é a prova de que não iremos retroceder e seguiremos contando nossas próprias histórias.

Desta forma, deixo aqui meu convite para que você mergulhe nas próximas páginas em minha escrevivência do (ser) Marielle. Narrar, pelo menos um pouquinho, o caminho traçado por Mari em sua brilhante e sorridente vida é um privilégio. Que esta história mostre que o caminho de adubo produzido por ela — que hoje floresce das mais diversas formas e perspectivas — foi manejado por mãos pretas e coletivas.

O FAZER POLÍTICA DE MARIELLE

Anielle, Mariah, Marielle, Marinete e Luyara. (Fonte: Acervo da família)

Não andamos sós. Em meio a uma reflexão sobre a organização das mulheres negras e especificamente sobre a trajetória de luta da Mari, gosto de lembrar uma frase que nossa referência Jurema Werneck teorizou a um tempo atrás, de que "os nossos passos vêm de longe". Se esses passos dados na direção da ruptura colonial e racista não são recentes, muito menos sós, como não explorar aqui uma das formas mais presentes no "fazer política" de Marielle: o respeito e construção junto às nossas referências?

Historicamente, as referências negras da nossa sociedade foram invisibilizadas pela institucionalidade branca que controla o poder da narrativa formal. Fanon (2008) aponta que o que diferencia o racismo é a forma como ele se manifesta, porém em qualquer lugar do mundo o racismo se expressará perversamente e funcionará como mecanismo de exclusão social dos negros. Excluídos da história, mas protagonistas da construção de um outro mundo. Marielle enxergava seu "fazer político" não sobre, mas COM estes corpos.

A representatividade como um fator importante na construção da subjetividade e de uma nova identidade política comum. Marielle promoveu embates contra a hegemonia que a cercava nos espaços de decisão por onde passou, trazendo visibilidade para o repertório negro da construção política que é diversa, plural, interseccional. Gosto de me lembrar como sua mandata era um motivo de orgulho, suas referências não eram abstratas, mas, sim, de carne e osso, da favela, do campo, da cidade. Mulheres negras e indígenas produtoras da luta cotidiana.

MULHERES NEGRAS NA PONTA DE LANÇA

Para avançar na narrativa sobre o ser político que era Marielle, preciso me conectar novamente à raiz sagrada e ancestral por onde recebo os nutrientes da força que me faz seguir: minha família. Essa família negra, favelada, com fortes traços matriarcais, reduto de mulheres fortes, na qual Marielle nasceu e se inspirou. Costumo pensar que o legado da Mari é a multiplicação do protagonismo de mulheres negras à frente da transformação social no país. Esses corpos, suas experiências, construções e lutas inspiradas na Mari também são frutos da luta árdua de mulheres, a exemplo da nossa mãe.

Marielle trazia em si este signo e sua atuação se dava ao lado das mulheres negras, teorizando e construindo outras práticas baseadas na elaboração coletiva e na ancestralidade. Ela era MulheRaça, e seu legado se traduz a partir desses princípios, trazendo contribuições para o feminismo negro em esfera global. Ela acreditava na necessidade do protagonismo desses corpos na produção de novas formas de ocupar os espaços institucionais.

As mulheres negras são munidas de saber e prática, sua experiência política deve ser reconhecida e valorizada. O engajamento desses corpos no espaço político é uma forma de romper o apagamento estrutural e também de reconhecer que a estruturação de soluções verdadeiramente efetivas para toda a sociedade será feita a partir de nós. O legado que Mari deixou contribui de forma profunda para esse entendimento. Porque, afinal, a implantação de outras perspectivas de futuro e sociedade só será feita com a nossa participação.

MARIELLE SEMENTE

Entrega de placas na praça Cinelândia, Rio de Janeiro. (Foto: Francisco Proner)

Já tentei de muitas formas, mas percebi que é impossível descrever com palavras os sentimentos que tomaram a nossa família no dia 14 de março de 2018. Dor. Silêncio ensurdecedor. Grito preso na garganta. Os piores pensamentos que podem passar na cabeça de alguém. Não tivemos tempo para chorar em família. Imediatamente me vi forçada pelo destino a proteger minha mãe, meu pai e Luyara do imenso assédio da imprensa e de pessoas de todos os lugares do planeta. Na sociedade adoecida em que vivemos, a urgência da notícia, a necessidade da foto, a vontade de lacrar e lucrar parecem mais importante do que o respeito a uma vida estraçalhada na sua frente.

Muitos cartazes e falas nos protestos nos incentivavam a passar do luto à luta. Eu não queria lutar nenhuma luta. Queria minha irmã de volta. Queria me enfiar embaixo de um cobertor e não sair mais. Não queria ir a nenhum protesto, ver nenhum jornalista, falar com nenhum político ou ativista. Mas não tive nem tempo, nem chance, nem direito de desmoronar. O sangue de Marielle Franco que corre em minhas veias pulsava me mantendo acordada, alerta, sem sono. Foram dias, semanas de pé para que a nossa família não afundasse. Na minha cabeça ecoavam em repetição os gritos de pedido de justiça dos protestos. "Justiça", essa palavra, que nunca fez sentido para o povo preto, parecia fazer ainda menos sentido agora. Em que "justiça" eu vou confiar? A dos homens "de bem" com certeza não seria. Mas alguma justiça precisava ser buscada.

Via minha mãe chorando, e aquilo cortava o meu coração. Mas eu não podia chorar na frente dela para não deixá-la pior. Tinha que ser forte. Ela que sempre foi força quando nós precisamos. Era dessa força ancestral, de minha mãe, de minha avó, de minha irmã mais velha, das que vieram antes de mim e me fizeram chegar até ali, que eu tirava forças. Puxava da memória todas as vezes que minha mãe e a Mari foram trabalhar na feira nos finais de semana para pagar minha viagem para fora do país. "Memória", outra coisa sempre negada ao povo preto. Nos arrancaram de África e dos nossos povos originários para fundar esse projeto colonial chamado Brasil. E ali estava eu, tentando resgatar da minha memória a força necessária para seguir em frente.

Em todos os cantos que eu ia, as falas de revolta sempre mencionavam algo sobre seguir em frente. Eu me perguntava como seria capaz de seguir em frente se eu nem sequer era capaz de imaginar para onde daria o próximo passo. Se já era difícil ter força para sair da cama. Sei o quão incrível, talentosa e dedicada era minha irmã. Eu era a sua fã número 1 desde que nasci. Sei o quão importante ela era naquele espaço da Câmara de Vereadores. Mas quando vi aqueles milhões de pessoas ocupando as praças de todo o país gritando o seu nome foi que entendi o tamanho do seu legado para o mundo. "Legado", me lembro de como essa palavra era usada na época da Copa e das Olimpíadas. O famoso "Legado da Copa", que para as favelas significou mais mortes, remoções, tiros, tudo bem disfarçado ao som de música para alemão ouvir. Naquela multidão de centenas de milhares de pessoas foi possível ver o verdadeiro significado de "legado". Um legado que Marielle construiu de forma coerente, transparente, pé no chão, papo reto, alegre e comprometida com a defesa das populações mais vulneráveis. Um legado que merece verdadeiramente continuar sendo multiplicado.

É sabido que a imensa quantidade de amor que a minha irmã espalhava ao seu redor gerou consequências gigantescas, que até hoje são imensuráveis. Mas se tem algo muito concreto que podemos dizer que sentimos é que esse amor, conectado ao amor ancestral que organiza as mulheres negras, foi sentido por mim e pela nossa família quando fomos acolhidas e abraçadas por Lúcia Xavier, Sueli Carneiro, Jurema Werneck e tantas mais velhas que nos estendiam a mão sem precisar falar uma palavra. Gestos de afeto verdadeiro, construídos na Dororidade, de Vilma Piedade.

Foi no calor desses abraços que vimos que Marielle não tinha nos deixado sozinhas. E foi dali que pudemos secar as lágrimas dos olhos para ver o infinito campo semeado que Mari se tornou. Por todos os lados, pessoas de todos os lugares, línguas, cores, gerações se levantando em nome de Marielle. Se reconhecendo enquanto sementes. São poucas as histórias no mundo que eu conheço de pessoas que fizeram isso. "Sementes", a forma inicial da vida. Era isso que Mari havia se tornado. Vida. Muitas vidas. E essa sensação entrou quente no nosso coração, como os raios de sol que invadem um quarto escuro pela manhã.

Nesse percurso de gritar por justiça até ficarmos roucas, resgatarmos nossas memórias para seguirmos em frente, nos inspirarmos no legado criado por Marielle para ver o mundo e então podermos enxergar as sementes que ela havia deixado é que surge o Instituto Marielle Franco com seus quatro pilares: Lutar por Justiça, Defender a Memória, Multiplicar o Legado e Regar as Sementes.

Sabíamos que a nossa vida nunca mais voltaria a ser a mesma, sabemos que a Mari não tem como voltar fisicamente, mas sentimos sua presença o tempo todo. E sentimos o seu chamado. Nada faria mais sentido do que dedicar nossa vida a ela. No primeiro ano tudo ainda era muito recente e o que conseguimos fazer foi existir, resistir e *reexistir*.

Organizamos a primeira edição do Festival Justiça por Marielle e Anderson, construído a muitas mãos, mãos de mulheres negras. Amor, afeto, música, papo reto. Do jeito que Mari gostaria. Lançamos o Instituto oficialmente no segundo aniversário que passamos sem ela. 27 de julho de 2019, na Maré, cercadas de amigas e amigos que desejavam nos fortalecer.

Nessa jornada, encontramos pessoas que fizeram parte da sua vida e que vieram até nós dispostas a ajudar. E assim começamos a dar os primeiros passos para estruturar o Instituto como uma organização. 2020 se aproximava, e dele esperávamos um ano de planejamento, tempo para reflexão. Seria o momento de pensar quais passos daríamos dali para frente. Organização. Só podíamos "estar pensando que a vida era fácil", diria Marielle, rindo na nossa cara.

Iniciamos o ano organizadas para fazer um grande "Março por Marielle". A ideia era mostrar que o tempo não diminuiu nossa vontade de pedir justiça. Manteríamos um espaço por um mês no Largo de São Francisco da Prainha, região de um dos maiores portos da diáspora africana, local onde desembarcaram milhares de homens e mulheres escravizados, berço do samba no Rio de Janeiro. Seria um espaço de encontros e de trocas, de abrir as portas para a sociedade. E assim foi nas primeiras duas semanas de março. Abrimos a Casa Marielle no dia 1º, sob uma forte chuva daquelas que nos dá raiva de todos os prefeitos que prometeram melhorar o escoamento das águas pluviais da cidade. Ainda assim, mais de 5 mil pessoas foram celebrar o novo espaço e visitar a exposição que montamos com tanto carinho para resgatar nossas memórias.

Nos dias que se seguiram tudo caminhava bem e nos preparávamos para realizar nossa primeira e maior ação do ano: a segunda edição do festival Justiça por Marielle. Na Praça Mauá, o palco já estava para começar a ser montado, centenas de voluntárias organizadas, dezenas de artistas confirmadas. Eis que chega a notícia que abalou o mundo e abalaria o Brasil dali para frente. A Covid-19 havia chegado com força no país, e a partir daquele momento já não era mais recomendado aglomerar-se nas ruas.

A decisão precisou ser rápida, assim como a desprodução e desarticulação de tudo que já estava para acontecer. Em 24 horas reorganizamos as ações do 14 de março, orientamos que as pessoas fizessem coisas menores nas suas casas, que inundassem as redes. Foi diferente. Muito frustrante para minha mãe e meu pai, que até o final ainda achavam que talvez fosse possível manter as atividades. Mas nenhum de nós sabia os riscos que aquilo significaria, principalmente porque, mesmo com muitas dúvidas, de uma coisa tínhamos certeza: o nosso povo era o mais vulnerável em um caso como esse, com um sistema de saúde público sucateado por governos privatistas e corruptos.

As cenas que se seguiram não precisam ser detalhadas. Hoje, setembro de 2020, enquanto escrevo este texto, mais de 125 mil pessoas já morreram. Enquanto a família presidencial faz pouco caso, sobrou mais uma vez para as organizações negras e os coletivos favelados ficarem na linha de frente da resistência.

Em 15 de março fechamos a Casa Marielle com duas semanas de antecedência e começamos a nos conectar com parceiras e parceiros para pensar em como agir para nos fortalecermos e apoiarmos a população nas favelas. Reorganizamos nossas prioridades e entendemos que, além de nos estruturar e agora sobreviver, 2020 seria um ano para apoiar ações urgentes no combate à pandemia, fortalecer os coletivos que estavam na resistência e ajudar a pautar os debates sobre as "saídas da crise" pela perspectiva das mulheres negras. Afinal, se somos nós que sempre lidamos com os problemas do mundo, é necessário que apontemos as verdadeiras saídas. Assim surgiram nossos três projetos principais relacionados à Covid-19.

O Agora é a Hora foi criado em parceria com a ONG Criola, o Perifa Connection e o Movimenta Caxias a fim de apoiar lideranças femininas negras na luta para garantir segurança alimentar e acesso ao auxílio emergencial. Com ele alcançamos 17 mil famílias na Região Metropolitana do Rio.

O Mapa Corona nas Periferias, ação desenvolvida com o intuito de fazer o mapeamento, junto com o portal Favela em Pauta, de todas as iniciativas de coletivos de favelas no combate à Covid-19. No total, foram mais de 540 mapeadas em todos os estados do Brasil. Um retrato de como a solidariedade está enraizada nas nossas periferias.

E o Pra onde Vamos, pesquisa construída com o Movimento Mulheres Negras Decidem, entrevistando 245 mulheres negras ativistas de todos os estados do Brasil para entender de onde estamos vindo, onde estamos e para onde vamos, nós, mulheres negras, no meio desta pandemia.

Mesmo obrigadas a agir num ano que gostaríamos de estar planejando, entendemos que essas três iniciativas apontavam para muito do que acreditamos que são as bases do Instituto e que eram as bases da Mari. A ação em parceria, a construção coletiva, o fortalecimento entre mulheres, negros e favelados. Aqui estávamos nós, seguindo em frente, pelas nossas e pelos nossos.

O direito à quarentena no Brasil e no mundo havia se tornado, como costuma acontecer com direitos básicos, um privilégio das pessoas brancas e ricas, que poderiam ficar em casa postando hashtags por ter economias, recursos familiares ou outras formas de apoio. Enquanto isso, a população favelada, que praticamente não havia parado (exceto por alguns dias ali no pico em abril) era obrigada a ir para a rua para ter o que comer. E, mesmo durante uma pandemia global, seguia em curso o projeto genocida do Estado brasileiro, com operações policiais indo entregar a morte dentro de casa para meninos de dez anos como João Pedro, que brincava com seus amigos quando foi assassinado pela polícia.

O meio do ano chegou voando, e com ele os levantes globais de junho. O mundo parou para falar de racismo após o episódio — nada isolado — do assassinato de George Floyd. Na TV, no jornal, nas redes sociais, pessoas brancas querendo ser aliadas do dia para noite depois de um estrago de 520 anos. Falavam dos Estados Unidos como se a Polícia Militar brasileira entregasse flores nas favelas. Como se a política de segurança pública nacional fosse um exemplo de cuidado e proteção da vida de todas as pessoas.

Como uma organização recém-criada na sociedade civil brasileira, só podíamos demonstrar nosso apoio aos movimentos que estavam indo para as ruas, mesmo durante a pandemia. Como diziam os cartazes, "nosso povo não quer morrer de Covid, mas também não quer morrer nem de tiro nem de fome".

A virada do semestre também ficou marcada por outra data importante para nós. 27 de julho de 2020. Terceiro aniversário de Marielle que passaríamos sem ela. Sem a chance de poder festejar do jeito que ela merecia. O desgosto dos meus pais era enorme, e eu, com Eloah recém-nascida, amamentando uma semente de verdade que havia acabado de brotar. Resolvemos não deixar que a pandemia nos impedisse de celebrar a vida da Mari. As lives seguiam sendo um dos principais entretenimentos virtuais. Resolvemos buscar uma artista que fosse tudo aquilo que Marielle representava. Alguém que só com seu nome anunciado traria toda uma história de vida e de significados: Elza Soares, ao vivo.

Ao lado de Renegado, Elza transmitiu da sua casa, para mais de 10 mil pessoas que acompanharam ao vivo, um show de amor, de boas energias e de ancestralidade. Da nossa casa, aparecíamos sem graça para as câmeras, mas com a certeza de que, onde estivesse, Mari estaria segurando nossa mão e celebrando junto.

CONSIDERAÇÕES FINAIS

Ufa. Escrevo tudo isso refletindo sobre como realmente somos muito mais fortes do que pensamos. Mais do que isso, como somos muito mais fortes do que gostaríamos de ser. Agradeço sempre pela força que Mari me dá para seguir, mas sonho e luto diariamente para construir um mundo em que não precisemos ser tão fortes. Que possamos apenas ser quem somos. É esse o mundo que quero para Mariah, para Eloah, para as que vêm pela frente. E sei que somos muitas construindo esse mundo e que estamos juntas.

Falar de Protagonismos é falar sobre a importância de ocuparmos o mundo com as nossas vozes, as nossas ideias, os nossos corpos, os nossos projetos, os nossos desejos e as nossas vidas. É lembrar que temos o direito de estar no lugar que quisermos, e não apenas nos lugares que a falsa profecia branca, colonial e racista tenta nos colocar há tantos séculos. É honrar a luta das nossas ancestrais para chegarmos aonde chegamos.

Hoje, como Diretora-Executiva do Instituto Marielle Franco, me vejo mais uma vez precisando firmar os pés sobre o solo de outro terreno envenenado pelo racismo: a sociedade civil brasileira e o terceiro setor. As estruturas que conformam todos os setores e esferas da vida não desaparecem de forma mágica quando falamos deste campo de atuação. Ainda que possam estar cheias de boas intenções, organizações tradicionalmente brancas que se beneficiaram do racismo para se estruturar ocupam as cadeiras que mais recebem financiamento e visibilidade, e se sentem as verdadeiras donas desse universo. Mas um amplo ecossistema de ativistas, acadêmicas, empreendedoras sociais e militantes negras vem há muitos anos construindo formas de organização alternativas e encontrando as brechas para ocupar os espaços hegemonicamente brancos.

Há algumas décadas o lugar reservado para nós em grande parte deste ambiente era o das "atendidas", as jovens (primeiro "carentes", em seguida "potentes") que eram o público-alvo dos projetos sociais, assim como eu e Marielle fomos de tantos que fizeram parte das nossas formações. Em seguida passamos de atendidas a colaboradoras, estagiárias. O discurso da "inclusão" e da "diversidade" nos fazia garantir pequenas cotas de participação em algumas das organizações mais "conscientes". Mas ainda éramos pontos pretos em um universo branco. Já dentro das organizações, fomos abrindo os caminhos, no melhor espírito do "uma sobe e puxa a outra". E aumentando numericamente, fomos disputando e conquistando os espaços de coordenação de projetos, e aos poucos começamos a ver nosso povo chegar nos espaços de diretoria.

Em paralelo a essa árdua jornada, vinham firmes as organizações originalmente negras, abrindo caminhos, apontando horizontes e, desde o princípio, sem aceitar nada menos do que os lugares de liderança no desenho das estratégias e táticas para incidência no mundo. Mostrando inclusive que é possível pensar a partir de outras lógicas de gestão, pautadas no cuidado com as nossas e não no olhar colonizador de "salvador" que é próprio de muitas das grandes organizações brancas.

O mesmo percurso, com considerável atraso, ocorre no universo da filantropia. Herdeiros de fortunas seculares e construídas à custa de muita exploração do trabalho negro destacam uma pequena porcentagem dos seus recursos para iniciativas filantrópicas, numa mistura de tentativa (insuficiente) de reparação histórica com artifício psicológico para lidar com a culpa branca. Mas, se existem, é importante que façamos chegar nos projetos e organizações liderados por pessoas negras e verdadeiramente comprometidos com as mudanças estruturais. Aos poucos as fundações e os fundos filantrópicos vão vendo as suas equipes se enegrecerem e assim é regada a esperança de desconstrução das profundas desigualdades de dentro do próprio setor.

Esta breve descrição do desafio que nosso povo tem para protagonizar inclusive os espaços dedicados aos projetos de "mudança do mundo" retrata que o caminho é longo, mas que nunca paramos de avançar, e que não aceitaremos dar nenhum passo atrás.

Assim fez Marielle na sua vida. E assim seguiremos sua trajetória. Inspirando, conectando e potencializando mulheres negras, LGBTQIs e periféricas a seguirem movendo as estruturas da sociedade. Afinal, como ela gostava de lembrar os dizeres da filosofia africana Ubuntu, "eu sou porque nós somos". Nós somos porque ela é.

REFERÊNCIAS

ADICHIE NGOZI, Chimamanda. *O Perigo de Uma História Única*. São Paulo: Companhia das Letras, 2019.

EVARISTO, Conceição. *Escrevivências*. Entrevista concedida para o canal Leituras brasileiras. Disponível em: https://www.youtube.com/watch?v=QXopKuvxevY. Acesso em: 7 set. 2020.

FANON, Frantz. *Pele negra, máscaras brancas*. Salvador: EdUfba, 2008.

WERNECK, Jurema. Nossos passos vêm de longe! Movimentos de mulheres negras e estratégias políticas contra o sexismo e o racismo. In: *Vents d'Est, vents d'Ouest: Mouvements de femmes et féminismes anticoloniaux*. Genève: Graduate Institute Publications, 2009.

HENRIQUE VIEIRA

Teólogo, pastor, ator, pesquisador da arte do palhaço, professor, cientista social, historiador e escritor. Tem se dedicado a combater o fundamentalismo religioso no Brasil. Pastoreia a Igreja Batista do Caminho, comunidade de fé itinerante, que realiza suas celebrações em Niterói e no Rio de Janeiro. Integra o Coletivo Esperançar, que reúne evangélicos na relação entre Evangelho e Direitos Humanos e respeito à diversidade. É membro do Conselho Deliberativo do Instituto Vladimir Herzog. Atuou no filme *Marighella*, com direção de Wagner Moura. Em 2019, lançou o seu primeiro livro, *O amor como revolução*, pela editora Objetiva.

A EXPERIÊNCIA TEOLÓGICA E POLÍTICA DE UM PASTOR NEGRO

Nasci num lar cristão, evangélico e de tradição batista. Desde pequeno fui apresentado às páginas do Evangelho e aprendi sobre o amor de Deus revelado na pessoa de Jesus. Fazia orações como forma de bate-papo com Deus, a quem chamava carinhosamente de "Papai do Céu". Essa experiência é fundacional na minha vida, na minha formação e na minha compreensão do mundo. Duas mulheres muito simples foram minhas primeiras referências de fé: minha vovó Ruth e minha mãe Glaucia. Com elas aprendi o valor da oração e da leitura bíblica como elementos cotidianos de comunhão com Deus. Esse universo referencial remonta à minha primeira infância, ao início da minha presença no mundo.

Optei por começar este texto com este relato para, de forma muito íntegra, reconhecer meu lugar de formação de subjetividade, interiorização de valores e forma de mediação com a realidade. Sempre vi o mundo pelas lentes da simbologia cristã. Mais do que uma questão conceitual, trata-se de uma dimensão profunda e estruturante da minha vida.

Preciso pontuar que não falo apenas de heranças culturais e familiares, mas também de uma experiência pessoal, decisão própria, desenvolvimento da minha vivência de fé na pessoa de Jesus e de adesão existencial à Tradição Bíblica.

Reconhecidos esses elementos culturais, familiares, pessoais e afetivos, faz-se necessário apontar que toda experiência religiosa está condicionada historicamente. Não existe religião fora da história e dos fatores a que se subordinam à existência humana. Toda religião é fruto de processos sociais e históricos. Não há imparcialidade, objetividade, neutralidade e isenção nas narrativas a respeito da transcendência, do transcendente, do divino, de Deus. O próprio conceito de religião, em muitos aspectos, é extremamente ocidental, não dando conta do caráter mais profundo e múltiplo da espiritualidade.

A espiritualidade é uma dimensão constitutiva da experiência humana, uma reação diante da potência e da fragilidade da vida. Tal como a arte, a espiritualidade é uma poesia interior que reage ao drama da vida. O ser humano não só vive, mas sabe que vive. Essa consciência traz grande margem de liberdade e também de angústia. Não me refiro à angústia no sentido de destruição, mas de pulsão permanente, desequilíbrio latente, movimento criativo e criador próprio da vida. Viver é estar permanentemente à beira do abismo, e a espiritualidade é a manifestação da beleza e da potência dessa condição, a busca profunda pela plenitude de vida compartilhada. Visto que estamos, como premissa inescapável, à beira do abismo, que possamos dançar e cantar, fazer poesia, brincar e sorrir, viver em permanente abertura ao mistério da própria vida. A espiritualidade é uma abertura permanente de caminhos para que a vida seja plena. É impulso, pergunta, silêncio e busca. É experiência vulcânica, sentimento oceânico, capacidade humana de perguntar por sentido, por destino, e se encantar com a falta de resposta.

A religião já se constitui como uma espécie de organização e sistematização da espiritualidade. A religião não faz parte de uma natureza humana, mas é historicamente constituída e construída. Não é um todo coeso e intacto, mas sofre transformações no decorrer do tempo por meio da própria interação com as diversas variáveis históricas. Todo fenômeno religioso tem continuidades e descontinuidades, movimenta-se na história e com ela.

Existem experiências religiosas que são capazes de alimentar o potencial aberto e criativo da espiritualidade. Assim acontece quando se pautam no amor, na comunhão, no acolhimento da individualidade e da diversidade, na sinergia respeitosa com o conjunto da natureza, na busca por paz e justiça. A experiência religiosa, com seus ritos, liturgia, códigos comportamentais e visões de mundo, pode ser canal da espiritualidade e da ética do amor. É fundamental entender o amor como dimensão ética e relacional que busca a expansão do indivíduo e do próximo. Sendo assim, o amor não é um mero sentimento abstrato restrito ao universo de um casal ou de um lar.

O amor tem tradução política, pois busca o bem da vida, a potência máxima de todas as pessoas. Se o amor busca me expandir como humano (amor-próprio) e expandir os outros (amor pelo próximo), então é certo que o amor se compromete com a construção de ambientes sociais eliminadores dos fatores que oprimem a humanidade. Entendo a expansão de si e do outro como possibilidade de desfrutar o máximo potencial da vida, capacidade de desfrutar os vários aspectos da singularidade de cada indivíduo e das relações humanas.

A exploração econômica e a decorrente desigualdade social, o racismo estrutural, a ordem patriarcal e heteronormativa são fatores históricos que impossibilitam a experimentação do pleno potencial de muitas vidas. Vida não é um conceito genérico. A vida se materializa no corpo, e todo corpo é situado historicamente e atravessado por questões de gênero, raça, classe, território, cultura e outras variáveis históricas. Em outras palavras, o capitalismo, o racismo e o patriarcado são elementos históricos que selecionam corpos para a morte em vida ou/e para a morte da vida. Numa sociedade capitalista, racista, patriarcal e heteronormativa, o amor se torna um mero sentimento sem consequência política. Torna-se um conceito abstrato, a-histórico, vetor de naturalização de desigualdades e opressões.

O mesmo raciocínio se aplica à religião. Existem experiências religiosas que são capazes de sufocar o potencial revolucionário da espiritualidade, pois tornam-se fechadas em dogmas petrificados no tempo, distantes dos dramas humanos. O fundamentalismo e o extremismo religiosos são formas de se experimentar a religião centradas em verdades absolutas que impossibilitam a celebração da diversidade, o exercício da alteridade, o estabelecimento de pontes de comunhão. O fundamentalismo religioso é uma vivência da doutrina pautada em verdades inquestionáveis que criam subjetividades avessas à diversidade. O extremismo é a perspectiva fundamentalista levada ao limite da violência e de um projeto de poder que visa se apropriar do Estado e de suas práticas institucionais, impondo à sociedade uma determinada convicção ideológica.

Neste ponto preciso reconhecer que o cristianismo hegemônico institucional, seja na sua versão católica ou na protestante, fez parte de um projeto colonizador eurocêntrico, racista, patriarcal e genocida. A visão de Deus, projetada pelas lentes da casa-grande colonial, produziu um Deus à imagem e à semelhança da branquitude e de seus interesses políticos e econômicos. Existe, portanto, um caráter estruturalmente racista no cristianismo hegemônico, e isso se reflete na sua teologia, na organização eclesiástica, na leitura e na interpretação da bíblia, na liturgia dos cultos, na padronização comportamental, na relação com as outras religiões. Houve um processo de embranquecimento epidérmico, político e ideológico da bíblia e da pessoa de Jesus.

Esta contradição marca minha história, minha formação e meu corpo. Como negro de pele mais clara facilmente fui levado a não reconhecer minha negritude, ainda que inconscientemente. Lembro-me de um livro de evangelização infantil que usava apenas cores. A cor que fazia referência ao pecado era o preto. A cor que fazia referência ao perdão, a uma vida nova e reconciliada com Deus, era o branco. Então eu chegava em casa e dizia para minha mãe que queria ter a cor dela (branca) e não a do meu pai (negro). Não é uma história qualquer, pois minha autopercepção e minha autoestima estavam atravessadas pela construção de símbolos religiosos que estigmatizavam a negritude. Existe uma leitura bíblica, feita pelas determinações sociais e políticas dos opressores, que retira a bíblia do chão da história, silencia suas tensões sociais, invisibiliza temáticas de raça e gênero, transforma Jesus num mestre religioso alheio às questões políticas de sua época.

No decorrer da minha vida, no contexto da minha adolescência e no início da minha juventude, entrei em crise com aquela institucionalidade conservadora. Minha experiência familiar era afetiva e repleta de símbolos de amor, e a minha experiência no contexto de uma Igreja batista conservadora contava também com elementos preciosos de amizade, companheirismo e interação social carinhosa. Mas já não era mais possível conciliar minha fé com os limites da institucionalidade conservadora. Havia manifestações de apreço e amizade no ambiente inter-relacional, mas o ambiente teológico sufocava minha individualidade. Eu estava descobrindo a leitura popular e comunitária da bíblia, a Teologia da Libertação e a Teologia Negra. Estava descobrindo que eu e Jesus somos parte do povo negro! Estava aprendendo que o Deus revelado na bíblia tem compromisso com os pobres, os oprimidos e as oprimidas da história. Estava descobrindo que não existe um cristianismo, mas cristianismos. Estava bebendo nas fontes de são Francisco de Assis, Martin Luther King Jr. E irmã Dorothy. Estava me inspirando na vida de Agostinho José Pereira, um homem negro que fundou uma igreja protestante em Recife na década de 1840. Agostinho falava em liberdade, inspirava-se na Revolução do Haiti, via a negritude na bíblia, condenava a escravidão. A primeira Igreja Protestante da história do Brasil foi negra, o que a historiografia e a própria Tradição Protestante, fundamentadas em uma epistemologia racista, até hoje têm dificuldade de reconhecer.

Enfim, precisei me destituir das lentes colonizadoras para reencontrar uma tradição bíblica e cristã popular, contestatória, repleta de pluralidade e com recorte negro. Descobri minha negritude, conquistei minha identidade, reverenciei a minha ancestralidade, vi em Jesus um irmão mais velho a quem devo respeito, devoção, adoração, obediência e gratidão.

Mas ser um pastor negro no Brasil é uma tarefa cheia de complexidades. Primeiro cabe afirmar que quanto mais escura a cor da pele maiores as desvantagens sociais e as práticas discriminatórias no Brasil. Como negro de pele clara não sofro as piores consequências do racismo estrutural em nosso país e esse reconhecimento se faz absolutamente necessário. Historicamente nós, negros de pele clara, rejeitamos a negritude para obter ganhos sociais. Esta não é uma análise para infundir culpa, mas para fazer justiça a fim de que possamos nos afirmar como negros e negras e pautarmos a luta antirracista.

Segundo aspecto de complexidade é que o campo evangélico (extremamente diverso e não monolítico) é composto em grande escala pela população negra, especialmente as experiências pentecostais e neopentecostais. Aqui reside uma difícil observação a ser feita: existe no campo evangélico um racismo orgânico que gera perseguição às religiões de matriz africana. Trata-se de uma população majoritariamente negra destituída de uma perspectiva religiosa antirracista. Inclusive, vem aumentando a violência contra mães e pais de santo em áreas controladas por traficantes evangélicos. Não considero adequado pensar que estas são experiências isoladas, fruto de falta de caráter e mera perversão da fé. Infelizmente existe uma teologia, inclusive derivada do protestantismo histórico, que é racista, que não acolhe a diversidade e estigmatiza todas as manifestações culturais e religiosas oriundas ou derivadas de tradições africanas. Esta violência contra terreiros é associada especialmente a experiências evangélicas pentecostais e neopentecostais. É possível que, na ponta, essa violência se materialize como derivação de ações de igrejas pentecostais e neopentecostais, mas tal brutalidade é fruto de uma teologia protestante histórica e estruturalmente racista. Contudo ainda é preciso ressaltar o fato de que existe um olhar do protestantismo histórico racista e elitista com relação às experiências pentecostais e neopentecostais. Rejeita-se a forma de culto, afirma-se que as liturgias derivadas dessas experiências são meramente frutos de catarse emocional e que geram processos alienatórios. Nada é tão simples ou simplório assim. Há uma tendência de caracterização racista a respeito do universo evangélico popular por parte dos correligionários do protestantismo histórico.

Certa vez, no Rio de Janeiro, acompanhei o caso de uma família cuja filha, de dez anos, havia sido vítima fatal da violência policial. Não há como esquecer o choro daquela mãe. Imagino que não existam palavras para dar conta de tamanho sofrimento. Uma semana depois aconteceu um culto ecumênico na escola da menina para homenageá-la, consolar a família, os profissionais e os estudantes. No final do culto, depois da fala de várias lideranças religiosas, a mãe pediu para chamar a pastora dela. A pastora se levantou; atrás dela vinham vários homens enfileirados de terno e gravata. A pastora segurou a mão da mãe e, quebrando qualquer protocolo, todos começaram a cantar. A canção dizia algo do tipo: "estou clamando, estou pedindo, só Deus sabe a dor que estou sentindo. Meu coração está ferido, mas meu clamor está subindo." Eu olhava para as duas e chorava. No meu pressuposto de teólogo formado academicamente, cheio de referências teóricas das ciências da religião e com várias críticas bem fundamentadas ao universo pentencostal e neopentecostal, eu me vi confrontado com aquela realidade: a mãe encontrava no abraço daquela pastora e de sua igreja um espaço de vazão da sua dor, de escuta de seu grito, de consolo para as suas lágrimas. Uma mulher negra, da periferia do Rio de Janeiro, que havia perdido a filha para o Estado, dizia em alto e bom som, em meio a muitas lágrimas: "só Deus conhece a minha dor."

Não conto essa história para romantizar ou para idealizar a experiência evangélica popular. Reconheço que existe no Brasil a ascensão de um determinado segmento evangélico extremista, autoritário e racista. É de fato um projeto com dispositivos fascistas que encontra eco no atual governo. Mas não se pode generalizar e estigmatizar a experiência evangélica como um todo. Existem iniciativas dentro do campo evangélico que são progressistas, tais como o MNE (Movimento Negro Evangélico). A Teologia Negra vem ganhando força e expressão, e na religiosidade popular evangélica existem registros de sobrevivência e resistência diante de uma sociedade brutalmente desigual e racista.

Ser um pastor negro comprometido com a luta antirracista é resgatar a negritude da bíblia; desautorizar uma teologia colonialista eurocêntrica que se pretende dona da verdade e definidora dos corpos aceitáveis e dos corpos descartáveis; é reafirmar laços de diálogo inter-religioso; é se colocar especialmente ao lado dos irmãos e das irmãs de religiões de matriz africana na denúncia do racismo estrutural; é dar visibilidade e contar a história de uma ancestralidade negra dentro do cristianismo; é chamar Jesus de irmão mais velho, salvador que nos liberta também da opressão racista; é fazer leitura popular da bíblia e se jogar na luta do povo, pois a fé é impulso para uma militância transformadora da realidade; é rejeitar caminhos personalistas por acreditar que o melhor da individualidade floresce na comunhão e na horizontalidade das relações; é ler a bíblia pela experiência dos oprimidos como decisão ética e melhor critério para se perceber o movimento de Deus na história.

Assim vou me construindo e me transformando, desbravando a vida e dando novos significados a minha fé. Ainda sou o menino que aprendeu o Evangelho com a mãe e a avó, que cresceu numa igreja conservadora, mas também sou alguém que se transformou e se transforma no decorrer do tempo e, em determinado momento, chegou a uma conclusão essencial que passou a fazer parte da sua construção de fé: sou um homem negro. Se toda fala a respeito de Deus é condicionada historicamente, então assumo o lugar corporal, territorial e racial da minha fala. Não posso falar de Deus sem considerar a memória, os registros e os atravessamentos do meu próprio corpo.

Vivo num país que sustentou quase quatro séculos de escravidão sobre o povo negro. Este é o país em que a cada vinte e três minutos um jovem negro é executado. O Brasil é um país de sub-representatividade negra nos espaços de poder e de decisão. O racismo não é patológico nem irracional, é a manifestação do normal e do útil nesse modelo de sociedade. Existe um massacre a conta-gotas, a naturalização de um extermínio, a construção dos corpos descartáveis, isto é, que a sociedade aceita ou até mesmo deseja perder. O normal de uma sociedade estruturalmente racista é o corpo preto abatido no chão. Existem bloqueios institucionais para ascensão do povo negro e para sua mobilidade social. A elite brasileira tem mentalidade colonial e escravocrata. A economia brasileira é racista simplesmente por não considerar a questão racial e retroalimentar engrenagens que subalternizam o povo negro. A ferida é tão aberta que paradoxalmente, muitas vezes, torna-se imperceptível. O racismo no Brasil não é velado, é escancarado, e de tão nítido torna-se normatizado; de tão visível compõe a paisagem política; de tão óbvio parece improvável. O racismo mata sob a legalidade, o direito, a economia, a mídia, o entretenimento e também sob determinada forma de cristianismo.

Em nenhum desses pontos existe possibilidade de recuo na luta antirracista. Desde que há racismo, há resistência. Um dos elementos da resistência é justamente mostrar que nós, como povo negro, somos mais que sobreviventes, e que nossas vidas não se resumem às nossas feridas, e que nosso conhecimento constitui e perpassa todas as áreas da sociedade. Como pastor negro comprometido com a luta antirracista, não me é possível aceitar o silêncio da igreja, pois tal silêncio é ensurdecedor. Sim, porque numa religião que historicamente se conformou com uma estrutura racista, o silêncio é a reprodução do racismo. Não é possível falar de Deus no Brasil sem considerar a questão racial como elemento central da espiritualidade. Como não sentir a dor do passado e a do presente? Como não se espantar diante do fato de a cruz ter sido símbolo de extermínio de povos? Como não se revoltar com a destruição de terreiros por pessoas que fazem isso reivindicando o nome de Jesus? Como não perceber o rosto de Jesus no semblante de quem sofre? É preciso devolver o Evangelho à sua raiz: a experiência concreta dos oprimidos e das oprimidas da história.

Jesus foi um judeu camponês pobre, viveu num território colonizado violentamente pelo Império Romano. Logo no seu nascimento teve que fugir da perseguição do governador Herodes. Foi levado por José e por Maria para o Egito. Uma família de refugiados acolhida no norte da África. Jesus foi um menino que sobreviveu ao genocídio operado pelo Estado e cresceu num território com a presença permanente das legiões romanas, os caveirões da época. Tinha uma origem étnica, racial e territorial marcada pelo controle político do Império Romano. O relato dos Evangelhos indica que Jesus andou com os pobres, ao lado das pessoas amaldiçoadas socialmente. Jesus denunciou o acúmulo de riquezas e a hipocrisia dos líderes religiosos beneficiados pelas estruturas de poder de Roma. Jesus venceu preconceitos e acessou a Tradição Cultural de seu povo para enfatizar valores comunitários, de solidariedade e justiça social. O centro de sua mensagem era o Reino de Deus, em que os últimos são os primeiros; os menores são os maiores; a glória está em servir e em amar o próximo; o perdão supera a vingança; os ricos são chamados ao arrependimento; o acúmulo dá lugar à partilha; a verdade é emancipação da vida e a libertação de todos os mecanismos alienatórios dos seres humanos. Jesus não viveu sob regras pré-fixadas, mas sob a liberdade ética do amor. O movimento criado por Jesus denunciou o caráter sangrento da Pax Romana e tocou em privilégios da elite religiosa. Jesus passou a ser vigiado e foi perseguido, até ser preso, torturado e executado pelo Império Romano, por ter sido entregue por líderes religiosos, ainda sendo alvo de escárnio de soldados e de parte do povo convencido pela narrativa de ódio derivada das elites religiosas. Jesus foi um corpo culpado previamente, da mesma forma que o corpo negro, isto é, marcado pela culpa apenas por existir.

A leitura eurocêntrica, colonialista e racista da bíblia tirou Jesus e a cruz do chão da história, criando uma religiosidade abstrata, sistematizada em dogmas comportamentais indiferentes ao sofrimento humano e projetando uma salvação pós-morte desvinculada das condições de existência no decorrer desta vida.

É preciso ler a bíblia por meio da corporalidade, da territorialidade e da experiência histórica das comunidades oprimidas. Esse critério é mais coerente com a determinação social prevalente da própria bíblia. Mais do que um particularismo relativista, trata-se de perceber que não há conhecimento verdadeiro de Jesus fora da experiência dos oprimidos, porque ele próprio viveu nessa condição. Como pastor negro, quero enfatizar o caráter insurgente, contestatório e revolucionário de Jesus, da sua cruz e da sua ressurreição. A ressurreição aparece como indicativo de que a vida é a palavra final, de que existe uma libertação a se fazer na história e para além dela. Vale lembrar que a morte de Jesus foi imposta por uma ordem política e religiosa, logo a sua ressureição foi uma desautorização dessa ordem. A ressurreição se constitui como uma permanente desautorização dos sistemas de morte e uma anunciação sem-fim de um projeto de vida. Segundo a memória do Evangelho de João, o Jesus ressurreto aparece com as marcas da cruz. Essa imagem é bem forte para mim, pois indica que não há Cristo Glorioso dissociado do Jesus de Nazaré. Jesus mostra suas feridas para que os seus discípulos e as suas discípulas não se esqueçam de quem ele é; essa imagem não pode ser dissociada de seu compromisso com a justiça, com os pobres e de seu ato de dar a vida por amor à humanidade.

O Corpo de Cristo está e continua presente em todos os corpos estigmatizados ao longo da história, e tal como aponta o samba-enredo da Mangueira de 2020, Jesus tem "rosto negro, sangue índio e corpo de mulher". O que para muitos se constitui como ofensa, acolho como coerência absoluta com o espírito dos Evangelhos, a territorialidade e a corporalidade existentes na vida e nos ensinamentos de Jesus.

Segundo censo do IBGE de 2010, 86% da população brasileira se reivindica cristã. Existe um tipo de cristianismo dando suporte a um avanço autoritário e genocida no Brasil. Esse projeto de morte é personificado na figura do atual presidente Jair Bolsonaro. Grande contradição! Só encontro uma forma de deixar bastante didático o que desejo dizer: quer conhecer quem é Jesus? Então olhe para o presidente do Brasil! É justamente o contrário. Vejo uma incompatibilidade irreconciliável entre os discursos, as práticas e a visão de mundo do presidente com aquilo que aprendo nos Evangelhos a respeito de Jesus. Contudo, historicamente, existe uma leitura da bíblia que despolitizou a própria bíblia e a vida de Jesus. Uma história nascida no chão da experiência dos oprimidos tornou-se objeto de interpretação dos opressores, constituindo-se assim como mecanismo ideológico que esconde, inverte e naturaliza uma realidade brutalmente desigual e racista. Os rumos da democracia e da luta antirracista no Brasil passam pelo diálogo com a religiosidade popular cristã e a disputa pelos símbolos derivados da bíblia. É nesse lugar que me coloco: ao lado de uma linda nuvem de irmãos e de irmãs, numa tarefa árdua, mas absolutamente necessária.

Reconheço as contradições desse lugar que ocupo, mas reivindico uma espiritualidade cristã que não seja mediada pelas categorias colonialistas. Tudo que os setores fundamentalistas querem é monopolizar a narrativa a respeito da bíblia, de Jesus e do que significa ser cristão. Tais setores buscam exatamente deslegitimar pastoras e pastores, teólogas e teólogos progressistas como pessoas sem fé, fazendo ativismo político em vez de proclamar o Evangelho. Isto é, reivindicam para si um lugar de objetividade, de neutralidade e de verdade absoluta. Esse exemplo fica evidente quando a imagem de um Jesus branco aparece como natural e universal, mas a imagem de um Jesus negro aparece como militante, forçada, enviesada. A branquitude se pretende universal, taxando a militância negra de divisionista. É justamente nesse ponto que enfatizo ainda mais que sou pastor, cristão, apaixonado existencialmente pelo Evangelho, confessando Jesus como Filho de Deus e referência para a minha vida. Toda fé é manifestação humana e parcial na história, mas a parcialidade dos oprimidos é o melhor lugar para se perceber a universalidade plural de Deus ou a *pluriversalidade* do Sagrado.

Enfim, é preciso disputar os sentidos do Evangelho em nome do próprio Evangelho; disputar o sentido da fé em Jesus em nome do próprio Jesus; disputar o sentido do cristianismo em nome do cristianismo de Agostinho Pereira, de Martin Luther King Jr., de irmã Dorothy e de tantas pessoas simples que usam a fé em Jesus unicamente para servir ao próximo.

É preciso, com ousadia, denunciar um coronelismo da fé tutor de corpos, perseguidor da diversidade, autorizador de múltiplas violências contra mulheres, negros, LGBTQIA+, irmãos e irmãs de matriz africana, povos indígenas. É preciso enfrentar um projeto político religioso que desrespeita a democracia e o Estado laico, buscando pautar legislações e políticas públicas a partir de confissões fundamentalistas de suas doutrinas religiosas. Este enfrentamento precisa considerar o caráter popular do fenômeno religioso e a espiritualidade como aspectos constitutivos da experiência humana. Do ponto de vista do cristianismo, lugar a partir do qual eu falo, é preciso ler a bíblia e a tradição cristã baseando-se na experiência histórica dos oprimidos, tendo a dimensão racial como absolutamente central. Fico imaginando o repertório bíblico ser usado, como muitas vezes já foi e em muitos lugares ainda é, para animar a luta por justiça social e ecológica, por terra e por moradia, por respeito à diversidade, pela superação das opressões estruturais. Existe luta negra e antirracista no meio cristão. Existem pessoas que não abrem mão da fé em Jesus de Nazaré e que se recusam a entregar o sentido dessa fé aos fundamentalistas colonialistas. Existe uma pulsante teologia feminista, mulherista, negra, de vocação inter-religiosa, de perspectiva decolonial no meio cristão. Para além desses movimentos organizados, é preciso interpretar os dispositivos progressistas existentes nas comunidades de fé evangélicas que se espalham pelo Brasil. O que existe nessas experiências indicando estratégias de sobrevivência comunitárias e empoderamento de individualidades massacradas?

    Concluo afirmando que não há possibilidade de democracia verdadeira no Brasil sem a superação do racismo, e que a superação do racismo passa também pela retirada da bíblia das categorias interpretativas dos opressores e de seu retorno ao chão de Nazaré: o lugar dos oprimidos e das oprimidas das histórias. Enfim, num país tão marcadamente religioso, um Deus negro é fundamental para a superação do racismo.

RICO DALASAM

Jefferson Ricardo da Silva é cantor, compositor e um dos mais proeminentes rappers da vertente conhecida como *queer rap*. Escolheu Dalasam como nome artístico por ser acrônimo da frase "Disponho Armas Libertárias a Sonhos Antes Mutilados".

FRONTEIRA TAMBÉM É LUGAR

Tudo indica que
seja esse um poeta que passou batido,
com o coração partido,
por um amor detido
e uma camisa do Eto'o, que o alvejante alvejou,
onde a bala alvejou; penso pôôô...
Por que antes de ser preso a gente não beijou?
Nessa altura o terço e o meio
o vice e o verso, a marcha e o freio
fermentaram um pão
araram um chão decorando a cena,
quando prendem um do amor os dois cumprem a pena...
Prometo não ficar nisso, mas pra te trazer o contexto
abordei o tema enquanto o sol adentra um quase setembro
onde nasce o cupuaçu, dos rios aéreos que aguam o extremo da américa
do sul.
Antes de chegar no tempo que chamo de agora
a gente vai à janela entender lá fora,
a rua sem saída ensina daqui que é preciso voltar pra dar sequência
e que até nisso viver aqui é ser metade ausência
parte bar parte igreja e decibéis dos seus apelos,
aqui deve ser o lugar do mundo onde mais cortam o cabelo, muitas belezas buscando um salão muitas princesas buscando um vilão, e muito
mocinho em cima da moto, vou ver se me deixam botar uma foto,

dessas cores quentes que a unhas e dentes driblam as manias
da parcela fria que alega medo e justifica assim o tratar mal e acham ruim
se dói e a gente grita,
se não é a gente que parcela em mil e sempre quita, se não é a gente…
aaah se não é a gente.
Agora você deve ter pegado o pé da situação, no mapa, no solo, onde
deus não dá colo e o que verte dos poros é o instinto de aceitar a missão.
Se ficar chato pare de ler, às vezes parto das dores pra alcançar o prazer de
um outro nível. Não há fantasia, falo direto de um lugar indisponível, se
fui amado não sei, mas quando amei parti, foi bem longe daqui que fui
ter ciência que no amor se eu não criar meu lugar vou morrer sem experiências…

Desembarcar por aqui nessa confusão dos trânsitos me faz pensar que
o tráfego é a continuação do tráfico, transatlântico, uns com o sonho
já mais pra frente, a maioria com o sonho mais pra trás quando ainda é
segunda-feira e parece não dar mais, vou colhendo flores pra não correr
lágrimas, chorei sentado na estação, cansado de ser forte, me sentindo
atrasado um pouco pra viver de canção protejo as asas dos meus versos,
ainda são filhotes, crescerão conforme o tempo e o tempo certo é o mais
forte.
De manhã eu jorro vida e lembro que expus meu corpo pra guardar
minha mente e o menos tenso é rir por extenso pra quem eu nunca vou
abrir os dentes.
Essas palavras são armas de analfabeto, flores aos mestres, estudo dos
doc, mas vivo à procura de palavras mágicas cada vez que minha melhor
amiga sofre.
Não posso achar que é tarde, já basta quando abraço a mãe de um amigo
no enterro, parece quase nada, mas vale olhar o carrossel e ver os filhos
do carroceiro, estou cheio de ser travesseiro de quem precisa jogar duro
sem poder saber o passado, sem poder ganhar presente e tendo a culpa
de ser o futuro. Meus sonhos são gigantes, antes não fossem, estou desenhando um coração onde todo dia apagam um monte, nesse expresso
sul da américa onde madereira tem pressa, e o moletom que esquenta o
peito é o mesmo que limpa a peça, pois nem todo verde é natural, mas

toda madeira foi árvore, barriga quer devorar, fome quer baforar, américa ninguém quer acolher.
Aqui é um tipo de abismo em que você ouve o eco das cabeças e nada dentro, e plantar uma semente em uma cabeça dessa é ser a chuva, o pássaro e o vento.
Um verme preso na ideia que tem de foder com a vida de quem não dá mais pra explorar me fez quebrar a régua que mede meu talento, e hoje eu mesmo abro o caminho que vai por lá.
Deve ser assim que nascem as rezas, que a gente faz com calma quando o coração tem pressa, assim que batem os feitiços que a boca joga baixinho. Ei, fictício, você não conhece meu início.

Meu bem e meu mal é duvidar da história oficial, e no meu peito atual só dá pra dizer como eu amo, se na fonte eu descobrir o onde e na história eu olhar onde eu posso. Porque
não posso esperar mais 10, 15 anos
pra dizer como eu amo.
Como é invisível esse elo!
E que amar sempre é um privilégio!
Eu fui vítima de um bem sincero.
Ao lado
querendo a folha de caderno.
Eu passo!
Senti na barriga:
é um inverno, um embalo
que me levou à força.
E eu me vi fraco.
Tomado de um medo indomado,
atuei, frio, em cenas tão longas…
Conheci a dor, que volta como as ondas.
E, sempre que houver uma razão, ela aponta.
Se tu deixar, ela apronta.
Cheguei!
Mc pra fã da Britney.
Às vezes deprê,

igual na morte da Whitney.
Ensino de um livro que aprendi sem ler.
A dança de um hit antes do hit ser.
Saio nas ruas, reparo nas donas:
gola rulê, saia godê.
Ao correr nas dunas que a perna afunda.
Mas hoje não passa, não posso perder!
Saí da farra da orla,
entrei na mata
atrás de um amor.
Manauara moiado.
Fiquei dois anos bolado, ferido.
Demorou pra ser esquecido.
E o brilho do olhar de um catarino
fez meu verão, foi meu cassino.
Me vi mais homem que menino
na foto de volta pra Sampa sorrindo.
Sampa, cinza, rosa, onde
só alguns transam,
desses,
só alguns gozam.
Nela, minha vida é um táxi
na fuga do moço com um tênis da Traxx.
No fundo da sala da oitava vi:
a lousa não me animava.
Eu fui melhor aluno do amor
e nunca secou na fonte que minava.
Amei sem posse.
Amo!
Chapei sem dose tanto
que qualquer copo de afeto e assobio
já era Dom Pérignon e piano.
Vale mais amar, seja como for.
Tortura é viver em falsos grilhões.
O medo é maior rival do amor.

O mundo é melhor vivido a dois.
Vale mais amar, seja como for.
Tortura é viver em falsos grilhões.
O medo é maior rival do amor.
O mundo é melhor vivido a dois.

Achei sua lista de lugares para ir em bali
e algumas fotos que nós tiramos no trem
queimados pelos raios de um sol covarde
dos dias que passamos em belém.
No meio do rio se esquece que é margem
desfigura e vira figura de linguagem.
Não é todo ator que segura
filme de dor que a gente figura.
Ser real é ser assim
e se não soube me ler não deslegitime.
Alguém que te fez rir igual eu, quem? Diga
quantas vezes foi feliz outra vez hein, tica... no raso eu pareço um sonho,
mas no fundo eu sou uma lista.
Encontros que eu não vou porque se eu for eu fico, onde alguns têm asas
outros têm fanfic.
Eu não passo eu fico, é sem paz que eu pacifico. Não posso ser religioso e
ser um bom negócio.
Tenho que escolher quiçá ser eu quiçá ser dócil.
Que sacerdócio, de falta de chance, que encurrala o honesto, que transforma o instinto e põe preço na dignidade, quem faz de um tudo por dinheiro está fadado a mil saudades.
Falando nisso: periga eu te encontrar, com um caso novo e um filho.
Malas, passagem e trilho, alma lavada e brilho. Voltas como um planeta não como quem rebobina, no giro que o tempo deu, deu que a gente não combina.
Ninguém está mais no mesmo lugar, nem à frente nem atrás, das coisas que o tempo fez, nem das coisas que o tempo fez nem das que o tempo desfaz! Mágoas de estimação, raivas eventuais, quem sabe o que cessa os vendavais, desvenda e inventa outros finais!

Djavan chama paixão de cela, trevas loucas de um samurai, ser encontrado é o pior na guerra, se encontrar é melhor na paz!

Desde que vim parar aqui tenho sonhado todas as noites com possibilidades de liberdade que não me passavam pela cabeça durante os corres aí fora… Esta manhã fui longe para um lugar onde tudo o que tínhamos era paz pra que os nossos nos desembolem sem perder o gás.
Fecha essa Coca e gele
pra todos os terrores, eventuais chás
e modéstia à parte o cuscuz tá déli.
Temporadas de praias sem temporais.
Chuvas pra regar o que a gente planta e cresce entre os destilados pra desfilar nus frente ao mar enquanto amanhece. Dez anos bons e depois mais trinta, vivendo dos versos que o pai escreve, olhando pra um Matisse e suas tintas com planos de ir a nice em um verão desses, sem invernos em nossas vidas, se o sol bater para o sul, a gente desce hemisférios entre trampos e férias, entre bimotores e barco a vela, felizes em postais em fotos surreais para dar notícias aos nossos pais com risos, lembrando de quando tínhamos redes sociais entre outros delírios. Binóculos com foco, vinhos para a balsa da espanha até o marrocos entre tecidos livres de impostos, louças, estampa, sem nenhum perigo, vivos.
Entre embriaguez barata em casais garcia,
acumulando memórias fora de série,
meditando a força kundalini, em banhos que nem só a coluna fica ereta.
Já tive 21 em New York City, hoje sem ódios, opa, odeio cheddar,
Moogs e koorgs pra tocar vidas,
cavalos velozes pra dar a
fuga certa. Ciganas das bandas da Rosália
disseram que o céu vai indicar a seta, ancestraliza em mim igual cítaras e senta em mim igual seda e pede…
Foi quando acordei, e todo dia é assim,
outra noite eu sonhei que era meu último dia aqui, e eu te ligava pra avisar dizendo:
que bom que eu volto hoje!! Pra mudar tudo, o estrelar, o céu estalar o estrado, e te pintar um quadro, e te pintar a pele, te ligar a telepatia e

lembrar casais que fomos no passado, numa outra África, numa outra Grécia te imprimi na gráfica, arte periférica, e eu te colei em lambe, e te lambi na selva onde todo alarme era alarme falso. Atravessamos a balsa, vivemos da pesca, e o banho de sol era a vida inteira... Tudo em um dia que passo longe, que bom que eu volto hoje!! (Pra olhar pro teto e te arrancar dele com o maior dos beijos e menor dos olhos, abrir todos os feixes, colher dos cachos, só o necessário pro nosso sustento e ter nosso jeito de casal, sonho onde nosso corpo se atravessa memo, e acordar é um pretexto pra se amar de novo numa visita íntima a qualquer momento, e que a única sela seja tu por baixo e a contagem seja em outro tempo e o indulto te solte no peito, e um mundo que daqui não posso, tudo em um dia que eu passo longe! Que bom que eu volto hoje.

VALÉRIA BARCELLOS

Valéria Barcellos é multiartista: cantora há quase trinta anos, atriz, DJ, performer, escritora, aspirante a fotógrafa e artista plástica, "artevista" e milituda. Fala inglês, francês e espanhol. Também é faxineira. Ela é a vontade transhumana de dar vez e voz às mulheres pretas e trans. Negra, sagitariana enfezada e trans, uma mulher que quer tudo ao mesmo tempo. Uma mulher que é tudo o que quiser.

"PRETAGONISMO", POR QUE ELE INCOMODA TANTO?

"Pretagonismo", ou protagonismo negro, é um neologismo criado para explicar um pouco algo que NÓS não temos há muitos séculos. Esse "nós" atribui-se a negras, negros ou negres. Sim, eu também uso a forma neutra de quando em vez, o que certamente o incomoda, mas ao longo de toda essa minha escrita faço questão de relembrar de muitas formas, até mesmo literalmente, que, embora não pareça, estamos em 2021 e, embora não pareça também, muita coisa mudou e ainda vai mudar.

Uma enxurrada de informações, notícias, imagens e perfis nas redes sociais vêm bradando em prol do antirracismo; um clamor que invadiu as nossas telas de TV e os computadores no mês de agosto de 2020. Houve também um movimento de artistas brancos cedendo suas contas nas redes para pessoas pretas, a fim de que elas pudessem falar e serem ouvidas. Válido. Mas se vocês repararem em alguns comentários racistas escritos nessas postagens e nessas notícias, saberão o quanto esse movimento foi e é urgente e necessário, embora necessitemos pensar e querer mais. Demolir o protagonismo branco é um bom começo. Embora no nosso país, diante de tantas evidências, isso soe (e seja) pleonástico. Precisamos falar sobre o que é estabelecido e pôr a mudança em prática, antes de qualquer coisa. Mas queremos mais, queremos tudo. Atente-se para o conceito de tudo. O tudo a que me refiro é o tudo que a branquitude perpetuamente oportunizada tem. Esse "tudo" são as mesmas oportunidades de direito e de protagonismos, de liberdades, de escutas, de falas, de opiniões. Todas essas coisas. Todas.

Aparentemente, as múltiplas, bem arquitetadas e nem tão novas formas de racismo se escancararam de vez e saíram das profundezas mostrando sua cara, ao que parece do nada, de súbito. Mas, não, não foi bem assim. O racismo esteve e estará muito tempo por aqui. Bem visível para nós, negres, e disfarçado, camuflado aos olhos da branquitude. Afirmo que ele ficará por muito tempo, porque não o estamos combatendo de forma certa. Pense naqueles shows em que o mágico desvia a atenção da plateia, distraindo-a com uma das mãos para fazer o truque acontecer com a outra. É esse o ponto: a nossa atenção foi desviada nesse combate e, assim, distraídos, olhamos para outras direções. Estamos perdendo para o racismo, pois tem se estabelecido a prática errada para combatê-lo. Tentamos acabar com ele, mas, na minha opinião, a estratégia correta está em outro foco. O racismo em si é uma ideologia criada, alimentada e bem nutrida por um sistema enraizado e adubado, cuidado com zelo diário. Estamos tentando acabar com o racismo, mas o correto mesmo é acabar com os racistas!

Perceba também que sempre em situações racistas, o/a cidadão/ã, após ser pego e corrigido, usa argumentos batidos e básicos. Primeiro a patologia: "ele(a) é doente", "é louco(a)", "não estava num bom dia", "ele(a) nunca foi assim", "ele(a) usa drogas e/ou remédios controlados, por isso o destempero". Em seguida, a pessoa pede perdão "porque não sabe muito do assunto" ou então "não sabia o que falava". Depois, fala que "tem muito que aprender" e, geralmente, quando a situação é extrema ou pesada demais, argumenta com as frases: "Não sou racista, tenho amigos negros, minha bisavó era negra", "somos todos da raça humana", "no Brasil ninguém é branco" e blablablá. Por fim, há sempre um pedido de desculpas protocolar, feito quase que à la "Ctrl+c+Ctrl+v". E seguimos tendo que explicar e mostrar o óbvio.

Embora não pareça, repito — eu avisei que faria isso —, já estamos em 2021, ano em que, ao menos na minha "transinfância", eu sonhava em ver carros voando e teletransporte, bem ao estilo *Jetsons*, aquele desenho animado futurista famoso nos anos 1970. Jamais me passou pela cabeça que teria que explicar conceitos básicos de bem viver em sociedade e o que é ser ou não ser racista para gente que sabe e finge não saber. Não! Realmente não admito e nem concebo explicar tanto e tantas vezes a mesma coisa. O acesso à informação está aí, literalmente na palma da mão. Não aprende quem não quer.

O mais curioso e inconcebível é observar que muita gente com todo o acesso possível à informação não aprende e não deseja aprender, ao passo que outros tantos que não conseguem acessar determinados espaços e muitas vezes não têm a oportunidade de aprender, esforçam-se com uma gana e um afinco inigualáveis. Não se pode mais admitir a ignorância orgulhosa, o argumento puro e simples da ignorância.

A meu ver, aí está mais um erro: admite-se, aceita-se, e nada se faz para "punir" a pessoa que está errada e que sempre esteve — não me refiro aqui, obviamente, a punições físicas e brutais como as infligidas a nossos antepassados africanos. Antes de mais nada e acima de tudo: não! Isso não é uma tarefa da negritude, assuma suas próprias responsabilidades, "querida branquitude". Pare de nos ver como "Blackpedia" ou — para os que como eu são de tempos menos digitais — "Barsa para assuntos de negritude", prontos para explicar tudo na hora que quiser ou necessitar escapar de situações racistas criadas e protagonizadas por você mesma. Cabe a você tentar se lembrar de tudo que já foi visto, revisto, vivido, sofrido, falado e tentar entender e ouvir atentamente o que estamos mostrando, aos berros, de forma literal, há séculos.

Aprenda também matemática básica. Aprenda a calcular e faça uma conta simples: 1500-1888 = 388. Essa é a matemática da escravização documentada, apresentada e descrita a brancas mãos nos livros de história do Brasil ou, como costumo chamar tais livros, nos "diários da branquitude". Digo isso porque a história real, não documentada e sentida, durou bem mais e perdura, em muitos aspectos, até hoje.

Precisamos, urgentemente, parar de tentar mostrar algo a quem não quer ver. Se você, branco, aprendeu sozinho a discriminar, que aprenda sozinho a não fazer mais isso. Nós já estamos bem cansados de teorizar, explicar, reexplicar, "rerreexplicar" e nada! Você sabe muito bem o que faz/diz e o que sempre disse/fez. A diferença é que agora as informações se espalham e as provas estão aí, na cara! (Como bem disse Will Smith: "agora [vocês] estão sendo filmados").

A essa altura você deve estar se perguntando: "o que devemos fazer, então?" Primeiro digo o que não fazer: pare de querer explicações, palestras, falas ou de fazer aquilo que você chama de "oportunizar pessoas pretas" com uma pauta criada pelos brancos e para os brancos. Para mudar uma narrativa antes de tudo é urgente trocar o narrador. Ouvir uma história com tamanha riqueza como a nossa exige assimilação, escuta sensível e nenhum "mas" em seguida. Entenda e exercite seu pensamento para perceber que absolutamente tudo — e faço questão de frisar a palavra tudo — a sua volta foi e é criado, pensado e executado para estar à sua disposição. As estruturas de vida, de sociedade, de vivência e principalmente de dignidade não foram pensadas por pessoas negras, com pessoas negras ou para pessoas negras, porque não nos foram dadas as opções de falar ou de opinar. Para você, branquitude, é fácil acessar tudo, ver seu reflexo em tudo, você nunca esteve em outra situação, e isso faz com que em muitos casos não entenda nossa luta nem o que estamos reivindicando.

Você não compreende as desigualdades entre brancos e negros, porque elas não a atingem diretamente. Você não tem espaços negados ou segregados. Você se vê em todos eles. Você nem sequer compreende a falta de algumas coisas que lhe parecem tão corriqueiras, porque sempre as teve, mas que são reivindicações para nós. Isso para você soa normal e é normal, de fato, se pensarmos com calma. Afinal, normal vem de "norma", e a norma é branca e cisgênera. Não nos contempla, não nos abona.

Pare de fazer inclusões. Não nos inclua. Entenda isso da seguinte forma: exclua-se em algumas situações. Reveja o que é oportunidade para você mesma e o que é realmente oportunidade e importante para a negritude. Atmosferas e linhas de discussão propostas por você, branquitude, não nos oportunizam nada, só nos dão trabalho ou, como você diz, um "job", geralmente sem remuneração — nem preciso dizer o que isso lembra, né? Basta voltar à conta que fiz anteriormente e relembrar de um sistema parecido, que existiu no início da formação deste país e explorava a mão de obra sem pagar nada.

Você sabe onde achar informações. Sabe como verificar a veracidade de tudo. Na hora que o seu erro é apontado e o escândalo é escancarado, você pensa em nos ouvir, mas por que não ouviu e aprendeu antes? O que o faz pensar que um pedido de desculpas protocolar, às pressas, o exime da responsabilidade real de não nos ter ouvido e sido sensibilizada antes? Bem, valendo-me de um hábito seu, respondo a minha (nossa) própria pergunta: a norma; o normal. O normal de antes, do "antigamente", o normal "daquele tempo" em que se fazia tudo parecer engraçado, cotidiano, trivial, inocente e não ofensivo. O normal dos anos 1970, dos tempos de TV à válvula, de casas com "dependências de empregada". O normal do uso do termo "mulata", de expressões como "negro de alma branca" ou de afirmativas como "fulana é tratada como se fosse da família". Toda essa normalização reflete a sua vontade de não fazer ou mudar nada. É a arrogância das certezas, dos sobrenomes, das posses, das contas bancárias, das universidades.

O normal de ter pressa e outras coisas a fazer. O normal de ter "certeza de não ser racista", de ter preguiça de ouvir e da convicção de que isso não vai afetar ninguém. Você não fez nada porque não quis.

Nós realmente nos cansamos de toda essa falácia do "quero escutar você". Isso é uma mentira repetida para que você mesma se convença, mas agora queremos falar e sermos ouvidos, e, você, branquitude, para não fugir à regra, não ouve. Você escuta o que quer, o que combina com sua própria noção de algo que não existe. É preciso, sim, conversar, mas nós já estamos fazendo isso há séculos, sem sucesso. Toda vez que me vejo "rerrerreexplicando" conceitos básicos de dignidade humana, me sinto tal qual a professora que está dando a aula da matéria que vai cair na prova, e o(a) aluna(o) não está prestando atenção, porque "acha que sabe", ou porque "o colega vai passar para ele(a) a matéria", ou porque "nunca vai usar isso na vida", ou porque "essa matéria é para quem vai ser médico(a) e eu serei astronauta, logo, não preciso". É mais ou menos isso. Já fui professora de *baby class*, e sei razoavelmente como funciona. Algumas explicações e as inúmeras repetições necessárias para que o conteúdo seja assimilado soam tal e qual as aulas que eu dava às crianças, com a diferença de que elas sempre prestavam atenção e ouviam respeitosamente. Parece louco, risível, mas é desesperador.

Quem você realmente acha que criou a divisão do ser humano em raças e que instituiu que negros são raça inferior? Quem inventou o racismo e essa diferença torpe e assassina? Pense nisso. Não venha com a expressão cretina e batida: "raça humana". Isso é uma balela imbecil derivada de uma tentativa de inclusão. Não somos todos iguais e é justamente essa argumentação imbecilizada para provar isso a todo custo que nos separa ainda mais. Não estamos no mesmo barco. Navegamos no mesmo mar, mas uns estão numa jangada e outros num transatlântico. Entenda isso.

Pense: se quer nos incluir é porque somos excluídos, embora se insista em dizer que não somos, o que é contraditório. E aí eu pergunto: há como se "autoexcluir" de uma vida digna e privar-se de um mundo sem preconceitos? Nós realmente somos os culpados por nossas próprias exclusões?

A onda de exposições racistas me deixa feliz. Fico feliz em saber nome, sobrenome e ver a cara dessa gente racista. Estou realmente feliz com tudo isso e não posso negar. É bom ver a branquitude se digladiando e sendo exposta em vídeos, em processos e em outros meios bem ali, na cara, na "claridade". Sim, isso está longe de ser o ideal, mas é bom para sabermos quem usa máscara e quem está a fim de ajudar realmente.

Peço também que a branquitude não use o argumento de que o mundo está chato e mimizento, e que nada se pode fazer ou dizer agora. Nunca diga isso, por favor! Entenda: se você sente falta da liberdade de poder fazer piadas e comentários racistas, gordofóbicos, transfóbicos, homofóbicos e afins é porque o problema é você e não o mundo. O politicamente correto não existe, existe o que é correto e pronto e o correto sempre foi e sempre será não discriminar ninguém.

Precisamos contemplar a dificuldade de acabar com o racismo. Necessitamos, certamente, de um olhar mais apurado e atento para os racistas, pois esse olhar distraído faz com que acabemos não os identificando muito bem. Mas aviso que há um dilema: estamos realmente preparados para acabar com o racismo sabendo que para isso teremos que identificar os racistas, que por sua vez podem ser nossos pais, nossas irmãs, nossas mães, nossos(as) namorados(as) ou até nós mesmos?

Antes que você diga que negros são racistas também, lembre-se de que a maior vitória de um ignorante perante um carrasco não é acabar com o algoz, é ser o carrasco. E é por isso que a branquitude ainda está incitando os negros a pensarem assim, impondo esse conceito. De ser como o carrasco, ser o carrasco.

Essa narrativa até aqui soou cruel e raivosa?

Talvez... Mas que tal voltarmos a 1500, quando milhões de indígenas aqui... — preciso recontar aquela longa e secular história...

Se quando tudo era escancaradamente permitido por pura desinformação a vida era melhor para você, saiba que terei que falar mais uma vez que estamos em 2021 e, embora não pareça, o futuro tão esperado já chegou. O amanhã já é hoje. Um amanhã com ares de passado, ares coloniais e escravagistas, mas que materializa aquele amanhã que você queria e que aqui está. Se antes a enciclopédia Barsa era nossa arma, hoje uma de nossas armas é a internet. Temos muito mais informações, as de antes e as de hoje somadas, em velocidades impensadamente diferentes do ontem, é bem verdade, mas com a certeza de que em ambos os casos o mundo muda, a língua muda e as pessoas também.

Talvez muitos pensem em retrocesso. Discordo. Em 1500, quando os exploradores — no pior sentido da palavra "explorar" — aqui chegaram, trouxeram morte, desrespeito, humilhação a mulheres e homens indígenas, além do roubo e da destruição da cultura e dos ritos desses povos. Isso era 1500, parece 2020, ou 1964, mas era 1500, tal qual lá, hoje aqui. Não se pode voltar a um lugar do qual nunca se saiu. Avançamos em datas, mas não em mentalidade, para muitas cabeças ainda estamos lá, nos preceitos de 1500.

Cuidado: a história atropela quem quer ficar no passado, e como bem disse Belchior o "passado é uma roupa que não nos serve mais". Roupa que não serve é trocada, ou jogada fora, simples assim.

Que fique entendido que esse texto foi escrito como um alerta à branquitude e aos racistas. Se algo nele ofendeu você, já identificamos mais um racista por aqui.

PRETAGONISMO

Nosso corpo preto é parlamentar, ou seja, ele fala por si: toda vez que uma pessoa negra adentrar qualquer espaço, esse corpo negro vai falar algo para quem vê, e, geralmente, é algo relacionado à norma branca. Vozes mentais da branquitude, eu diria, que raríssimas vezes estão alinhadas com a mensagem real. De fato, esse corpo fala uma língua bem direta e objetiva, mas o interlocutor e ouvinte branco lê e ouve outra coisa. Parece que automaticamente é sacada uma cartilha pronta de interpretação de conceitos e o texto é sempre o mesmo: esse corpo negro não pode ser protagonista, ele deve ser subalterno, marginal, sexualizado, ou tudo isso ao mesmo tempo. Ele vira então um corpo intruso, que é detectado por olhares, por respirações ofegantes e por algumas mensagens subliminares que o indicam *"persona non grata"*, ou por outras mensagens nem tão subliminares assim.

O corpo preto em destaque causa imediatamente desconforto e desconfiança, nem sempre oralizados, porém os (pré) conceitos se traduzem em frases como: "esse preto que está aqui deve ser segurança, faxineiro e afins" ou, se por acaso o corpo é de uma mulher cisgênero, "ela certamente ofereceu favores sexuais". Nossa capacidade é inferiorizada constantemente, posta em cheque e nunca, ou raríssimas vezes povoa o imaginário das pessoas a ideia de ocuparmos grandes espaços de poder. Nosso corpo e protagonismo são sempre bestializados, ou seja, comparados às bestas fortes, aos animais com força descomunal para trabalhos físicos. Gosto de fazer um parêntese aqui. Muitas vezes ouvi chamarem a minha mãe, as minhas tias ou até eu mesma de "guerreira". Durante muito tempo não entendia o meu incômodo com essa expressão e vislumbrei muitas vezes o orgulho das mulheres da minha família com o "título". Entendi mais tarde o que me incomodava. Era como se fôssemos feitas para isso, nascêssemos e estivéssemos prontas para guerra, para uma luta que não era nossa, mas contra nós, e que esse seria o nosso destino. Guerreiras da sobrevivência, uma romantização das nossas agruras, das nossas dificuldades, das nossas lutas e das nossas mazelas.

Guerreiras, prontas para guerra, nascidas para isso.

Atentei também, depois de crescida, que o conceito de guerreiras que tanto atribuíam a nós não se equiparava em nada às definições das narrativas consumidas e/ou admiradas. Vi que as grandes guerreiras do imaginário eram brancas. De fenotipia e vida bem diferentes da minha, da minha mãe ou das minhas tias.

As guerreiras, para os que assim nos chamavam, eram a "Mulher-Maravilha": brancas de cabelos lisos, traços finos e olhos claros, e a Xena, igualmente branca, de cabelos lisos, traços finos e olhos claros, ou seja, em nada lembravam a mim ou a nenhum dos meus. As guerreiras que atribuíam a nós, na verdade eram aquelas que lutam até a morte por um espaço que nunca terão, pois não pertencem a um imaginário ou a lugar algum.

Falando em imaginário, ressalto ainda que o protagonismo do corpo trans em espaços de poder ou em quaisquer outros que não pautem a marginalização compulsória e elucido que não posso explicar ou exemplificar a presença de corpos trans em espaços de protagonismo, porque essa presença nem sequer é cogitada, pensada ou imaginada. Se a presença desse corpo incomoda mesmo no mundo da marginalidade compulsória, pois nem onde o colocam é possível reivindicar dignidade, e por sempre a solução é sua inexistência e/ou extirpação total, como/por que ou para que pensar uma situação de protagonismo?

O corpo preto e trans é marginalizado, e constantemente lembrado do seu lugar de margem, e relembrado para que não se esqueça desse local, e para que ali permaneça, nesse muito, nesse tudo, e nesse todo de sua vil existência. Isso não é novo em nenhuma situação para corpos pretos trans ou cisgêneros. Nunca mudou, sempre foi, mas nem sempre será ao menos, se depender de cada tecla que digito agora e que digitarei durante a minha vida, não será assim enquanto eu usar da escrita como ferramenta de denúncia.

A falta de "transpretagonismo" é um filme de horror com direção, roteiro e protagonismo branco e cisgênero. E toda vez que você disser que não tem culpa nisso, pense em todos os comentários e nas situações racistas/transfóbicas que você presenciou e nada fez, ou até naquelas que você mesmo provocou. Minha voz aqui parecerá um pio fraco em meio a um ulular de hienas. Mas continuarei falando mesmo que ninguém ouça. Alguém terá que ouvir em algum momento.

Toda vez que você pensar em "raça humana", lembre-se da disparidade de oportunidades entre nós da "raça humana". lembre-se que enquanto as mulheres brancas falavam em feminismo, as mulheres negras estavam trabalhando fora de casa e cuidando dos filhos dessas mulheres, como se fossem os seus próprios filhos, limpando as casas de suas patroas, ajudando e amando essas crianças.

Enquanto brancos estudavam, negros trabalhavam de sol a sol para que os primeiros pudessem ter educação, sobrando aos negros os calos nas mãos.

Enquanto brancos comiam, amas de leite ofereciam suas tetas para crianças brancas não morrerem de fome e para evitarem o "deformar dos corpos das senhoras", sobrando para os filhos dessas mulheres migalhas aguardadas em casa.

Enquanto o padrão de beleza era (?) branco e esguio, nossos narizes largos e nossos cabelos crespos eram chacota e comparados a utensílios domésticos. Enquanto brancos representam a elegância e a finesse, negros são comparados a animais. Enquanto nos bairros nobres há venda de entorpecentes, nas favelas só há marginalidade e tráfico.

Esse é o pensamento da norma. Entenda: ser "transpretagonista" é muito mais do que usufruir de um empréstimo de contas ou de perfis em redes sociais. É mais do que ter uma ou duas horas de fala em qualquer lugar ou evento. É falar com sua própria boca, sem dublagem ou sem legenda, afinal, se você estudou, ouviu e assimilou a linguagem, quando explicarmos você entenderá tudo sem necessidade de tradução.

O TRANSPRETAGONISMO

Toda vez que falo em corpo, falo de presença, de ocupação de espaços e de tudo que esse corpo fala, naquele conceito de "corpo parlamentar", que fala por si, brilhantemente explicado a mim por Elisa Lucinda.

Gosto de lembrar das falas sábias da atriz e pensadora trans Magô Tonhon que diz que "somos tal qual uma cebola, em camadas que se sobrepõem umas às outras, mas que somente juntas formam algo e não se pode existir um alguém oco, essa pessoa é formada de saberes e conceitos, e camadas".

Ela quis dizer com isso que somos a junção de nossos muitos eus. Eu, por exemplo, sou uma mulher negra, trans, pobre, artista e assim sucessivamente. À medida que essas camadas vão se desnudando, mais e mais se revela um ser único e particular. Todas as pessoas são assim, como cebolas, com camadas. Uma aparece mais que a outra, mas cada uma tem uma função específica e é preciso lembrar que todas em suas especificidades são importantes. A fenotipia da minha negritude aparece primeiro, mas não exclui os preconceitos e as violências pela minha transexualidade ou pela minha classe social, e por aí vai. Por vezes, vi pessoas exaltando mais uma camada do que a outra, mas tenho para mim que uma camada sozinha é só uma camada, importante num todo, mas insuficiente isolada, uma vez que só todas juntas formam a "cebola" que somos.

É importante ainda nos lembrarmos de que dependendo dos contextos ou lugares que a pessoa está/habita/permanece/se move, serão sempre definidas as camadas que terão acesso ou apontamento imediato para serem alvo de violência, isto é, em certos lugares, camadas certas para serem alvo ou de glorificação ou de espúrio.

Eu, uma mulher trans preta, por exemplo, em um meio formado por pessoas pretas, serei a mulher trans e não a preta, e isso em alguns aspectos vai disparar gatilhos de violências. Não coloco aqui uma hierarquização de importância de problemas. Nunca. Problemas são para ser resolvidos e nunca comparados, mas aponto algo a ser notado.

Assim o transpretagonismo ainda é tão utópico que nem sequer é pautado ou pensado atualmente... Um exemplo clássico é a discussão antiga — e também atual — sobre pessoas trans nas artes cênicas (teatro/TV/cinema e afins). Fala-se sobre a necessidade de pessoas trans protagonizarem ou não as suas próprias vivências. Isso gera a "pergunta de um milhão de euros": se atuar é (quase) um faz de conta, porque então pessoas cisgêneras não podem interpretar pessoas trans? Pode ou não pode?

A resposta é simples e direta: no momento, não podem, não. Temos no Brasil um debate tímido e muito melindroso sobre o assunto, e por muitas vezes ofensivo e preconceituoso para conosco, as pessoas trans. Mas é simples de explicar por dois vieses essa justificativa que, para muitos, parece tão segregadora: primeiro, pela falta de equidade de números em vagas de trabalho no meio artístico e, depois, pela falta parcial ou total de acesso a todas as ferramentas de qualificação e de formação de pessoas trans.

Pense em uma fatia da população que tem uma carência gigantesca de acesso à informação, à formação (básica/média/superior) e às oportunidades de trabalho. A máxima de que a arte abraça/abrange todos é inocente demais, falastrona e mentirosa. A competição no mercado de trabalho parte sempre e cada vez mais, da qualificação e da utilização de todas as ferramentas de pesquisa, de acesso ou de conhecimento. Porém quando falamos de pessoas trans, temos de pensar em muitas situações de carência de recursos, de recusas e de bullying.

Uma mulher trans preta periférica que luta para estudar atuação, por exemplo, terá de competir "de igual para igual" com a cisgênera branca de um bairro nobre que tem condições de atuar em qualquer parte da cadeia artística, incluindo todo seu privilégio de circulação nesses espaços, o que gera também networking, ou seja, mais possibilidade, e ainda se sentir incluída… Porém, no seu único e maior ponto de oportunidade e de inserção, isto é, sua própria história, essa mulher trans preta nem mesmo pode opinar ou se colocar em seu próprio lugar, pois há uma pressão por padrões que, por um lado, a excluem de contar a sua história com seu próprio timbre e que, por outro lado, incluem a branca cisgênera. Mulheres trans, raramente são chamadas para interpretar as suas próprias vivências, quiçá outras realidades. Pensemos também nessa pessoa trans desoportunizada no ambiente escolar, compulsoriamente evadida dele desde as classes iniciais ou que tampouco conseguiu lá chegar. Mas sejamos otimistas, e pensemos que ela conseguiu furar essa bolha e que chegou até a oportunidade e conseguirá, por fim, competir. Essa competição se torna desleal quando ela, agente de sua própria história, é descartada em detrimento de outra que protagoniza uma performance de gênero e que bebe da fonte da narrativa trans, ou seja, usa a vivência, a história, o corpo e toma esse lugar de fala. Arranca as palavras da garganta dessa pessoa e as toma para si. É aquilo que chamamos de transfake. Uma performance de transgeneridade, uma vez que nessa competição a maioria desses corpos trans estão em desvantagem: na inequidade de oportunidades, na falta de formação, na falta de capacitação, no desvio do padrão "cisbranconormativo" e afins. A falta de equidade de números deixa muito escancarado que, sim, é urgente a presença de pessoas trans no protagonismo de suas próprias narrativas. Ora, se nem mesmo para serem agentes de suas próprias histórias essas pessoas são escaladas, quando serão oportunizadas então? Até quando suas histórias serão contadas na terceira pessoa como se fossem na primeira? Até quando esses corpos serão sugados até o último sopro de vida para serem fontes de pesquisa e na sequência terem as suas narrativas apagadas e substituídas por um alguém na norma cisgênera?

Daí a importância da equidade de números. Daí a importância de se ouvir quem de fato fala, sem legendas, sem dublagens ou sem máscaras cisgêneras.

O transpretagonismo esbarra na barreira do cisgênero salvador, que logo depois, em todos os casos, brada sobre a sua consciência a respeito de seu lugar privilegiado e dos seus privilégios. É preciso atentar a isso e elucidar à cisgeneridade: o fato de as pessoas cis terem consciência de seus privilégios faz bem somente à pessoa que descobriu isso, mas nada agrega à qualidade de vida de quem não usufrui de privilégio algum.

Precisamos, com urgência, acabar também com a máxima da desconstrução e, em oposição, pensar em construir algo. Ora. Pensem em um carro defeituoso que é desmontado por causa de uma peça com defeito. Se essa desconstrução do carro levar ao desmonte dele e à recolocação da mesma peça defeituosa, de nada adiantou. É mais ou menos isso, que penso sobre "desconstrução". Não basta desconstruir. É preciso construirmos algo juntos. A mim soa enfadonha essa expressão, "desconstrução". Quando se desconstrói tudo a toda hora, mas nada se constrói a partir disso, não enxergo vantagem alguma. Se toda desconstrução partiu de um preconceito com a pessoa trans, não basta se desconstruir, é preciso construir algo tirando aquilo que causou tal ruptura e desmonte, jogar fora o preconceito, reaprender, resetar, recomeçar. Parece simples, na teoria, e entendível quando lido em um texto. Mas minhas experiências pessoais me dizem que, na prática, ninguém está preparado para avaliar os seus próprios defeitos. Querem somente receber elogios por sua desconstrução, mas jamais se dispõem a aceitar o convite real da construção conjunta. O transprotagonismo quer isso. Construir narrativas novas a partir desse desmonte. Tudo é muito novo para quem vê e antigo para quem propõe. Pessoas pretas e pessoas trans compartilham experiências e necessidades que se encontram e se separam em muitos aspectos, mas, em especial, uma as une: a escuta do outro que, consequentemente, amplifica a voz e as narrativas de lugares de fala de pessoas reais, que sabem, que sentem, que veem e que explicam, os problemas dos mais leves aos mais medonhos.

    Ouvir é a chave do sucesso. Pense na situação: se eu pegar uma fruta e comê-la na sua frente, você pode descrever qual o verdadeiro sabor da fruta? Se está doce? Se está azeda? Você pode? Não, você não pode! Você pode sentir o cheiro dela e observar as suas características, como ela é, a cor, sua textura. E a partir daí conceber uma noção sua, e somente sua dessa fruta. Ainda que você coma uma fruta da mesma espécie, ou "a mesma fruta", sendo exatamente a mesma, se eu oferecer um pedaço da fruta que como, mesmo assim você não poderá captar todos os sentimentos a respeito. Porque não é você que está degustando aquilo, não é na sua boca que a fruta está. Tal qual quando falo e exemplifico situações de transfobia e de medo. Mesmo descrevendo em detalhes, tu sabes o que descrevo, imaginas o que eu descrevo. Mas não sentes exatamente. Porém te conscientizas disso, e a partir daí decide alguma coisa. Isso é escuta, ou pelo menos uma tentativa dela.

    É preciso oferecer oportunidade de construir e, se preciso for, — o que geralmente é o que deve ocorrer — "trocar peças" para uma nova construção. Ouvir mais leva à sensibilização com o outro, à compreensão do outro. Ser protagonista é desafiador. Ser trans é luta diária. Ser transprotagonista, portanto, é desafiar-se na luta diária da sobrevivência, da vida ou da morte.

Desafiando a si a não sucumbir ao mar de "nãos", e aos desejos externos de que não estejamos ali ou em lugar algum, de que nossas existências não deveriam existir, e assim resolver tudo não para si, mas para os outros. Ser transprotagonista é nunca desistir de ser e de ter tudo tal qual os outros, nem mais, nem menos, mas igual.

REPRESENTATIVIDADE E REPRESENTAÇÃO

No cinema, TV e afins, quando você assiste a uma história trans, protagonizada por uma pessoa trans, agora você sabe: isso é representatividade em potencial. Quando você assiste a uma pessoa cisgênero representando uma pessoa trans, isso é mera representação, ainda que pareça uma oportunidade "de mostrar uma história", de desmistificar, de "marcar presença", não é "um jeito diferente de tocar no assunto", não é nada disso. Só nós podemos estar nos nossos próprios lugares, porque se não demarcarmos nossos espaços eles nunca serão ocupados por nós.

Parecerá que estamos sempre contentes com essa situação e que esse apagamento por substituição coloca as coisas no lugar, o que tem efeito contrário e só segrega ainda mais.

A primeira situação é dita representatividade em potencial, porque também pode ser uma representação se a pessoa trans escolhida não colocar em si ou não trazer para si tudo que essa fatia da população quis ou quer dizer. O que quero dizer é: de nada adianta uma pessoa trans protagonizar um grande papel na mídia, se ela reproduz aquilo que a norma caracterizou durante toda a nossa existência e insistiu em nos colocar, aceitando proposições de lugares que não nos abonam ou que não nos representam.

A partir daí, embora seja uma representatividade importante, isso não passa de uma representação, uma performance de transgeneridade. É comum ainda sermos questionadas sobre o tipo de oportunidade que nos é oferecido.

Volto a lembrá-los da importância da escuta sensível que resolveria toda essa contenda. É lógico que seria utópico demais querer assistir a todas nós representadas ali. É o que desejamos, mas ainda estamos longe disso. Se estamos dando os primeiros passos na ideia de que pessoas trans devem representar outras pessoas trans por equidade de números e de oportunidades, imagine em outras situações. Mas tudo que tange nossas existências sempre foi mais difícil e controverso...

Lembremos que até o nosso protagonismo no movimento LGBTQIA+ nos foi negado. Sylvia Rivera e Marsha P. Johnson são os melhores exemplos disso. Foram elas, segundo consta, as ativistas que protagonizaram um dos focos iniciais do movimento LGBTQIA+ no mundo (quando este ainda nem tinha essa sigla), e, mesmo assim, seus nomes foram praticamente apagados dessa história e a sua contribuição minimizada. O "primeiro tijolo de Stonewall foi jogado por uma travesti" e ninguém quer se lembrar disso. Observamos aqui o uso de uma representação para aquilo que é uma grande representatividade para nós, mulheres trans. O movimento de direitos básicos, que luta pela nossa existência, o pontapé de toda essa construção partiu do pioneirismo de duas travestis: uma negra e uma latina, e negar isso perante o mundo só deixa muito bem explicado aquilo que tenho tentado deixar nítido aqui. Tomam a nossa representatividade por uma representação e colocam uma representação na nossa representatividade.

É preciso ter cuidado com os mártires salvadores cisgêneros, muitas vezes eles são lobos em pele de cordeiro. Nesse ponto, voltamos à máxima que não canso de repetir: aproximar-se e nos ouvir o poupará de erros grotescos. Você saberá quem é quem se ouvir todas as pessoas. Se os lugares de fala e as gargantas ecoarem seus próprios discursos nota por nota, finalmente teremos um panorama real. Ao menos é o que esperamos.

EU TIVE UM SONHO

Eu tive um sonho muito curioso, que me despertou sentimentos dos mais variados, tanto que corri, escrevi-o e lancei logo nas redes sociais, mas o replico aqui para que vocês entendam a importância da escuta, da representatividade e do acreditar em si mesmo.

"Esta noite eu sonhei com a Taís Araújo. O sonho foi sobre mim, mas ao mesmo tempo não foi. Foi um sonho que me trouxe para realidade quase como num sacolejo intenso.

Sou muito fã da Taís Araújo. Fã mesmo! Daquelas que nem se controla quando chega perto. Conheci o trabalho da Taís há muito tempo. Quando era uma criança estranha e sem muita perspectiva de nada na vida. Era o início dos anos 1990. Venho de uma família pobre e feliz. Na infância, os poucos brinquedos eram presentes de madrinhas, de padrinhos ou frutos do esforço interminável da minha mãe. Lembro-me exatamente do dia em que "conheci" Taís na infância. Eu revirava uma lixeira perto da minha casa, na ânsia de achar brinquedos e livros, quando uma capa me chamou a atenção. A capa de caderno era estampada com uma linda menina negra e um rapaz lindo também que pareciam ser desenhados "a mão". Descobri mais tarde que eram Taís Araújo e Reynaldo Gianecchini, ambos muuuito jovens e lindos. Junto a muitas relíquias da lixeira, aquela era a que seria a mais importante e querida. Nunca na minha vida tinha visto uma mulher negra tão bonita e na capa de um caderno.

Ela não era a empregada, a escrava ou a vilã. Era a mulher linda da capa de caderno. Ela era eu. Eu era ela. E fui. Brincamos juntas por muuitos anos da vida. Nunca pude comprar o caderno. Era caro. Mas guardei a capa com a Taís o quanto pude. Quando numa das mudanças de casa aquilo se perdeu. Anos depois vi Taís na TV brilhando e a identifiquei como a moça do caderno. Ela ainda era eu. Ou tudo aquilo que eu sempre quis ser. Linda, negra e feliz.

Quando se mora numa cidade pequena e racista, a gente se apega a tudo que é possível para chamar de felicidade. A minha era aquela. Não era uma capa de caderno, era a prova de que eu seria algo. Como ela era.

Fui uma criança trans. Feliz. Ou nem tanto em alguns momentos. Ela conversou comigo em vários desses momentos. Ora sendo a amiga, ora sendo eu mesma. Gianne também estava lá. Ora era amigo, ora tinha ciúme. ora era meu namorado. Foi por muito tempo, Taís nos apresentou, tudo na capa do caderno.

No sonho que tive hoje, Taís era apresentadora de um programa e eu era a assistente de palco. Apresentadora do tipo que ela é no *Popstar*. Tinha muita gente negra lá. Todos lindos, felizes e sorridentes.

Éramos amigas de verdade e ela até me telefonava para falar sobre uma pauta e dizer para eu não me esquecer de ligar para a Preta Gil para confirmar a presença dela no programa. E, sonhando, eu pensei nisso tudo que contei:

— Loucura — disse a mim mesma. Destaquei esse momento, porque antes, em quarenta anos de vida, eu nunca consegui sonhar com algo em que negros eram protagonistas. Pela primeira vez na vida um sonho, sonho mesmo, desses que a gente tem quando dorme, não no sentido de desejo etéreo, tive um sonho em que pessoas pretas apareciam em um lugar de destaque. Isso me comoveu logo que acordei. Nem mesmo quando eu era criança e sonhava com as coisas da capa de caderno, eu tinha um final feliz. Eram os anos 1990, muito bullying, muitas dificuldades e a fome que passara ainda era recente.

Nem mesmo nessa época de tanta amizade com a capa de caderno as coisas eram legais assim. Gianne foi meu namorado e terminou comigo várias vezes por eu ser negra, por eu ser trans, ou coisas desse tipo — embora nem existisse esse termo naquele tempo, hoje entendo.

Eu sonhei que era protagonista de algo com toda a esperança que um sonho sonhado traz a um sonho etéreo que pode se realizar. Isso demonstra força. Demonstra introspecção real das minhas palavras, das minhas atitudes e das minhas ações.

Minha vontade externalizada se internalizou e foi até as raízes do meu subconsciente. Sou negra, como nunca antes, até mesmo nas conexões dos neurônios.

De tudo isso fica muita coisa boa. Sabe aquela coceirinha de orgulho e emoção que dá na garganta? Sim, eu senti isso hoje. Eu vi e vejo como é forte e necessária a representatividade em vez da pura e simples representação. Protagonismo, ou melhor, pretagonismo. Como é bom pensar num elenco e não num elenco negro. Entender a política de cotas, o racismo estrutural, a solidão da mulher negra. Ler, ser e ter negritudes plurais: Coletivo Nimba, Zezé Motta, Aza Njeri, Renato Noguera, Tatiana Tibúrcio, Taiguara Nazareth, Lázaro Ramos, Nando Brandão, Cris Vianna, Fabrício Boliveira, Luciano Quirino, Ruth de Souza, Léa Garcia, Carolina Maria de Jesus, Conceição Evaristo, Sueli Carneiro, Gésio Amadeu, Sirmar Antunes, Preta Gil, Lélia Gonzalez, Andréa Cavalheiro, Glau Barros, meus irmãos Ben-hur e Tais, Linna Pereira (Linn da Quebrada), Liniker de Barros, Tássia Reis, Juliano Barreto, Flávio Bauraqui, Silas Lima, Paula Lima, Gilberto Gil, Jovelina Pérola Negra, Dona Ivone Lara, Fabiana Cozza, Ernesto Xavier, Chica Xavier, Clementino Kelé, Grande Otelo, Isabel Fillardis, Alcione, Elza Soares, Djamila Ribeiro, Erika Hilton, Erica Malunguinho, Benedita da Silva, Camila Pitanga, Nátaly Neri, minhas avós Maria de Lourdes e Noralia, Veronice de Abreu, Pinah, Xênia França, Teresa Cristina, Iza, Demétrio

"PRETAGONISMO", POR QUE ELE INCOMODA TANTO?

Campos, Margareth Menezes, Tatau, Luana Xavier, Glória Maria, Maria Júlia Coutinho, Heraldo Pereira, Rodrigo França, Clodd Dias, Leyllah Diva Black, Bibi Santos, Cinthya Rachel, Solange Couto, Silvio Guindane, Olívia Araújo, Bia Ferreira, Doralyce, Ella Fernandes, Emicida, Agnes Mariá, Preta Rara, Tia Má, Yuri Marçal, Chef João Marcelo, Aline Prado, Babu Santana, Manoel Soares, Lilian Valeska, Caio Prado, Diego Moraes, Tatiane Melo, Antonio Pitanga, Jup do Bairro, Rico Dalasam, Majur, Jô Santana, Ellen Oléria, Elisa Lucinda, Larissa Luz, Thalma de Freitas, Divina Valéria e a minha mãe Dona Ângela, que dos céus zela pelos meus sonhos.

Que os meus sonhos se realizem sempre e que sejam uma profecia real do tamanho da imensidão da representatividade negra em todas as áreas e lugares dessa existência. Gratidão![1]

Hoje, amanhã ou sei lá quando espero ser a "Tais Araújo" de alguém. Confesso que finalizo aos prantos, por me lembrar de todos os cheiros, os momentos, os conselhos, os medos, as agressões, as alegrias, os beijos e as manifestações de respeito e de desrespeito que já vivenciei. Por me lembrar de cada pedacinho disso que chamamos de vida e que eu chamo de oportunidade de mostrar o quão forte e melhor posso ser para com os outros, mas, principalmente, para com a pessoa que eu me tornei e que muitas vezes me incentivaram a desistir de ser.

Concluo pedindo a aproximação e a compreensão e deixando as perguntas que sempre faço: Quantas pessoas trans você conhece? Quantas você convidou para ir até a sua casa? Quantas você já desejou? Com quantas você realizou esse desejo e não se envergonha disso? Quantas já beijou? Quantas não fetichizou ou zombou? Quantas são suas ou seus melhores amigos? Quantas já passaram as festas de fim de ano com você? Para quantas você já fez uma festa surpresa de aniversário ou de quantas você ganhou uma?" Se as suas respostas foram "nenhuma": repense, releia todo o texto e passe a observar o seu entorno com urgência.

---

[1] Texto postado no Instagram em 30/07/2020.

ÉRICO BRÁS

Érico Brás nasceu em Salvador e começou a fazer teatro aos sete anos. Integrou o elenco do Bando de Teatro Olodum, companhia de teatro criadora de *Ó, Paí, Ó*. Estreou na televisão como o taxista Reginaldo, na série *Ó Paí, Ó*, papel que já tinha feito no filme homônimo. Entre os filmes, destaca-se também *Tapas & Beijos*, entre outros. Ainda na TV, participou dos reality Globais Dança dos Famosos e PopStar.

Hoje, Brás é um dos maiores expoentes da causa negra no Brasil, na atualidade. É conselheiro do Fundo de População da ONU e foi consagrado entre os "100 Negros Mais Influentes do Mundo", no Mipad 2018 (*Most Influential People of African Descent*). Na TV, é um dos apresentadores do Se Joga, programa diário que comanda ao lado de Fernanda Gentil, na TV Globo.

ENQUADRADO NA MITOLOGIA URBANA BRASILEIRA

As histórias que foram construídas e assimiladas pelo povo brasileiro têm suas gêneses na necessidade de sobrevivência. Tais narrativas poéticas, com seus personagens instalados ao longo do tempo no imaginário popular, forjaram um perfil mitológico para algumas camadas da sociedade. Constantemente, baseamo-nos na crença de que "o povo brasileiro é assim". Elaboramos uma construção literária na qual fizemos questão de abstrair alguns elementos importantes que serviriam de material para a identificação da nossa própria raiz — de onde viemos — da nossa noção de pertencimento — onde estamos — e da nossa perspectiva de futuro — para onde vamos. Para além dessa construção, são servidos diariamente, recheados da mais pura dominação sobre as massas e a fim de manter os benefícios e regalias de alguns, outros ingredientes cruciais para a sustentação de todos os mitos criados e enraizados aqui.

Para ilustrar, posso dizer com tranquilidade que perdi as contas das vezes em que fui enquadrado e identificado como personagem da literatura construída naquela cidade do Salvador na qual vivi grande parte da minha vida. Você deve conhecer essa literatura. Não? Como assim? Você não conhece as histórias de Jorge Amado, João Ubaldo Ribeiro dentre outros? Duvido.

Mas me deixe contar uma coisa.

Uma vez sentado no ponto de ônibus, fui abordado pela polícia e uma senhora branca que fora assaltada naquela região. Eles tinham ali o personagem perfeito para se fazer cumprir o mito do negro fujão, do negro ladrão, do possível capitão de areia.

Eu acabara de sair do teatro Vila Velha, em Salvador, e corri para o ponto de ônibus para tentar não perdê-lo, pois seria o último a passar naquele horário que levaria constritos, como num navio negreiro, os últimos trabalhadores do dia. Empregadas domésticas, balconistas, garis, trabalhadores do shopping, dentre outros. De repente a polícia me abordou e pediu que me levantasse e abrisse a mochila bem devagar para evitar um problema para mim. Com uma pistola escalada na minha cara levantei-me devagar e me dispus a fazer o que foi solicitado sem pestanejar, mas com o coração a ponto de sair pela boca. Era aparente o meu desespero em não contrariar o representante da lei, o braço armado do Estado para não ser julgado e condenado naquele tribunal de rua. A senhora vítima me olhava com um ódio que atravessava a minha alma. Ela estava convicta de que tinha sido roubada por mim. Um ódio de quem precisa fazer justiça naquele momento, de quem tinha ali a pessoa certa que devolveria os seus pertences ou no mínimo diria quem estaria de posse deles.

Num tom de sobriedade perguntei ao policial o que estava acontecendo e ele me disse que aquela mulher fora assaltada e que ela descrevera um criminoso parecido comigo. O assaltante, supostamente, estaria vestido como eu: calças largas, mochila, camiseta e chinelo.

Todas as pessoas que estavam no ponto de ônibus ficaram abismadas e a expressão delas demonstrava dúvida: será que ele realmente roubou? Percebi algumas senhoras e jovens se afastando de mim como num passo de desconfiança. Os olhares eram mais letais que a pistola que por cerca de 5 minutos ficou apontada para a minha testa, numa distância de apenas 3 metros, nas mãos de um homem negro que mais parecia um dos meus tios. Um homem negro que nitidamente não conseguia me enxergar como um jovem artista, um estudante, um trabalhador ou um transeunte qualquer. Dentro da viatura, havia outro policial que me olhava com desdém. Deitei todas as minhas coisas ao chão e vi tudo ser chutado, espalhado pela calçada e conferido. A senhora branca que aparentava ter 60 anos dizia "esses ladrõezinhos são assim mesmo, eles roubam e repassam". Ao ouvir isso questionei novamente os dois policiais, a fim de saber o que estava acontecendo, e recebi a monótona resposta de que eu tinha o perfil do ladrão. Depois fui interrogado. Veio de onde? Vai para onde?

Antes que pudesse responder o ônibus despontou na curva e no ponto repetindo a rotina de coletar os trabalhadores como eu.

As pessoas foram entrando e me olhando. Olhando a cena de humilhação. Meu desespero aumentou porque eu sabia que se perdesse aquele ônibus teria que dormir na rua já que o próximo só passaria no dia seguinte, às 5:00 da manhã. E assim foi. Respondi a eles que era artista, ator e que acabara de sair do teatro, depois de ter feito apresentação do meu espetáculo. O policial de imediato pediu minha carteira de ator como se eu tivesse um tipo de identificação que pudesse me livrar daquele julgamento e, possivelmente, de uma sentença qualquer. Eu não tinha a identificação exigida por ele. E como num virar de chave, como numa tomada de consciência, a mulher branca disse:

— Você é aquele rapaz que faz o personagem engraçado da peça Cabaré da Raça?

Nesse instante percebi que a arte começava a me salvar, absolver-me daquele tribunal de rua fugaz. Compreendi depois de anos em reflexão ou trauma, como queiram classificar, que a prerrogativa da mulher branca de me enquadrar nas características do personagem derivava justamente da pré-concepção de que a minha identidade não era compatível com a dela, logo eu não poderia pertencer àquele ambiente e o único lugar que me caberia era a cela. Para aquela mulher branca não fazia sentido que eu estivesse voltando para casa.

As outras pessoas tinham ido embora e no ponto de ônibus restavam apenas nós e uma senhora que ainda aguardava a sua condução. Respondi rapidamente que eu era o ator e comecei a descrever cenas do espetáculo para a acusadora e para o PM, que decidiu baixar a arma depois que ela resolveu me absolver com um simples "... parece o ladrão, mas não é ele, não... Eu vi sua peça..."

Esse episódio me lembra dos negros escravizados pulando e sorrindo para mostrar suas aptidões no Mercado Modelo para serem absolvidos daquela situação miserável de mercadoria exposta. Para tentar inutilmente abreviar o sofrimento, aquelas pessoas só queriam ser levadas o mais rápido possível para a casa grande de alguém depois de serem escolhidas e compradas por serem "boas peças".

Nesse instante fui relaxando e vi que tinha sido mais uma vez alvo do mito do negro ladrão, negro fujão, negro é assim, coisa de negro. A sensação de impotência perante aquela situação era do tamanho do mar que banhava a baía de Todos-os-Santos, era gélida como o vento daquela noite de inverno, numa quinta-feira, às 00:15.

Enfim fui liberado. Perguntei aos policiais como faria para chegar em casa se o meu último ônibus acabara de passar. E a resposta foi cortante: "... te vira... dá teu jeito, negão. Você não é artista?..."

Depois que meus algozes partiram; depois que eles seguiram em busca de outro suspeito me deixando sozinho naquele ponto de ônibus, o que me restou foi dormir no banco até às 5:00 da manhã, sem cobertor e com fome, quando passou o primeiro ônibus da sexta-feira que me levou, finalmente, para casa.

A manutenção dessa mitologia que visa apaziguar todo e qualquer tipo de levante não é algo exclusivo da cidade de Salvador da Bahia, vista como cidade da capoeira, da negra para transar, do menino de recado, da velha rezadeira, do preto velho, do negro cachaceiro, da mulata, da lavadeira, do negro forte e bem-dotado sexualmente, da negra da bunda dura e do "sim, senhor" e "não, senhor". Esse estratagema mitológico que visava construir, no início do século XIX, um país de "ordem e progresso", foi generalizado em nosso território. Sob a batuta de um lema positivista, os poderosos afirmavam a máxima de que o progresso só viria por meio das comprovações científicas, excluindo todo e qualquer tipo de conhecimento e crença que não tivessem o seu aval. Totalmente etnocêntrico. No presente, esse projeto garante que esse país afirme o seu lema, calçado no comportamento de um povo que teme contrariar a essa mitologia passada de boca em boca, de sermão em sermão, de livro em livro para os personagens "menos poderosos" e garantir que os "grandes protagonistas", "cidadãos brasileiros de verdade" sejam absolutamente inquestionáveis, indestrutíveis, invioláveis e estejam acima de tudo. E assim, todas as unidades da federação são orientadas pelo mesmo modelo de comportamento em relação aos seus homens e mulheres, destinando abordagens específicas de acordo com a pertença racial, sejam eles negros, indígenas ou brancos.

Questionei-me por alguns dias se meu lugar era aquele. Artista. Se precisava passar por aquela situação de novo. Humilhação. Onde chegaria passando por aquelas condições?

A própria arte, minha escolha, mais tarde me ofertou a resposta. Ganhei um prêmio de melhor ator coadjuvante pelo espetáculo infantil Áfricas com o Bando de Teatro Olodum. Tornei-me professor na escola pública em que estudei o primário e de artes num projeto de pós-ocupação do governo federal, tendo a oportunidade de educar meninos e meninas em situação de risco no subúrbio ferroviário de Salvador, integrei a delegação brasileira na Terceira Conferência Mundial contra o Racismo, a Discriminação Racial, a Xenofobia e Formas Correlatas de Intolerância na África do Sul, fui escolhido para compor um grupo de atores dos países de língua portuguesa e estudar teatro em Coimbra, Portugal.

Decidi qual era meu lugar com a ajuda de pessoas que reconheciam em mim uma liderança que vinha dos meus ancestrais. Pessoas negras, mas também pessoas brancas contribuíram para a minha tomada de consciência, minha noção de pertencimento, minha necessidade de escolha, minha função. Função da qual só tive certeza depois de ter me confirmado Mogbá de Xangô por Obarayi. Estabeleci, nos meus termos, a minha ordem e o meu progresso. Ressignifiquei um lema que diga-se de passagem, foi grafado na bandeira brasileira em 19 de novembro de 1889, pouco mais de um ano após a Abolição da escravatura, inspirado pelos escritos positivistas do francês Auguste Comte. Mas isso é assunto para o meu próximo livro porque ainda precisamos falar dos mitos.

Os mitos têm passado de geração em geração nos espaços de sociabilidade como a escola, a igreja, o trabalho e a família como era feito na Europa antiga pelos aedos, que cantavam e contavam as histórias de tempos longínquos e, portanto, eram inquestionáveis por serem portadores da tradição oral. Não podiam ser questionados porque eram contadores dos mitos. Os mitos têm sempre como base a história de personagens cujos arquétipos determinam seus espaços no mundo, definindo assim a sua função. Do mesmo modo se constrói a Mitologia Urbana Brasileira para todos os brasileiros e pseudo-brasileiros sem exceção. Encenamos continuamente um grande patriarcado, que mantém suas mulheres submissas e fora do poder, que considera os seus povos originários herdeiros da "indolência", portanto dispensáveis, que afirma que os descendentes dos seus africanos escravizados são herdeiros da "malandragem" e da "preguiça" e que atribui aos ibéricos a herança do privilégio, das regalias. Para esses ibéricos e seus descendentes são distribuídas cotas da pátria como em um grande clube de amigos onde apenas os convidados podem usufruir dos benefícios passados de pai para filho. Não sou eu que estou dizendo. O que escrevi sobre negros e indígenas parafraseei do que ouvi há pouco de um candidato à vice-presidência da República em plena corrida eleitoral em 2018. Eu disse 2018... Século XXI.

Ser brasileiro é ser personagem de uma mitologia urbana que se manifesta cotidianamente. Mitologia que é multifacetada e tem como prioridade manter os contadores "aedos" brasileiros e seus respectivos personagens na mesma posição nesse imenso tabuleiro de xadrez verde e amarelo.

Ah, só para fechar esse capítulo, quero informar que na semana seguinte ao acontecido no ponto de ônibus, a senhora branca assaltada estava mais uma vez na plateia da minha peça com toda a família e urrava de rir com as críticas que fazíamos ao sistema racista brasileiro.

Quer entender? É fácil.

Ela estava no lugar dela e eu no lugar que fui ajudado a escolher, portanto, meu lugar, ambos distribuídos segundo o mito de ser brasileiro.

Entendeu?

MARCO ROCHA

Marco Rocha é um biólogo carioca, professor universitário e pesquisador. Atua na área de química e farmacologia de produtos naturais. Tem mestrado em Biologia Celular e Molecular pela Fiocruz, doutorado em Biotecnologia Vegetal pela UFRJ e University of Ottawa, no Canadá, e pós-doutorado com pesquisas relacionadas à atividade antiviral de metabólitos vegetais pela Fiocruz. Além de atuar na área acadêmica, também é escritor com livro publicado e responsável pelo conteúdo das mídias sociais do "Aqui pensando" (@aquipensando01).

A CIÊNCIA E O ACADEMICISMO COMO CÚMPLICES DO RACISMO ESTRUTURAL

O ano é 1995, e um estudante recém-chegado à universidade para cursar Ciências Biológicas sonha em se tornar um grande pesquisador. O garoto de dezenove anos tinha em sua bagagem muitos sonhos, inocências e um enorme desejo de que tudo desse certo, com a expectativa de ter uma trajetória suave e repleta de conquistas que o levariam ao topo de algum lugar. Seus desejos até foram realizados, mesmo não tendo obedecido à sua proposta cronológica. Apesar das conquistas, o jovem estudante idealista perceberia, com o tempo, que seu ideal de trajetória e de sonhos duraria o tempo da leitura deste parágrafo.

Assim inicio este texto, que trata, sobretudo, de um grande processo de reconhecimento das competências, qualidades e limitações que permearam o desenvolvimento de uma carreira acadêmica construída com pouco planejamento, alguma intuição, muito trabalho e o desejo de sempre ser o melhor, apesar das dificuldades. Esses ingredientes levaram a um processo que só pude compreender com clareza mais de quinze anos depois. E a questão central desse processo era que, apesar dos percalços inerentes à carreira acadêmica, havia ali a ausência de um fator fundamental: referências.

Não falo sobre referências profissionais, essas eram muitas. O que causava estranhamento era olhar para os professores da graduação e não me enxergar neles. À época, isso não era uma questão, apenas um fato consumado. Jovens pardos e negros não se viam refletidos no corpo docente ou em outras esferas de poder do meio acadêmico. Mas, como disse, na década de 1990 isso não era uma pauta debatida, muito menos algo a ser contestado. O que nos restava era seguir o fluxo.

A escrita deste texto se apresenta como um resgate. Hoje, o homem que o escreve se lê como indivíduo preto, mas, em retrospectiva, relembra o menino "moreninho claro" que conquistou e galgou os degraus de sua trajetória dentro de espaços hegemonicamente brancos, onde era aceito com alguma liberdade, alguma expectativa e muitas reservas. Desconfianças veladas travestidas de incentivos superficiais que o impediam de perceber quais eram as reais regras do jogo no mundo acadêmico numa época pré-sistema de cotas, quando estudantes negros não ocupavam esses espaços.

O encontro entre essas duas faces de mim mesmo cria uma dobra espacial no meu universo particular, que permite não somente revisitar pontos importantes de minha formação, mas constatar as amarras silenciosas do racismo em muitas partes de minha trajetória. Agora, não tenho dúvidas sobre as pedras que foram colocadas, estrategicamente, em meu caminho.

1. O INÍCIO DE TUDO

Sou egresso de uma escola técnica federal em saúde, uma unidade da poderosa Fundação Oswaldo Cruz (Fiocruz), onde cursei o ensino médio. A proposta da escola era criar um canal inclusivo em que alunos da Zona Norte do Rio de Janeiro pudessem ter acesso a um sistema de ensino humanizado em uma instituição de excelência. Dessa forma, muitos estudantes de diferentes realidades sociais puderam conviver e usufruir de um ambiente que, em tese, oferecia a igualdade e a equidade como bandeiras principais. Porém, mesmo nesse ambiente tão pretensamente libertário, não havia representatividade. Os pouquíssimos estudantes negros aprovados no processo seletivo continuavam sem se enxergar nos espaços de decisão. E eu era um deles.

Como mencionei, essa ausência não chegava a ser uma questão. No entanto, com o passar do tempo, tornou-se um incômodo. E tenho certeza de que esse incômodo é compartilhado por todos aqueles que nunca foram claros o suficiente para serem brancos e, tampouco, eram escuros demais para serem considerados pretos. E o que fazer quando se está preso nesse limbo? Tentar ser aceito nesses espaços, mesmo que isso não significasse que haveria um tratamento igualitário.

Afinal, ser o mais "escurinho" sempre foi como ter um alvo nas costas, prestes a ser atingido. Um modo de operação muito comum em núcleos sociais que propagam uma igualdade circunstancial maquiada de realidade inclusiva. O que isso significa? Que, de tempos em tempos, os gritos de "negrinho do pastoreio", "Mussum" e "negão" ecoavam pelos corredores de uma instituição acadêmica de excelência, sempre seguidos de ruidosas gargalhadas debochadas. A sutileza dessa ação era impressionante, uma vez que não era frequente, mas pontuava de forma cirúrgica quais eram os papéis que deveriam ser desempenhados ali. E ficava claro, para mim, que seria difícil conseguir o papel de protagonista.

Ah, é claro que tudo isso não passava de uma brincadeira carinhosa, afinal, "somos todos iguais", diziam. Assim, as artimanhas do racismo estrutural se apresentaram de forma clara e criaram em mim um alerta, que foi se aprimorando vida afora e me manteria desperto sempre que alguém tentasse me dizer que eu poderia estar ali, desde que não chamasse muita atenção. O que eles não sabiam é que eu sempre gostei de fazer barulho.

Os anos de universidade se dividiram entre a ralação cotidiana das aulas, provas e atividades acadêmicas e a rotina de estágio. No meu caso, houve, desde muito cedo, o entendimento de qual seria o *meu* lugar no mundo da pesquisa: a área de produtos naturais vegetais. Foi a partir de estudos químicos e farmacológicos das plantas que percebi como eu poderia contribuir para a ciência brasileira, mesmo ainda sem ter muita clareza. Dessa forma, passei os quatro anos de graduação sendo estudante e bolsista de iniciação científica em uma unidade da Fiocruz, que se tornara minha segunda casa desde o ensino médio.

2. A CONSTRUÇÃO DO PESQUISADOR

O período como estudante de graduação ajudou a reduzir a eficiência de meu radar antirracismo estrutural, uma vez que pude experimentar, de fato, um ambiente majoritariamente diverso, onde não havia diferenças marcantes entre pele, poder aquisitivo e CEP. Contudo, a representatividade observada nos estudantes não era compartilhada pelo corpo de professores que, como de costume, era formado por doutores brancos que ostentavam seus sobrenomes europeus nas placas afixadas nas portas de seus laboratórios de pesquisa. Locais que eram o objeto de desejo de dez entre dez estudantes de graduação. Sem dúvida, fazer parte de um grupo de pesquisa era sinônimo de sucesso. Mesmo que isso significasse trabalhar de graça.

Aliás, em um meio cujos recursos são subsidiados pelo governo, em um país que despreza a pesquisa e seus trabalhadores, oferecer sua força de trabalho sem qualquer remuneração não é exatamente algo raro, ao contrário. Porém, mesmo recebendo pouco ou quase nada, ser estagiário de um laboratório de pesquisa fazia com que almejássemos voos mais altos, como, quem sabe, um dia ter o próprio nome afixado em alguma porta de laboratório em uma universidade do país. Assim como todo estudante que pretende se tornar pesquisador, eu era um idealista por natureza. Até esbarrar com as dificuldades do mundo real da ciência brasileira. E não estou falando apenas da falta de recursos.

3. A OBJETIFICAÇÃO

Em um meio considerado sisudo e pouco amistoso, tende-se a pensar que não há muito espaço para paqueras e flertes. Essa constatação é um "falso-positivo", especialmente se você for um jovem esportista preto. Nesse caso, há um lugar específico no imaginário coletivo, sobretudo no que diz respeito ao seu *sex appeal*, detalhes que despertam fantasias em alguns de seus colegas de trabalho. Detalhes que, à época, me pareciam um ótimo indicador acerca de minha virilidade, mas que hoje deixam claro que, em diversas ocasiões, os elogios à boa forma não passaram de expressões da hiperssexualização do corpo negro.

Não, esses episódios não eram frequentes e aconteciam em momentos de descontração fora do trabalho. Sobretudo em confraternizações ou em apresentações de congresso, em que os protocolos da boa convivência profissional eram flexibilizados. Em uma sociedade machista, esse "interesse" era interpretado como algo positivo, visto que reforçava a imagem do jovem macho e viril, capaz de despertar desejos até em um ambiente tão formal quanto o acadêmico.

Dessa forma, colegas de trabalho mais experientes costumavam demonstrar pouco ou nenhum respeito por alunos com as mesmas características físicas que as minhas e, por essa razão, as insinuações de cunho sexual, apesar de esporádicas, aconteciam, mesmo que não fossem correspondidas por mim, por nós. Isso reforça a ideia da objetificação do corpo negro, afinal, pouco importava se a situação era desagradável, os pesquisadores, do alto de suas posições de poder, seguiam subjugando aqueles que não consideravam seus iguais na hierarquia acadêmica.

Esse relato me faz lembrar que ter sido aluno de iniciação científica me levou a encarar desafios que iam muito além dos experimentos dentro do laboratório. Assim, mais uma vez, meu radar antirracismo estrutural foi atualizado e me mostrou que os desafios ultrapassariam apelidos pseudoamistosos proferidos de vez em quando, o que significava que eu ainda seria objetificado em inúmeras ocasiões, desde que me mantivesse dentro do padrão "escurinho forte e inteligente".

Esse foi um gatilho importante que me manteve, durante certo tempo, sob a mira de algumas pessoas. O que era uma comodidade para elas, uma vez que o interesse por mim não ameaçava ninguém, afinal, um jovem estudante preto e atlético não seria um adversário à altura de nenhum outro estudante branco de sobrenome europeu, oriundo das melhores escolas da cidade. Durante muito tempo, essas atitudes me pareceram normais. O que esperavam de mim como homem? A capacidade de despertar o desejo de seus pares, mesmo que essa não fosse minha intenção. Momentos em que o machismo e o racismo estruturais dão as mãos e nos forçam a normalizar o absurdo.

4. DE IGUAL PARA IGUAL

Minha formação acadêmica seguiu e meu foco era, de fato, minha formação. Como já mencionei, meu maior objetivo como pesquisador era ser muito bom. Talvez esse fosse um reflexo que me guiava em direção a uma excelência que, mesmo de forma inconsciente, eu sabia que seria meu porto seguro, onde quem eu era ou de onde eu vim não faria diferença, uma vez que ser competente me blindaria de possíveis assédios. Era o momento de meu radar sofrer uma atualização.

Ao fim da graduação, eu era um jovem biólogo de 23 anos com uma boa vivência na área de pesquisa de produtos naturais, participações em congressos e prêmios de melhor trabalho apresentado. Foi quando decidi buscar um novo desafio: o mestrado. E, meses depois da minha colação de grau, lá estava eu ingressando no curso de mestrado na renomada Fundação Oswaldo Cruz. Em paralelo, abracei uma das áreas mais lindas da minha profissão: a docência.

Ser professor nunca esteve na minha lista de prioridades profissionais. Mas, para um ex-ator amador, estar em uma sala de aula era um pouco como pisar em um palco com plateias diferentes a cada dia. Então, em 1999, iniciei minha vida profissional como biólogo, professor e pesquisador. Um belo combo para um jovem de 23 anos que compensava sua inexperiência no mundo do trabalho com excesso de autoconfiança. E foi quando aprendi que ser muito bom não me livraria dos velhos vícios sociais que sabiam muito bem como desqualificar profissionais por conta da cor da pele.

Confesso que as dificuldades de colocação no mercado de trabalho não foram um obstáculo difícil de transpor. Na verdade, as coisas aconteceram rápido demais. Em um ano terminei a graduação, fui aprovado no mestrado e consegui uma vaga como professor em uma universidade privada. Conquistas que, mais uma vez, relaxaram a minha vigilância e me impediram de observar o incômodo que minha presença provocava. Passar a ocupar os mesmos espaços de comando no meio acadêmico se mostrou uma tarefa hercúlea para um jovem biólogo que ainda tinha dificuldade de entender que a cor de sua pele era a razão de tamanho incômodo.

Por sorte, a impetuosidade da juventude serviu como uma importante barreira e me protegeu de algumas situações complicadas. O fogo cruzado, provocado por diferentes interesses, colocava a mim e os poucos parecidos comigo em uma constante instabilidade incômoda. Ser muito jovem e inexperiente pode ser um sinal amarelo. Ter uma boa relação com seus alunos pode acender um forte sinal vermelho que mostra que possivelmente sua cabeça está a prêmio.

E qual a razão de tudo isso? Os integrantes que formam a cúpula de comando podem achar que o jovem professor negro está oferecendo aos alunos um pouco mais do que sua competência acadêmica, se é que me entendem. Afinal, na cabeça de alguns profissionais, um professor com esse perfil não pode ser academicamente competente, há algo de errado. Infelizmente, essa é uma visão de mundo muito recorrente entre aqueles que olham para profissionais como eu, com desconfiança e desrespeito. Em contrapartida, desenvolvi ao longo dos anos uma relação muito estreita e respeitosa com meus alunos. Talvez eu fosse, finalmente, um espelho em que eles conseguiam enxergar seu reflexo sem distorções. E essa relação me fortaleceu, me presenteou com a percepção de qual seria meu verdadeiro papel social como profissional: servir como um agente de inclusão para futuros profissionais, dar a essas pessoas a possibilidade de acreditarem que também poderiam conquistar espaços em um meio acadêmico hegemonicamente branco. Belo sonho, mas que me custou duas demissões. E querem saber? Isso só me fez mais forte e mais consciente de qual seria o lado certo da história.

5. VOOS MAIS ALTOS, INCÔMODOS MAIORES

Após a defesa da dissertação de mestrado, decidi que por um tempo minha única atividade seria a vida docente. Decisão acertada naquele momento, quando minha maior ambição era entender ainda mais o ofício e descobrir como fazer a diferença. Até aí, tudo dentro do planejado. No entanto, a vida não apresenta períodos prolongados de calmaria. Foi então que desafios se colocaram diante de mim, me fazendo compreender que ainda havia muitas barreiras para transpor em meu caminho. A competição era uma delas, mas o foco da disputa nunca foi o mérito profissional.

Nesse jogo que mistura rancores injustificáveis, pessoas como eu tendem a ter a competência posta à prova; como num ciclo vicioso, que insiste em retomar o ponto em que profissionais negros passam a ser questionados de alguma forma. Dúvidas que vão desde o número de horas/aula até a conquista de bens materiais adquiridos com a remuneração de inúmeras (e quase incontáveis) horas trabalhadas. Isso faz com que perguntas e afirmações como "Nossa, por que você tem tantas horas esse semestre?", "Só pode estar ficando com alguém influente", "Já trocou de carro?" e "Tá com dinheiro, hein?!" façam parte de uma regra perversa que está sempre apontando o dedo para os profissionais negros.

Essas pequenas atitudes repousam na dissimulação, que tem como premissa básica a desqualificação profissional. A cada dia, uma gota de veneno é pulverizada no ambiente, contaminando todos à sua volta, e, em algum momento, eles passam a acreditar que de fato não faz sentido você, um professor jovem, com mestrado e negro, ser capaz de conquistar espaços e, além disso, manter-se por muito tempo compartilhando esses espaços com pessoas que acreditam que aquele lugar não foi feito para você.

É claro que, em um meio que celebra a racionalidade, picuinhas não são toleradas, talvez por isso a dissimulação seja tão acionada em todos os momentos em que o preconceito se faça presente. Sempre com o mesmo *modus operandi*. Algo ofensivo é dito e, de acordo com a atitude de quem foi atacado, cabe um pedido de desculpas, seguido de um "Você me entendeu errado, não foi a minha intenção". Dessa forma, os limites invisíveis são impostos em alguns grupos acadêmicos para aqueles de pele preta que resolvem furar a bolha do academicismo branco e hegemônico que impera no Brasil.

É importante ressaltar que as generalizações deste texto se baseiam em experiências pessoais, fatos que permearam todas as fases de minha formação. Dito isso, é fundamental marcar um ponto de contato entre o que foi relatado e o que vem a seguir: nunca, em nenhuma dessas etapas, me vi cercado por um número significativo de alunos negros, especialmente no mestrado e no doutorado. Ao longo de vinte anos como professor e pesquisador em várias instituições, o mesmo padrão se repetiu muitas vezes. A ausência de negros foi uma constante na minha trajetória. Mas, felizmente, os últimos anos mostraram que isso está mudando.

Em 2008, eu me tornei professor substituto na Universidade Federal Fluminense (UFF), localizada em Niterói. Uma experiência renovadora, visto que minha prática na docência superior estava relacionada a instituições privadas. Estar de volta ao ensino público em uma grande universidade me fez perceber o poder transformador de políticas afirmativas que buscavam reparar, de forma efetiva, as discrepâncias históricas geradas pela escravidão. A diversidade se fazia presente, uma vez mais, no corpo discente. Alunos negros, pardos, gays e idosos lotavam as salas de aula que, há menos de uma década, eram ocupadas majoritariamente por alunos brancos, egressos de escolas particulares caras e conceituadas. Esse era um cenário de vitória. Mas ainda faltava alguma coisa.

Para quem não está familiarizado com o sistema de enquadramento docente das universidades, existem professores efetivos, que são aprovados em concursos públicos muito criteriosos, em que conhecimentos específicos são avaliados por uma banca de professores doutores especialistas na área, que dá um veredito final sobre a aprovação ou não do postulante à vaga. Além do conhecimento, o currículo do candidato deve ser compatível com o perfil do departamento que dispõe da vaga.

Esse processo de abertura de concurso público para professor de ensino superior federal não ocorre com muita frequência, uma vez que forma profissionais de carreira que irão desempenhar suas funções de ensino e pesquisa na universidade por décadas. À exceção, durante os governos do PT muitas vagas para professores efetivos foram abertas, assim como surgiram novas universidades. No entanto, como nem tudo são flores, departamentos menores têm maior dificuldade de abertura de vagas permanentes, logo, para suprirem carências em seu quadro docente, lhes é permitido abrir processos seletivos para a contratação temporária de professores substitutos. Esses profissionais passam por procedimentos avaliativos igualmente criteriosos, porém, seu prazo de validade como docente nas universidades federais é curto, podendo chegar a no máximo dois anos.

Por que eu compartilhei todas essas informações? Para contar que minhas participações como professor na UFF e na Universidade Federal do Rio de Janeiro (UFRJ) se enquadravam na categoria de professor substituto. E isso ocorreu por algumas razões. Na minha passagem pela UFF, eu era mestre e não havia ingressado no doutorado. Sim, esses títulos são fundamentais para a atuação como professor universitário, principalmente porque alteram de forma significativa o salário.

Nessa primeira experiência numa universidade pública, uma constatação antiga voltou a me chamar a atenção. Não havia professores negros ocupando as vagas do quadro permanente. Por razões várias, mas a principal delas estava relacionada a um efeito dominó estrutural no meio acadêmico. Quanto menos negros nas pós-graduações, menor o número de candidatos negros concorrendo a vagas de professor. A obviedade dessa constatação só não é pior do que a manutenção do quadro de desigualdade que se perpetua no topo da carreira acadêmica.

Pois bem, decidido a mudar esse jogo, ingresso no doutorado na UFRJ em 2009. Motivado pela certeza de que eu deveria ocupar o quadro permanente de alguma universidade federal, o que me daria a oportunidade de reunir minhas competências como professor e pesquisador em um só lugar. Mas essa volta à vida acadêmica tinha uma motivação a mais: adquirir experiência como pesquisador em outro centro de pesquisa. E, assim, fui parar no Canadá!

Em 2011, segui para Ottawa, capital do Canadá, para cursar o terceiro ano do doutorado na University of Ottawa. Claro que isso não foi uma tarefa fácil. Etapas tensas fizeram parte desse calvário que incluiu avaliações de inglês, aceite de orientador externo, vencer a burocracia reinante nos órgãos públicos do Brasil e, por fim, mas não menos importante, ser o alvo do julgamento alheio que jamais conseguiu alcançar a relevância profissional dessa nova empreitada. Muitos ao meu redor pensaram: "Um homem de 33 anos, solteiro, estabelecido profissionalmente na sua cidade vai para o Canadá só para estudar? Muito estranho isso." O curioso é que meus colegas brancos, que passaram pela mesma situação, ficaram apenas com as congratulações. Adivinhem quem ficou com a desconfiança?

A despeito disso, essa experiência mudou completamente minha percepção sobre mim e sobre qual era meu papel no mundo. Enxergar a realidade sob uma nova ótica, em um país onde as diferenças são celebradas e não desprezadas, me fez perceber que havia muito a fazer no Brasil. E que fique claro que esse não é um olhar de deslumbramento sobre um colonizador que cometeu os muitos erros com seus indígenas, mas que, em muitas medidas, soube valorizar e respeitar as diferenças e se orgulhar por ser um país multicultural.

Mesmo com toda a experiência acumulada ao longo de uma década de profissão, vivenciar o respeito que recebi como pesquisador e ser humano naquele país me transformou em múltiplos aspectos, reforçando meu compromisso com a inclusão e o respeito por aqueles diferentes de mim. O academicismo brasileiro, em grande medida, baseia-se na concentração de conhecimento, o que transforma as universidades e centros de pesquisa em castelos de saber inacessíveis para uma população tão desesperançosa e carente de conhecimento e educação.

Viver outra realidade, em que o compartilhamento do conhecimento era quase uma obrigação, abriu portas enferrujadas, há muito trancadas dentro de mim pela força das circunstâncias que sustentam o meio acadêmico que me formou, tolerante com a diversidade apenas até a página dois. Diante de tudo o que vi e vivi ao longo de um ano naquele país gigante, gentil e surpreendente, não havia outro caminho a seguir que não o de aplicar tudo que aprendi como pesquisador e como pessoa.

Ter feito parte de um grupo de pesquisa tão heterogêneo despertou gatilhos fundamentais para minha compreensão sobre o real significado da palavra "inclusão". Ao meu lado estiveram chineses, paquistaneses, libaneses, canadenses e costa-riquenhos, convivendo harmoniosamente em relações baseadas na admiração e no respeito pelas histórias do outro, independentemente de credo, raça ou orientação sexual. Foi aí que aprendi uma máxima canadense: *We see, we think, but we don't talk. Somebody else's lives are not my business.* Todos observamos e pensamos alguma coisa sobre alguém, mas isso não nos dá o direito de julgá-los a partir de nossa régua moral. A vida das pessoas não é problema nosso. E esse aprendizado valeu o frio que passei por lá.

6. O BOM FILHO À CASA TORNA

Em julho de 2012, após exatos doze meses intensos e transformadores naquela cidade mágica que só era conhecida por quem já jogou *War*, aterrissei na minha boa e velha terra de contradições. Confesso que havia esquecido um pouco nosso comportamento peculiar e as demonstrações de curiosidade. Numa lista de perguntas, aquelas relacionadas à minha vida particular no Canadá ocupavam as primeiras posições. As que diziam respeito ao meu desenvolvimento profissional por vezes nem sequer entravam na lista.

Em junho de 2013, finalizei o doutorado, conquistando o título de doutor em Biotecnologia Vegetal. Uma trajetória de quatro anos compostos por experiências difíceis de traduzir. Perdi meu irmão mais velho no início do doutorado, pensei em desistir, me fortaleci e segui adiante. Saí do Brasil empregado e voltei estudante, conquistei o topo da carreira acadêmica com a conclusão do doutorado e me vi sem horizonte. Tudo isso serviu de munição para a maledicência de alguns, mas, felizmente, esse cenário durou pouco.

Em agosto do mesmo ano, fui aprovado em 1º lugar em mais um processo seletivo para professor substituto, só que agora na UFRJ, minha boa e velha casa. Uma conquista que me permitia mirar com mais afinco no meu objetivo de compor o quadro permanente daquela universidade. Porém, diferentemente do período entre 2002 e 2012, os concursos públicos escassearam por completo, e, sete anos após a conclusão do doutorado, nenhuma vaga com meu perfil foi aberta por qualquer universidade federal no estado do Rio de Janeiro. Reflexo de políticas públicas que, naquele momento, não estavam mais tão preocupadas com incentivos ao ensino público de qualidade.

Nessa segunda experiência como professor substituto, fui obrigado a realizar a última atualização do meu sistema de radar antirracismo estrutural. Naquela época, eu era um homem de 37 anos, negro, ainda atlético (isso não era um ponto a meu favor), ocupando um cargo de professor temporário em uma das maiores universidades do país. Foi ali que vivenciei o verdadeiro significado do que é subalternizar alguém que compartilha o mesmo nível de formação, que possui um currículo equivalente ao dos grandes pesquisadores, que pode avaliar os alunos com todo rigor e autonomia, mas que nunca será visto como um igual, por razões óbvias.

Adivinhem qual não foi minha surpresa ao entrar para esse seleto grupo de professores... Os negros continuavam de fora do clubinho. Não que não pudessem estar ali. À época, o sistema de cotas possibilitou a entrada de muitos alunos pretos, pardos e indígenas. O número relevante de acessos levaria esses alunos até os cursos de pós-graduação e, finalmente, a turmas de mestrado e doutorado, que agora incluem excelentes alunos cotistas que esperavam por algo simples, porém transformador. Esperavam oportunidades.

Conto, então, uma passagem que me marcou durante esse período. Professores substitutos não tinham poder de decisão nas reuniões de departamento, afinal, qual seria a contribuição de um temporário, não é? (Contém ironia.) Mas nossa participação era importante para formar quórum. Lembro-me de um professor titular famoso, de quem eu havia sido aluno muitos anos antes e que sempre me tratara de forma amistosa e cordial. Para ele, eu era o "moreninho". Todas as vezes em que se referia a mim era como "moreninho", o que vinha seguido de um pedido de desculpas, dizendo que era muito difícil guardar meu nome. De certo, decorar um nome com cinco letras era uma tarefa dificílima para alguém cujo currículo possuía centenas de páginas.

Certo dia, nos cruzamos no corredor. Eu, como sempre, muito bem acompanhado da minha caneca de café, parei para cumprimentá-lo e mais uma vez presenciei a cena do esquecimento do meu nome. Até que decidi que aquele teatro já havia se prolongado por tempo demais e disse: "Caro professor, eu me chamo Marco Rocha, mas, como já percebi que tenho um nome muito difícil de decorar, eu lhe darei uma sugestão. Daqui por diante, o senhor pode me chamar de doutor. Tenho certeza de que não irá mais esquecer."

E foi o que aconteceu. A atitude foi considerada afrontosa, e nós nunca mais tivemos a mesma relação cordial de outrora. Percebam o incômodo instalado quando alguém subalternizado, seja por seu vínculo precário ou pela cor de sua pele, mostra que está exatamente em pé de igualdade com aqueles que se julgam os detentores do saber. A partir daquele instante, nunca mais foi permitido a alguém com condição de professor doutor, naquela casa, um tratamento que não fosse no mínimo respeitoso. Não preciso dizer, é claro, que os professores efetivos que ostentavam plaquinhas com os sobrenomes estrangeiros nas portas de seus laboratórios não apreciaram a atitude. Para eles, deixo aqui meu mais sincero… sinto muito. (Mentira, não sinto, não.)

Desse dia em diante, entendi que meu caminho seria abraçar projetos que me movessem de alguma forma. Assim, segui para o pós-doutorado na Fiocruz, estudando plantas coletadas na Amazônia que eram utilizadas pela população ribeirinha como antigripal. Mais uma vez, o precioso conhecimento dos povos tradicionais estava certo. Isolamos e testamos uma substância que se mostrou promissora para o tratamento de cepas resistentes do vírus Influenza. Concomitantemente, retornei ao ensino superior privado, onde sigo contribuindo para a formação de jovens profissionais que, assim como aquele garoto de vinte anos atrás, sonham com um mundo melhor, onde possam pôr em prática seus ideais com igualdade e respeito.

Os tempos são outros, muito foi conquistado nas últimas três décadas, mas ainda há muitos espaços contaminados com o racismo estrutural, que se beneficia da exclusão e da desigualdade. No entanto, as mudanças são potentes como uma locomotiva desgovernada. Que privilégio poder me ver refletido em muitos estudantes que confiaram em mim e acreditaram no seu poder transformador. Que sorte a minha poder viver experiências que reforçam aquilo em que escolhi acreditar: que o conhecimento só será transformador quando for verdadeiramente compartilhado. Sigo acreditando.

WILLIAM REIS

William Reis nasceu no Andaraí e cresceu no Complexo do Alemão. Formado em educação física, entrou no AfroReggae em 2009, passando por diversas áreas e coordenando projetos na ong, da qual, atualmente, é o coordenador executivo.

DA FAVELA PARA O MUNDO

Meu nome é William de Almeida Reis, tenho 34 anos, sou carioca, filho de pai capixaba e mãe nordestina de Natal. Sou formado em Educação Física, mas nunca atuei na área, pois logo fui atraído pelo Grupo Cultural AfroReggae, que atua nas favelas do Rio de Janeiro há 28 anos. Hoje sou coordenador executivo da instituição, mas até chegar aqui se passou uma vida de descobertas e redescobertas, vida essa que transitou entre um bairro da Zona Norte, numa família adotiva de classe média, e o período em que cresci em uma favela carioca considerada a mais chapa quente na época. Ao mesmo tempo que vi muita violência, tive os primeiros contatos com a cultura negra. Quando ia para a família que se tornou minha, no Andaraí, vivia uma vida de jovem de classe média, porém, com o detalhe de ser negro, o que me fez passar por diversas situações. Costumo dizer que na favela eu era chamado de playboy, justamente por ter uma família fora dela, e quando ia para a Zona Norte era chamado de favelado, ou seja, vivia uma situação parecida com a do presidente Obama quando chegou aos Estados Unidos, questionando-se em qual grupo ele de fato se encaixava.

Eu sou fruto de uma geração que migrou para o Rio na década de 1980, vindo do Nordeste e de outras regiões do país na tentativa de ter uma vida melhor e menos marcada pela pobreza. Minha mãe morava em Natal e começou na profissão de doméstica aos 12 anos. O lugar onde ela morava era muito pobre, e ela me relatou as diversas dificuldades pelas quais passou no primeiro emprego, como se esconder para chorar por conta da saudade da família, pois tudo o que ela mais queria era estar em casa e não na casa de outras pessoas. Contou ainda do sonho de ser professora de História e de seu encontro com a oportunidade de melhorar um pouco de vida ao chegar ao Rio de Janeiro. Meu pai é capixaba e veio ainda criança morar no Complexo do Alemão com a mãe, o pai e seus dez irmãos. Quando chegou à comunidade, a realidade era outra, as coisas ainda pareciam mais calmas e tranquilas. Ele passou por grandes dificuldades, tendo em vista que seu pai morreu e minha avó teve que criar os filhos sozinha. Então, meu pai e os irmãos tiveram que trabalhar desde cedo, para ajudar minha avó. Vocês devem estar se perguntando como os caminhos do meu pai e da minha mãe se cruzaram, certo? Era comum na época que uma pessoa da família viesse na frente para trabalhar em alguma residência, e em seguida trouxesse os outros familiares. No caso da minha mãe, foi a tia dela, que veio primeiro e depois trouxe minha mãe e as irmãs.

Minha mãe chegou ao Rio aos 17 anos. Tinha o mesmo sonho de tantas outras nordestinas na época: dar uma vida melhor para sua mãe e seu pai. Ela veio para ser babá em uma família que havia acabado de ter o terceiro filho, uma menina. Minha mãe morava na casa da família, outra coisa muito comum na época, dormia no que chamamos de "quartinho da empregada". Posso dizer que ela teve sorte, pois sabemos dos diversos horrores sofridos por domésticas em casas de família. Nessa casa, minha mãe não teve azar, mas em outras sofreu inúmeros abusos de patrões e patroas. Nos fins de semana, ela recebia folga, e o único lugar que tinha para ir era a casa da minha tia, que morava no Complexo do Alemão. Meu pai serviu ao Exército, depois foi mecânico e, por fim, conseguiu um emprego melhor na CEDAE, a companhia de água e esgoto do Rio de Janeiro. Meu pai sempre teve cabeça boa, juntou dinheiro, tinha carro, se importava muito com essas coisas. Não vou dizer que o caminho dele foi fácil, pois era um homem negro crescendo numa favela e perdeu um irmão que vivia metido em confusão. Meu pai foi o primeiro exemplo que tive de que podíamos viver na favela e conquistar alguma ascensão que não fosse pelo tráfico de drogas. Havia outras possibilidades, como ser jogador de futebol ou cantor de pagode, que são as primeiras profissões que um negro assimila de como "dar certo".

Em um desses finais de semana, os dois se conheceram e tiveram um envolvimento rápido. A consequência dessa relação fui eu. Quando minha mãe soube que estava grávida, ficou com medo de ser expulsa da casa onde trabalhava, mas não conseguiu esconder a gravidez por muito tempo, então, certo dia, contou aos prantos para a patroa. Ela se tornaria minha madrinha, junto com sua filha do meio. Naquela época, a família estava passando por um processo de separação e, ao receber a notícia, Tia Soninha (como eu a chamava) levantou as mãos para o céu, agradecendo, e disse que a criança traria alegria para aquela casa num momento tão difícil. Eu me tornei o irmão mais novo daquela família. Eram três irmãos, que se chamavam Marcio, Luciana e Monica. Acho que ninguém poderia imaginar que nossa relação seria tão profunda. Marcio, o irmão mais velho, se tornou meu padrinho e Luciana, a irmã do meio, se tornou minha madrinha. E, como mencionei, a mãe deles, Tia Soninha, se tornou minha madrinha de consagração. Eu vivi nessa casa com a minha mãe até os 6 anos de idade. Posso dizer que eles me levavam para todos os lugares que um garoto negro da minha idade dificilmente frequentava, também foram eles que sempre me alertaram que minha cor seria um fator predominante para várias situações ao longo da minha vida. Passamos por várias tensões raciais, e eles entendiam que era por causa da minha cor, mas eu não. Quando completei 6 anos, minha mãe resolveu sair desse emprego, só que a casa em que ela ia trabalhar não aceitava crianças. Foi quando ela disse para o meu pai que ele tinha a mesma responsabilidade de me criar, e então fui parar no Complexo do Alemão. Confesso que quando cheguei lá (e lembro muito bem), eu só queria voltar para a casa da Nana, que é como chamo minha madrinha. Nossa relação sempre foi profunda e intensa, e deve ser por isso que vivemos juntos até hoje, pois certas coisas não se explicam. Por mais que eu entenda a questão racial, posso dizer que nunca fui silenciado pelos meus irmãos de criação, nossa relação é leve e direta.

Chegar ao Complexo do Alemão foi a melhor coisa que aconteceu na minha vida, pois aprendi duas coisas que levo para a vida. Uma delas é a lealdade, a outra é a capacidade de, mesmo nas adversidades, manter o sorriso no rosto e seguir em frente. Quem me conhece sabe que dificilmente eu fico triste. Por outro lado, o Complexo do Alemão também foi uma mudança drástica na minha vida. Lá, morava eu, minha avó (mãe do meu pai) e minha tia, todos num quintal onde viviam mais dois tios de um lado e uma prima em cima da nossa casa. Eu estaria mentindo se falasse que passei fome e dificuldades ao crescer na favela. Minha família sempre me deu uma base sólida, nunca faltou comida, nem nada básico. Ao contrário do que acontecia com alguns vizinhos, que passavam fome e tinham problemas com as drogas e o tráfico, eu fui criado sob os olhos atentos da minha avó, que me apresentou a Umbanda e sempre deixou claro que, se eu não estudasse, ia ter o mesmo destino que ela. Por anos, minha avó lavou roupa na casa das pessoas, e muitas vezes ela colocava uns tijolos ao lado do tanque onde ela lavava roupa para colher pitanga. Colocava as frutas uma a uma no meu colo, e eu comia enquanto ela me dava conselhos. Minha avó sempre dizia: "Tá vendo isso que a vovó está fazendo? Estuda para você nunca ter que passar por isso." Eu me lembro até hoje dessas palavras, e deve ser por isso que me tornei o segundo da minha família por parte de pai a se formar numa faculdade. Esse lugar que minha avó trabalhava ficava no Morro da Baiana, onde também era o centro de Umbanda que ela frequentava. Minha avó foi a primeira pessoa a me colocar em contato direto com a cultura negra, e íamos a diversas festas. Eu costumava ver minha avó se vestindo de branco. Achava isso o máximo, e logo entendi que a Umbanda era um espaço de amor, tolerância, respeito e ajuda ao próximo. Foi assim que cresci nessa linda religião, com aquelas lindas pessoas. Sempre que voltávamos do Morro da Baiana, minha vó parava no bar para tomar sua cerveja, e eu meu refrigerante, sentado no meio das pernas dela, porque ela tinha receio de o meu pai ver a gente no bar. Eu logo tive que me virar sozinho, pois minha avó trabalhava em casa de família, minha tia tinha um emprego e meu pai também. Então, aos 7 anos, eu tinha a chave da minha casa, ia e voltava da escola sozinho, tinha horários para brincar na rua e, aos finais de semana, se me comportasse bem, podia ir visitar minha madrinha.

    Na favela, a gente aprende muita coisa, vê muita coisa e entende muita coisa, mas para uma criança é sempre mais difícil, ainda mais para uma recém-chegada a um ambiente que só conhecia de quando ia visitar o pai. Lembro de muitas coisas que passei lá, mas dois acontecimentos marcaram minha infância. O primeiro foi quando um dia, indo para a escola, desci a minha rua e vi uma cabeça cortada. Eu olhei fixamente para aquilo, fiquei chocado, mas o que mais me chocou foi a naturalidade com que as pessoas passavam por aquela cabeça, uma naturalidade do dia a dia. Aquela imagem ficou na minha mente durante meses, e eu não podia contar para ninguém, pois quando se cresce na favela é praticamente proibido demonstrar fraqueza. O segundo acontecimento que marcou minha vida está presente nela há onze anos. Quando eu tinha uns 12 ou 13 anos, teve um show num lugar que era o lixão da favela, era lá que eu e meus amigos ficávamos tacando pedra em ratos. O cheiro era insuportável, e nosso sonho era que aquele espaço se tornasse uma vila olímpica, porque não tínhamos onde jogar futebol, então jogávamos bola na ladeira, disputando espaço com as kombis e motos. Naquele fim de semana, chegou aos nossos ouvidos que aconteceria no lixão um show do Gabriel o Pensador, do Cidade Negra e de um grupo chamado AfroReggae. Todos os meus amigos foram a esse show. A gente combinou tudo com antecedência, contávamos as horas, e quando chegamos lá curtimos muito os shows do Gabriel o Pensador e do Cidade Negra. O Toni Garrido, vocalista do grupo, inclusive chamou meu amigo para subir no palco e cantar junto com ele, mas o ponto alto do show foi mesmo o AfroReggae. Pela primeira vez na vida, vi jovens negros e da favela tendo protagonismo. Ali eu vi que ser preto e favelado poderia ser algo positivo, e isso porque nem sonhava em fazer parte da ONG, mas ela cruzou com a minha vida para me fazer refletir.

Foi na favela também que começou meu processo de negação sobre a minha negritude. Por mais que tivesse contato com a cultura negra, a televisão e a escola foram primordiais na destruição do orgulho da minha cor, e hoje felizmente reencontrei esse orgulho. De manhã, eu sempre acordava com o som de um programa da Rede Globo apresentado pela Xuxa, e aquilo era o contrário do que a gente vivia. Primeiro pelo café da manhã, servido por um garçom negro, que tinha frutas e todas as delícias possíveis, algo a que a gente, da favela, não tinha acesso. Além dos paquitos e das paquitas loiros, que mais pareciam morar na Noruega, não no Brasil. Posso afirmar que esse programa da Xuxa ajudou a destruir uma geração de crianças negras. Eu fui uma delas. Além disso, minha escola foi um lugar primordial para eu ver o racismo e até reproduzi-lo. Primeiro porque minha escola ficava na fronteira entre duas favelas de facções rivais, e elas travavam uma guerra que durou muito tempo. Alguns dias da semana, havia um encontro dos jovens das duas favelas para brigar na porta da escola, então entrar ali para estudar era sempre uma função. Muitas vezes era impossível e voltávamos. Na própria sala de aula, uma vez o professor mandou todo mundo para a secretaria, pois riscamos no chão uma linha escrito Lado A e Lado B, e se alguém de uma favela ultrapasse esse limite era agredido pela outra favela. Desde cedo, todos os meninos negros aprendiam a se odiar e a se matar por uma guerra que existia na região. Eu lembro que muitas vezes aconteciam brigas marcadas na porta da escola por diversos motivos. Eu briguei poucas vezes, sempre procurei ser o cara que tinha uma boa relação com todo mundo, mas quando você cresce nesse ambiente, não dá para ser covarde.

A educação da escola pública em que estudei era boa. As diretoras eram rígidas, até porque o ambiente pedia rigidez. Era comum as diretoras irem até a rua para impedir brigas e que os alunos fossem agredidos por jovens das duas favelas que brigavam na porta da escola. Estou falando de um tempo em que não existia a lei nº 10.639, que, mesmo não sendo seguida como deveria, muitas escolas conseguem aplicar. Então, por conta dela, não aprendemos que o Egito ou o Brasil foi descoberto, que os negros foram omissos à escravidão, ou que o índio era o selvagem. Além disso, entrava uma outra problemática que era o racismo recreativo. Era muito comum entre os alunos os apelidos com cunho racial, a opressão aos nossos cabelos, às características físicas, à inteligência e à nossa capacidade em geral. Foi nessa escola que, após sofrer tantos ataques relacionados ao meu nariz, decidi que aos 18 anos faria uma plástica por ele ser muito largo. Foram várias as vezes em que saí do banho e automaticamente ia até o espelho ver como meu nariz seria se fosse mais fino. Foi nesse mesmo período que comecei alisar o cabelo. Na escola, aconteceram várias histórias relacionadas ao racismo. Foi também na escola que entendi que ser branco e pobre é um privilégio. Eram eles os escolhidos como representantes da escola, que se destacavam no Dia do Livro. A maioria deles cantava no coral da escola e, consequentemente, tinha o melhor ensino. Eram eles que os professores tinham como modelo de melhores alunos, que eram escolhidos no concurso de beleza da escola. Também eram eles que estavam mais bem localizados na favela, afinal, seus pais e suas mães em geral eram os donos dos principais comércios da área, ao contrário do que acontece nos Estados Unidos, onde os comércios locais, nos bairros chamados negros, são justamente os negros que controlam e, com isso, conseguem ter ascensão econômica e estabelecer uma classe média negra. Até hoje, a escola nos ensina o racismo. Até hoje, muitas crianças têm suas características (e sua autoestima) destruídas por causa do racismo no Brasil.

Minha adolescência não é muito diferente da de vários outros jovens. Nessa fase da vida, as reproduções do preconceito cotidiano começam a fazer efeito. Dentro da favela, o racismo, a homofobia, o machismo e todas as opressões acontecem dia após dia. Naquela época, eu só queria jogar futebol, mas meus amigos e alguns familiares já colocavam na minha cabeça que eu tinha que ter namoradas, transar e outras coisas que interferem diretamente na masculinidade tóxica. Foram também incontáveis as vezes que vi mulheres serem agredidas e ninguém fazer nada, com a justificativa de que " em briga de marido e mulher ninguém mete a colher", que como os casais brigavam e depois voltavam, então a mulher merecia passar por aquilo. Talvez seja por isso que hoje, quando vejo um simples bate-boca de um casal, já sinto uma agonia, acho que vai rolar algum tipo de enfrentamento físico. Isso me deixa tenso, nervoso, e claramente esses são alguns dos resquícios do que ficou gravado na minha memória. Também foi nesse período que ficou cada vez mais nítido para mim que ser negro não era bom. Por ter a pele um pouco clara, rapidamente recebi o rótulo de moreno. Isso, inclusive, me fazia pensar estar numa posição melhor que meus amigos. Comecei a alisar o cabelo, no início de mês em mês, mas depois de quinze em quinze dias, depois semana a semana, até que estava alisando o cabelo dia sim, dia não. Tinha cada vez mais convicção de que faria uma plástica no nariz. Hoje, entendo perfeitamente como homens negros que cresceram na favela, como eu, não têm consciência e reproduzem o racismo ou se omitem de discuti-lo. Quando se cresce na favela, por vezes o sistema é muito eficaz. Além disso, eu ainda vivia com duas questões: ser atraído pelo tráfico ou sofrer alguma opressão da polícia. É impossível ser negro no Brasil e não passar por alguma questão com a polícia. Ter uma família fora da favela me fazia passar por mais problemas raciais. Minha madrinha e irmã é branca, e foi com ela que passei por algumas questões. Certa vez, estava voltando da Barra da Tijuca com ela e minha sobrinha mais velha, que na época devia ter um ano. Minha irmã pediu que eu fosse no banco de trás para poder segurar minha sobrinha, que logo dormiria. Eu estava muito feliz, pois ela tinha me dado um cordão de prata que eu queria, um do tipo que todo mundo tinha na época. Estávamos escutando música, animados, rindo, quando de repente uma viatura da polícia ligou a sirene. Ela não acreditou que fosse para ela, então mudou de faixa, e a polícia continuou atrás de nós. Então, minha irmã teve que encostar. Ao parar o carro, o policial veio, abriu a porta ao lado do assento onde eu estava e colocou o fuzil na minha cabeça, sem perguntar absolutamente nada. Minha madrinha desceu do carro e foi para cima dele, falando que eu era irmão dela. Foi aí que o policial percebeu o grande erro, disse que foi um mal-entendido, como acontece toda vez que matam um negro.

Quando completei 18 anos, perdi minha avó. Eu passava muito tempo com ela e minha madrinha, então disse que me mudaria. Saí da favela. Nessa época, minha mãe trabalhava em uma casa na qual ficou por muitos anos, e seus patrões acompanharam minha trajetória. A dona da casa era coordenadora de uma faculdade, e me disse que se eu terminasse a escola, ela pagaria minha faculdade, como aconteceu. Eu escolhi o curso de Educação Física, muito motivado pela minha paixão pelo esporte, e também por influência da minha irmã de criação. Ela já era formada em Educação Física e eu queria muito seguir seus passos. Logo que entrei na faculdade, tive que conseguir um trabalho. Fui ser faxineiro em uma empresa de assistência técnica a eletrodomésticos. O dono era um italiano, que chamávamos de "Seu Giorgio". Posso afirmar que lavava os banheiros e varria toda a empresa com o maior orgulho, porque ter meu salário no final do mês era uma das melhores sensações que eu já tinha sentido. Minha chefe se chamava Ana Cristina. Ela e o Seu Giorgio logo viram que eu tinha potencial para ser mais que faxineiro, então me deram uma chance na área de telemarketing. Fui promovido, e meu salário aumentou. Eu tinha uma vida boa para quem tinha um primeiro emprego, e poucas responsabilidades. Certo dia, o Seu Giorgio me chamou e disse que me mandaria embora. O argumento dele era que eu estudava Educação Física, então tinha que ter experiência na minha área. Até hoje, ninguém sabia dessa conversa, mas foi a melhor coisa que me aconteceu. Quando fiquei desempregado, logo essa minha irmã, formada em Educação Física, me levou para as academias da Zona Sul. Eu trabalhava em Copacabana e em uma unidade da Bodytech, na Gávea. Nessa época, não era nem um pouco ligado à questão racial e às questões sociais. Se você me perguntasse sobre cotas, eu responderia que era contra, pois somos todos iguais, que se o cara fosse gay e negro mereceria uma surra, e tantas outras barbaridades, reproduções do que aprendemos na nossa sociedade, que insiste em culpar pessoas como eu por pensarem assim, quando, na verdade, nunca nos deu qualquer tipo de consciência racial e social. Foi ainda nesse período que a lei de estágio mudou, então fui contratado para trabalhar somente na Bodytech da Gávea. Foi lá que aprendi muito e conheci diversas pessoas interessantes, entre elas o José Junior, que mudaria a minha vida.

Eu queria me formar em Educação Física e trabalhar em escolas com crianças. Mesmo estagiando numa academia, eu não tinha vontade de trabalhar em salas de musculação. Uma vez, estava trabalhando e vi uma figura diferente; era um homem negro de pele clara, careca, que usava argolas grandes e todo tatuado. Ele era o completo oposto dos alunos da Gávea. O homem foi correr na esteira. Nós, professores, tínhamos que passar na área de musculação de quinze em quinze minutos. Em uma dessas minhas idas, fui falar com aquele homem, nem sabia quem ele era. Quando me dirigi a ele, o cara nem olhou para mim, só fez um sinal de positivo. Confesso que fiquei com raiva, jurei para mim mesmo que nunca mais falaria com ele. Num outro dia, quando estava montando uma série para uma aluna, esse mesmo homem passou por mim, e eu pensei: "De novo esse cara. Não vou falar com ele hoje." Essa mesma aluna me chamou e perguntou se aquele cara era o líder, e eu perguntei: "Líder? Líder de quê?" Ela respondeu: "Ele é o José Junior do AfroReggae."

Lembram que eu falei que um dos momentos mais impactantes de que quando morei na favela foi um show do AfroReggae? Por conta disso, fui falar com o cara de novo. Ele ia fazer a mesma coisa, eu sabia. Quando eu o abordei na esteira, ele tirou o fone. Então eu perguntei se ele era do AfroReggae, e ele respondeu que sim. Eu finalmente falei: "Eu sou cria do Complexo do Alemão." Na mesma hora ele parou a esteira e começou a falar alto: "Que orgulho você ser do Complexo do Alemão e trabalhar aqui!" Eu comentei com ele sobre os shows do AfroReggae, e ele ficou muito empolgado com tudo. Um tempo depois, o cara desceu da esteira e me pediu para ajudar com um alongamento, então pudemos conversar bastante sobre muitos assuntos. Quando eu cheguei em casa, tinha uma solicitação de amizade no Orkut (a antiga rede social). Aceitei na hora, e em seguida veio uma mensagem direta do Junior me convidando para uma gravação do programa dele num baile funk. Eu aceitei, e posso dizer que a partir dali não nos separamos mais. O Junior estava com um problema no casamento, e tinha um filho recém-nascido. Ele conversava muito comigo sobre isso, e a gente começou a se falar por SMS. Ele começou a treinar nos dias em que eu trabalhava, me levava para almoçar, e um dia me contou que falava muito de mim em casa, a ponto de a ex-esposa dele querer me conhecer. Foi quando conheci toda a família, virei amigo dele e, consequentemente, uma espécie de filho mais velho. Eu ia aos shows do AfroReggae, e o Junior disponibilizava para mim uma van para eu convidar quem quisesse. Ficava na área VIP, subia no palco. Nessa época, começamos a fazer muitas coisas juntos, tinha vezes que eu dormia na casa dele. Nesse mesmo período, devido à lei do estágio, tive que me desligar da Bodytech. Conversei com ele sobre isso, e no mesmo momento ele me convidou para trabalhar no AfroReggae. Foi nesse mesmo ano que ganhei o prêmio de melhor professor Express, um programa de treinos de trinta minutos disponibilizado na academia. No discurso, não sei por que, falei do orgulho de ser favelado.

Quando cheguei ao AfroReggae, senti um forte choque cultural. Eu não entendia os tantos nomes africanos nos grupos de música, dança, o prêmio da ONG, não entendia as figuras nos espaços, não entendia absolutamente nada. Eu comecei a trabalhar na área de esportes, com um coordenador que havia sido professor na Bodytech, mas por pouco tempo. Posso dizer que fizemos alguns projetos legais, como o Desafio da Paz, uma corrida que saía do Complexo da Penha e ia até o Complexo do Alemão, passando pelo mesmo trecho da famosa cena em que traficantes figuram da Penha na ocupação do Exército. Fizemos eventos com a Coca-Cola, a Red Bull, o Santander, e várias empresas grandes. Nossa ideia era levar grandes eventos esportivos para dentro das favelas cariocas. Lembro que não demorou muito para a área de esportes acabar, e precisei ser realocado em outra área. Nessa época, eu ficava junto do Junior. Lembro que em muitas ocasiões ele colocava Racionais, Public Enemy e tantos outros artistas que abordam a questão racial em suas letras, mas eu ainda não entendia nada sobre isso. Uma vez, eu estava com o Junior no carro e contei uma piada racista que uns conhecidos tinham me contado. Eu fiquei rindo por um tempo. Na hora, o Junior me olhou bem sério e disse: "Cara, isso é racismo. Você acha isso engraçado?" Ainda me disse que muita gente havia morrido para eu chegar onde estava, e que eu fazia parte de uma ONG que lutava justamente contra o racismo. Fiquei sem reação, e ele me deu três tapas na perna, dizendo que eu deveria ler mais. Foi ali que minha vida mudou.

A primeira coisa que fiz depois disso foi pesquisar. Escrevi no google a palavra "negro", e a primeira imagem que surgiu foi de Zumbi dos Palmares.

A outra que mais me chamou a atenção era de um homem negro com o dedo apoiado na lateral da cabeça e um olhar nada amistoso. Era o líder afro-americano Malcolm X. Confesso que não pensei duas vezes antes de clicar, e logo me encantei com a história dele. Um integrante do AfroReggae tinha a biografia de Malcom X, e ali, como ele bem disse no livro, "as pessoas não entendem como um único livro pode mudar a vida de um homem", minha vida mudou. Confesso que ler Malcolm X desperta um misto de revolta e orgulho. Revolta por ter sido enganado a vida toda, orgulho por saber que sua origem africana é linda. Se todos os jovens negros da favela lessem Malcolm X, muitos não estariam segurando um fuzil, e aqueles que ascenderam socialmente seriam mais ativos na luta racial. Malcolm X deveria ser leitura obrigatória, assim como Martin Luther King, Lélia Gonzalez, Dandara, Abdias Nascimento, Nelson Mandela e tantos outros negros que lutaram incansavelmente pelo nosso povo. Tive então um grande aliado, que me apresentou a todo o movimento negro: Tekko Rastafari, um dos fundadores do AfroReggae. Eu quis me jogar nesse universo para conhecer cada vez mais a luta contra o racismo, e o Tekko me levou a vários eventos, me apresentando como sobrinho dele. Eu lia sobre essa temática praticamente a todo momento e todos os dias, enchia o saco do Junior, perguntando tudo sobre o assunto, sobre a história do AfroReggae. Fiquei alguns anos na ONG sem função fixa, fui auxiliar da parte de parcerias, agente de projetos no núcleo do Complexo do Alemão, assessor do Junior, que me ensinou muitas coisas, mas minha vida na ONG mudou completamente quando resolvi criar um núcleo sobre a questão racial. O Junior me apoiou, e minha ideia era ser o representante do AfroReggae nessas questões, fazer uma agenda negra dentro da ONG com grupos de estudo, seminários, comemorações no Dia da Consciência Negra, além de ser palestrante. Achei o meu lugar. Quando comecei a palestrar para difundir o trabalho do AfroReggae, passei a viajar muito, conheci vários estados do Brasil. No início, paguei muito mico, como confundir Norte com Nordeste em uma palestra. Viajei para sete países por causa do AfroReggae, palestrei na Colômbia, na Espanha. Eu realmente encontrei meu espaço e, com isso, surgiram oportunidades dentro da ONG. Virei coordenador adjunto do núcleo do Cantagalo, uma favela na Zona Sul do Rio de Janeiro, coordenei o núcleo da favela do Caju, fui coordenador de um projeto que atuava em dez favelas no Rio, com oficinas culturais e patrocinado pelo Banco Internacional de Desenvolvimento. Eu nunca tinha pensado em ter um cargo importante no AfroReggae, acabou sendo algo que foi acontecendo. Nessa época, o Junior estava tentando achar um substituto para ele na ONG. Foram algumas tentativas que não deram certo. Os caras até sabiam muito sobre gestão, mas não entendiam sobre o que um preto favelado passa, e isso é primordial na área social. Em 2014, quando nosso país começou uma guerra política, as ONGs entraram em crise, as empresas cortaram os patrocínios, assim como cessaram os incentivos por parte dos governos estadual e federal. Foi um processo em que tudo ligado ao social passou a ser demonizado pela polarização política que o país estava vivendo. Em 2015, ainda sentimos pouco da crise, mas em 2016 as coisas na ONG começaram a apertar. Quando chegamos a 2017, a catástrofe se concretizou: um ano sem receber salário e sem previsão de absolutamente nada. Confesso que eu já estava pensando em morar na Austrália e sair do AfroReggae fazia um ano, mas não queria largar a instituição no meio da crise, como muitas pessoas, pois me sentiria ingrato e covarde. Eu nutria uma imensa gratidão ao Junior e ao AfroReggae, por tudo que havia alcançado. Tinha contado para um amigo da ONG que iria sair assim que as coisas melhorassem. Consegui guardar um dinheirinho. Um dia, o Junior conversou com esse meu amigo, e contou que ia me chamar para assumir o lugar dele. Perguntou o que ele achava. Meu amigo achou a ideia maravilhosa, mas disse que eu estava com planos de ir embora. O Junior reagiu com surpresa e, no dia seguinte, me chamou para conversar. No caminho até Niterói, caiu uma chuva forte. Estávamos em plena crise quando o Junior me convidou para ficar no lugar dele, mas não pensei duas vezes e aceitei, pois amo o AfroReggae. Acredito muito no nosso trabalho. Além disso, naquele momento de crise, eu queria de alguma forma contribuir em gratidão a tudo que o Junior fez por mim nesses onze anos de ONG.

Assim que aceitei o convite, o Junior começou a me apresentar para as pessoas que cruzaram o caminho dele. Viajamos para São Paulo, fizemos videoconferência, e eu fui logo falando o que achava que deveria ser o novo AfroReggae, pois também tínhamos que nos reinventar. Em 2018, as coisas começaram a melhorar. Eu fiz ponte com pessoas incríveis, criei coisas que antes não tínhamos, como a vaquinha virtual e a aproximação com jogadores de futebol. Nessa época, virei amigo do Everton Ribeiro, e ele foi muito importante para manter nossas oficinas culturais funcionando. Se metade dos brasileiros tivesse o coração e a pureza do Everton Ribeiro e de sua esposa, Marília, hoje seríamos um país diferente. O Junior iniciou um processo de me tornar a cara do AfroReggae. Dei algumas entrevistas, e ele começou a me colocar em contato com pessoas como Luciano Huck, Armínio Fraga, Edu Lyra e tantas outras. Hoje, na coordenação executiva do AfroReggae, posso dizer que minha prioridade é ter a maior parte dos funcionários composta por pessoas negras e faveladas. Meu processo seletivo sempre será esse, meu compromisso é com isso, e meu maior desafio é substituir à altura um dos maiores empreendedores sociais e líder social do país. Mas como para tudo na minha vida, não faço planos, eu espero acontecer. Meu objetivo é fazer com que meus filhos também possam ver o trabalho do AfroReggae. Acho que o projeto não pode deixar de existir nunca. Não existe outro projeto social que tenha afastado mais jovens da influência do tráfico que o AfroReggae. Por isso, sou mais um louco incansável, decidido a manter essa nossa marca cada vez mais forte no Brasil e no resto do mundo.

DORALYCE

Cantora e compositora de hinos como "Miss Beleza Universal", "Vamos derrubar o governo" e a versão feminista da música "Mulheres". A Pernambucana Doralyce é uma personalidade da Música Afrofuturista Brasileira (MAB). Em 2018, foi convidada para uma residência artística em Northwestern, Chicago (EUA), apresentada como expoente do afrofuturismo nas Américas. Compositora de mais de trezentas canções, ela é potente na construção do legado intelectual preto, é referência bibliográfica nacional e internacional em escolas, universidades e centros de arte, sendo interpretada por grandes artistas, rodas de samba, de coco e blocos de Carnaval.

Doralyce é afroempreendedora, feminista, bissexual, ativista, pensadora da Solar Primavera (Movimento de Emancipação Feminista) e idealizadora do Selo Colmeia 22 e de Dassalu (Modelo de negócio conjunto de tecnologias de emancipação para pessoas pretas, latinas, LGBTQIA+).

Em ascensão no circuito da música independente, passou por importantes palcos e festivais do Brasil: Pulso Redbull Music (SP), Vento Festival (SP), Recbeat (PE), Favela Sounds, Circo Voador (RJ). Gravou o Estúdio Showlivre (2018, 2020), e ganhou a cena sendo executada nas emissoras de TV do país, como a Globo, TV Cultura, Canal Brasil e GNT.

SER NEGRO NO BRASIL

Símbolo vivo de resistência,
Os ventos nos trazem a presença da ancestralidade que nos guia e rege.

Construir o legado, imaginário e narrativa descolonizada é atestar que a luta dos nossos antepassados não foi em vão.

Ainda ecoamos nosso grito cansado de anos de trabalho escravo, do sobrenome, língua, cultura e hábito apagados.

Tudo que nos foi tomado, como o direito de existir com liberdade.

Exigimos de volta.

Resistimos sem romantizar nossa dor porque viver é mais bonito que existir, e resistir é sobreviver.

O direito inviolável ao gozo de viver a beleza da nossa natureza sonora, estética, simbólica, sensorial.

A gente quer naturalizar nosso afeto, nossa presença nos espaços de poder e prestígio, a gente exige direitos iguais.

A verdade é que se de fato, assim fosse, teríamos que começar um etnocídio com base em reparação histórica dessa necropolítica.

Não caminhamos para barbárie porque o olhar afrocentrado transpõe os limites da humanidade animalesca, dessa comunicação violenta, dessa disputa desleal.

Nossa revolução é afrocentrada e afetuosa.

Não seguiremos o modelo excludente vigente, sistema patriarcal eugenista, sistema de exclusão, marginalização e discurso de ódio.

Nossa vibração em conexão com a terra nos convida a tempos de cura.

Não haverá paz sem justiça, e a nossa luta não será regada de intolerância.

Queremos igualdade para categoricamente afirmarmos que seremos iguais em nossa diversidade.

Um novo futuro está anunciado nas linhas do destino do planeta com a maior população preta da galáxia.

Estamos escrevendo um novo capítulo nesta história, e o que se revela é a nossa força criadora de desenhar outras possibilidades de existência.

FLÁVIA OLIVEIRA

Flávia Oliveira, 52 anos, é jornalista. Há trinta anos na profissão, é comentarista na GloboNews, colunista no jornal *O Globo* e na rádio CBN. É podcaster no *Angu de Grilo*. Integra o conselho deliberativo da Anistia Internacional Brasil e os conselhos consultivos das organizações Uma Gota no Oceano, Centro de Estudos das Relações de Trabalho e Desigualdades (Ceert), Observatório de Favelas, Agência Lupa, Rede Liberdade, Instituto Sou da Paz, Instituto Ibirapitanga, Perifa Connection e Museu do Amanhã.

EU, MULHER PRETA JORNALISTA

É ofício de pessoas brancas o jornalismo *mainstream*. Mesmo na terceira década do século XXI, quando audiência e consumidores reivindicam diversidade em veículos de comunicação, empresas e marcas, o padrão segue monocromático — ou monorracial.

Em 2012, pesquisa do Programa de Pós-Graduação em Sociologia Política da Universidade Federal de Santa Catarina (UFSC), em convênio com a Federação Nacional dos Jornalistas (Fenaj), traçara o perfil étnico-racial da profissão: 72% declaravam-se brancos, e apenas 23%, pretos ou pardos, parcela que concentra mais da metade (56%) da população brasileira.

Quase uma década depois, em fins de 2021, outro grupo lançou-se ao tema. Dessa vez, em estudo assinado por Jornalistas&Cia e Portal dos Jornalistas, com apoio do Instituto Corda — Rede de Projetos e Pesquisas e do I'MAX, sob coordenação técnica do pesquisador Maurício Bandeira. A intensa cobrança por representatividade sugeria aumento da presença de negras e negros nas redações. Não aconteceu. O levantamento contou com participação espontânea de 750 profissionais (numa categoria estimada em 61 mil). Ao todo, foram consultados por telefone ou questionário de autorresposta 1.952 jornalistas, de 16 de setembro a 31 de outubro do ano passado. O resultado apontou 20,3% de pretos e pardos, 77,6% de brancos, 2,1% de amarelos e 0,2% de indígenas. "Se não havia dúvida da branquitude da imprensa brasileira, a certeza agora tem números", afirma o estudo.

Na pesquisa UFSC/Fenaj, mulheres somavam dois terços da categoria, mas somente um terço dos profissionais com salário superior a cinco mínimos. Sinal evidente da hegemonia masculina nas posições mais bem remuneradas, de comando e visibilidade. Na análise mais recente, o informativo Jornalistas&Cia apurou 36,6% de mulheres, 63% de homens e 0,40% de não binários.

Ser jornalista mulher e negra nunca foi fácil. Ainda é difícil. Criada em Irajá, no subúrbio carioca, filha única de uma família monoparental com renda nunca superior a dois salários-mínimos, eu, mulher preta jornalista, desfio um decálogo de memórias, vivências e desafios do ofício, nascido de um diálogo com a editora Janaína Senna. São reflexões ditadas em voz alta, na primeira pessoa. Palavra sobre papel, oralidade impressa. E assinada com nome e sobrenome, como ensinou Lélia Gonzalez.

1. IMENSA OUSADIA

Escolher jornalismo foi uma imensa ousadia para uma jovem negra periférica. Naquela época, meados dos anos 1980, quem vinha da quebrada — seja do subúrbio ou da favela — não tinha contato com o universo das profissões de nível superior. Havia uma espécie de segregação socioespacial e educacional das carreiras de classe média. Para ir e voltar da faculdade, que ficava em Niterói, eu percorria 90 quilômetros e gastava, pelo menos, quatro horas, de segunda a sexta. Não conhecia absolutamente ninguém na carreira, não tinha contatos ou referências, e a universidade foi determinante para entrar no mercado de trabalho.

A formação técnica em estatística — estudei muita matemática no ensino médio inteiro — me abriu as portas do jornalismo econômico. Para completar, dei início à minha carreira num momento de grande valorização da área, devido à crise de hiperinflação e às mudanças macroeconômicas dos anos 1990, da abertura comercial ao Plano Real. Em 1994, quando eu já estava n'*O Globo*, colegas de outras editorias diziam que a economia deixaria de existir quando a inflação terminasse, que ficaríamos sem emprego. Tolice. Estamos aqui, até hoje.

Mas não convém se iludir: o Brasil é um país de renda média, desigual e com uma grande parcela da população em situação de pobreza — neste 2021, quase 28 milhões, a maioria negra. A escolha da profissão não envolve somente vocação, desejo, persistência, mas também necessidade de sustento. O humorista Yuri Marçal conta que, ao decidir abandonar o direito para seguir carreira artística, ouviu que precisaria estudar e ter uma profissão que rendesse dinheiro. Quem vem da periferia, quem é preto, quem é pobre é impelido a fazer escolhas profissionais que paguem as contas. A ideia de "meu filho vai poder ser o que quiser" ainda é, infelizmente, repertório da elite. Para gente pobre e preta, é uma nota e uma chance, nos moldes do velho *Qual é a música?*, do programa Silvio Santos. Há quase sempre uma só opção, que precisa dar certo. Eis o desafio primordial: liberdade de escolha, possibilidades de acesso.

2. SOLIDÃO IMPERAVA

Em 1992, terminando a faculdade, estreei na reportagem pelo *Jornal do Commercio*. Era figura rara — ainda sou. Economia não costuma ser ambição original de nenhum jovem estudante de jornalismo. Os alunos querem TV, cultura, esporte, cidade, cobertura policial, política. Estava na Universidade Federal Fluminense (UFF), na virada dos anos 1990, auge da hiperinflação, recessão aguda, e fiz uma solitária disciplina na área. É pouco para desenvolver vocação ou interesse. Ainda hoje, cursos de jornalismo não contemplam devidamente a cobertura econômica, que segue viva no noticiário.

Jovens estudantes negros carecem de referências. Não há muitos jornalistas negras e negros dedicados à área, tampouco economistas. Macroeconomia, negócios e finanças são assuntos de homens brancos — quando muito, de mulheres brancas. É nicho profissional masculino e embranquecido, o que afasta jovens de outras identidades raciais. Nada simples se afeiçoar a uma carreira com tão pouca representatividade.

A experiência dos universitários é menos solitária hoje. Na minha geração, a solidão imperava, posto que o acesso ao ensino superior era restrito, quase impossível. A política de cotas, implementada e ampliada neste século, abriu as portas da universidade a um número maior, nada desprezível, de alunos pretos, pardos, indígenas, de baixa renda, oriundos da escola pública. São grupos que dialogam, debatem, organizam-se, reivindicam, produzem conhecimento. Alteraram o ambiente acadêmico. A ação coletiva alimenta, fortalece, é positiva.

3. UMA MUDANÇA POR ANO

Em 2021, completei 29 anos de jornalismo profissional. Até a pandemia da Covid-19, supunha que o maior desafio da minha geração — ou a mais intensa transformação do mercado jornalístico — havia sido a transição para o mundo virtual. Da prensa de tipos móveis de Gutenberg, que revolucionou a escrita no século XV, ao rádio, da televisão à informatização, o jornalismo é atravessado por transformações tecnológicas que jamais patrocinou. No *Jornal do Commercio*, em 1992, eu usava máquina de escrever — três laudas, duas folhas de carbono. N'*O Globo*, dois anos depois, tive contato com minha primeira redação informatizada, uma rede muito antiga, com monitores de fósforo verde.

Aos e-mails fui apresentada em 1996, cobrindo mercado financeiro. Até ali, tabelas, dados, cotações, indicadores chegavam à redação por fax. Foram os economistas e operadores que começaram a falar em correio eletrônico e avisar que o velho sistema se aposentaria: "Não tem mais fax, enviarei por e-mail". Fui testemunha ocular da primeira conta de e-mail, creio, da redação d'*O Globo:* economia@oglobo.com.br. Nossas fontes eram orientadas a escrever no assunto o nome do repórter destinatário da mensagem, porque havia um só terminal, de uso coletivo. Trabalhamos assim até o jornal ser reconfigurado.

Desde então, fomos engolfados por uma mudança por ano: do impresso ao site, das atualizações em tempo real às redes sociais, dos meios às plataformas. É vídeo em rádio, áudio em jornal, texto em TV, tudo ao mesmo tempo agora, sem limitação. A pressão por produtividade só fez aumentar, a ponto de trabalhar hoje muito, muito, muito, muito mais que o início da carreira, há três décadas. Por outro lado, tornei-me um ciborgue jornalístico. Cabeça, voz, mão direita, smartphone compõem uma unidade completa de produção de notícia e opinião. Sozinha, de qualquer lugar do planeta, apuro e escrevo, fotografo e filmo, gravo e edito, transmito e entro no ar. É revolucionário para um ofício que, não faz muito tempo, dependia dos meios de produção dos empregadores.

A perspectiva de democratização na elaboração e difusão de conteúdo encanta e assusta. Ao mesmo tempo em que flerta com a autonomia, adiciona instabilidade. Fez da profissão mais ofício que sustento. Sobram liberdade para criar e possibilidades de trabalho, mas falta remuneração. Há poucos jornalistas capacitados a empreender. Faltam-nos instrumento, organização, método, formação. A faculdade se ocupa da atividade-fim, não dos meios. É real a precarização do mercado de trabalho, expressa em baixos salários, pejotização e informalidade. Enfrentamos hoje a concorrência com profissionais que nos subtraíram a exclusividade na intermediação da informação, experimentamos a exploração por plataformas que muito lucram, pouco distribuem. A concentração se desfez; estamos, jornalistas e empresas de mídia, aprendendo a lidar.

4. COMPETITIVO COMO NUNCA

Após quase três décadas de exercício profissional, imaginei que os grandes desafios do jornalismo haviam sido superados com a transição para as novas mídias e tecnologias digitais, que nós, adaptados, seguiríamos abrindo espaço entre escrita, voz, imagem, audiovisual, redes sociais. Ilusão. Movimentos políticos de extrema-direita que emergiram neste século, no Brasil e mundo afora, resvalaram em ambiente hostil ao ofício e aos empreendimentos jornalísticos. Ataques massivos e ordenados — mais agressivamente contra mulheres e negros — procuraram desqualificar profissionais e minar a credibilidade da imprensa.

Essa história foi muito bem contada por Patrícia Campos Mello — ela própria vítima da brutalidade — em *A máquina do ódio: Notas de uma repórter sobre fake news e violência digital* (Companhia das Letras, 2020). Não por acaso, foi para dois jornalistas, a filipina Maria Ressa e o russo Dmitry Muratov, o Nobel da Paz 2021, expressão de confiança do comitê da premiação na liberdade de imprensa e no acesso à informação como pilares da democracia, dos direitos humanos, do desenvolvimento sustentável, como sublinhou o secretário-geral da ONU, António Guterres.

O jornalismo independente de qualidade, de um lado, e a profusão de informações e notícias gratuitas nem sempre confiáveis, de outro, tiraram relevância da mídia tradicional. Há que se reconhecer também o papel autodestrutivo de posições editoriais mais alinhadas a projetos políticos conservadores e programas econômicos liberais do que a valores democráticos. Sem falar na já citada lacuna em diversidade nas redações. O mercado é competitivo como nunca, ora com muita qualidade, ora sem.

O cenário começou a mudar a partir da pandemia, que impôs novo modelo de trabalho (presencial, remoto, híbrido) e exigiu do jornalismo conteúdo pautado por conhecimento científico, orientações técnicas, ética, atribuições do Estado. Premissas óbvias, mas nada triviais diante da escalada do obscurantismo — que fez o Brasil chegar ao top 3 em número de mortos por Covid-19 no planeta. A cobertura ancorada na ciência, na atenção aos médicos e à Organização Mundial de Saúde, na denúncia de erros e crimes, no reconhecimento dos acertos e na prestação de serviços devolveu muita da credibilidade perdida pelo jornalismo em anos recentes. É visível também a complementaridade entre jornalismo comercial e independente, veículos comunitários, influenciadores digitais.

5. RELAÇÃO PROVEITOSA

Consolidou-se uma via de mão dupla, uma relação proveitosa. A mensagem que o jornalismo de massa tentou passar não alcançava todo mundo, não dava conta da desigualdade brasileira. Nas brechas, a comunicação comunitária e o mídia-ativismo de favelas, quebradas, periferias se agigantaram. Assumiram papel fundamental na transmissão de informações sobre a crise sanitária nas comunidades. Mais que isso: produziram diagnósticos, denunciaram as fragilidades, cobraram providências, apresentaram soluções. Também pautaram a mídia convencional a partir dos questionamentos que produziram.

Quando o jornalismo tradicional anunciou, a partir das recomendações da ciência, que o enfrentamento à pandemia exigiria higienização das mãos com água e sabão ou álcool em gel, distanciamento social, isolamento doméstico, o jornalismo comunitário, os comunicadores populares, as organizações sociais rebateram: "Como lavar as mãos o tempo todo, se na minha comunidade só entra água uma vez por semana? Como passar álcool em gel, se o preço dobrou no início da pandemia e o produto sumiu das prateiras no início da pandemia? Como seguir essa recomendação, se a renda média na favela é de mil reais? Como ficar em casa, se a maioria da população de periferias e favelas ganha a vida na informalidade, sem benefícios trabalhistas? Como manter distanciamento em ambientes adensados? Como vamos comer, se não pudermos sair para trabalhar?".

Todas essas provocações emergiram dos territórios e foram incorporadas à cobertura convencional na forma de reportagens, veiculação de campanhas humanitárias, cobrança das autoridades. De outro lado, organizações da sociedade civil de mãos dadas com o mídia-ativismo assumiram protagonismo no enfrentamento às crises sanitária e social com a agilidade, o foco e a eficiência que o poder público não foi capaz de apresentar. São dignos de nota o trabalho da Redes da Maré, do Gabinete de Crise do Alemão, do Movimenta Caxias, da Coalizão Negra por Direitos na campanha "Tem gente com fome", da Central Única de Favelas (Cufa) com a ação "Mães da favela", da Ação da Cidadania, entre outras.

6. DIVERSIDADE EM CENA

Em 2020, em decorrência da onda de protestos nos EUA — os maiores desde o assassinato de Martin Luther King, em 1968 — contra o homicídio de George Floyd, um homem negro, por um policial branco, a GloboNews exibiu uma edição especial do *Em Pauta* apenas com jornalistas negros. Foi assim que o canal respondeu às críticas nas redes sociais pela edição de véspera, que abordou a situação americana somente com debatedores brancos. No histórico 3 de junho de 2020, ocuparam a tela Aline Midlej, Lilian Ribeiro, Maju Coutinho, Zileide Silva, eu e Heraldo Pereira, que apresentou o programa. Cinco mulheres negras e um homem negro relatando vivências e denunciando o racismo brasileiro numa edição inteira de um telejornal noturno. Dois dias depois, o programa foi exibido no *Globo Repórter*, na TV Globo, com participação de Glória Maria.

Foi muito marcante esse momento — citado, inclusive, como marco na história da televisão no Brasil, que naquele 2020 completava 70 anos. E foi obra da provocação do mercado consumidor, de uma cobrança por representatividade que está na rua e é fruto do letramento, da educação formal de homens, mulheres e jovens negras e negros — muito em razão da década e meia da política de acesso por cotas raciais e sociais à universidade. É um ativismo muito típico do século XXI, impulsionado na pressão de clientes e da audiência sobre marcas, empresas, produtos, serviços.

A necessidade e a urgência de transformação do jornalismo tornaram-se evidentes. O novo capítulo da jornada da profissão e das empresas depende de diversidade e pluralidade, bases da credibilidade. Curioso é que, no início da crise sanitária, temi que tivéssemos perdido tudo. Sou conselheira (sem remuneração) de uma dezena de organizações da sociedade civil — Anistia Internacional Brasil, Uma Gota no Oceano, Centro de Estudos das Relações de Trabalho e Desigualdades (Ceert), Observatório de Favelas, Agência Lupa, Rede Liberdade, Instituto Sou da Paz, Instituto Ibirapitanga, Perifa Connection e Museu do Amanhã — e, em diálogo com o movimento social, notei que, num primeiro momento da pandemia, orçamentos de responsabilidade social migraram para ajuda humanitária, como distribuição de cestas básicas, kits de higiene e água a famílias em vulnerabilidade social.

Nos últimos anos, foi muito intenso o debate sobre a necessidade da construção da equidade de gênero e de raça, além da inclusão de pessoas com deficiência e LGBTQIA+ nos diversos espaços de poder. Grandes empresas criaram programas e comitês de diversidade — algumas inspiradas ou pressionadas pelas matrizes internacionais —; agências de publicidade adequaram campanhas; teatro, cinema, literatura, espontaneamente ou sob pressão, repensaram textos, elencos, autores, personagens, enredos.

Com um ambiente de crise generalizada, de perda de faturamento, recessão, houve uma grande preocupação quanto à possibilidade de essa agenda ser secundarizada em benefício da própria sobrevivência dos negócios. Empresas precisaram adaptar, reorganizar, reestruturar operações, em decorrência do agravamento da crise econômica. Havia o imperativo da saúde financeira e a perspectiva era de que projetos de diversidade, incipientes, fossem negligenciados ou mesmo abandonados. Nós nos perguntávamos: "Vão pensar em diversidade quando não sabem nem se existirão no ano que vem?".

Porém, tanto o ativismo histórico quanto os movimentos de consumidores insistiram em questionar, confrontar, cobrar empresas, marcas, instituições. Esses grupos não voltaram para o armário quando a crise se instalou; continuaram atuantes, inclusive na política. O racismo, o sexismo, a LGBTfobia e a violência expressos em atos e discursos de autoridades, a começar pelo presidente da República, foram denunciados, rebatidos, judicializados. A pandemia escancarou as desigualdades brasileiras e manteve no topo do debate a urgência da inclusão social. A diversidade não pôde sair de cena e várias empresas estão sendo obrigadas a se posicionar. Algumas vão ignorar, outras terão de agir.

7. AUMENTAR A LUCRATIVIDADE

Acredito que quem tomou a decisão de aderir à diversidade está satisfeito, não só no que diz respeito à reputação, mas também à rentabilidade. Se ainda não estão ganhando mais dinheiro, vão ganhar. A construção da igualdade no ambiente corporativo resulta em justiça social — o que, por si só, já seria suficiente para justificá-la —, mas também produz troca de ideias, inovação, oxigena o debate, sai do samba-de-uma-nota-só. São fatores que podem ampliar mercado e aumentar a lucratividade, porque, além de mudar a forma como consumidores e sociedade enxergam marcas, produtos, serviços, mexe na maneira como a empresa vê e atua no interesse de seu público.

Não se trata de opinião pessoal ou avaliação subjetiva. Estudo divulgado em 2019 pela consultoria internacional McKinsey sobre o estado da diversidade corporativa na América Latina confirmou a interconexão dos programas com práticas de negócios positivas, comportamentos eficazes de liderança, saúde organizacional e performance financeira. O trabalho também confirmou que mulheres e grupos minoritários seguem sub-representados em posições de liderança, e recomendou urgência na promoção da diversidade no trabalho.

Não raro, programas de diversidade no mundo empresarial partem de funções de acesso, caso de estagiários e trainees. E ali permanecem. Trata-se de uma inclusão cosmética, capenga, de pouco resultado prática. O compromisso há que ser amplo e envolver cargos de decisão, de gerentes a diretores, de presidente e vice a funções no conselho de administração. Sonegar poder às minorias que emergem é não incluí-las, manter o status quo.

Outro erro comum de corporações que aplicam a diversidade de superfície é visão salvacionista, que relaciona a inclusão de negros, indígenas, mulheres, pessoas com deficiência, pessoas LGBTQIA+ à oportunidade de mão única. Do Olimpo particular, executivos e lideranças se orgulham do que empresas estão fazendo pelo pessoal diverso. Não pensam no que esse time é capaz de entregar às companhias. É mão dupla.

Há muita sabedoria, conhecimento, tecnologia social, capacidade inventiva, produtividade e rentabilidade contidos nos quadros que tingem de cores a monotonia do ambiente empresarial, mídia incluída. É fundamental ter ouvidos de escutar essas pessoas, valorizar vivências, percepções e intimidade com áreas e indivíduos nunca alçados pela mão de obra homogeneizada em gênero, etnia, origem. É preciso ouvir — e, mais que isso, levar em conta — as contribuições que a diversidade pode trazer.

Essa barreira não foi rompida; é urgente que seja. Gosto de chamar esse processo de reconhecimento, restituição da potência desses grupos, sobretudo os negros. É preciso superar a visão de que aos brancos, hegemônicos, cabe tutelar os demais, como se incapazes fossem de elaborar as próprias agendas, propor soluções e aplicá-las. É o avesso da oportunidade, porque o acesso é regulado, subordinado e, portanto, pouco ou nada transformador. O raciocínio vale para o mundo empresarial, mas também para os três poderes (Executivo, Legislativo, Judiciário), as instituições de Estado, caso da polícia, os sistemas de saúde e educação. Engloba a mídia, a publicidade, o teatro, o cinema, a literatura. Não é igualdade se há subalternidade.

8. TRATA-SE DE PROTAGONISMO

A pandemia escancarou as assimetrias brasileiras. Estão expostas todas as camadas da desigualdade: gênero e raça, trabalho e renda, educacional, regional e habitacional. Agendas historicamente secundarizadas estão no radar. Mas, dessa vez, os excluídos não abrem mão de estar na solução, como ensina o professor Helio Santos, expoente do movimento negro, mestre em Finanças e doutor em Administração pela Faculdade de Economia e Administração da USP. Tem a ver com protagonismo o debate.

Periferias e aldeias, subúrbios e quilombos, favelas e quebradas mostraram que são capazes de elaborar diagnósticos, propor ações e realizá-las, reduzir danos, produzir bem-estar. As iniciativas de enfrentamento à pandemia, em diferentes níveis, são prova disso. Dos territórios e das organizações civis partiram campanhas humanitárias que entregaram comida, sabão e álcool em gel, máscaras, água.

PSB, Defensoria Pública do Rio de Janeiro, Conselho Nacional de Direitos Humanos (CNDH), Educafro, Justiça Global, Movimento Negro Unificado (MNU), Conectas, Redes da Maré, coletivos Papo Reto e Fala Akari, Mães de Manguinhos, Instituto de Estudos da Religião (Iser) e Instituto Brasileiro de Ciências Criminais (IBCCrim), entre outras organizações, denunciaram ao Supremo Tribunal Federal (STF) a brutalidade que produziu recorde de mortes decorrentes de intervenção policial (1.814) no estado, em 2019, e seguiu em plena pandemia. Conseguiram do ministro Edson Fachin — e depois do plenário da Corte — a proibição de operações em comunidades na temporada de calamidade pública em razão da Covid-19 e a ordem para o governo fluminense elaborar um plano de redução de homicídios pela polícia.

A Coalizão Negra por Direitos, articulação de duas centenas de organizações do movimento negro, sempre tido como fragmentado, foi imensa novidade política no Brasil nos últimos anos, bem como a atuação firme das organizações indígenas e femininas. Estiveram todos na linha de frente do questionamento, da oposição e do enfrentamento às ameaças de retrocesso do governo Jair Bolsonaro, denunciado, inclusive, ao Tribunal Penal Internacional por genocídio. A construção da igualdade tem muitas camadas. Os grupos minoritários querem estar em todas.

No telejornalismo, por exemplo, diversidade costuma ser sinônimo de contratação de repórteres e apresentadores mulheres e negros, como se envolvesse apenas as pessoas visíveis na telinha. É verdade que faz bem ao espectador se ver representado na telinha. Visibilidade importa, mas não é suficiente. Mulheres, negros, indígenas, LGBTQIA+, pessoas com deficiência têm de ocupar outras posições e cargos nas redações: editor, pauteiro, chefe de reportagem, diretor, cinegrafista e fotógrafo, ilustrador. Um solitário âncora não atende à demanda por representatividade. Nem dois.

Um programa de diversidade em jornalismo envolve mudança na composição das redações, mas também no conteúdo. Não basta mexer no padrão dos que produzem e apresentam notícias, mas também nos que as legitimam. Pesquisas locais e internacionais mostram a predominância dos homens brancos entre as fontes de informação. Maioria entre autoridades, são eles os "senhores da opinião universal", quase sem contraditório. É como se mulheres, negros e demais grupos minoritários, chamados "identitários", só fossem capazes de falar das próprias mazelas. A diversificação das fontes é parte fundamental do jornalismo que se pretenda representativo.

9. RACISMO ESTRUTURAL PERPETUANDO-SE

Mesmo numa profissão predominantemente feminina, como revelou a já citada pesquisa da Fenaj, homens são referência no noticiário, sobretudo de política e economia. Há certo padrão na cobertura jornalística que se repete ao longo do tempo, quase sem questionamento. Pessoas negras, por sua vez, parecem confinadas à história única de opinar como especialistas em discriminação racial e personagens a ilustrar situações precárias. Negros são maioria entre pobres, trabalhadores informais, desempregados, analfabetos. Sofrem com a violação de direitos a educação, saúde, saneamento básico, transporte, segurança, alimentação, trabalho digno. Têm carências, mas não são apenas carentes.

Estão na classe média, na universidade, no serviço público. São escritores, artistas, jornalistas, acadêmicos, cientistas, médicos, engenheiros, advogados, administradores. Compram carro, viajam, alugam imóveis, financiam a casa própria, bebem vinho, consumem marcas. Nada disso é visível, naturalizado no noticiário. Por que negros quase não aparecem nesses papéis? Por que continuam aprisionados na exclusão? Terceira década do século e seguem vigentes os estereótipos de miséria, criminalização e sexualização de pretas e pretos do Brasil. É o racismo estrutural — conceito desenvolvido em livro por Silvio Almeida, advogado, filósofo, professor, doutor e pós-doutor pela Faculdade de Direito da USP — perpetuando-se.

Cabe reflexão também sobre os espaços de opinião, nos quais atuo há quase década e meia. Em 2008, colunista do *O Globo* havia dois anos, tornei-me comentarista de economia na GloboNews, inicialmente no telejornal *Estúdio i*. Em abril de 2014 passei a assinar uma coluna de artigos no jornal, dedicada, sobretudo, a temas sociais. Nos anos recentes, empresas jornalísticas ampliaram a participação de pessoas negras como articulistas, colunistas, comentaristas. É movimento bem-vindo, porque inclui no cardápio editorial diferentes pontos de vista, troca de ideias, confronto de posições. Mas o latifúndio da opinião ainda pertence a pessoas brancas, principalmente homens mais velhos de perfil conservador. Diversidade também passa por reproduzir nos espaços de opinião a heterogeneidade brasileira em gênero, etnia, faixa etária, religião. Não há democracia se um grupo monopoliza a arena. O que reivindicamos na política e nas instituições vale para os meios de comunicação.

10. ALÔ, BRANQUITUDE!

Por fim, é chegada a hora de dividir com a branquitude — aqui encarada como sinônimo de grupo privilegiado pela representação majoritária nos espaços de poder — o fardo que pesa nos ombros de negros e minorias. Lembro de uma campanha de mobilização organizada pelo estilista e ativista LGBTQIA+ Carlos Tufvesson, então à frente da Coordenadoria de Diversidade Sexual da Prefeitura do Rio. As peças lembravam que a responsabilidade de lutar contra discriminação não é exclusiva de quem sofre preconceito. "Você não precisa ser negro para lutar contra o racismo", dizia uma delas. Nem gay ou lésbica para combater homofobia ou transexual para militar contra a transfobia.

Ano passado, a partir das manifestações contra a violência policial após o assassinato de George Floyd, o repúdio ao racismo tomou as ruas nos EUA e as redes sociais mundo afora, inclusive no Brasil. Viralizou a frase da filósofa e professora Angela Davis: "Numa sociedade racista, não basta não ser racista. É necessário ser antirracista". Humildemente, complemento: declarar-se antirracista não é sê-lo. É atitude, não discurso.

No jornalismo, ser antirracista não é sobrecarregar gente preta com a cobertura sobre racismo, exclusão, direitos humanos. Ainda que houvesse paridade de gênero e raça nas redações, não deveria ser de mulheres e negros a responsabilidade de identificar, denunciar, abordar, apontar o rol de desigualdades e violações de direitos. Letramento racial e formação em direitos humanos é dever de todo profissional. Diversidade tem de ser agenda de todos. Não é possível que seja imposta a uns, e facultativa para outros. Alô, branquitude!

SABRINA FIDALGO

Sabrina Fidalgo é uma multipremiada diretora e roteirista carioca. Foi apontada pela publicação americana *Bustle* como uma das cineastas mais promissoras do mundo, ficando em oitavo lugar numa lista com 36 diretoras internacionais. Cursou a Escola de TV e Cinema de Munique (Alemanha) e estudou roteiro pela ABC Guionísta España na Universidade de Córdoba (Espanha). Seus filmes já foram exibidos em mais de 300 festivais. O média--metragem *Rainha* (2016) ganhou mais de 20 prêmios e foi selecionado para a mostra Perspectives do Festival de Rotterdam. Seu último curta *Alfazema* (2019) foi eleito melhor filme pelo Júri Popular do 29º Festival Internacional de Curtas do Rio de Cinema – Curta Cinema e duplamente premiado no Festival de Brasília. É colunista do *HuffPost Brasil* e colaboradora da coluna "Quadro Negro" da *Folha de S.Paulo*. Sabrina é filha do dramaturgo e ator Ubirajara Fidalgo e da produtora teatral Alzira Fidalgo, criadores do Teatro Profissional do Negro – T.E.P.R.O.N.

PRETAGONISMOS

Ser mulher negra e artista no país onde mais da metade da população que se parece comigo é invisibilizada por todos os lados e em todas as esferas da sociedade é um desafio cotidiano, e muitas vezes me pergunto se vale a pena enfrentá-lo. Eu, particularmente, me sinto muito mais estrangeira no meu próprio país do que quando, de fato, estou no exterior.

Me sinto muito mais naturalizada e integrada em cidades europeias como Paris, Londres ou até mesmo Madri ou Barcelona, por mais estranha que essa afirmação possa parecer.

Explico meu sentimento: desde que me entendo por gente, sou a "única", ou "quase única", nos espaços que frequento. Fosse no maternal do "tradicional" Colégio Santo Amaro, escola particular católica beneditina sediada em Botafogo, Zona Sul do Rio, da qual fui aluna dos dois aos 14 anos, fosse nas aulas de balé clássico da já extinta Academia de Ballet Tatiana Leskova, em Copacabana, passando pelos meus círculos sociais de artistas, modernos e intelectuais da Zona Sul do Rio de Janeiro, até os Festivais de Cinema em várias localidades do Brasil, que frequento ora como diretora de filmes ora como membro da comissão de júri.

Em praticamente todos esses espaços, meu corpo preto e feminino é minorizado, embora eu pertença à maioria. Não vejo naturalidade em grande parte das interações com as quais meu corpo se envolve nesses espaços, pois, em algum momento, mais cedo ou mais tarde, será revelado ou lembrado a mim (de forma verbal ou não verbal) que a cor da minha pele chega antes da minha "persona".

Em algum momento alguém vai me racializar e/ou tocar no tema racismo (como se esse fosse um problema dos negros, quando, na verdade, é uma péssima invenção dos brancos. Logo, eles que lutem.), como se essa fosse a única forma de "socialização" possível com pessoas pretas em ambientes brancos. É uma espécie de "exotismo local", um fenômeno brasileiro pós-colonial de colocar pessoas pretas em posição "minorizada".

Os pretos nesses ambientes são tidos como "o outro", "os diferentes", numa forçosa deturpação dos sentidos e da realidade. Tal dinâmica equivocada visa fazer crer que o Brasil seria uma imensa nação caucasiana e europeia. Quando um preto está presente nesses espaços, é visto quase como um "defeito", uma vez que o olhar colonial anseia desesperadamente se tornar uma nação branca da Europa e, para isso, nega e apaga a presença negra e indígena que, na realidade, se sobrepõe tanto em quantidade numérica quanto em termos de legado cultural.

Nas cidades europeias e multiétnicas a que me referi, curiosamente não preciso me explicar para ninguém, como geralmente faço em ambientes urbanos do meu próprio país. As pessoas pretas e não brancas nesses países, apesar de tudo, existem em todos os lugares, ao contrário do Brasil, onde, segundo a lógica racista da branquitude brasileira, pessoas pretas só devem existir em ambientes empobrecidos ou em dinâmicas subservientes.

Nas cidades europeias citadas é normal eu não ser a única pessoa negra "do rolé". Em Paris, posso ser mais uma na multidão em espaços como cafés, restaurantes, escolas, galerias de arte, museus, festas, boates, eventos culturais etc. No Brasil, isso não acontece nem na Bahia, a cidade com maior densidade populacional negra do país, e cujo triste paradoxo é ter quase sempre uma maioria de pessoas brancas ocupando os chamados "espaços de poder".

Em Londres, por exemplo, as pessoas não vão me racializar em "algum momento". O interesse primordial é sempre no indivíduo e nas idiossincrasias tão únicas que formam o caráter de um ser. Lá eu posso, por exemplo, ser apenas Sabrina, uma diretora de cinema. Quando me sinto obrigada a ser uma representação de um coletivo, como acontece no Brasil, acredito que, aí então, temos um grave problema.

Numa sociedade igualitária, a individualidade de todos os cidadãos deveria ser preservada. Não é o que acontece com artistas negros no Brasil. Somos obrigados a nos tornar "sociólogos" e "antropólogos" de nós mesmos, para justificarmos a presença de nossos corpos em espaços dominados por uma maioria absoluta de pessoas brancas.

Aqui, já não sou mais a Sabrina. Aqui sou a Sabrina Fidalgo, diretora e roteirista negra, cuja presença evoca na branquitude um coletivo de outras tantas pessoas negras, homens e mulheres do cinema ou não, e nesse lugar só posso falar sobre as problemáticas raciais. Minha existência nesses espaços se reduz a isso e a um tokenismo puro e simples, no sentido de ser convidada a "ocupar um espaço importante", vulgo "representar as mulheres negras".

E por que essas outras mulheres negras não podem simplesmente coexistir comigo nesses espaços para que possamos apenas representar a nós mesmas e não um grupo? Porque o Brasil, muito embora não tenha instituído o regime do Apartheid, é, ainda assim, um dos países mais racistas do mundo. O Brasil é o país de maioria absoluta preta que naturalizou o apagamento dessas pessoas pretas de quase todos os processos que levam aos "espaços de poder".

Não há, proporcionalmente aos 56% da população preta e parda que compõem a maioria do país, pessoas negras coabitando com brancos os espaços nas escolas, nas universidades, na TV, no cinema, na publicidade, nas artes em geral, na política e nos círculos sociais das classes A e B das grandes metrópoles brasileiras. A naturalização desse apagamento pela branquitude, que nem sequer se questiona ou se importa com tal invisibilidade, é muito mais perversa do que uma possível instituição de tal regime racista outrora praticado nos Estados Unidos e na África do Sul, por exemplo. A omissão e "cegueira da visão" da branquitude brasileira em relação ao racismo é, a meu ver, um dos fenômenos mais inquietantes da história da humanidade.

E caracteriza, para mim, um altíssimo grau de falta de empatia e, sobretudo, aponta para o grande projeto hegemônico iniciado com a colonização portuguesa e sedimentado em uma série de acordos realizados pelo governo brasileiro visando à implementação de um ideal de supremacia branca. Pode-se somar a isso o fato de que, entre a segunda metade do século XIX e a primeira do século XX, as teses eugenistas, que defendiam um padrão de superioridade genética do homem branco europeu, ganharam força ao redor do mundo.

Foi o apogeu da era do racismo científico. Alguns intelectuais brasileiros desse período se apropriaram dessas teses e delas derivaram outra "mais aplicável" ao contexto do continente americano: a "Tese do Branqueamento."

A "Tese do Branqueamento" tinha como premissa o fato de que, considerando o processo de miscigenação na história brasileira, os descendentes de negros ficariam cada vez mais brancos a cada nova geração.

Um dos principais nomes dessa tese no Brasil foi o médico e antropólogo carioca João Baptista de Lacerda, que participou, em 1911, do Congresso Universal das Raças, em Londres. O congresso reuniu intelectuais do mundo todo para debater o tema do racialismo e da relação das raças com o progresso das civilizações. Baptista levou ao evento o artigo *"Sur les métis au Brésil"* (Sobre os mestiços do Brasil, em português), em que defendia a miscigenação brasileira como algo positivo, por conta da sobreposição dos traços da raça branca sobre as outras.

O pensamento de Baptista e de outros defensores do eugenismo era influenciado por diversas correntes intelectuais, que iam desde o determinismo de Henry Thomas Buckle e o darwinismo social de Spencer até as teorias de Gobineau.

Baptista apresentou, no Congresso Universal das Raças, uma cópia do quadro *A Redenção de Cam*, do pintor espanhol Modesto Brocos.

O quadro, de 1895, traz a imagem de uma família: à esquerda, uma senhora negra olhando para o céu em gesto de agradecimento e uma mulher mestiça segurando uma criança branca; à direita, um homem branco observando a esposa e o filho.

A imagem do quadro transmite categoricamente a tese que Baptista defendia: o embranquecimento através das gerações. Brocos propõe a diluição da cor negra na sucessão de descendentes e insere nessa sucessão a "redenção", a "absolvição" de uma "raça amaldiçoada", isto é, a descendência de Cam, filho de Noé, que, no livro do Gênesis, é amaldiçoado pelo pai. Em 19 de junho de 2020, escrevi para a minha coluna quinzenal publicada no *HuffPost Brasil* o artigo intitulado "Antirracismo Seletivo", da qual destaco um trecho que correlaciona os desdobramentos sociorraciais da atualidade brasileira com o projeto colonial original:

> (...) sendo um dos últimos países do mundo a abolir a escravatura, o Brasil, de fato, nunca se responsabilizou pelas vidas negras exploradas ao longo de quase 400 anos de escravidão e responsáveis pela construção deste país. Pelo contrário, o Brasil incentivou um projeto

de embranquecimento patrocinando a vinda de imigrantes europeus para desempenharem as mesmas funções que os negros escravizados realizaram forçadamente. O racismo estrutural brasileiro foi meticulosamente arquitetado por meio de ações práticas. Senão, vejamos: a falta de reparação no pós-abolição, a marginalização sistêmica, o projeto de embranquecimento da nação, a farsa da mestiçagem, a eugenia nos anos 1930 utilizada na constituição do País, usando a escola como ferramenta de propagação do racismo, e um projeto audacioso de supremacia branca no audiovisual, ao longo de décadas no cinema e na TV (sem contar em outras artes) são apenas algumas das razões que fazem com que pessoas brancas brasileiras ainda se admirem nos dias de hoje com a informação de que a luta antirracista é uma causa que lhes pertence.

Dito isso, a compreensão das dinâmicas do racismo estrutural contemporâneo torna-se mais clara, uma vez que todo o comportamento da branquitude em relação a corpos pretos como o meu ocupando espaços de poder ainda revela sequelas do processo neocolonial do século passado.

Apesar dos desafios, acredito que o Protagonismo é premissa mandatória para o presente e o futuro global. Estamos vivendo um momento *sui generis* na história mundial. Pela primeira vez, a humanidade está pondo em xeque o passado colonial e seu legado até os dias de hoje. Nessa nova configuração de uma era, não há mais espaço para "velhos padrões" hegemônicos.

Ademais, não há nada neste país que não perpasse pelo legado que nossos ancestrais construíram, por mais que o sistema tenha tentado, de todas as formas, apagar todo e qualquer rastro de protagonismo negro, se apropriando dos nossos feitos, das nossas narrativas, dos nossos legados.

O samba é coisa de preto, o Carnaval é coisa de preto, o futebol-arte é coisa de preto, a bossa nova, que é samba, é coisa de preto, nossa culinária mais emblemática é coisa de preto, o melhor da nossa música é coisa de preto, a nossa literatura, capitaneada por mestres como Machado de Assis e Lima Barreto, é preta, e tudo aquilo que nos define enquanto nação perante o resto do mundo é preto. A cultura afro-brasileira é preponderante e predominante no DNA da identidade nacional, apesar das sistemáticas tentativas de apagamento e exclusão ao longo de mais de cinco séculos.

Toda a estética e filosofia brasileiras são remanescentes do legado africano que se impôs em detrimento a um projeto de extermínio racial e cultural. Logo, o Brasil é o tiro que saiu pela culatra.

Acredito que este é o momento para nos apoderarmos do que nos pertence, pois somos detentores do capital cultural de uma nação. E somos maioria quantitativa. Isso é PODER. E assim deve ser lido e entendido, de modo que nos tornemos liderança em todas as áreas da sociedade.

Não serão mais normalizadas as ausências negras nos espaços. O racismo deve ser lido como uma aberração moral e intelectual. E a ausência de pessoas negras em qualquer espaço num país como o Brasil não poderá mais ser tolerada e deverá, sim, ser lida como o que é de verdade: racismo e manutenção da supremacia branca. Doa a quem doer.

Sermos maioria absoluta implica que devemos exigir paridade em todos os âmbitos. O tokenismo passa a não ser mais tolerado como prática de escamoteamento dos racistas. Onde houver apenas a presença de uma pessoa negra, lá morarão o racismo e os racistas. A internet e as redes sociais, assim como a ampla e democrática transmissão do conhecimento através de uma nova geração de pensadores negros, como Djamila Ribeiro, Carla Akotirene Santos e Silvio Almeida, atreladas à transmissão de legados outrora esquecidos da luta do Movimento Negro de um passado recente, como os de Lélia Gonzalez e Maria Beatriz Nascimento, acabam se tornando, então, a grande mola propulsora desse "Iluminismo Racial" pelo qual passa o Brasil.

No ano de 2013 nasce o *Black Lives Matter*, movimento ativista internacional, originado na comunidade afro-americana, que faz uma campanha contra a violência direcionada às pessoas negras. Mas a bem da verdade, esse processo de "Iluminismo Racial" se torna realidade no Brasil somente dois anos depois do nascimento do BLM. Em 2015, com o advento da Primavera Feminista, capitaneada por novas lideranças do feminismo negro brasileiro, o *status quo* passa a ser duramente questionado e nunca mais voltará a ser o mesmo.

O ecoar das vozes das mulheres se tornou cada vez mais amplo e alto. Pela primeira vez na história, o machismo, o racismo e a homofobia passaram a pautar as discussões na sociedade e nas mídias. Foi ainda em 2015 que a palavra "diversidade" apareceu pela primeira vez como um neologismo abarcando a inclusão de gênero, raça, idade, sexualidade e o chamado "body positive". Essa primeira tomada de consciência veio ao encontro de outros movimentos norte-americanos, como o *#MeToo* — criado por mulheres da indústria cinematográfica que se empoderaram para combater abertamente o machismo, a misoginia, a desigualdade salarial entre homens e mulheres e a cultura do assédio em Hollywood. E tudo isso se uniu a outro importante movimento norte-americano, o *Colors of Change*, formado uma década antes, logo após o furacão Katrina, a fim de usar recursos on-line para fortalecer a voz política dos afro-americanos.

Com tudo isso, a única nova realidade possível está na diversidade. Até mesmo países com baixos índices de diversidade populacional, como Japão e os escandinavos, já abriram essa discussão. O momento é de revisão histórica e entendimento do passado, de modo a tornar o presente e o futuro mais justos e inclusivos. Nesse sentido me sinto pronta e forte para seguir enquanto mulher, preta retinta, brasileira e artista. Não nos foi dada voz para nada porque, neste momento, posso dizer sem medo de errar, nós somos A VOZ.

ANDRESSA CABRAL

Andressa Cabral é carioca de família gaúcha, cozinheira, filha da Angela, mãe da Valentina. Tensa, intensa, mulher de Oyá, vascaína, portelense, arrojada e sonhadora. Antenada, ligada no 220V, faz um monte de coisas ao mesmo tempo. Gosta de carnaval, jazz e drink Manhattan. Pós-graduada em Design Estratégico pelo IED (Istituto Europeo di Design) e formada em Gastronomia pela Alain Ducasse Formation, a empresária é sócia e *head chef* do Meza. Andressa é professora de Projeto de Criação na Faculdade de Gastronomia da Univeritas, onde desenvolve uma metodologia de ensino baseada no Design Thinking, Cool Hunting e Pesquisa Criativa. Especialista em Cozinha Preta, das heranças africanas pelo mundo e seus temperos, cores e sabores, apresentou o programa Sabor em Jogo, e atualmente está à frente do Drinks e Petiscos no canal GNT. Andressa é também Embaixadora do Turismo da Cidade do Rio de Janeiro.

COZINHA PRETOCENTRADA: VERDADE, ANCESTRALIDADE E FUTURO

Para mim, como chef, a comida sempre teve uma relação muito estreita com a socialização e, na verdade, desde muito cedo na minha família, eu a tratei como um veículo, e não como um fim em si. O comer sempre foi um exercício do belo, a poesia de entender a sensorialidade. Eu não costumo comer por fome. Não tenho essa relação com a comida, e entendo que esse "comer" seja distinto para mim justamente por eu ser de matriz africana. Na vivência religiosa, especificamente no candomblé, tudo come: para realizar um ritual, uma sequência de rituais ou de obrigações, temos que dar de comer à ancestralidade, ou seja, estamos sempre visitando a nossa raiz, o local de onde viemos, por intermédio da comida — a comida consagra. Prosseguimos dando comida também a Exu e Ogum, exatamente para olhar para o futuro. Só então estaremos prontos para iniciar um ritual, dando comida a Ori, o Orixá da cabeça, o Orixá individual de cada um, o senhor do nosso caminho, do nosso destino, da nossa trajetória. Depois, partimos para as obrigações.

Foi visitando essa memória que comecei a assumir a consciência do papel da comida na minha história de vida.

Quando entendi tudo isso, eu já era cozinheira. Minha trajetória profissional não é ortodoxa, não passou nem perto do que costuma ser linear ou esperado, embora, em certos momentos, parecesse ser. Eu tinha certeza de que, se não desse o devido valor à minha profissão, ninguém daria, porque larguei uma carreira prestigiosa, a Medicina, para estudar Gastronomia. Aí se iniciou uma religação minha com as minhas origens e com o meu compromisso pessoal. Fui ensinada a pensar grande, fui programada para ser vitoriosa. Não acho que isso tenha vindo por acaso e também não foi por dom. Quase tudo que fiz na vida eu fiz muito bem, talvez por ser cobrada, por ter a consciência de que eu era uma mulher preta. Às vezes é um fardo ouvir que é preciso ser a melhor para ganhar o mesmo que outros ou apenas algum reconhecimento. Porém, isso me forjou com a resiliência necessária para eu ser quem sou.

Em uma família preta de classe média como a minha existia uma expectativa de redenção social por meio da vida profissional. Por isso minha mãe me matriculou em escolas de excelência, em cursos de idiomas, e minha trajetória foi coroada com a entrada na faculdade de Medicina. Para ela e meus avós, era como se eu estivesse consertando um pouco o rumo da nossa família. Em boa parte das famílias pretas, quanto mais você se afasta da cozinha, melhor. A cozinha é um estigma que nos persegue, é como um fantasma de um lugar de subalternidade social. Portanto, cada vez que eu me destacava num colégio de ponta do Rio de Janeiro, entre as pessoas brancas principalmente, cada vez que eu tirava as melhores notas na faculdade era como se estivesse dando pílulas de esperança à minha família. Minha avó foi cozinheira, então, quando larguei a faculdade de Medicina, já perto de me formar, e decidi estudar Gastronomia, subverti essa ordem, esse protagonismo. Foi um processo extremamente difícil para eles, e acho que intuitivamente eu sabia, tanto que vivi uma espécie de luto por essa decisão. Era como se eu tivesse a certeza de que eu não teria a força necessária para abrir mão de um sonho que começou sendo meu e se tornou de todas aquelas pessoas, por isso só depois que já estava matriculada no curso de Gastronomia é que contei para família.

Precisei ter certa frieza para tomar essa decisão e, depois, cuidado para manejar essas expectativas frustradas, porque sempre me senti muito grata à comunidade que se formou ao meu redor, mas não podia seguir uma carreira por causa do sonho que acabei introjetando na vida dos outros. Aquele era um sonho que dizia respeito à minha vida.

A pessoa preta que chega aonde estou — e olha que não estou nem metade de onde eu quero chegar — precisa ser sempre muito boa. No meu caso, o estudo foi acompanhado de um processo no qual fui pesquisar sozinha sobre mim mesma, sobre as minhas origens, a fim de acessar as minhas memórias mais remotas, entendendo, por exemplo, onde nasceram meu senso estético e a sensorialidade como prioridade para o preparo da comida. Isso data praticamente da minha introdução alimentar — minha mãe sempre foi muito atenta e sagaz nas observações. Percebendo que eu detestava comer, pediu ajuda à minha avó e as duas passaram a fazer comidas bonitinhas, como as memoráveis cestinhas de tomates recheadas com pastinhas de frango ou atum. Elas plantavam os tomates, depois esculpiam as cestas, faziam artesanalmente as pastas, ainda tinham o cuidado de produzir os lacinhos (estes de folhas de salsa com os nós feitos de azeitona). Nem preciso contar como todo esse esmero despertou muito mais o meu interesse pela comida, né? Elas nem sabiam, mas estavam fazendo *food styling* nos anos 80...

Quando comecei a entender a importância da sensorialidade e da humanização dos processos, consegui entender onde tudo começou. Atualmente, tenho um gastrobar, o Meza Bar, onde faço cozinha preta contemporânea e um restaurante de comida brasileira preta, o Yayá Comidaria. Minha cozinha é autoral e descontraída; as pessoas vêm pros meus bares e tiram o sapato, apreciam uma boa música e encontram comidas que são pensadas de maneira complexa, mas que entregam naturalidade e afetividade.

Eu entendo que a minha comida expresse muito da minha personalidade: escandalosa, vibrante e temperada. Para chegar nesse resultado, é necessário muito raciocínio, método e pesquisa. Senão a coisa se perde...

É importante salientar que a alta gastronomia é considerada aquela cozinha de sofisticação social, com empratamentos em pequeníssimas porções e apresentações extremamente requintadas. Pelo tipo de serviço que é oferecido, pela hospitalidade, isso vai implicar necessariamente preços mais altos também... E, se existe um estigma racial dentro do que é considerado alto e baixo na cultura como um todo, na Gastronomia não é diferente. Eu transito profissionalmente num universo dominado por pessoas brancas e suas narrativas, sua historicidade e seu protagonismo.

Embora, enquanto propósito vital, a Gastronomia seja muito executada por mãos pretas — porque se pensamos a comida como algo que precisa servir e nutrir, quem trabalha servindo é o preto —, ela assume prestígio justamente quando se torna menos braçal e mais intelectual. Nessa hora, ela é reconhecida e inegavelmente branca. Os maiores investimentos, as grandes oportunidades e a grande expressividade vêm para pessoas brancas.

Atualmente, quando se fala de necessidade de diversidade na Gastronomia, percebemos que o discurso quase sempre clama por mais mulheres nas posições de destaque. E, curiosamente, quando se atinge um contingente feminino maior, nem preciso dizer que estas mulheres "que chegam lá" são brancas. Precisamos admitir que não estamos pensando na presença de gente preta.

Ao pensar a gastronomia enquanto cultura, entendo que existam inúmeros aspectos importantes, mas um deles merece muito a nossa atenção, que é o social: como a gastronomia é muito pautada pela subjetividade, e a gente sabe que o gosto é construído, da mesma forma que a boneca branca é a elegível para representar beleza para as crianças, o paladar e a cultura alimentar também são muito pautados por um modelo racista. Esse aspecto de estabelecer o que é bom ou não vai ser construído sob este viés. Precisamos discutir mais e mais o elitismo do paladar brasileiro, suas origens e a quem ele atende. Na verdade, existe uma imaturidade na nossa sociedade para entender a Gastronomia como campo de conhecimento.

Eu não possuo o fenótipo de quem pratica atividades intelectuais e ainda escolhi uma profissão que ilustra um lufar de subalternidade do nosso povo, que é a cozinha. Vivemos num país em que um presidente em exercício já teve a pachorra de dizer que "tinha um pezinho na cozinha" para se designar descendente de uma pessoa preta. Olhando por esse prisma, surge também uma análise acerca das subjetividades nas relações de poder na Gastronomia. Eu sou dona de dois negócios, respondo pela parte criativa, pela cozinha, pelo bar e pela hospitalidade nos restaurantes e, para quem não sabe, a cozinha é um lugar onde o trabalho é historicamente de uma hierarquia bem-marcada, mas já tive alguns problemas de insubordinação por parte de membros da equipe, que se recusavam a acatar comandos e verbalizavam que a obediência *dependeria da forma como eu falasse* (sic). Isso indica que mesmo em relações obviamente verticalizadas, havia um atravessamento que relacionava o meu fenótipo ao da pessoa que obedece, não ao da que comanda...

Outro aspecto do que eu chamo de racismo gastronômico que ultrapassa em muito o desdenhar de produtos e técnicas pretas são a invisibilização do profissional preto e o que eu considero a versão mais sofisticada: a percepção de valor sobre o produto/ trabalho da pessoa preta; existe uma expectativa de se pagar menos por esse trabalho independentemente da qualidade aparente do seu produto ou serviço.

Todas essas facetas acabam abalando muito o nosso emocional e cria cicatrizes indeléveis nas nossas almas. A gente já tem que lidar com todas essas nuances e percepções em diferentes áreas da vida e, quando atinge a esfera profissional, acaba gerando mais uma dor. Acho que a maior habilidade que precisamos ter, o que é extremamente cruel, é essa capacidade de agir no instante preciso da dor. Eu tinha 25 anos quando caí no chão e alguém me estendeu a mão pela primeira vez e me perguntou se eu estava bem. Vinte e cinco anos de uma construção em meio à qual fui claudicando, entendendo e tomando cada vez mais consciência de que toda aquela força que eu era obrigada a ter também é uma forma de violência. É inegável que sou uma mulher forte, isso faz parte de mim, mas é uma cicatriz que carrego. Já não romantizo mais esse fato, já não é mais a mesma fonte de orgulho. Esse "orgulho de ser forte" hoje vem com muitas rugas e o peso de compreender o todo.

Ter que apresentar um trabalho muito consistente já não me dói tanto: é um dado sobre a minha vida. Existe um consentimento para se manter o *status quo* de nos massacrar a todo momento. Feliz ou infelizmente, trazemos em nossa memória genética a enorme capacidade de resiliência. Temos que lançar mão disso quando necessário e seguir em frente.

Eu acho que tenho muitos planos para a vida pessoal e para a profissional, e não tenho nenhum ao mesmo tempo, principalmente depois que entrei para o *design thinking*. Passei a valorizar menos o resultado e mais o processo. Olho o horizonte e consigo ver um dia de sol, mas não sei dizer o que vou estar fazendo. Estou preparada para o que vier no futuro, mas não sei dizer exatamente o que mais me agradaria. Consigo elencar um leque de coisas e tenho muito nítido que gostaria de ter um restaurante totalmente afrofuturista, em que conseguisse celebrar as raízes ancestrais de matriz africana em todos os pontos de contato: ambiente, música, cardápio. Já tem muito disso no Meza, mas quero trabalhar isso na plenitude e provocar, porque acho que a gastronomia preta está eclodindo. *Eu* já estou fazendo isso eclodir, sem ser o típico, sem ser o "africano"; mas como brasileira, como mulher preta em diáspora. Não sou africana, não posso dar conta de um continente inteiro, um continente que inclusive está todo dilacerado. Então todo e qualquer esforço hoje de dizer o que foi a África é um trabalho de muita subjetividade. Mas gosto de viver a minha pretitude, a minha essência e minha forma de ver o mundo. Do mesmo jeito que tem um monte de gente branca que descende de polonês, italiano, francês, e celebra suas raízes em cozinha autoral, quero ter um restaurante todo pautado na autoria preta, um restaurante preto e cosmopolita, com todas as receitas autorais, como já faço. Isso só pode ser afrofuturismo, porque, em um país onde a cada 23 minutos morre um jovem preto, se a gente for pensar o futuro, a partir da história que não é a gente que conta, nem vai ter sobrado preto para contar história. Portanto, estou desenhando um futuro a partir da minha verdade, das minhas raízes, a partir de uma perspectiva pessoal desse presente, e acho que seria lindo, todo frequentado por gente preta e com gente preta trabalhando. Seria um marco mundial. Já para minha vida pessoal, eu queria um futuro mais calmo: queria ter tranquilidade para lamber e curar as minhas feridas, para me expressar. Queria poder viver com menos urgências e menos preocupações. Hoje estou muito atenta, fazendo muitas coisas, porque a gente precisa fazer mais e precisa ser muito melhor. "A minha filha precisa ser muito educada, o meu restaurante precisa performar..." Eu só quero calma. Fazer três coisas de cada vez, e não quinze. Queria poder desacelerar. Meu corpo precisa e minha mente também. Eu queria terminar meus dias sem dever tanto, estou sempre devendo: estou devendo tempo, os meus dias são curtos para quantidade de coisas que preciso fazer, e as pessoas acham que isso é o máximo. Isso não é o máximo! Queria respeitar mais os limites do meu corpo, não deixar meus pés incharem tanto, não ter tantas crises de gastrite, queria sorrir com menos preocupações do que já tenho.

Dentro da gastronomia, ninguém fez *design thinking* antes de mim. Quando uma mulher preta move essa estrutura e subverte essa lógica, ela causa um impacto e um estranhamento muito grandes. E esse é só o primeiro passo. Não vai ser na minha geração que vai haver uma grande mudança, mas certamente tem um sem-número de pessoas que impactei, seja em uma sala de aula, seja em uma cozinha, seja em um auditório ouvindo uma palestra, e que carregam um pouco de mim e do que eu faço. Acho que a revolução vem nas próximas gerações, mas estou orgulhosa de ter semeado esse obi. Como diz o itã, quem planta obi não vive para ver a árvore frutificar, mas sei que esses frutos vão estar lá e que outras gerações vão colher.

Obviamente tudo que a profissional Andressa Cabral realiza acaba impactando na vida da menina Valentina. Acredito que um modelo de sucesso, uma referência profissional dentro de casa, faz diferença para ela. Valentina é uma menina que se orgulha do que a mãe faz, ela consegue reconhecer as conquistas da mãe. Isso acaba alterando a sua programação mental: emocionalmente ela fica mais estável e mais robusta, e tem também a questão do molde de referência. Valentina nasceu e está crescendo como uma menina preta que tem uma mãe em uma posição que ela e seus amiguinhos consideram de destaque. Crescer com esse exemplo dentro de casa traz para ela um universo de concretude e tangibilidade da possibilidade de ser mais coisas. Na minha época de criança e adolescente, as profissões de destaque, as profissões respeitadas eram muito ligadas à academia, aos cursos mais formais, como Direito, Medicina e Engenharia. Minha filha já tem o campo mais alargado e consegue entender o universo da Economia Criativa como algo que é para ela também. Estou muito longe do que acho que possa ser meu auge, mas é muito evidente nas falas e brincadeiras da Valentina que represento um modelo de sucesso para ela, o que me preenche e me aproxima do meu propósito de vida, que é retribuir à minha mãe tudo que ela fez e representa para mim e passar o legado desse aprendizado à minha filha.

JONATHAN OLIVEIRA RAYMUNDO

Jonathan Oliveira Raymundo é bacharel e licenciado em História pela Universidade Estadual do Rio de Janeiro. Docente nas áreas de História, Filosofia e Sociologia. Pesquisador independente das relações raciais no Brasil, atuando como consultor e palestrante no tema. Criador e produtor do festival e movimento sociocultural Wakanda in Madureira. É empreendedor social e pesquisador, realizando trabalhos para o teatro e para a televisão (no programa Espelho, apresentado por Lázaro Ramos). Colunista do Site Mundo Negro e Movimento Black Money. Roteirista do Programa Excelência, tendo roteirizado também o clipe da música "A Coisa está Preta", de Mc Rebecca e Elza Soares. Além disso, roteirizou o projeto Felicidade Black, da Universal Music e do selo TsVox Music, onde também atuou como apresentador. Poeta com textos publicados em jornais, revistas e no espetáculo *Poesia e Melodia*, com atuação de Samuel de Assis. Apresentador, atuou na Feira Literária do Samba 2021 e em diversas lives em 2020. Autor do monólogo "E vocês, quem são?" encenado no Festival Amparo, da Secretaria Municipal do Estado de São Paulo em 2021.

Prêmio:
Carolina Maria de Jesus, recebido em 2019 na Assembleia Legislativa do Rio de Janeiro por meio da Comissão de Direitos Humanos.

RACISMO E A IDENTIDADE NACIONAL

Imagine que haja uma conspiração em sua cidade e você seja a vítima. Todos, absolutamente todos, combinam que agirão como se não saísse nenhum som de sua boca. Você desejaria bom-dia e as pessoas lhe diriam que não conseguem ouvi-lo. Você iria à padaria e lá também ninguém ouviria sua voz. É certo que num primeiro momento você suspeitaria de alguma brincadeira de mau gosto. No entanto, com o passar do tempo, quanto mais pessoas se mostrassem surdas à sua voz, mais você desconfiaria da existência dela, a ponto de achar que dormiu falante e acordou mudo. Isso ocorre por sermos seres sociais. Nossa voz é real na medida em que o ouvido do outro lhe assegura a existência. Quem somos, como nos vemos e o que podemos ser de muitas maneiras se desenha nas possibilidades das representações que a sociedade delimita. O espelho não é isento de qualidades incapazes de definir à sua maneira o que consideramos nosso próprio reflexo. O que cabe perguntar é: quais espelhos a sociedade brasileira tem reservado para negros e negras ao longo da História? Como e quando esta mesma sociedade conspirou para que acordássemos sem voz nas Américas? Ou, se temos voz, quem define a altura, a intensidade e os limites do que podemos e quando podemos falar?

Pensar a produção científica em torno do conceito de raça não é de forma alguma estar diante de um objeto de pesquisa anacrônico. Vemos, no Brasil e em outros países, o termo raça ressurgir em diálogo com o multiculturalismo em forma de políticas públicas com ênfase na igualdade racial. São exemplos as Ações Afirmativas nas Universidades Públicas e a promulgação do Estatuto da Igualdade Racial, em 2010, pelo governo do Partido dos Trabalhadores (PT). Apesar de todos os elogios nacionais e internacionais, essas políticas não foram implementadas sem ferrenha oposição por parte da sociedade brasileira. Aliás, é de grande valor histórico e político a carta pública ao Congresso Nacional intitulada "Todos têm direitos iguais na República Democrática". Tal carta contém assinaturas de figuras públicas que se posicionaram contra a implementação das cotas, tais como o cantor e compositor Caetano Veloso, o poeta Ferreira Gullar e até a antropóloga e historiadora Lilia Katri Moritz Schwarcz. No Brasil de 2020, assistimos a uma ferrenha oposição ao movimento audacioso da empresa Magazine Luiza em acelerar a diversidade racial dos seus cargos de liderança, instituindo um programa de trainees exclusivo para candidatos negros. No entanto, os conceitos de raça, racismo e racialismo estão intimamente ligados ao desenvolvimento histórico do Brasil, e sem eles não poderemos entender o país, seus limites, suas desigualdades, suas estruturas de poder e suas injustiças.

Tzvetan Todorov, no capítulo intitulado "A raça e o racismo" de seu livro *Nós e os outros: reflexão francesa sobre a diversidade humana*, aborda as diferenças terminológicas existentes na palavra racismo, que designa, em sua concepção corrente, dois domínios muito diferentes da realidade. Por um lado, trata-se de um comportamento, caracterizado pelo ódio e o desprezo às pessoas com características físicas bem definidas e diferentes das nossas e, por outro, trata-se de uma ideologia, de uma doutrina referente às raças humanas. As duas acepções não precisam caminhar juntas; podemos ver racistas não teóricos, incapazes de justificar seu comportamento "cientificamente" e, não obstante, vermos ideólogos da raça que não permitem que sua teoria influa em seu comportamento. Para operacionalizar melhor os conceitos, separando os dois sentidos, Todorov utiliza o termo racismo para designar comportamento e racialismo quando se refere às doutrinas. Só para ficar mais claro, no caso do nazismo, o que vemos operando é a junção catastrófica de racismo e racialismo.

O racismo é um comportamento antigo de extensões universais, um fenômeno histórico universal.[1] Já o racialismo é uma ideologia nascida na Europa ocidental (a partir de meados do séc. XVIII chegando a meados do séc. XX). De forma a caracterizar melhor as teses racialistas, Todorov reduz as proposições de tais teses a cinco pontos clássicos, numa "tipologia ideal", a saber:

---

[1] Ver Carlos Moore, *Racismo e Sociedade: novas bases epistemológicas para entender o racismo.*

1 – **A existência das raças.** Afirmação inconteste da realidade das raças humanas, ou seja, de grupamentos humanos cujos membros possuem características comuns. Dirá o autor:

"As raças são aqui assimiladas às espécies animais, e afirma-se que há entre duas raças a mesma distância que entre o cavalo e o jumento: não é o bastante para impedir a fecundação natural, mas o suficiente para estabelecer fronteiras que salta aos olhos." (TODOROV, p. 108)

Em tal pensamento, o mestiço só pode ser identificado precisamente porque é possível reconhecer nele os representantes típicos de cada raça.

2 – **A continuidade entre físico e moral.** Aqui afirma-se uma relação causal entre diferenças físicas e culturais. Há uma solidariedade entre características físicas e moralidade, e tais associações entre raça e cultura seriam a explicação da tendência que as raças têm em guerrear.

3 – **A ação de grupos sobre indivíduos.** Numa mesma perspectiva determinista, como vista no ponto 2, aqui o comportamento do indivíduo dependerá, em grande medida, do grupo racial-cultural a que pertence. Sua capacidade moral estará entrelaçada à sua raça.

4 – **Hierarquia universal dos valores.** As raças não seriam somente diferentes, haveria entre elas uma hierarquia, sendo umas superiores a outras. Na maior parte das vezes, o que veremos é uma visão etnocêntrica. Raro será o racialista que não terá na argumentação a sua raça como a pertencente ao ápice evolutivo.

5 – **Política baseada no saber.** Tendo estabelecido os "fatos", a saber: que existem as raças e que há uma hierarquia universal dos valores, o racialista tirará daí um julgamento moral e um ideal político.

"Assim, a submissão das raças inferiores, ou mesmo sua eliminação, pode ser justificada pelo saber acumulado a respeito das raças. É aqui que o racialismo junta-se ao racismo: a teoria dá lugar a uma prática." (TODOROV, p. 110)

O que se observa é que diversos traços comuns indicam que a família espiritual do racialismo moderno é o cientificismo. Ou seja, cabe à ciência formular os objetivos da sociedade e os meios legítimos de atendê-los, já que ela terá o domínio interpretativo da essência constitutiva de cada raça e, consequentemente, de cada indivíduo pertencente a ela.

Antes de expor como essas ideias influenciaram a historiografia brasileira e os objetivos de construção da identidade nacional no Segundo Reinado, vamos continuar a seguir a rota de Todorov e perceber como esses conceitos se configuravam cientificamente na Europa, a partir de Buffon e sua *Histoire Naturelle*, consagrada ao homem. Como justificativa da escolha, Todorov dirá:

> *"tanto porque é uma síntese de numerosos relatos de viagem dos séculos XVII e XVIII, como porque a obra exercerá, por sua vez, uma influência decisiva sobre a literatura posterior, tanto por suas qualidades de estilo, quanto por sua autoridade científica."* (TODOROV, p. 113)

Buffon, como naturalista consciente do fato de que brancos e negros poderiam procriar, será defensor da perspectiva de que o gênero humano não possui espécies diferentes; para ele as raças pertenceriam a uma mesma espécie, ou seja, teriam uma monogênese.[2] A unidade do gênero humano terá como corolário a diferença radical entre homem e animais, tendo sempre em foco a superioridade dos primeiros. A diferença fundamental que atesta a superioridade do homem em relação ao animal é que aquele possui a razão, fato verificado pela sua capacidade de utilização de signos intencionais, ou seja, o homem é capaz da fala, da palavra, da comunicação.

No entanto, para Buffon haverá uma hierarquização interna entre os próprios homens, cuja primeira amostra é o reconhecimento dessa hierarquia. Já que os homens pertencem à mesma espécie, pode-se julgar a todos com um mesmo critério e com isso verificar a superioridade de uns sobre outros. Ou seja, a unidade é verificada pela possibilidade de reprodução, e a hierarquia vai repousar na observação de outras características próprias à espécie humana. Além da racionalidade, será a sociabilidade a outra característica escolhida. O homem, segundo Buffon, só é forte porque aprendeu a domar a si mesmo e a criar leis, ou melhor, só é homem porque soube impor regras na união com outros homens. Qualquer nação em que não

---

2 Geração direta em que os seres vivos se desenvolvem sem metamorfose ou fases alternantes. Uma origem única para a espécie humana.

se verificam leis, regras, sociedades será menos nação e mais uma reunião tumultuosa de bárbaros.

> *"A sociabilidade, portanto, implica capacidade de submissão, assim como pressupõe a existência de leis, de uma ordem estabelecida, de usos constantes, de costumes fixos. Ao mesmo tempo, a sociabilidade (ou, em todo caso, uma de suas formas) é a condição indispensável para a multiplicação da espécie, e basta saber o número de habitantes para poder concluir sobre o alto grau de sociabilidade, portanto, de sua superioridade: quantidade implica qualidade."* (TODOROV, p. 114)

Racionalidade e sociabilidade, comuns a todos os homens e solidárias entre si, portanto mais ou menos presentes, vão permitir a Buffon opor "civilização" à "barbárie". Qualquer diferença social (costumes, técnicas, culturas, tradições, espiritualidades) e qualquer uso da razão serão suficientes para que o teórico formule julgamentos de valor e hierarquização dos povos. No grau mais baixo da civilização, os homens se aproximariam dos animais. Os negros, segundo ele, são seres inferiores, e com isso é normal que sejam submetidos e reduzidos à escravidão. Quando interrogado sobre quais as características constituintes da variedade da espécie humana, enumerará três parâmetros: a cor da pele, a forma e o tamanho do corpo e os costumes. Nesse momento, começará a sugerir uma relação causal entre cor da pele, costumes e grau de civilização. As características de civilização superior estariam associadas à cor branca e aos costumes europeus, numa atitude eurocêntrica e nada relativista. Podemos constatar no conjunto teórico de Buffon as características da teoria racialista: considera a existência das raças, pressupõe a relação entre o físico e a moral, entende que o indivíduo está determinado pelo grupo racial a que pertence e tira de sua doutrina consequências práticas e políticas, como a legitimação da escravidão. Enfim, este foi só um exemplo; poderíamos convocar aqui inúmeros outros pensadores para mostrar como suas doutrinas racialistas darão o tom da política dos séculos XIX e XX.

HISTORIOGRAFIA NACIONAL E A QUESTÃO DA RAÇA

A partir da Independência do Brasil, declarada em 1822, surge a necessidade de se construir a nacionalidade concernente a esse novo Império.

Sendo um dos grandes paradigmas do século XIX, o Estado Nação ao se constituir deveria resolver inúmeras questões, tais como: o problema dos limites do território, a necessidade de criação de símbolos que encerrassem o que é ser brasileiro, quem é o povo que habitará essa nação, quais instituições formarão o Estado, quais os mitos fundadores da Nação, entre outras. Nesse sentido, ao definir o que somos ou o que queremos ser, o novo Império necessariamente teria que definir os inimigos internos e externos: o que não somos, quem aqui não é povo e quais são os sistemas políticos e econômicos que nos caracterizariam. Teremos então o escravo e o índio como inimigos internos, e as repúblicas ao nosso redor como inimigos externos. Cabe-nos aqui verificar como as ideias racialistas vistas no espaço europeu influenciarão na construção de nossa História, esta que é uma das grandes disciplinas responsáveis pela configuração do espírito nacional e das políticas necessárias à sua realização.

A fim de operacionalizar nossa História, o Imperador criará o Instituto Histórico Geográfico Brasileiro (IHGB), aos moldes do existente na França. Uma das perguntas em voga era como construir uma nação coesa se no caso brasileiro há a junção de três raças: o negro, o índio e o branco. A mescla cultural na história do Brasil é posta como problema de investigação desde os primórdios da historiografia brasileira, aparecendo pela primeira vez como "miscigenação racial" na proposta vencedora do concurso promovido em 1840 pelo IGHB, de autoria do alemão Karl von Martius. De acordo com Martius, a chave para compreender a história brasileira residia no estudo do cruzamento das três raças formadoras de nossa nacionalidade. Apesar de esboçar tal questão, Martius pouco a desenvolve. Contudo, prioriza a contribuição portuguesa em nossa formação, anulando a negra e idealizando a indígena. O pano de fundo político e ideológico é uma construção de História nacional voltada para a ideia de civilização, que, por sua vez, está calcada na superioridade da raça branca sobre a negra e indígena, tal como postulou Buffon. Esse fato pode ser observado, por exemplo, em diversas pinturas que representam a Guerra do Paraguai. Embora a maioria dos soldados nas tropas brasileiras fosse negra, pintou-se um exército branco, "civilizado", em combate contra paraguaios bárbaros e indígenas.

Ao observarmos a história do país produzida por Francisco Adolpho de Varnhagen, homem de confiança do Imperador Pedro II e autor de *História geral do Brasil*, em cinco volumes, publicados entre 1854 e 1857, o que se vê é uma história branca, elitista e imperial, que apesar das surpreendentes informações sobre os costumes e crenças dos tupis, chama-os sempre de bárbaros e selvagens, e silencia sobre os negros.

Ao analisarmos Capistrano de Abreu, considerado o grande historiador da virada do século XIX, no que diz respeito ao tema da miscigenação, o que vemos em seus raros comentários sobre o assunto é uma reiteração de antigos estereótipos: negros relacionados a "danças lascivas" e os mestiços como indóceis e rixentos, vendo sempre na mestiçagem um perigo para a sobrevivência da civilização, tal como a "raciologia cientificista" a concebia na Europa. Tal racialismo influenciou intelectuais como Nina Rodrigues, Euclides da Cunha, Silvio Romero, Mello Moraes, Oliveira Vianna e outros.

Publicado em 1928, o livro *Retrato do Brasil: Ensaio sobre a tristeza brasileira*, de Paulo Prado, vai reiterar tal racionalismo ao abordar a questão da miscigenação, denunciando a embriaguez sexual e multirracial deflagrada na colônia e a consequência negativa que daí se obtinha. O autor defenderá a inferioridade social do negro nas aglomerações civilizadas e vai propor que se conheça o negro nos seus costumes, preconceitos e superstições, defeitos e virtudes, considerando-o como máquina de trabalho e vício. O que vemos é uma relação nítida e determinista entre raça e moralidade, a cor da pele e a capacidade de civilização. Questão que se relativizará de fato a partir de Gilberto Freyre em seu livro *Casa-Grande & Senzala*, em 1933, no qual se verá um tratamento positivo da miscigenação e uma troca do termo raça pelo termo cultura.

Como dirá o pesquisador Hilberto Vieira Martins sobre esse período:

"O século XIX é o período em que o discurso sobre a raça ganha grande impulso no Brasil, e em finais desse mesmo século se iniciam os estudos raciais brasileiros. Em finais do século XIX a articulação entre discurso civilizatório e racial produziu inúmeros efeitos na formação de uma ideia de nação a partir dos primeiros estudos acadêmicos sobre o negro e da análise dos aspectos sociais, culturais e políticos decorrentes da presença desse grupo racial em nossa sociedade. O problema de qual raça resultaria ao final do processo de miscigenação [...] e como o problema afetaria a sociedade brasileira estava presente no discurso dos intelectuais interessados

em buscar e propor soluções às dificuldades de formação de uma sociedade brasileira civilizada." (MARTINS, p. 4)

Por fim, como dissemos no início do texto, a raça como questão política e ideológica não está atada ao período que vai do século XIX até meados do XX; nela se operam lutas políticas e ideológicas ainda hoje. A relação de características fenotípicas com práticas criminosas, aos moldes dos determinismos da causalidade entre raça e moralidade, é facilmente observada nas práticas policiais, em que o retrato falado é sempre negro. Isso é fruto de uma polícia cuja historicidade dialoga com os períodos abolicionistas, em que o negro (escravo ou não) se torna o grande perigo da ordem social. E também está presente nos trabalhos de Raimundo Nina Rodrigues e da denominada "Escola Baiana de Antropologia", que possibilitaram a formulação de um modelo psicofísico de explicação sobre as deficiências do negro brasileiro, assim como as consequências sociais da manutenção do convívio com essa raça. Pode ser observado ainda na construção romantizada do indígena intimamente ligado à natureza, que, fora do escopo romântico, é sempre o local do atraso da técnica e de uma civilização inferior.

Após a Abolição formal da escravidão em 1888, observaremos políticas de exclusão social dos negros, sob o entendimento de que, nas ideias de civilização e progresso e nos objetivos de construção de uma nação brasileira desenvolvida, não há espaço para o africano e seus descendentes. O ideal de nação branca e europeizada encontrava na realidade negra (pretos e pardos) da população um obstáculo a ser superado. Para tanto, foi preciso que um Estado estruturado pelo racismo emergisse. Ou seja, foram criados modelos econômicos, políticas públicas, legislação, uma organização de território, pactos narcísicos entre a branquidade e currículos escolares que estruturaram e garantiram a manutenção das desigualdades sociais profundas entre brancos e negros, reforçando continuidades entre o período escravocrata e o atual. Ao olharmos a História oficial produzida pelo Brasil, ao notarmos quem ocupa os espaços de poder, quais são as culturas a que se irá recorrer para organizar o Estado, ao vermos o abandono social a que negros e negras foram relegados desde o fim da escravidão,[3] ao analisarmos políticas de segurança que regis-

---

3 1890 – Lei dos Vadios e Capoeiras. Início da política de encarceramento da população negra. Constituição brasileira de 1934, que instituía a eugenia como objetivo nacional.

tram que um jovem negro é morto a cada 23 minutos no Brasil, e que dos 60 mil homicídios anuais cerca de 77% são de pessoas negras na mais pura demonstração de necropolítica[4] e ao constatarmos as desigualdades salariais entre negros e brancos, além de outros dados hoje públicos e de fácil acesso, voltamos às perguntas iniciais: quais espelhos a sociedade brasileira tem reservado para negros e negras ao longo da História? Como e quando esta mesma sociedade conspirou para que acordássemos sem voz nas Américas? Ou, se temos voz, quem define a altura, a intensidade e os limites do que podemos e quando podemos falar? Se somos seres sociais e se a História é fruto das ações concretas dos homens no tempo, as mazelas e desigualdades existentes no Brasil de 2020 precisam ser entendidas na História do próprio país e, ao fazê-lo com honestidade e coragem crítica, observaremos que raça, racismo e racialismo não são problemas do passado; são estruturas de poder que operam e organizam as possibilidades concretas do que negros e brancos podem ser.

Desde que o primeiro português pisou aqui ficou combinado que não teríamos voz e que nosso lugar seria o da escravidão, da subalternidade, da miséria, da fraqueza. Para garantir isso, foram criadas leis, instituições, guardas imperiais e polícias militares; foram escritos teses e livros de História. Só não contaram com a força da nossa cultura. Coragem, inteligência, nossa espiritualidade e nossos ancestrais também vieram naqueles navios.

Voltar a essas questões, problematizando-as e apontando suas permanências na mentalidade política e social contemporânea, é o modo fundamental pelo qual a História pode combater as desigualdades raciais.

BIBLIOGRAFIA:

GORENDER, Jacob. *A escravidão reabilitada*. São Paulo: Editora Expressão Popular: 2017.

1968 – Instituía-se a Lei do Boi, que garantia cerca de 50% das vagas em universidades públicas para filhos de grandes fazendeiros. Inúmeras outras leis vão organizar as desigualdades sociais que observamos hoje, restringindo e, às vezes, impossibilitando o acesso do negro à educação, à terra e aos direitos humanos fundamentais.
4 Ver Achille Mbembe.

GUIMARÃES, Luiz Manoel Salgado. "Nação e civilização nos trópicos: O Instituto Histórico e Geográfico Brasileiro e o projeto de uma História nacional." Estudos Históricos, Rio de Janeiro: FGV, n.1, p.5-27, 1988.

NASCIMENTO, Abdias do. *O quilombismo*. Petrópolis: Vozes, 1980.

MARTINS, Hildeberto Vieira. "Corpo negro, corpo degenerado? O modelo médico-psiquiátrico e a produção da diferença." Usos do Passado — XII Encontro Regional de História ANPUH-RJ, 2006. Disponível em: <http://www.eeh2014.anpuh-rs.org.br/resources/rj/Anais/2006/conferencias/Hildeberto%20Vieira%20Martins.pdf>. Acesso em: 23 dez. 2021.

MBEMBE, Achille. *Necropolítica*. 3ª ed. São Paulo: n-1 edições, 2018.

MOORE, Carlos. *Racismo e Sociedade: novas bases epistemológicas para entender o racismo*. Belo Horizonte: Mazza Ediçoes, 2007.

TODOROV, Tzvetan. "A raça e o racismo." In: *Nós e os outros: reflexão francesa sobre a diversidade humana*. Rio de Janeiro: Jorge Zahar Editor, 1993.

VAINFAS, Ronaldo. "Colonização, miscigenação e questão racial: notas sobre equívocos e tabus da historiografia brasileira." Tempo (London), Niterói, v. 8, p. 7-22, 1999.

RODRIGO FRANÇA

Articulador cultural, ator, diretor, dramaturgo, cineasta, escritor e artista plástico.

Filósofo político e jurídico, atua como pesquisador, consultor e professor de direitos humanos fundamentais. É ativista pelos direitos civis, sociais e políticos da população negra no Brasil. Já expôs suas pinturas no Brasil, nos Estados Unidos e em Portugal. Ganhou o Prêmio Shell de Teatro 2019, na categoria Inovação, pelo Coletivo Segunda Black, onde é cocriador e curador. A iniciativa também contemplada com o 18.º Prêmio Questão de Crítica.

Começou sua carreira de ator em 1992 no teatro e no cinema. Já trabalhou em 42 espetáculos como ator e em oito como diretor. Escreveu sete espetáculos teatrais, entre eles: *O Pequeno Príncipe Preto*, *Capiroto* e *Inimigo Oculto*. Entre os espetáculos que dirigiu estão: *Oboró: Masculinidades Negras*, *O amor como revolução* e *Enlaçador de mundos*.

No cinema, dirigiu o documentário *De volta para casa*, os curtas *Manual: como esquecer um grande amor* e *Escuta* e o longa-metragem *Beleza pura*.

Escreveu os livros *O pequeno príncipe preto*, *O pequeno príncipe preto para pequenos*, *Confinamentos e afins* e organizou, com Jonathan Raymundo, este *Pretagonismos*.

CAÇADOR DE MIM

As pessoas acreditam que a quantidade de vezes que entrei na universidade reproduz um exclusivo desejo de saber e de liberdade. Mas tem muito mais coisa aí por trás desse desejo: foi uma forma que eu encontrei para poder sobreviver no universo racista que sempre permeou a minha vida. Passei em primeiro lugar num concurso para uma instituição aqui no Rio de Janeiro, da qual me tornei professor e pesquisador. Mas a cada ano dentro dessa instituição eu me deparava com mecanismos administrativos que visavam me tirar desse lugar de primeiro colocado, da pessoa de referência na minha área. Então, todas as vezes que chegava uma portaria sinalizando que para estar naquele lugar o profissional teria que ter tal curso, eu fazia o curso. Comecei na educação cursando Filosofia. Depois, Ciências Sociais. Eu queria muito entender o mecanismo de formação e educação do indivíduo, principalmente pensando na alfabetização. Decidi, então, participar da primeira turma de Normal Superior da América Latina, na época exigida por lei para quem quisesse estar em sala de aula. Antes, bastava ter o Ensino Médio, o famoso Normal. Provavelmente foi o lobby da educação privada que criou essa lei para conseguir mais dinheiro. Pois bem, lá fui eu entender como funcionava esse mecanismo da educação a partir da alfabetização, porque alfabetizei a minha avó. Dentro da educação, fui fazendo Psicopedagogia Institucional e Clínica, por uma necessidade de entender como funcionava o mecanismo que determina o tempo de cada aluno ou aluna, no processo de ensino-aprendizagem. Eu já era habilitado, dava aula em universidade em Direitos Humanos Fundamentais. Aí criaram uma portaria determinando que tal disciplina só podia ser ministrada por quem tivesse cursado Direito ou alguma disciplina relacionada. Mais uma vez fui atrás de formação e fiz duas pós-graduações:

Direitos Humanos Fundamentais e Filosofia Jurídica. Em seguida, parti para o mestrado em Educação, para me aprofundar na discussão sobre a arte-educação como ferramenta de formação crítica, e emendei no doutorado voltando meu olhar para minorias e grupos em vulnerabilidade social. Não concluí (ainda) o doutorado por circunstâncias da vida. Durmo quatro horas por noite, e o dia só tem 24 horas. Outros afazeres me impediram, mas minhas estradas acadêmica e profissional foram todas pautadas por aquela fala de mãe preta, de pai preto: "Você tem que ser dez vezes melhor que eles."

Comecei no teatro com 14 anos, lá no início dos anos 1990, e já com essa idade estava fazendo teatro profissional. Em 2022 chego à marca de três décadas dedicadas à arte dramática, mas, paralelamente a essa vida, mantive as atividades de pesquisador e professor. Quando fiz 20 anos de teatro hegemônico, um teatro muito bem patrocinado, racializado — branco, e já tinha uma carreira bem estabelecida — com reconhecimento no mercado, ótimas críticas e prêmios, passei a me questionar sobre o motivo de não levar para a minha arte tudo o que eu falava em sala de aula, tudo o que estava na minha pesquisa, na minha militância. Eu ficava com a maior inquietação quando constatava que geralmente era o único negro num elenco ou às vezes em toda uma ficha técnica. Na cadeia produtiva, no máximo o contrarregra, a camareira, o segurança do teatro eram negros também, eu não me via nem na plateia, a não ser quando alguém da minha família e amigos iam assistir meus espetáculos. Foi aí que rompi com a exclusividade desse teatro hegemônico na minha vida e comecei a me aprofundar. Passei a me aprofundar cada vez mais no Teatro Experimental do Negro, mergulhei na história de Abdias Nascimento, da dona Ruth de Souza, dona Chica Xavier, Grande Otelo, Isabel Fillardis, Zezé Motta, Antônio Pitanga, pessoas que já faziam parte da minha vida por eu pertencer a uma família estruturalmente militante. Elas já agregavam para mim uma grande representatividade, mas eu ainda estava envolto numa narrativa ocidental, branca, burguesa. Tem, portanto, 10 anos que passei a associar a minha luta, a minha pesquisa, a minha política ao meu fazer artístico.

Tenho a nítida consciência de que sou continuidade. Não tenho pretensão de dizer que inventei a roda, não gosto quando parte da mídia aponta o meu trabalho como aquele que fez ressurgir o teatro negro, aquele que fez renascer o teatro negro: o teatro negro nunca morreu, nunca se enfraqueceu de forma alguma. A grande diferença é que eu estava no tempo e espaço de mais de dez anos de cotas, o que fez com que uma parcela de classe média negra pudesse se permitir comprar ingressos para eventos artísticos, uma vez que não precisava pensar exclusivamente naquilo que ia comer ou se ia ter o que comer. Surgi na cena teatral também no grande *boom* das redes sociais, que nos permitem prescindir da dependência exclusiva da mídia tradicional para divulgação do nosso trabalho. Então, tudo se associou a uma luta histórica, uma luta de séculos. Eu me lembro de estar muito só com relação às pessoas da minha geração, embora muito bem acompanhado dos meus mais velhos e recebendo críticas e mais críticas dos meus contemporâneos, por causa dessa relação do estigma, de que "teatro é teatro", da negação da importância de inserir profissionais negros no mercado. As críticas vinham daqueles que estavam muito bem estabelecidos no mercado e não se importavam em ser o único negro naquele espaço. Hoje, dez anos depois, essas pessoas começam a discutir negritude, começam a reivindicar lugares e, de certa forma, cobram o protagonismo nessa luta, mas continuam não entendendo o motivo dela ou o processo histórico que a fundamenta. Passaram a assumir as pautas do movimento negro para não ficarem deslocados e não perderem os projetos com foco na estética negra, no público negro. Neste momento, temos a hegemonia parando para nos "ouvir" — há vantagens socioeconômicas em falar de diversidade. Então, se hoje você é uma pessoa negra na arte, chega a ser estranho não abordar tal discussão. Mesmo que você não goste, mesmo que não ache importante, os produtores, seus amigos e/ou colegas não negros vão cobrar isso de você. Eu acredito que nós, que praticamos uma real militância, e pouco importa em que setor de atuação estejamos, também lutamos para essas pessoas. Lutamos para aqueles e aquelas que não enxergam importância naquilo pelo que bradamos.

A militância sempre será revolucionária, sempre vai criar fissura, mesmo que algumas pessoas ditas militantes façam desserviços. Não acredito em retrocesso por causa de desserviços. Podemos dar uma parada, mas as contradições, os questionamentos não atrapalharão uma revolução — mudança radical dentro de uma sociedade. Acredito que podemos subverter a lógica cruel do capitalismo, da competição entre nós que nos obrigam a vivenciar.

O capitalismo está instaurado, e o que eu faço com isso? Vou reproduzir os maus-tratos, a violência em relação aos meus e às minhas que estão num patamar abaixo na hierarquia socioeconômica? Pelo contrário, tenho é que usufruir desse capitalismo para potencializar economicamente os meus e as minhas.

Hoje tenho 43 anos e penso dessa forma, mas na juventude eu era marxista. Sei agora que o marxismo não dá conta do buraco estrutural que o racismo estabelece. Então, se eu continuasse com aquela cabeça dos meus 14, 16, vinte e pouquinhos anos — o que é válido para alguém dessa faixa etária, que precisa sonhar, apostar —, não seria hoje um homem negro, empresário, que cria centenas de oportunidades de empregos ao longo de um ano.

Eu sou um operário de teatro. Em primeiro lugar, temos que entender o que é racializar o teatro. Então vou fazer aqui uma divisão do teatro branco hegemônico (uma redundância) e do teatro negro traduzindo uma história de Abdias Nascimento. O teatro hegemônico está em crise e de modo algum festejo isso, pois há milhares de profissionais que dele recebem o seu ganha pão. Torço, portanto, para que ele encontre o seu caminho neste tempo. Vale enfatizar, porém, que é justamente o teatro hegemônico que recebe (e sempre recebeu) a maior parcela de patrocínio, restando ao teatro negro uma parcela ínfima ou, o que é mais comum, nenhuma. Mesmo sem os incentivos, o teatro negro em que estou, no qual mergulho e que amo vem fazendo grande sucesso. Esse sucesso a que me refiro pode ser traduzido nos vários anos que um mesmo espetáculo se mantém em cartaz, com casas lotadas, fila de espera, necessidade de incluir cadeiras extras em salas com seiscentos, mil lugares. Os trabalhos nos quais me envolvo já bateram sei lá quantos recordes de público, com plateias sedentas de uma narrativa digna, querendo ouvir a sua história, com artistas, técnicos e técnicas querendo contar essa história da sua própria existência. Acredito que o sucesso do teatro negro esteja muito relacionado a essa vontade de nos vermos em cena COM DIGNIDADE.

E isso não passou despercebido. O teatro hegemônico está de olho nessa plateia e, de forma oportunista, quer colocar pessoas negras protagonizando. Só que isso é muito diferente de ter o negro escrevendo a peça, o negro dirigindo, o negro criando o figurino e o cenário, o negro fazendo a iluminação e assim por diante. Para mim, existe uma diferença entre o teatro negro e a estética negra. Contar história, ou simplesmente colocar artistas negros em cena, é estética; não ter pessoas negras pensando nesse processo, é simplesmente estética esvaziada. O teatro negro precisa ter profissionais negros pensando, assinando, concorrendo a prêmios, tendo o seu nome validado em uma crítica. Ao longo de décadas de trabalho, vi profissionais negros como assistentes, criando e não assinando. Então, agora assumi um compromisso: já que posso contratar, quero tirar essas pessoas da sombra. Penso que é essa a equação de sucesso: querer se ver em cena e, ao mesmo tempo, querer contar sua própria história. É isso que nos faz ter centenas, às vezes milhares de pessoas no teatro, um público composto quase 100% de pessoas negras que normalmente são excluídas desse espaço.

A minha diferença como criador e produtor, sendo também ator, roteirista, diretor, começa na relação de trabalho. A escola da arte ainda é hegemônica, colonizadora, violenta, é uma escola do grito, uma escola do abuso. É óbvio que não generalizo, mas é o que está aí e vem sendo reproduzido por gerações e gerações. Principalmente por ter consciência de que estou no topo da hierarquia artística, pauto minha conduta pelas relações humanas. O meu processo não é o grito, é o respeito, o afeto. Quando estou ali para executar um trabalho, eu volto no tempo...

Poucos sabem, mas comecei nas artes plásticas. Com 10 anos meus pais me matricularam em uma escola chamada Oficina de Artes Maria Tereza Vieira, que é a precursora da arte-educação no Brasil. Fui para lá aprender pintura impressionista, escultura em pedra sabão, modelo vivo e cerâmica. Era a única criança da turma, porque os meus pais puderam investir e porque viam em mim um minigênio. O artista plástico que já fui está adormecido na sua função, mas faz com que eu desenvolva outros dotes artísticos, meus outros desdobramentos. Sempre vejo o computador ou um palco vazio como uma tela em branco em que posso dar minhas pinceladas. E as minhas pinceladas carregam nas tintas da minha história, da minha existência — que perpassa a história de muitos negros e muitas negras. Claro que eu saberia dirigir espetáculos correlacionados a outras culturas, mas não deixaria de ser um artista negro em cena. Além da estética, teria a ética, partiria da vivência, das relações, das culturas que bebi e bebo na fonte, e teria influência das filosofias africanas pelas quais sou apaixonado. Como diretor e produtor, quero sempre apostar na sinceridade da minha história, em vez de montar a história do outro.

Quando o teatro entrou na minha vida, eu já tinha feito seis exposições coletivas de artes plásticas, duas individuais, com 14 anos. Cheguei a ganhar uma bolsa nesse período para fazer faculdade na Universidade de Paris, quando eu fizesse 16 anos, mas ainda 14 entrei para o teatro e fui conhecer a companhia do ator Antonio Pedro Borges. Era uma companhia profissional que estava precisando de atores, mesmo sem experiência. Eu era um jovem muito introspectivo, tímido mesmo, e as artes plásticas não ajudaram nesse sentido, pois proporcionam uma experiência muito individual, bem diferente da coletividade, o toque, o olho no olho do teatro. Fiquei completamente arrebatado. Decidi então largar as artes plásticas... Uma das provas mais contundentes de que meu pai era um homem fora de série é que nessa minha transição para teatro ele me disse: "Vai ser feliz! Mas eu queria que você seguisse sua carreira como artista plástico." Imagina um homem negro retinto do subúrbio não torcendo para que o filho fosse do futebol, ou que fosse, sei lá, advogado: não, ele queria que o filho fosse artista plástico. Ele morreu anos depois querendo que eu voltasse a pintar, então, até hoje me prometo que um dia voltarei às artes visuais. O teatro me tirou das artes plásticas por uma necessidade de me comunicar de uma maneira diferente ao mundo.

Muitos me perguntam se tenho interesse em me embrenhar pela política institucional. Não vou dizer que dessa água não beberei, mas tenho consciência de que aquilo que faço já é política, não partidária, claro. De toda forma a demanda já é muito grande dentro dessa política que faço. Neste momento, estou migrando para o audiovisual, então, seguir o caminho de uma política partidária significaria não ter tempo para ser diretor de cinema, por exemplo, ou continuar dirigindo peças de teatro, e vale observar que nosso país tem menos de 1% de diretores de cinema negros e negras. Partir para a política institucional e abandonar o audiovisual seria negar essa oportunidade que a ancestralidade está me dando.

Também me perguntam quando me descobri negro, quando percebi essa distinção. Não tenho essa lembrança, porque sempre fui instrumentalizado, letrado para viver, e muitas vezes sobreviver, em meio ao racismo. Tive um pai, uma mãe e uma avó muito militantes, atuantes, cada um na sua área. Meu pai, mesmo sendo oficial da polícia militar do Rio de Janeiro — uma das polícias que mais matam negros no mundo —, tinha consciência do que era a instituição e consciência do quanto ele precisava instrumentalizar seus filhos, quatro meninos pretos, para não sucumbirem, para não morrerem. Já minha mãe, funcionária pública federal, e minha avó, que trabalhava como auxiliar de creche, também exerciam sua cota de ativismo nas suas respectivas áreas. Apesar de estar todo dia em uma escola para exercer sua profissão, minha avó, uma mulher negra, não sabia ler e escrever. Então, se humilhava com um caderno de caligrafia na bolsa, pois queria ao menos escrever o próprio nome, implorava para que as professoras a alfabetizassem. Mas fomos nós, meus irmãos, minha mãe e eu que criamos um projeto para cada um alfabetizá-la um pouco. Ali eu vi a diferença. Ela trabalhava numa escola de classe média alta em que todos os alunos eram brancos. Ali eu vi que no Brasil alguns podem sonhar e realizar seus sonhos, ao passo que outros não podem concretizar nem algo que é básico, que traduz a dignidade humana. Então, não há um ponto de partida para a minha militância, não tenho um ponto de partida para o entendimento de negritude. Eu era uma criança de terreiro, uma criança de axé. Depois, quando jovem, frequentava escola de samba e participei do movimento estudantil. Fui colega de Marielle Franco no Ensino Médio e participei das lutas nos DCEs. Fui para a luta, mas sempre entendendo que raça vem primeiro. Sempre entendi isso e sempre vou entender, inclusive no meu fazer artístico: raça vem primeiro.

A persistência vale a pena, apesar de todas as problemáticas existentes. Não ache que é fácil estar no lugar de poder entre não negros e negros. Estabelecer que em tal lugar não há o homem branco (a ponta da pirâmide social), que ocupa esse espaço há mais de 500 anos no Brasil, é uma tarefa exaustiva, muitas vezes violenta. Porque farão o possível para que você não seja reconhecido.

Apesar de estarmos feridos, machucados, traumatizados pelo racismo, ainda vale a pena trabalhar com os nossos e nossas, negros e negras, ainda vale a pena conviver... ainda vale a pena... vale a pena o aquilombamento!

Penso muito sobre o que o artista Rodrigo França quer deixar. Quero deixar legados, quero construir história e acredito que já esteja no caminho... Aliás, como filho do meu pai Oxóssi, estou na mata provendo para minha comunidade. Òké Aro!!!

CARLA AKOTIRENE

Carla Akotirene é mestra e doutoranda em Estudos Feministas pela Universidade Federal da Bahia. Autora dos livros *O que é interseccionalidade?* e *Ó pa í, prezada!.*

"Por que o feminismo negro? O pioneirismo da luta interseccional."
Carla Akotirene

LUGAR DE MILITANTE ACADÊMICA

Sou Carla Akotirene, nascida em Salvador pelos caminhos de Òpàrà, Sangò, Oyá e Ogum, mesmo porque, no campo da autoridade discursiva, necessito driblar os eventos psíquicos da autossabotagem. Dizem que os filhos de Òfún Meji são reconhecidos pela sabedoria de quem já amadureceu a mundividência.

Com efeito, acredito na chave intelectual do feminismo negro decolonial, na bagagem política de uma intelectualidade negra. Aqui, apresentarei um esboço argumentativo sobre feminismo e interseccionalidade, propondo-me a recompensar os passos intelectuais de minha mãe, Tânia Maria Rodrigues da Silva, alfabetizada pela fé de assistir à filha reposicionar a força das palavras benditas, uma vingança das mulheres de nossa família interditadas de seus pensamentos excepcionais, em virtude das encruzilhadas do racismo, do capitalismo e do patriarcado.

Concentro estudos sobre punição, encarceramento e violências de gênero, na medida em que o etnocentrismo dificultou os insumos criativos partidos de geografias latino-americanas e africanas. A decolonialidade, como é sabido, requer a avaliação do contexto da produção do conhecimento, visando resgatar a liberdade dos africanos e da população diaspórica capturada pelas instituições de saber-poder modernas.

Temos um sistema penal saturado, encontramos nele as genealogias e governanças de suplício e moralidade cristã das penitências. Na contramão dessa realidade ética, as filosofias Bantu e Yourubá acreditam que a infração e a reparação têm estatuto jurídico sagrado. A injustiça, a inveja e a calúnia são, em primeiro lugar, um atentado contra a vida, contra a pessoa lesada. O oriki de Ogum diz que o senhor de Irê mata o ladrão e o proprietário daquilo que foi roubado, porque nossa intenção resulta do grande respeito dado à vida humana. O mal é medido pelo valor vital, o que ultrapassa as estimativas do dano material sofrido em termos econômicos e individualizados. A importância do dano será apreciada para reparação e indenização, à medida que ocorre a violação da vida sofrida coletivamente.

O direito de nossos ancestrais é maior que o código dos bens e propriedades modernas ocidentais. De tal modo, uso a interseccionalidade a fim de pensar os comportamentos alheios à ética africana, viro a chave epistêmica do povo que não merece mais ser lesado no campo das ferramentas analíticas.

Ora, crescemos no comportamento intelectual matripotente, porque a alma é a inscrição do que jamais foi perdido, bem como os brancos repetem os racismos, honrando seus ancestrais e sistema filosófico. Faço questão de estabelecer embates epistêmicos dando nomes de antemão.

Vejamos: a categoria "classe" não se tornou central apenas em virtude de favorecer a autonomeação e autodefinição das experiências racializadas. Classe é coparticipante da raça vivida, é *éthos* do ponto de vista epistêmico. Chega a ser corajoso negar o marxismo como escolha metodológica, frente a dependência epistemológica da Europa, em favor da valorização "amefricana", o que não desobriga o valor sociológico da classe. Compreendo gênero e raça como categorias bio-lógicas para a mercantilização de africanos e estupro das africanas — produtoras de mercadorias humanas.

A raça informa estruturalmente. É difícil que abordagens acadêmicas dignas de nota escapem da filiação interseccional proposta pelas feministas negras. Foram as derrotas linguísticas e os epistemicídios os responsáveis por subestimar a sofisticação do pensamento afrocêntrico, segundo Molefi Asante. Estrategicamente, lançamos mão de classe, porque não teríamos condições políticas na academia nem tempo hábil para propormos um marxismo negro feminista ou, ainda, explicar ao Ocidente a inseparabilidade de raça e gênero.

A presunção eurocêntrica é grande, a ponto de os usos de classe pelas feministas converterem todas à identidade de feministas marxistas. Os pensamentos afrocêntricos de classe foram convertidos, são encarados como negros marxistas, levando-me a crer que realmente somos intelectuais específicos. Não podemos falar em marxista feminista ou marxista afrocêntrico. O que nossas ancestrais teriam dito para a academia se pudessem nomear e definir as experiências das trabalhadoras no parto e na plantação?

SOJOURNER TRUTH: UMA PENSADORA INTERSECCIONAL LIVRE DAS CORRENTES ACADÊMICAS

Já se passaram 31 anos desde que a pensadora negra estadunidense Kimberlé Crenshaw criou o termo "interseccionalidade". Ideologicamente, a interseccionalidade tem a ver com a experiência moderna do racismo heteropatriarcal capitalista, matriz colonial credora da identidade, de Outro, no teor analítico de raça, classe e gênero. É adequado elevar tais categorias descritivas ao patamar de igualdade analítica em abordagens que tendem, grosso modo, privilegiar gênero/brancas, privilegiar classe/trabalhadores, privilegiar raça/negros.

Ao sistematizar o "conhecimento situado de mulheres negras" como instrumento normativo, Kimberlé Crenshaw propôs a interseccionalidade como uma sensibilidade hermenêutica no campo da teoria crítica feminista de raça, considerando em quais condições jurídicas, estruturais e subjetivas mulheres negras poderiam ser representadas por si mesmas e compreendidas nos tribunais.

Contudo, a interseccionalidade atravessou o século XXI disputada no léxico, em escala global por movimentos identitários, grupos acadêmicos, programas de governos, à revelia da capacidade heurística de contestar perdas das garantias fundamentais do grupo particular. Usos liberais inadequados revelam justamente o que querem esconder: a vontade colonialista moderna de obstruir as mulheres negras no seu lugar de fala. Afinal, é por meio da interseccionalidade que os Estados-nações assumiriam o compromisso signatário de criar leis e políticas públicas em atenção à Conferência de Durban, realizada em 2001 na África do Sul, para combater o racismo, a discriminação racial, as violências correlatas, a intolerância e a xenofobia.

Ajustando o compromisso decolonial feminista negro no que diz respeito aos epistemicídios projetados do Ocidente frente ao Outro, a meu ver qualquer política de identidade necessita, metodologicamente, situar a matriz de poder colonial moderna, manifesta na reconhecida ocupação ilegal, depredação e repartimento do continente africano, sem mencionar o tráfico de pessoas, a expropriação de riquezas, o ódio religioso, as violências militar, doméstica e sexual, a exploração infantil e os nacionalismos, de modo que identidades são, antes de tudo, permanências do colonialismo a que não conseguiriam ser idênticas.

Pautas de direitos humanos, ou o consequente debate a respeito das diferenças, necessitam compreender que a África e seus descendentes na diáspora conhecem mais sobre desumanização de aparências, preconceito e discriminações, por viverem o racismo estruturalmente e terem pavimentação discursiva acerca desses aspectos.

Má-fé pós-moderna, até se poderia afirmar, entendendo os deslocamentos epistêmicos da política de tradução, certamente no bojo geopolítico dos conceitos do Norte, subjacentes ao repertório afrocêntrico da interseccionalidade, de 2001 para cá. Coincidentemente, mesma época em que os Estados Unidos começaram a guerra contra o terrorismo — após o atentado às Torres Gêmeas —, daí a potência sul global terminológica caiu no esvaziamento discursivo financiado pelas agendas ocidentais.

Na conjuntura atual, lutas identitárias emergentes já hegemônicas, vindas da Europa e dos Estados Unidos, se articulam em causas antigordofobia, antibullying, LGBTIQ brancas, aos feminismos interseccionais e humanismos ecológicos, absolutamente contra quase todas as subordinações, explorações e iniquidades que conhecemos, menos contra o racismo patriarcal.

Contrária ao exposto, a jurista empregou a interseccionalidade, dispondo-se a elucidar a marginalização da categoria raça nas causas de discriminações de gênero e a marginalização de gênero nas discriminações raciais. Em tese, mulheres negras eram submetidas à perda de seus direitos legais, inclusive nas doutrinas antidiscriminação, pois os movimentos antirracistas e feministas inobservavam a raça aplicável apenas aos homens negros, bem como a categoria gênero às mulheres brancas.

Se o direito informa classe e a justiça é informada por raça, teríamos insumos jurídicos falhos por contradição nos próprios movimentos antirracista e feminista, que lutavam um de costas para o outro, endossavam aos tribunais as recusas das queixas apresentadas por mulheres negras, onde a discriminação racial sofrida por elas, para ser entendida juridicamente, implicaria uma experiência de gênero a que somente brancas poderiam responder. Tal experiência interseccional da identidade exigia das mulheres negras a decisão de hierarquizar, em separado, as duas causas — racismo e sexismo —, em vez de articulá-las. O emblemático caso da General Motors responde por que até a década de 1960 a multinacional alegava improcedência quanto ao racismo observado pelo modo como os homens negros eram alocados na linha de montagem. A denúncia de sexismo caía em descrédito quando a acusada provava a oferta e o preenchimento de vagas por mulheres brancas nos serviços administrativos.

Sofisticada, a jurista demonstra como a categoria trabalho guarda consigo o privilégio epistêmico fora dos mesmos efeitos do racismo e do sexismo. Doravante, a inelegibilidade das mulheres negras às vagas de emprego compunha os argumentos da escolaridade baixa, função específica, perfil corpóreo e salários ofertados, apreciados de modo relevante nas lógicas de reestruturação produtiva, ao contrário do racismo e do sexismo, que seguiam institucionalizados pelos obstáculos impostos ao grupo diante do mercado de trabalho e posteriores sistemáticas dos tribunais, ausentes da abordagem interseccional e induzindo o direito a advogar em prejuízo das vítimas.

Além da proponente Kimberlé Crenshaw, prefiro as metáforas de acidentes para a aplicação prática da interseccionalidade. Opto "amefricanizar" a retórica análoga à Lélia Gonzalez, usando a encruzilhada como o lugar multideterminado dos trânsitos de raça, classe, gênero, sexualidade, fluxos e sobreposições de acidentes identitários. As mulheres negras são frequentemente vitimadas por estarem mais vezes posicionadas nas avenidas da diferença, interdependência e interação estruturais.

Inevitavelmente, o socorro político da cosmo-visão ocidental agrava o estado social de uma vítima enxergada diferente da mulher universal, e seus sentidos de humanidade sequer são auferidos. A mulher negra na avenida do acidente não pode contar com a assistência feminista, pois a raça retira as condições do socorro, uma vez que as ferramentas trazidas são brancocêntricas. Por sua vez, o socorro do movimento antirracista vem à procura da raça, e ao se deparar com gênero desconsidera a multidimensionalidade do acidente e da vítima mulher. De tal modo, a mulher negra gentrificada é quem produz, sozinha, as condições ancestrais de se levantar contra os impactos coloniais, políticos e jurídicos.

Exu, voz ancestral da cultura yorubá, movimenta as avenidas e alimenta-se na encruzilhada, razão dele próprio preferir a oferenda analítica interseccionalidade, essa demonstração cruzada preparada durante as dinâmicas das mulheres negras e na ética de cuidado com os Outros acidentados, também no trânsito das avenidas e de seus respectivos eixos de subordinação sexual, de classe, território etc.

Publicado em 1989, o artigo "Demarginalizing the Intersection of Race and Sex: A Black Feminist Critique of Antidiscrimination Doctrine, Feminist Theory and Antiracist Politics" discutiu a marginalização submetida às mulheres negras em sua experiência interseccional, comprovadamente maior que a soma do racismo e sexismo, ou seja, da mera análise de classe trabalhadora. O ressarcimento da intelectualidade ancestral aparece de Kimberlé Crenshaw a Sojourner Truth, que em sua leitura interseccional, em 1851, na Convenção dos Direitos da Mulher, em Ohio, discursou: "Eu não sou uma mulher?"

Se os patriarcas racistas impediram o povo negro de ler, jamais conseguiram manipular a voz improvisada da feminista abolicionista Sojourner Truth. Ela antecipou até a filósofa francesa Simone de Beauvoir, em 1949, no livro *O segundo sexo*, a propósito da mulher que culturalmente se torna o "outro." A pensadora interseccional indagou ao público seu sexo, descredenciando o determinismo e presunções biológicas quanto a marcadores fixos da identidade universal das mulheres, heterossexuais, produzidas e interpretadas pela visão branco-patriarcal.

A oradora, com sua identidade religiosa, desmitificou a onipotência do Deus masculino e afirmou que dar à luz coube à mulher. Dezesseis anos antes de Marx teorizar a categoria trabalho, imersa na exploração e devir socialista, brilhantemente Sojourner Truth sugerira o parto da mulher negra, trabalho produtivo e reprodutivo, somado àqueles pesados, feitos apenas por homens negros, além da escravização, como significantes do capitalismo, que diga-se de passagem expõem o lucro mediante racismo e sexismo. Afinal, crianças negras foram produzidas, vendidas, retiradas da propriedade da mãe preta e da maternagem obrigatória.

Ao declarar nunca ter sido "ajudada a pular poças de lama ou subir nas carruagens", Sojourner Truth indicou a categoria gênero antes de o movimento feminista escolhê-la como descritiva e analiticamente central, na segunda onda feminista, explicativa das relações de poder entre homens e mulheres isolada da raça, respondendo à opressão patriarcal experienciada pelas mulheres brancas da classe média.

É Sojourner Truth quem sugere articulação de agendas mistas, dizendo-se lutar pelo sufrágio e abolicionismo, clamando Norte e Sul estadunidenses nos efeitos de libertação política das mulheres e dos negros, marco revolucionário. Perspectivas anteriores ao termo interseccionalidade nos fazem citar Frances Beal, em 1969; Lélia Gonzalez, em 1983; Glória Anzáldua, em 1984; Angela Davis, em 1981; bell hooks, em 1981; Audre Lorde, em 1984. E o Coletivo Combahee River, em 1974, na lesbianidade das feministas de cor, ao declararem: "Comprometidas a lutar contra a opressão racial, sexual, heterossexual e classista, e que nossa tarefa específica é o desenvolvimento de uma análise e prática integradas, baseadas no fato de que os sistemas maiores de opressão se interligam."

No Brasil, institutos de pesquisa alheios às contribuições interseccionais vêm do contexto anterior, de apagamento epistêmico feminista negro. Além do mais, os movimentos feminista e antirracista, juntos, incidem nos altos índices de violência doméstica e feminicídios, haja vista esperarem que o Estado crie metodologias aplicáveis à experiência das mulheres negras sem a coparticipação teórico-metodológica destas. De um lado, o movimento negro omisso às masculinidades violentas, do outro, as pesquisadoras brancas usando teorias e prestígio acadêmicos na instrumentalidade dos governos sobre gestão, implantação e avaliação de políticas para as mulheres; ambos refletem desleituras sinalizadas por Kimberlé Crenshaw, trinta anos atrás.

A Lei Maria da Penha, instrumento jurídico de 2006, está longe de ser interseccional. Fruto da conquista de gênero articulada pelas feministas brancas, homenagcia a farmacêutica branca vítima do professor universitário Viveros, reconhecendo, obviamente, o patriarcado estruturado, aberto a todas as mulheres, excluindo, na prática, sua atenção às vítimas em situação de rua.

Aplicar privação de liberdade a agressores de mulheres, desconsiderando até que ponto homens brancos negociam a impunidade com a polícia e ajustam identidades patriarcais diante dos juízes, é perigoso do ponto de vista epistêmico. Ademais, as mulheres negras têm na prisão a marca da escravização moderna. O encarceramento em massa, amplamente abordado pela pesquisadora Juliana Borges, auxilia, entendemos, a biopolítica.

Defensoras da Lei Maria da Penha informadas de gênero ignoram a Lei de Execução Penal que foi informada por raça, e o inverso também é aplicável. A saber, a prisão não atravessa a experiência branca por meio de classe, seus ilícitos passam impunes e opostos ao gênero racializado, que volta e meia sentencia as mulheres negras nas celas. Dos braços do agressor, a vítima vai direto para os braços do Estado após darem fim à violência doméstica por meio do homicídio. A polícia interventiva sempre o é atendendo a vítima que não seja moradora de território marginalizado. As mulheres negras sofrem coação, ingressam no tráfico de drogas durante as visitas íntimas e, por último, lidam com novos agressores feminizados, leia-se genitálias femininas impositoras de convivências e afetividades violentas nas celas domésticas e sem direito à medida protetiva de gênero.

Some-se a isso, o fato de as produções teóricas sobre violência contra a mulher atravessarem a década de 1980, logo quando surgiram as primeiras delegacias especializadas em atendimento à mulher, exclusivamente aportadas às brancas do Brasil, Estados Unidos e Europa Ocidental. Qual o resultado político de tudo isso? Diminuição da vulnerabilidade das mulheres brancas e sobressaltados índices de violência contra as mulheres negras na última década. Em 1993, Kimberlé Crenshaw publicou "Mapeando as margens: interseccionalidade, políticas de identidade e violência contra mulheres de cor", trazendo a interseccionalidade à presença do direito, proteção, migração, abrigamento e políticas públicas, incorporadas pelas especificidades das mulheres negras em dimensão econômico-política cabível, do antirracismo e do feminismo atuarem, mas em virtude disso a marca da branquitude feminista impede as necessidades de serem atendidas, conforme ocorre na luta antirracista marcadamente masculinizada.

Ativistas negros reivindicam o fim da violência policial através da luta coletiva contra o genocídio da população negra. Não questionam, no entanto, as masculinidades hegemônicas decididas a espancar, abusar e violentar suas companheiras, obrigando-as a recorrer à polícia, numa contradição infame pouco resolutiva, se avaliadas as chances de essas mulheres desistirem da marca colonial do Estado nas suas comunidades criminalizadas por raça e, ao mesmo tempo, estarem suscetíveis a interromper fluxos de trabalhos com o tráfico de drogas, por exemplo, sinalizados paralelamente punitivistas contra quem traz os aparelhos repressivos para dentro das comunidades.

Precisamos compreender, a duras penas, o instrumento político racionalizado, a interseccionalidade, que impõe garantias discursivas aos movimentos políticos e ao Estado por meio de governanças, leis e políticas públicas, a fim de alcançar experiências de grupos extremamente vulnerabilizados. Se hoje temos condições de executar a política racial na educação, saúde, cultura e no desenvolvimento agrário, devemos notar ministérios como a SEPPIR — Secretaria de Políticas de Promoção da Igualdade Racial —, demográfica redistribuição racial das oportunidades implementada pela esquerda, ancorada nas ações pós-Durban. Os especialistas foram instrumentalizados pela produção intelectual de Kimberlé Crenshaw, "Documento para o encontro de especialistas em aspectos da discriminação racial relativos ao gênero", de 2002, fomentados a se engajarem na luta antirracista, antissexista, não confessional e, finalmente, compreendidos na forma das leis e desenho jurídico de como, quais e por onde as políticas públicas setoriais, transversalmente, são efetivadas.

A ex-ministra Matilde Ribeiro, em um primeiro momento, e Luiza Bairros, em seguida, praticamente já no fechamento ministerial com o golpe da direita, impuseram o pensamento feminista negro antirracista à luz da hermenêutica, ali gestoras e não militantes, igualmente aos demais ministros das pastas colaterais que precisaram operacionalizar os anseios identitários da interseccionalidade, sensibilidade da jurisprudência que possibilita o Estado, ente regulador das desigualdades sociais, materializar as expectativas de segmentos humanos, promovendo a igualdade racial, atravessando instâncias jurídicas, e cooperação técnica.

O Sistema Nacional de Promoção da Igualdade Racial, a Lei 10.639/03, no ensino da História e Cultura Afro-brasileira e Africana, a titulação das terras das comunidades remanescentes de quilombos, os programas de combate ao racismo institucional, as reservas de cotas raciais para negros e o estatuto da igualdade racial foram possíveis graças ao argumento jurídico e orçamentário, executado a partir da interseccionalidade, a fim dos impactos e efeitos da política universalizada deixarem a cobertura branca pobre masculina e se comprometerem junto aos direitos humanos universalmente, sem as superinclusões e subinclusões descritas por Kimberlé Crenshaw.

Por outro lado, é inaceitável que os direitos sexuais e reprodutivos continuem pautados, de modo cabal, no elemento gênero, supondo as mesmas condições de aborto clandestino e violência obstétrica para as mulheres. A interseccionalidade sugere, desse modo, lermos a condição social das negras: pauperizadas, jovens condicionadas à insegurança, porque sem a ferramenta de luta capaz de nos visibilizar seremos sempre interrompidas, apagadas, como a vereadora Marielle Franco, pela política, pelo Estado, pelas leis e com a identidade interseccional revelada na avenida da morte. Encruzilhada é lugar de decisão.

NARUBIA WERRERIA

Narubia Werreria, do povo Iny (Karajá) da Ilha do Bananal, é ativista, presidente do Instituto Indígena do Tocantins, fundadora da Rede Matriarcal de Mulheres Indígenas, artista plástica, cantora, compositora e poeta.

"Um lamento triste
Sempre ecoou
Desde que o índio guerreiro
Foi pro cativeiro
E de lá cantou

Negro entoou
Um canto de revolta pelos ares
No Quilombo dos Palmares
Onde se refugiou"

("Canto das três raças", Mauro Duarte e Paulo César Pinheiro)

RESISTÊNCIAS AFRO-INDÍGENAS

O Brasil nasce banhado no nosso sangue indígena e se constitui na carne e no suor negro, pela ganância do europeu. Incontestavelmente fundado no genocídio dos povos originários desta terra e na escravidão dos povos africanos, vimos no país o crescimento da violência e do estupro dessas populações. Nós, povos indígenas e povos negros, fomos feitos irmãos por meio das dores e da violação.

A colonização europeia que nos transpassou se deu inicialmente no domínio e na exploração agrícola da terra, por motivos óbvios: não encontraram metais preciosos de imediato e não pensavam em fazer uma real ocupação do território com o próprio trabalho.

Para dominar, era necessário invadir nossas terras e exterminar todas as populações que lutariam por ela, que reclamariam o direito originário, o direito vinculador mátrio enquanto filhos primogênitos das terras americanas.

Nesse momento de transição entre o Velho e o Novo Mundo, a terra que sempre representou poder ganha novas possibilidades de enriquecimento, sobretudo pela exploração do trabalho alheio. É criada, assim, a possibilidade de exploração em larga escala, não para obtenção de alimento e possíveis trocas, mas de *commodities* e lucro. Para tanto, é necessária uma servidão total e em dimensões nunca antes alcançadas, de onde surge o mercantilismo negro, que lucrou tanto com o tráfico negreiro como com o trabalho escravo dos povos de matrizes africanas. Dessa forma, vemos surgir os senhores do Novo Mundo, os senhores de engenho, senhores de escravos, senhores de uma gente e uma terra que não lhes pertencem.

Segundo Laurentino Gomes, houve um redesenho demográfico e cultural da América, com as populações indígenas sendo substituídas pelas de negros escravizados. No Brasil, a estimativa demográfica indígena antes da colonização era de 6 milhões, hoje não chegamos a 1 milhão. Já a população negra cresceu, recebemos quase 5 milhões de africanos cativos e, atualmente, a população afrodescendente é de 115 milhões de pessoas, sendo o segundo país do mundo com maior população negra de origem africana, perdendo apenas para a Nigéria.

É importante salientar que nós, povos indígenas, também fomos feitos escravos, e, além disso, houve um grande extermínio da população negra. No fim das contas, as perdas de ambos os povos são incalculáveis. Apesar da grande quantidade de afrodescendentes no Brasil, perdeu-se muito da identidade étnica, e ainda hoje essas pessoas sofrem com a herança maldita da escravidão secular, à qual seus ancestrais foram submetidos. Já a maioria de nós, nativos, conseguimos preservar muito da nossa identidade cultural tradicional, porém somos sobreviventes de um extermínio e também carregamos as dores de séculos de genocídio, invasões de nossas terras e racismo.

A burguesia em formação, que se libertou da servidão da nobreza por meio do mercantilismo, se junta aos seus antigos senhores feudais para lançar as bases do genocídio e uma servidão ainda mais cruel. Assim, o mercantilismo possibilitou um acúmulo de riquezas que alicerçou o surgimento do capitalismo, utilizando-se do genocídio, da escravidão e da expropriação de riquezas concretizados pela colonização de povos da história:

> "A economia colonial latino-americana valeu-se da maior concentração de forças de trabalho até então conhecida, para então tornar possível a maior concentração de riqueza com que jamais contou qualquer civilização na história mundial."
> (*Veias abertas da América Latina*, Eduardo Galeano)

O pensamento colonial é intrinsecamente ganancioso e cruel, pois não visa à sobrevivência, mas ao acúmulo de riquezas que advém do sangue e da carne de sua própria espécie. Nenhum outro animal, a não ser o ser humano, pratica a tortura ou, por motivações torpes, mata seu igual, muito menos através de meios cruéis e hediondos. Para um ato tão antinatural, o ser humano, que se diferencia dos outros seres vivos pela capacidade de racionalização de suas ações, precisa justificar a colonização para sua consciência. A justificativa de algo tão perverso, que subjuga corpos, precisa antes de tudo subjugar a mente. Portanto, o pensamento colonial tem sua base consolidada na criação de teorias racistas que tentam preguiçosamente esconder a ganância por riquezas e poder. São criados pensamentos teóricos tão dogmáticos que até os criadores começam a crer neles, sem se questionar ou aceitar questionamentos.

A colonização da mente nasce com a elite, que detém privilégios econômicos e um falso credenciamento intelectual, por ter acesso a uma formação que não está disponível à maioria da população. Assim, podem usar os privilégios para sustentar sua presunçosa inteligência e difundir suas teorias baseadas numa débil intelectualidade, que serve apenas aos próprios interesses.

O poder religioso é imprescindível para que tais teorias se fortaleçam e se tornem inquestionáveis, portanto, há ainda uma colonização da fé. Não por acaso, o poder estatal faz aliança com o poder religioso, fortalecendo a aceitação cega de tais teorias.

Ao fim último, o Estado usa seu poder para colonizar através da força (poder bélico, poder de coerção e policiamento); a religião coloniza através da fé; e a elites, através de narrativas de domínio. É importante salientar que esse tripé, além de trazer ligações e se complementar, se funde e utiliza todos os recursos indistintamente: fé, narrativas, privilégios e força, tendo por objetivo a dominação.

No entanto, para grande frustração do colono europeu, nem as opressões subjetivas ou físicas conseguiram exterminar por completo os povos nativos ou suplantar a vitalidade cultural dos afrodescendentes. Pelo contrário, o Brasil não é Brasil sem essas duas raízes e suas culturas. Esse país vive das raízes que tentou negar e cortar, raízes essas que sustentam a identidade nacional e que nenhum teórico ou poder conseguiu ou conseguirá arrancar da pele de nosso povo miscigenado, da cultura e do gozo de nossa gente alegre, criativa, cativante e forte.

A sobrevivência física e cultural desses povos acontece por meio de milhares de confrontos, de onde nasce uma irmandade em resistência. O caráter etnogenocida se deparou com heroicas e geniosas lutas e personagens, que apesar de não serem amplamente conhecidas, podem ser resgatadas através de registros históricos.

Um dos movimentos emblemáticos da criatividade e força de resistência recebeu o nome de "Santidade". Dentre tantos exemplos de resistência armada, este também encontrou no sincretismo religioso o ímpeto de luta. A Santidade consistia em um grupo de ex-escravizados indígenas, do povo tupinambá, que criou "a clássica religião do oprimido", num culto messiânico cujo objetivo era dar início a uma nova era de bem-aventurança através do paraíso tupinambá que agregava símbolos e conceitos do catolicismo. Nomeavam-se os participantes com cargos da hierarquia católica, como "papas", "bispos" e até mesmo "missionários", e eles se encarregavam de espalhar a essência da "palavra sagrada": morte aos portugueses, libertação do domínio colonial e alcance do paraíso tupinambá, onde todos viveriam em paz.

O movimento, que tem seu primeiro registro em São Vicente, em 1551, perdurou por quase cem anos, causando instabilidade aos donos de engenho e senhores de escravos do Recôncavo Baiano. Sua força mais expressiva foi alcançada pela união com negros que conseguiam escapar da exploração cruel dos engenhos, juntando-se ao movimento político-religioso de resistência à colonização. Os ataques eram estratégicos: matavam donos de engenho, roubavam os instrumentos necessários ao beneficiamento do açúcar de cana e, assim, arregimentavam novos adeptos. Os membros da Santidade chegaram a 20 mil, segundo relatos, incluindo negros e indígenas que haviam sofrido as mesmas agruras da escravidão.

São muitos os registros de ajuda mútua para sobrevivência física e cultural. Aldeias e povos indígenas que continuaram a existir seja pela união de forças, seja pela união de sangue em casamentos interétnicos, sobretudo no nordeste brasileiro. E alguns quilombos estabelecidos por negros fugidos que tiveram a ajuda de indígenas no interior do país.

Figura 1 - *Chefe Bororo partindo para uma expedição guerreira*, Jean-Batiste Debret, 1834. Na imagem, negros e indígenas partem juntos para a guerra. (Acervo on-line, Brasiliana Iconográfica).

Em escavações arqueológicas feitas em Palmares, foram encontradas cerâmicas indígenas que indicam a presença de mulheres tupis, assim como uma rede de relações entre esses povos. Mesmo que não tenhamos um farto e detalhado registro histórico de todas as relações interétnicas ocorridas ao longo da história brasileira, é possível, com a documentação a que temos acesso, desenhar as conexões de resistência afro-indígenas e as semelhanças no tratamento de desprezo e opressão destinados aos povos originários e africanos e como isso os uniu. Colonos portugueses cristalizaram esse entendimento com a criação de um pronome de tratamento, chamando os escravos indígenas de "negros da terra", assim como os primeiros africanos chegados ao Brasil foram chamados de "tapamunhos", palavra de origem tupi que remetia a uma designação étnica quase indígena.

A junção de forças entre povos de matrizes indígenas e africanas eram temidas pelo branco europeu, e suas lutas e heróis não deveriam sobreviver e ser registradas na história. O que deveria se perpetuar era a criação da imagem de povos selvagens, incivilizados, brutais e inferiores. O herói deveria ser sempre o desbravador europeu, só sua versão deveria ser conhecida e lembrada.

Quando a união é temida, promover a fragmentação se mostra a principal estratégia de domínio, acentuando ou até mesmo criando rivalidades e oferecendo vantagens e alianças de submissões mais brandas. Do princípio milenarmente conhecido "dividir para conquistar" nascem muitos mecanismos de controle, como a estratégia de "blindagem étnica", termo cunhado pelo antropólogo Neil Whitehead. A blindagem consiste na transformação de grupos racializados em forças militares para patrulhar o território e as fronteiras sociais da colônia. Vai além da fragmentação, é a criação de postos permanentes de trabalho, tornando-se o braço que protegerá os dominadores e trará o flagelo físico ao próprio povo e a outros povos oprimidos pelo colonizador.

Se o Brasil Colônia morreu enquanto período histórico, ele vive e se reproduz como estrutura de poder através de um racismo sistêmico, que é claramente observado ao longo da nossa história. Um exemplo é a Lei de Terras, criada em 18 de setembro de 1850, o primeiro dispositivo jurídico que regulamenta a questão fundiária no Brasil Império e que dispõe sobre a aquisição de terras unicamente através da compra. A mesma lei também regulamenta a criação de reservas para colonização indígena e autoriza a vinda anual de colonos livres à custa do tesouro imperial, para serem empregados tanto nas plantações agrícolas quanto nas administrações públicas, de modo que tenham emprego tão logo desembarquem. Uma semana antes é promulgada a Lei Eusébio de Queiroz, que proíbe o tráfico negreiro, pois havia uma forte pressão internacional abolicionista acerca da escravidão no Brasil.

A covardia com as populações indígenas e negras é evidente: o indígena será colonizado e terá seu direito originário à terra negado. O negro, mesmo quando liberto, não terá qualquer possibilidade de viver da terra ou possuir um emprego digno, pois todos os cargos e postos de trabalho livres já estariam antecipadamente reservados ao colono europeu. Isso comprometeu o futuro geracional dessa população, que não teve para onde ir, sendo despejados após exploração máxima, relegados ao abismo social que separa os privilegiados dos marginalizados.

Desde o início por ouro e prata
Olha quem morre, então veja você quem mata
Recebe o mérito, a farda que pratica o mal
Me ver pobre, preso ou morto já é cultural

("*Negro Drama*", *Racionais MC's*, música de Mano Brown e Edi Rock)

Nós, povos indígenas, ainda lutamos para ter nossas terras tradicionais demarcadas. Embora a Constituição de 1988 determine a demarcação e o respeito à nossa cultura ancestral, os governos não cumprem a própria constituição do país, e desdenham da nossa forma de vida, mantendo ideias que nos colocam como empecilhos ao desenvolvimento econômico e, portanto, inimigos do crescimento da nação.

Jogamos tua língua,
Nas covas do silêncio,
E os teus Sobreviventes
À beira das estradas,
À beira dos viventes...

> *Mão de obra barata*
> *Nas fazendas e usinas*
> *Nos bordéis e nas fábricas:*
> *Mendigos, periferias*
> *Das cidades sem alma:*
> *Restos do continente*
> *Da grande Lacta-Mama.*

(*Ameríndia, – Morte e Vida.* Pedro Casaldáliga e Pedro Tierra)

A negação do racismo fundador desta nação mostra que o pensamento colonizador não foi superado pelo povo brasileiro, e a intencional preguiça intelectual que emerge das elites e permeia toda a sociedade deseja naturalizar as atrocidades do passado, abrindo caminho para um neocolonialismo pautado no racismo que se reinventa como uma zombaria à memória dessas populações e de seus ancestrais.

E se o mercantilismo é pai do capitalismo, é também avô de dois netos gêmeos: o neoliberalismo e o neocolonialismo. O mercantilismo faz emergir um outro tipo de imperialismo, o império do capital. O pensamento colonial evolui para um racismo genocida, com maior sofisticação e aparentemente menos brutal, sem grilhões de ferro. Há uma tentativa de ocultar o desejo de ver o negro agonizar no tronco como algo abertamente instituído, e entende-se o indígena como um povo que se perdeu no tempo e ficou para trás na história. Contudo, a real intenção desse racismo sempre escapa, e vemos os mesmos crimes hediondos cometidos por ancestrais colonizadores se perpetuarem. Aprisionam e matam mentes e corpos, utilizando-se de idealizações hegemônicas e globalizantes que oprimem e exploram povos negros e indígenas. Tentam destruir formas de vida que não se curvam à lógica egoísta e assassina do império do capital.

A elaboração mais fina do neocolonialismo consiste em não mais precisar ter colônias físicas, com colonos europeus em solo estrangeiro para exercer o senhorio, já que o princípio da separação já alcançou seu grau mais elevado: alguns brasileiros acreditam que são mais europeus que latinos. Não querem se dar conta de que as raízes afro-indígenas estão na música que os embala, na comida que os alimenta, na suavidade, no chamego, na expansividade dos sentimentos, e que nenhuma pele clara fará deles europeus o suficiente, por mais que cultivem um ideário estrangeiro.

Essa colonização moderna neoliberal, que desconsidera negros e indígenas como detentores de direitos e deveres como qualquer outro cidadão, parte de um mesmo povo, torna a soberania do país mera letra morta. Na prática, o domínio econômico de potências hegemônicas regula nosso mercado e lucra com nosso suor e as riquezas naturais. Apoderam-se de nossas terras e se aproveitam da divisão do nosso povo, que faz de negros e indígenas uma subcategoria, menos cidadãos que os demais. Isso vem daqueles que se julgam mais europeus, menos latinos, mais próximos da civilização, e, portanto, dominadores de seu próprio povo, agindo como se não fossem crias de sua própria terra.

A origem desse sentimento separatista se delimita em processos históricos de alienação do povo brasileiro, de sua identidade. No fim do século XIX, surgem no Reino Unido, nos Estados Unidos e na Europa Ocidental o conceito do darwinismo social e os determinadores biológicos. As elites brasileiras, em contato com essas ideias, criam a "teoria do branqueamento racial", que bebe da mesma fonte que embasou outros movimentos racistas, como o nazismo e o fascismo. Segundo essas concepções eugênicas, existiriam padrões de superioridade genética, de acordo com a qual o homem branco europeu seria superior em saúde, beleza e inteligência em comparação a negros, indígenas e asiáticos; isto é, o homem branco seria o ideal para a espécie humana.

Um dos primeiros intelectuais de renome a trazer essas ideias de eugenia ao Brasil foi Joseph Arthur de Gorbineau, nomeado ministro da França no Brasil em 1868. Filho de pai francês e mãe negra, Gorbineau se mostrava incomodado com a grande quantidade de negros no país. Para o teórico do racismo científico, a miscigenação não é problema, desde que a raça ariana seja dominadora das demais. Essa foi uma das "brechas" que a "intelectualidade brasileira" racista utilizou para criar a teoria do branqueamento, tentando driblar as dificuldades em aderir completamente ao racismo científico europeu, que enunciava a condenação à inferioridade de qualquer país racializado.

No Brasil, em fins do século XIX, a miscigenação já era uma realidade, ou seja, a grande maioria da população tinha sangue indígena, negro, ou mesmo ambos. Além disso, cabe mencionar a grande quantidade de negros vivendo no país e de mulheres indígenas tiradas de seu povo, abusadas sexualmente e feitas forçosamente mulheres de homens brancos, ao se tornarem mães de mestiços. O que se impunha era também uma realidade irrefreável, já que era comum e aceito que chefes de família tivessem concubinas negras, e eles certamente não estavam dispostos a abrir mão dessa relação de poder erótico-abusiva.

Os intelectuais brasileiros preferiram chamar essa questão de "problema do negro" do que aceitar que o Brasil era uma nação miscigenada. Em 1911, no I Congresso Universal das Raças, que reuniu intelectuais do mundo todo para debater a ideia de racialização da espécie humana, o médico brasileiro João Batista de Lacerda apresentou a teoria do branqueamento como uma solução para esse "problema". Para Batista, com as frequentes correntes de migração europeia para o Brasil, dentro de um século ou menos, os traços negros e indígenas seriam superados conforme a miscigenação acontecesse, e o Brasil se tornaria uma nação completamente embranquecida.

Felizmente, esse cientificismo falacioso entrou em decadência global no século seguinte, e nós, indígenas e negros, continuamos vivos e resistentes. Infelizmente, há em nossos dias uma retomada de pensamentos eugênicos, seja no Brasil ou em outros países, e o neocolonialismo continua devorando a carne e se embriagando do sangue afro-indígena. Portanto, mais do que nunca é preciso combater o racismo sistêmico. Para tanto, se faz fundamental conhecer a nossa história de opressão, e a versão e a voz de povos negros e indígenas precisam ocupar espaço de destaque nas lutas progressistas do Brasil, com o devido protagonismo. É imprescindível também a união de lutas, para superar divisões infundadas que trarão prejuízo a todos. É imperioso que o povo brasileiro assuma suas raízes negras e indígenas e finalmente se orgulhe delas. Negar esses povos é enganar a si mesmo, é ter vergonha de quem se é, dos povos que nos constituíram enquanto gente, enquanto nação, das mulheres violadas que suportaram tantas opressões para nos parir e criar. Como brasileira, a única vergonha que carrego é a de ter compatriotas tão indignos de nossa gente e de nossa terra.

REFERÊNCIAS BIBLIOGRÁFICAS

ALMEIDA, Silvio Luiz de. *O que é racismo estrutural?* Belo Horizonte: Letramento, 2018.

CAVALCANTE, J. L. "A Lei de Terras de 1850 e a reafirmação do poder básico do Estado sobre a terra." *Revista Histórica*.

KANTOR, Iris. "Tapanhuns, negros da terra e curibocas: causas comuns e confrontos entre negros e indígenas." *Afro-Ásia*, 2003.

MAIA, Kenia Soares; ZAMORA, Maria Helena Navas. "O Brasil e a lógica racial: do branqueamento à produção de subjetividade do racismo." *Psicologia Clínica*, Rio de Janeiro, v. 30, n. 2, p. 265-286, 2018

GOMES, Laurentino. *Escravidão – Vol. 1: Do primeiro leilão de cativos em Portugal até a morte de Zumbi dos Palmares*. Rio de Janeiro: Globo Livros, 2019.

PRADO JÚNIOR, Caio. *Evolução Política do Brasil e outros estudos*. 6. ed. São Paulo: Editora Brasiliense, 1969.

SCHWARTZ, Stuart B. *Segredos Internos: Engenhos e escravos na sociedade colonial, 1550-1835*. São Paulo: Companhia das Letras. 1988.

SOUZA, Jessé. *A Elite do Atraso. Edição revista e ampliada: da escravidão a Bolsonaro*. Rio de Janeiro: Estação Brasil, 2019.

SOUZA, Vanderlei Sebastião de; SANTOS, Ricardo Ventura. "O Congresso Universal de Raças, Londres, 1911: contextos, temas e debates." Boletim do Museu Paraense Emílio Goeldi. Ciências Humanas, v. 7, n. 3, p. 745-760, set.-dez. 2012.

CRÉDITOS DAS FOTOS DE CAPA

Mariana Ferreira, Henrique Vieira, Eliana Alves Cruz, Filó Filho, Marco Rocha, Adailton Moreira Costa, Deborah Medeiros, Jonathan Oliveira Raymundo, Rodrigo França, Julio de Sá, Pedro Carneiro, Aza Njeri, Diego Moraes, Sabrina Fidalgo, Leonardo Morjan Britto Peçanha, William Reis. Fotos Robson Maia.

Flávia Oliveira. Acervo pessoal.

Katiúscia Ribeiro. Foto Gabriella Maria.

Fábio Kabral. Acervo pessoal.

Elisa Lucinda. Foto Jonathan Estrella.

Anielle Franco. Foto Bleia Campos.

Rico Dalasam. Foto Larissa Zaidan.

Valéria Barcellos. Foto Silas Lima.

Érico Brás. Foto Leonardo Pequiar.

Doralyce. Foto Lilo Oliveira.

Andressa Cabral. Foto Tomas Rangel.

Carla Akotirene. Acervo pessoal.

Narubia Werreria. Foto Gabo Morales.

Direção editorial
Daniele Cajueiro

Editora responsável
Janaína Senna

Produção editorial
Adriana Torres
Júlia Ribeiro
Mariana Lucena
Daniel Dargains

Revisão
Ian Felipe Cardoso
Emanoelle Veloso

Diagramação
Futura

Este livro foi impresso em 2022
para a Nova Fronteira.